JN418485

문답 IT법

손경한 · 박진아 편역

법영사

표지도안 : 손 원 찬

서 문

흔히 21세기를 지식정보사회라 칭한다. 정보기술(IT)의 발전이 지식정보사회를 가능하게 하였다는 점에 이의를 제기할 자가 없으리라 생각한다. 21세기는 이미 인간사회와 생활의 중추적 요소로 자리 잡은 IT의 사회적 함의를 정확하게 이해함으로써 법제도와 IT간의 상관관계에 관한 끊임없는 성찰이 필요한 시대라고 할 것이다.

이러한 IT법 영역은 IT의 발전의 대표적 문제점으로 지적되는 프라이버시침해 등 개인의 인권과 관련된 영역을 비롯하여 전자상거래, 지적재산권, 사이버불법행위, 근로관계, 회사관계, 세무관계 등을 포함하는 광범위한 영역에 걸친다고 할 것이다. 이와 같이 IT가 우리 생활에 깊숙이 자리함에 따라서 많은 문제를 야기하고 있음에도 불구하고 IT를 둘러싸고 일어나는 법적 쟁점을 포괄적으로 다루는 법률서적이 국내에는 거의 없는 것이 현실이다. 이러한 필요성에 입각하여 편역자는 본서를 간행하기로 결정하였다.

IT법은 산업사회에서 정보사회로 바뀌면서 근본적인 가치들의 변화에 대한 철학적인 접근을 해야 하는 이론적인 영역과 IT문제의 법률적 해결이라는 실무적 영역, 이렇게 상반된 두 마리 토끼를 동시에 잡아야 하는 점에서 어려움이 있다고 할 수 있다. 이론적인 영역은 좀 더 시간을 두고 숙고해야 하는 철학적 성찰을 필요로 하는 영역이라 할 것인 바, 본서는 그 중 실무적인 부분에 초점을 맞추어 법률가가 아닌 IT 실무종사자나 일반인들도 쉽게 이해할 수 있도록 IT가 제기하는 문제들과 그 법적 해답에 대하여 문답식으로 구성되어 있다. 정보사회를 살아가면서 누구나 부딪칠 수 있는 문제에 대한 해답을 쉽고 간단하게 제시하여 실생활에 유익한 책이 될 것이다.

편역자는 본 편역서를 발간함에 있어 일본원서를 그대로 따르지 아니하고 그 중요도에 따라 약간 독자적인 체계를 세우려고 시도하였다. 원서의 내용을 모두 8장으로 나누어 제1장은 개인정보법제, 제2장은 전자상거래, 제3장은 IT 지적재산권, 제4장은 사이버불법행위, 제5장은 IT 회사법, 제6장은 IT 증권거래법, 제7장은 IT노동법, 제8장은 IT세법의 주요 문제와 그 해답을 살펴보는 순서로 기술하기로 하였다.

또 독자들이 한국의 관련법규를 찾아볼 수 있도록 일한법의 대비가 가능한 한 일본 법조문에 해당하는 한국법조문을 병기하였고, 이 책의 부록으로 우리나라의 관련 법령을 첨부하였다. 독자들에게 참조가 되었으면 한다.

편역자는 십수년 간 (사)기술과 법 연구소에서 기술의 발전이 야기하는 사회적 문제에 대한 법제도적 해결책을 모색하고 기술의 발전을 위한 정책적·법적 기반을 마련하는데 일조하고자 노력하여 왔다. 본서는 '소프트웨어개발계약'에 이어 상기의 (사) 기술과 법 연구소의 활동취지에 걸맞는 실무지침서라고 생각된다.

이 책이 번역되어 한국에 소개되는 데에는 본서의 대표저자 高橋선생을 비롯한 여러 저자들의 배려와 일본 청문출판사의 도움이 컸다. 이들 모두에게 다시 한번 감사드린다. 한편 이 편역서가 출간하는데 있어서 초벌번역과 교정을 도와준 (사) 기술과 법연구소의 최민희 연구원에게 감사드린다.

아무쪼록 이 책이 IT가 제기하는 법적 문제에 대한 실무적인 해답을 찾고자 하는 모든 이가 옆에 두고 참조할 수 있는 유용한 지침서가 되기를 희망한다.

2007. 10.

편역자 씀

◈ 약어표 ◈

[법령등의 약어]

会	회사법
会施規	회사법시행규칙
会計規	회사계산규칙
商	상법(회사법 이외의 부분이 대상)
商規	상법시행규칙
商登規	상표등록법시행규칙
証取法	증권거래법
証取令	증권거래법시행령
個人情報保護法	개인정보보호에 관한 법률
個人情報保護法施行令	개인정보보호에 관한 법률시행령
個人情報保護法規則	개인정보보호에 관한 법률시행규칙
電子署名·認証法	전자서명 및 인증업무에 관한 법률
電子署名·認証法規則	전자서명 및 인증업무에 관한 법률시행규칙
民	민법
特定商取引法	특정상거래에 관한 법률
特定商取引法規則	특정상거래에 관한 법률시행규칙
電子契約法	전자소비자계약 및 전자승낙통지에 관한 민법특칙에 관한 법률
特	특허법
プロバイダ責任制限法	특정전기통신역무제공자의 손해배상책임제한 및 발신자정보개시에 관한 법률
不競法	부정경쟁방지법
著	저작권법
不正アクセス禁止法	부정엑세스행위금지 등에 관한 법률
労基法	노동기준법
独占禁止法	사적독점금지 및 공정거래확보에 관한 법률
e-文書法	민간사업자등이 행하는 서면보관 등의 정보통신기술 이용에 관한 법률
国通法	국세통칙법
所法	소득세법
所令	소득세법시행령
所基通	소득세기준통칙

法法	법인세법
法令	법인세법시행령
法規	법인세법시행규칙
法基通	법인세기본통칙
消法	소비세법
消令	소비세법시행령
消基通	소비세법기본통칙
措法	조세특별조치법
措令	조세특별조치법시행령
措規	조세특별조치법시행규칙
耐令	감가상각자산의 사용년수 등에 관한 성령
印法	인지세법
印基通	인지세법기본통칙
実施特例法	조세조약의 실시에 동반하는 소득세법·법인세법 및 지방세법의 특례 등에 관한 법률
実施特例法施行省令	조세조약 실시에 동반하는 소득세법·법인세법 및 지방세법 및 지방세법의 특례 등에 관한 법률시행에 관한 성령
電子帳簿保存法	전자계산기를 사용해서 작성하는 국세관계장부 서류보존방법 등의 특례에 관한 법률
電子帳簿保存法規則	전자계산기를 사용해서 작성하는 국세관계장부 서류 보존방법 등의 특례에 관한 법률시행특칙
経済産業省ガイドライン	개인정보보호에 관한 법률에 대해 경제산업분야를 대상으로 하는 지침(경제산업성)
金融庁ガイドライン	금융분야의 개인정보보호에 관한 지침(금융청)
国土交通省ガイドライン	국토교통성소관분야의 개인정보보호에 관한 지침(국토교통성)
サービサーガイドライン	채권관리회수업분야의 개인정보보호에 관한 지침(법무성)
電気通信事業ガイドライン	전기통신사업의 개인보호에 관한 지침(총무성)
認定指針	전자서명 및 인증업무에 관한 법률에 근거한 특정인증업무의 인정에 관한 지침

[조번호 등의 약어]

회사법100(I)三 ⇒ 会社法第100条第1項第3号

인법 8(II)四 ⇒ 印紙税法第8条第2項第4号

차 례

◈ 부 록

제1장 개인정보보호법제

IT사회의 진전에 따라 방대한 양의 개인정보가 고속으로 처리되고 또 극히 작은 기억매체에 기록하는 것이 가능하게 되었다. 종전에 비해 한층 더 개인정보가 악의 또는 과실에 의해 제3자에게 누설되고 부정사용될 위험이 늘어나고 있어, 여러 누설사건이 끊이지 않는 상황이다. IT사회의 편익을 향수하며 사업을 진행시켜 나감에 있어서, 기업법무담당자에게 개인정보 보호는 기업의 신용에 관련되는 중대한 문제이다.

1. 사이버몰의 운영과 개인정보의 보호

Q 당사는 인터넷상에서 쇼핑사이트를 운영해보고 싶다고 생각하고 있는데, 사이트를 통해서 회원등록을 받는 경우, 개인정보보호법상의 어떠한 점에 주의하면 좋을까요?

A 미리 인터넷상의 회원등록화면 등에 등록정보의 이용목적을 특정한 후, 명시해 둘 필요가 있습니다.

해 설

1. 개인정보 취급 사업자의 이용 목적 명시 의무

귀사가 「개인정보보호에 관한 법률」(2003년 법률 제57호. 이하 개인정보보호법이라 한다)[1]에서 정하는 「개인정보취급사업자」에 해당하는 경우, 회원정보 등의 개인정보를 수집하고, 이용하는 경우 개인정보보호법에서 정하는 의무를 진다.

1-1. 개인정보취급사업자란

첫째로 「개인정보취급사업자」란, 국가의 기관이나 지방공공단체, 독립행정법인 등, 지방독립 행정법인 기타 정령으로 정하는 것을 제외하고 개인정보 데이터베이스 등을 사업용으로 제공하는 자를 말한다(개인정보보호법2③). 그리고 「개인정보 데이터베이스 등」이란 전자데이터나 종이매체에 의한 정보를 불문하고, 특정의 개인정보를 컴퓨터를 이용하거나 일정한 규칙에 따라서 정리하는 것에 의해, 용이하게 검색할 수 있도록 체계적으로 구성한 개인정보를 포함한 정보의 집합물을 가리킨다(개인정

1) 한국에는 아직 사적부문에 있어서 개인정보보호에 관한 단행법률이 제정되고 있지 않다. 정보통신망이용촉진 및 정보보호 등에 관한 법률에서 일부 규정하고 있을 뿐이다.

보보호법2②).

질문의 경우, 귀사는 회원의 성명, 주소 등의 등록정보를 용이하게 검색할 수 있도록 체계적으로 분류, 정리하고 관리하여 이것을 쇼핑사이트 운영을 위해 사용하고 있다고 생각되기 때문에, 귀사는 「개인정보취급사업자」에 해당한다.

다만, 개인정보 데이터베이스 등을 사업용으로 제공하고 있는 경우에도, 개인정보 데이터베이스 등을 구성하는 개인정보에 의해 식별되는 개인의 합계가 과거 6개월 이내에 매일 5,000명을 초과하지 않는 사업자에 대해서는 개인정보취급 사업자에서 제외되고 있다(개인정보보호법2③五, 개인정보보호법시행령2). 그렇지만, 이 예외 규정의 적용에 대해서는 귀사가 관리하는 개인정보 데이터베이스 등 모든 것을 감안해야 함에 주의를 필요로 한다. 만일 등록회원의 수가 5,000명을 초과하지 않는 경우에도 귀사가 관리하는 직원의 수, 다른 고객의 수, 보유하는 명부에 기재되어 있는 개인의 수 등이 모두 산입되는 것에 주의할 필요가 있다.

1-2. 개인정보란

두번째로 「개인정보」란 일본국민과 외국인을 불문하고 생존하는 개인에 관한 정보이며, 해당정보에 포함되는 성명, 생년월일 기타 기재사항 등에 의해 특정의 개인을 식별할 수 있는 것을 가리킨다(개인정보보호법2①).

「개인정보」의 전형적인 예로는 성명, 생년월일, 주소, 전화 번호, 직함 등을 들 수 있다.

귀사가 운영하는 쇼핑 사이트에서 성명이나 주소 등의 회원정보를 등록받는 경우, 이러한 회원등록정보는 「개인정보」에 해당한다고 할 수 있다.

1-3. 이용목적의 명시

개인정보취급사업자는 원칙적으로 본인의 직접서면(전자적 방식, 자기적 방식 그 외의 지각에 의해 인식할 수 없는 방식으로 만들어진 기록을 포함한다)에 기재된 해당 본인의 개인정보를 취득하는 경우에는 미리 본인에게 그 이용목적을 명시하여야 한다(개인정보보호법18②).

귀사는 웹상의 쇼핑사이트를 통해서 등록된 성명, 주소 등의 회원정보를 취득하므로, 전자적 방법에 의해 본인으로부터 개인정보를 직접 취득하는 경우에 해당한다.

따라서, 귀사는 회원정보를 등록받을 때 등록받는 개인정보를 어디에 사용하는가 하는 이용목적을 특정(후술)하고, 미리 등록하는 회원에게 사업의 성질 및 개인정보의 취득상황에 따른 합리적이고 적절한 방법으로 해당 이용목적을 명시하여야 한다. 구체적으로 본문에 참고가 되는「명시」에 해당하는 경우로서「개인정보보호법률에 대한 경제산업분야를 대상으로 하는 지침(2006년 10월)[2]」(이하, 경제산업성 지침)에서는「II 법령해석 지침 · 사례」「1. 정의(법 제2조 관련)」(1)에서 이하의 사례를 들고 있다.

「네트워크 상에서는 본인이 접속한 자사의 웹 화면상 또는 본인의 단말장치 상에 그 이용목적을 명기하는 내용(네트워크상에 있어 개인정보를 취득하는 경우는 본인이 송신버튼 등을 클릭하기 전에 그 이용목적(이용목적의 내용이 나타난 화면에 1회 정도의 조작으로 페이지 이동이 가능하도록 설정한 링크나 버튼을 포함)이 한눈에 들어오도록 그 배치에 유의할 필요가 있다)」

2. 이용목적의 특정

또한, 본인에게 명시해야 하는「이용목적」은 일반적이고 추상적인 것으로는 부족하고, 제공되는 자신의 개인정보가 최종적으로 어떠한 범위에서 이용되는지 본인이 보아 쉽게 이해할 수 있도록 가능한 한 구체적으로 특정할 필요가 있다(개인정보보호법15①).

이용목적을 특정했다고 인정되는 경우와 인정받지 못한 경우를 경제산업성지침에서는 구체적인 예를 들어 설명하고 있다.[3]

---

2) 경제산업성은 경제산업성지침개정안(이하, 경제산업성 지침개정안)을 2006년 12월 14일에 공시하여 2007년 1월 31일까지 공개적으로 의견을 모으고 있다 (http://www.meti.go.jp/feedback/index.html).

3) 경제산업성지침개정안에서는 업종의 명시만으로는 많은 경우 이용목적을 특정한 것으로 인정되지 않음을 명시하고 있다(2-2-1(1)).

[특정이 인정되는 예]

①「00사업에서의 상품의 발송, 관련된 애프터서비스 및 신상품·서비스에 관한 정보의 소식을 위하여」

②「기입된 성명, 주소, 전화번호를 명부로 판매할 수 있다.」

③「급여계산처리서비스, 수신인명 인쇄서비스, 전표의 인쇄·발송서비스 등의 정보처리서비스를 업으로서 실시하기 위해서 위탁된 개인정보를 취급한다.」

[특정이 인정받지 못하는 예]

①「사업활동에 이용하기 위하여」

②「제공하는 서비스향상을 위하여」

③「마케팅활동에 이용하기 위하여」

귀사의 경우에는 상기의 예에 따라 「쇼핑사이트 운영사업에서 상품의 발송, 관련된 애프터서비스 및 신상품에 관한 정보의 소식을 위해서 이용한다」 등과 같이 이용목적을 특정할 수 있을 것이다.

3. 이용목적 외의 이용

개인정보보호법에 의하면 개인정보취급사업자는 사전에 본인의 동의를 얻지 않고 특정한 이용목적의 달성에 필요한 범위를 넘어 개인정보를 취급해서는 안된다(개인정보보호법16①).

따라서, 회원등록정보를 수집할 때 그 이용목적을 빠짐없이 특정하여 명시하여야 한다. 특히, 해당정보를 제3자(그룹내 다른 회사도 포함되는 것에 주의한다)에게 제공하는 것이 상정되어 있는 경우에는 제3자 제공의 이용목적을 특정한 후 명시할 필요가 있음을 주의하여야 한다.

(高橋美智留/小野木巳奈)

2. 쿠키의 사용

Q 자사의 홈페이지에서 쿠키를 사용하는 것이 개인정보보호법상 문제가 있습니까?

A 쿠키의 사용 자체가 개인정보보호법으로 금지되고 있는 것은 아니지만 개인정보의 취득에 해당하는 경우도 있기 때문에, 웹사이트상에 이용목적을 사전에 명시해 두는 것은 필요합니다.

해 설

1. 쿠키의 사용은 「개인정보」의 수집인가

쿠키란 인터넷에서 웹사이트를 보고 있는 이용자의 PC안의 웹 사이트측(서버)에서 데이터를 보존시키거나, 그처럼 보존된 정보를 웹 사이트측의 서버에 송신하는 구조이며, 이용자의 PC로부터 이용자의 IP주소나 웹로그화일이 웹 사이트측의 서버에 송신된다. 이에 의해, 웹 사이트의 운영자는 IP주소나 웹로그화일과 서버가 보유하는 개인식별정보를 조합하여 등록이용자의 확인을 하거나 고객의 행동을 조사하는 등의 목적으로 사용할 수 있다.

쿠키에 의해 취득하는 정보는 원래 「개인정보」에 해당하는가? 개인정보보호법상 「개인정보」란 「생존하는 개인에 관한 정보이며, 해당정보에 포함되는 성명, 생년월일 그 외의 기재사항 등에 의해 특정의 개인을 식별할 수 있는 것(다른 정보와 용이하게 조합함으로써 특정의 개인을 식별할 수 있는 것을 포함한다)」이라고 정의되고 있어(개인정보보호법2①), 그 적용기준은 특정의 개인에 대한 식별가능성이다.

이 점에서 쿠키정보는 IP주소나 웹로그화일 등이기 때문에 그것들 자체에는 특정의 개인을 식별할 수 있는 정보가 포함되지 않는다고 생각된다. 그러나 개인정보보호법은 상술한 대로 그 자체가 개인식별정보가 아니어도, 「다른 정보와 용이하게 조합함으로써 그것에 의해 특정의 개인을 식별할 수 있는 것」을 개인정보에 포함된다고 규정하고 있다. 「다른 정보」와의 조합에 의해 특정의 개인을 식별할 수 있는 정보의 경우에는 한번 누설되면 그 전체가 개인식별정보로서 개인의 권리이익 침해의 위험에 처해지기 때문이다. IP주소에 대해서는 예를 들어 쇼핑사이트에서는 IP주소와 서버가 보유하는 개인식별정보(이용자명과 패스워드 등)를 조합하여 등록이용자를 확인하는 것이 일반적으로 행해지고 있다. 이러한 경우에는 분명하게 「개인정보」에 해당한다고 생각된다. 이 점에서도 사업자로서는 IP주소 등의 쿠키에 의해 취득되는 정보는 「개인정보」에 해당한다고 생각하여 대처하는 편이 안전하다.

쿠키에 의해 취득된 정보가 「개인정보」에 해당하는 것을 전제로 하면, 개인정보보호법상 이하의 문제점이 있다.

2. 적정한 취득(개인정보보호법17)

쿠키를 사용해 취득하는 정보는 이용자 본인이 눈치 채기 전에 자동적으로 송신된 것으로서 이용자의 동의없이 도둑맞은 정보이며, 「사위 그 외 부정의 수단」에 의한 취득은 아니라는 문제가 있다.

이 점은 이용자측에서 브라우저를 쿠키를 사용하도록 설정해 두었으므로 이용자로서는 정보가 송신되는 것에 묵시의 동의가 있었다고 할 수 있는 경우도 많고, 이용자 자신이 쿠키정보를 송신하는 설정으로 하고 있었기 때문에 취득자 측으로서는 수동적으로 취한 것에 불과하다고 말할 수 있다. 따라서 이것을 가지고 「사위 그 외 부정의 수단」이라고 하는 것은 지나치다.

3. 이용목적의 사전명시(개인정보보호법18②)

개인정보취급사업자는 본인에게 직접서면으로 개인정보를 취득하는 경우에 미리 그 이용 목적을 명시해 둘 필요가 있다(개인정보보호법18②). 여기에서 「서면」이란 전자적·자기적 기록도 포함하기 때문에 질문에서도 쿠키를 이용해 이용자 본인으로부터 개인정보를 직접 취득하는 경우, 사전에 이용자 본인에게 그 이용목적을 명시해야 한다.

이 점은 이용자 측에서 쿠키를 사용하는 설정이 되어 있으면 사이트가 열람된 순간에 정보를 취득하게 되어, 해당 사이트에 목적을 표시하고 있었다고 해도 사전명시가 되어있지 않은 것은 아닌가 하는 문제가 있다.

그렇지만, 이용자 측에서 브라우저를 설정하여 쿠키의 수취를 거부하거나 사전에 경고를 받는 설정으로 해 두면, 해당 사이트에 명시된 이용목적을 열람하고 이용자가 납득하면, 재차 쿠키의 설정을 변경할 수도 있으므로, 사이트 운영자로서는 사이트상에 있어 이용자가 이용목적을 명확하게 확인할 수 있는 표시를 하고 있으면 충분하다. 이용자 측의 브라우저 설정이라는 상대의 일방적인 사정에 의해, 본조 위반이 되는지가 좌우될 일은 없다고 생각한다(古本晴英「개인정보보호법Q＆A(http://www.itmedia.co.jp/enterprise/articles/ 0502/09/news059. html)에서 古本씨는「이용자측도 브라우저의 설정을 자체적으로 행하여 원인을 제공하고 있으므로, 바로 위법행위로 단정해서는 안된다」는 견해를 표현하고 있다).

(米津 航)

3. PC의 분실에 의한 개인데이터 분실

Q 당사의 직원이 업무에 사용하던 PC를 분실했습니다.

① 로그인 패스워드는 설정되어 있었지만, 데이터의 암호화는 이루어지지 않았습니다. 이 경우, 그 PC안에 기록되어 있던 고객정보(대부분이 개인정보임)에 대해서는 개인정보보호법 상 어떠한 문제가 생길 수 있습니까?

② PC암호화 소프트웨어를 도입하여 데이터가 암호화되고 있었을 경우, ①은 어떻게 되는 것입니까?

A ① 분실한 PC안에 개인데이터가 포함되어 있을 경우, 개인데이터의 안전관리에 문제가 있었다고 하여 개인정보보호법에 위반될 가능성이 있습니다. 안전관리체제를 재확인해서 필요에 따라서, 감독관청에 보고하고 분실한 개인데이터의 본인에게 개인데이터의 분실을 통지하고, 장래의 부정청구 등에 대하여 주의를 촉구할 것이 요구됩니다.

② 데이터가 암호화되었을 경우에서도 개인정보보호법 상 암호화된 데이터도 「개인정보」이며, ①과 같은 문제가 생길 수 있으나, 일반적으로 개인데이터의 안전관리 조치를 취할 의무를 이행하고 있었다고 평가될 것입니다.

해 설

1. PC내의 데이터가 암호화되어 있지 않은 경우

업무용 PC안의 데이터에 개인데이터가 포함되었을 경우에 그 PC를 분실하면 개인정보가 제3자에게 누설되는 위험이 생겨, 개인데이터를 「멸실」한 것이 된다. 이러한 사고가 발생했을 경우에 개인정보취급사업자는 개인데이터의 안전관리조치의무(개인정보보호법 20)의 일환으로서 사고에 적절히 대응하는 것이 요구된다.

1-1. 사실관계의 조사

첫째로, 사실관계를 분명히 하여야 한다. 이를 위해, 해당직원에게 상세한 보고를 요구할 필요가 있다. 구체적으로는 분실의 발생일시 등 분실사고에 관한 상황 외에 해당 PC 내부에 보존되어 있던 데이터 내용의 상세, 개인데이터의 유무, 그 종류, 수, 개인 데이터로 식별되는 본인의 특정, 보안상황(암호화의 유무, 로그인 패스워드 설정의 유무, 그 상황 등)에 대해 파악할 필요가 있다.

또, 도난이 의심되는 경우에는 경찰에 대한 통보도 필요하다.

1-2. 주무장관에 대한 보고

여러 부처의 지침에서 개인데이터의 누설, 멸실 등이 있었을 때, 주무장관에게 보고하는 것이 바람직한 사항 또는 노력의무로 정해져 있다[4)][5)](단, 금융청의 소관사업 및 경제산업성의 소관분야 중 신용분야에 관해서는 개인데이터의 누설 또는 멸실 등에 대해 주무장관에 대한 보고가 의무사항임).[6)]

또한 이 경우 어느 부처의 지침이 적용될지에 관해서는 해당 멸실데이터의 내용에 의함에 주의를 필요로 한다.

예를 들어, 금융청소관 사업을 실시하는 사업자라고 해도 해당 PC내의 데이터가 전혀 고객데이터를 포함하지 않고, 직원의 데이터뿐이었을

---

4) 경제산업성 지침 II.2.(3) 2), 「금융분야에 있어서 개인정보 보호에 관한 지침(이하, 금융청 지침)」 제22조 제1항, 「국토교통성소관 분야에 있어서 개인정보보호에 관한 지침(이하, 국토교통성 지침)」 제21조 제3항, 「채권관리 회수업 분야에 있어서의 개인정보보호에 관한 지침(이하, 서비스지침)」 20, 「전기통신사업에 있어서 개인정보보호에 관한 지침(이하, 전기통신사업 지침)」 제22조 제3항 등.

5) 또한 경제산업성 지침 개정안에서는, 주무장관 등에 대한 보고에 관해서 상세한 규정을 마련해 개인정보 취급사업자가 인정개인정보보호단체의 대상사업자인 경우에는, 원칙적으로 경제산업성장관에 대한 보고에 대신하여, 인정개인정보보호 단체에 보고를 행할 수 있지만 기밀 개인정보의 누설 등의 안건 등 중대한 안건에 대해서는, 경제산업성장관에 대한 보고가 필요하다고 하고 있다(2-2-3-2).

6) 「금융분야에서의 개인정보보호에 관한 지침의 안전관리조치 등에 대한 실무지침」 2-6-1, 「경제산업분야 중 신용분야에 있어서 개인정보보호 지침」 II. 2. (3) 2)

경우에는 고용관리에 관한 지침의 적용에 따르고, 그것에 의해 보고의무의 유무가 판단되게 된다.

1-3. 본인에 대한 통지

주무장관에 대한 보고와 같이 여러 부처의 지침에서 개인데이터의 누설, 멸실 등이 있을 때 본인에게 통지해야 하는 것이 바람직한 사항 또는 노력의무로 정해져 있다[7](다만, 금융청의 소관사업 및 경제산업성의 소관분야 중 신용분야에 관해서는 개인데이터의 누설, 멸실 등에 대해 본인에 대한 통지가 의무지워져 있다[8]).

전술의 사실관계의 조사에서 본인을 특정할 수 있는 범위 내에서 가공청구 등의 2차 피해의 방지를 위해서, 영향을 받을 가능성이 있는 본인에게는 개별적으로 통지할 필요가 있다.[9]

1-4. 시정조치·재발방지 조치의 검토

사고발생원인을 규명하여, 개인정보보호법 제20조의 안전관리조치의무의 관점에서 보았을 때 충분한 안전관리조치가 취하여지고 있었는지, 재발방지를 위해서 어떠한 조치를 취하여야 하는지를 검토하여 해당조치를 하여야 한다. 안전관리조치로서는

① 조직적 안전관리조치

② 인적 안전관리조치

③ 물리적 안전관리조치

---

7) 경제산업성지침 II.2.(3) 2), 금융청지침 제22조 제3항, 국토교통성지침 제21조 제1항, 서비스지침 20, 전기통신사업지침 제22조 제1항 등.

8) 각주 6) 참조

9) 또한 경제산업성지침 개정안에는 영향받을 가능성이 있는 본인에 대한 연락에 대해, 종전에 비해 상세하게 규정을 마련하여 「사고 또는 위반에 대해 본인에게 사죄하고 2차 피해를 방지하기 위해서 가능한 본인에게 연락하는 것이 중요하다」고 하며, 본인에 대한 연락을 생략해도 상관없다고 생각되는 사례를 예시하고 있다.
· 분실한 개인데이터를 제3자에게 노출없이 신속하게 회수했을 경우
· 고도의 암호화 등의 은닉화가 되어있는 경우
· 누설한 사업자 이외에는 특정의 개인을 식별할 수 없는 경우(사업자가 소유하는 개인데이터와 조합하여 비로소 개인데이터가 되는 경우)

④ 기술적 안전관리조치

가 있는데, 본질문과 같은 PC분실사안에 있어서는 구체적으로는 다음과 같은 조치가 문제된다.

첫째로, 조직적 안전관리조치에서 보았을 때, PC의 사외누출에 대해 일정한 규칙이 마련되고 있었는지가 문제된다. PC의 사외누출은 도난 또는 분실에 의한 개인정보 및 기업정보의 누설위험이 높으므로, 일정한 제한을 두는 것이 바람직하다(허가제 등).

둘째로, 인적 안전관리조치에서 보았을 때, 직원에게 필요하고 적절한 교육·훈련이 실시되고 있는지 확인 등을 할 필요가 있다.

셋째로, 기술적 안전관리조치에서 보았을 때, PC내부의 데이터의 기술적 보호책에 대한 검토가 필요하다. 로그인 패스워드의 설정만으로는 데이터의 누설을 막을 수 없다. PC내부의 하드드라이브를 꺼내면, 다른 기기를 사용하여 내부데이터를 용이하게 볼 수 있기 때문이다. 어느 정도까지 기술적 안전관리 조치를 해야 하는가에 대해서는 그 업종의 내용, 취급하는 데이터의 프라이버시성의 정도에서 개별적으로 판단할 수 밖에 없다. 위험의 크기에도 따르나, 설문의 ②의 경우와 같은 암호화 소프트웨어를 이용한 암호화라는 것도 검토되어야 할 조치의 하나이다.

이러한 조치는 경제산업성지침에 의하면, 「본인의 개인데이터가 누설, 멸실 또는 훼손되었을 경우에 본인이 입을 권리이익의 침해정도를 고려하여, 사업성질 및 개인데이터의 취급상황 등에 기인한 위험에 따라 필요하며 적절한 조치를 강구하도록 한다」고 되어 있다.

즉, 개개의 사업자마다 위험이 다르기 때문에 일률적으로 이것을 해야 하거나 또는 이것을 해 두면 충분하다는 것은 결코 없다. 사업자로서는 분실사고를 계기로 스스로 위험을 평가하는 작업을 다시 하여, 해당 위험의 정도에 맞는 대응으로서 스스로 적당하다고 생각되는 조치를 결정하는 과정을 거치게 된다.

1-5. 공표

주무장관에 대한 보고, 본인에 대한 통지와 같이 여러 부처의 지침에서 개인데이터의 누설, 멸실 등이 있었을 때 공표하는 것이 바람직한 사항 또는 노력의무로 정해져 있다.[10] 또, 금융청의 소관사업에 대해서는 「2차피해의 방지·유사 사안의 발생 회피 등의 관점에서」 공표의 의무를 지우고 있다.[11]

상술한 바와 같이, 공표해야할 것인가 여부에 대해서는 금융청 소관업무를 제외하고 공표해야 할 의무는 없다. 따라서 구체적으로는 개별사안마다 공표할 것인가 여부를 검토하여야 한다. 고려되어야 할 요소로서는 PC내의 개인 데이터의 수, 그 특정가능성(모두 특정할 수 있는 것에서부터 본인에게 통지하는 것만으로 2차 피해를 방지할 수 있는지) 및 성질(민감한 데이터가 포함되어 있는지 여부)등을 종합적으로 검토한 후에 판단하여야 한다.[12]

2. PC내의 데이터가 암호화되어 있는 경우

PC내의 데이터가 암호화되어 있는 경우에는 개인정보가 포함되어 있어도 모든 정보가 개인정보보호법 상의 「개인정보」에 해당하는지가 문제된다. 개인정보이기 위해서는, 개인식별가능성이 있어야하기 때문에, 암호화되어 있는 경우에는 식별이 불가능한 것이 아닌가하고 생각되기 때문이다.

이 점에 관해서, 경제산업성지침에서 개인정보에 관하여는 「암호화되어 있는지 어떤지를 묻지 않는다」라고 규정하고 있으므로[13] 개인정보보

---

10) 경제산업성지침 Ⅱ.2.(3) 2), 금융청지침 제22조 제2항, 국토교통성지침 제21조 제2항, 서비스지침 20, 전기통신사업지침 제22조 제2항 등.

11) 「금융분야에서의 개인정보보호에 관한 지침의 안전관리조치 등에 대한 실무 지침」 2-6-1. 또한 신용분야에서는 「가능한」이라 하여, 최종적으로는 개개의 사업자의 판단에 맡기고 있다.

12) 또, 경제산업성 지침 개정안에서는, 공표의 필요와 불필요의 판단에 대해 상세한 규정을 마련하여 이하와 같은 경우에는 공표할 필요가 없다고 판단된다고 하고 있다.
영향을 받은 가능성이 있는 본인 모두에게 연락이 닿았을 경우
· 분실한 개인데이터를 제3자에게 노출되는 일 없이 신속하게 회수했을 경우
· 고도의 암호화 등의 은닉화가 되어 있는 경우
· 누설한 사업자 이외에서는, 특정 개인을 식별할 수 없는 경우(사업자가 소유한 개인데이터와 조합함에 의해 비로소 개인데이터가 되는 경우)

호법의 해석상은 암호화되어 있는 것이라도 개인정보에 해당하여 개인정보 데이터베이스 등을 구성하는 경우 개인데이터에 해당하게 된다. 따라서 암호화되어 있었다고 해도 개인정보보호법이 적용되어 ①의 질문과 같이 개인정보취급사업자로서 그 대응을 할 필요가 있다.

무엇보다, 암호화의 강도가 통상적으로 복호화할 수 없는 정도의 것이면, 특히 의무규정이 있는 지침이 적용되는 경우(금융청지침과 신용분야지침)를 제외하고 주무장관에 대한 보고 등은 일반적으로는 필요 없는 경우가 많다고 생각된다.14)

(高橋美智留／米津航)

4. Virus에 의한 개인정보의 누설

Q **파일교환 소프트웨어에 관계된 바이러스가 원인으로 개인정보의 누설이 문제가 되었다고 하는데, 이 점에 관련해 어떠한 안전관리 대책을 세울 필요가 있습니까?**

A 파일교환소프트웨어를 이용해 다운로드한 파일 속에는, 개인정보를 PC로부터 훔치는 바이러스가 섞여있는 일이 있기 때문에, 안전관리대책으로서는 파일교환소프트웨어의 사용을 제한하는 것, 그러한 바이러스에 감염되지 않게 바이러스 체크를 하는 것 및 그러한 바이러스에 감염되어도 개인정보가 누설되지 않게 개인정보의 분리보관에 노력하는 것 등의 방법이 요구됩니다.

해 설

13) 경제산업성지침 II.1.(1).경제산업성지침 개정안도 동취지.

14) 각주 9), 12)의 경제산업성지침 개정안을 참조.

1. 파일교환 소프트웨어와 개인정보누설

인터넷을 통해서 불특정다수의 사람들 사이에 서버를 통하지 않고 직접 데이터교환을 실시하는 P2P(Peer to Peer)라는 방식으로, 이용자끼리 서로 PC안에 보유하고 있는 파일을 검색하여 교환하기 위한 소프트웨어가 있는데 일반적으로 파일교환 소프트웨어로 불리고 있다. 일본에서 인기 있는 대표적인 소프트웨어가 일본에서 개발된 Winny이며, 많은 이용자가 음악이나 영상파일의 교환을 위해서 이용하고 있다.

이 파일교환 소프트웨어를 노린 컴퓨터 바이러스가 다수 등장하여 바이러스에 감염되었을 경우, 감염된 바이러스의 종류에 따라서는 PC의 이용자명, 소직명, 메일주소, 데스크탑의 화상, 데스크탑에 있는 파일등이 Winny네트워크에 유출되는 결과가 된다. 그 결과, 당연히 PC안에 보존되어 있던 개인정보가 외부에 자동적으로 유출된다. 또 P2P의 파일교환소프트웨어를 클라이언트 PC에서 사용하면, 제공자나 서버가 바이러스 치료기능을 갖추고 있었다고 해도 클라이언트 PC에 바이러스대책 소프트가 도입되어 있지 않은 한, 바이러스에 감염될 수 있다.

이와 같이, Winny를 비롯한 파일교환 소프트웨어를 노린 바이러스가 개인정보유출의 큰 요인이 되어 크게 문제되고 있다. 보도를 보면, 이런 종류의 바이러스에 의해, 의사의 병원환자검사결과나 진료기록의 유출, 시청직원의 시민개인정보유출, 경찰관의 수사정보유출, 교사의 학생정보유출 등, 다양한 개인정보가 인터넷에 유출되고 있어, 일일이 열거할 수도 없다. 누출건수로서는 분실, 도난 등과 비교했을 때 비율이 크지 않으나, 이러한 파일교환 소프트웨어를 매개하여 인터넷에 유출한 경우 개인정보가 퍼져가는 범위도, 각자의 PC에 복제·보존되는 속도도 매우 빠르고, 누출을 인지했을 때에 회수가능성은 거의 제로이고, 그 자료가 모두의 흥미를 유발하는 정보이면 반영구적으로 차례차례 불특정 다수인에게 계속 복제되어 피해의 확대가 멈추지 않는다는 점에서 그 피해는 심각하다.

당연히 이러한 문제는 개인정보누출문제에만 머물지 않고 중대한 기업정보의 유출로 확대될 위험성도 있다. 따라서 그 정보누출대책의 중요성을 강하게 의식해 둘 필요가 있다.

2. 파일교환 소프트웨어를 통한 개인정보누설에 대한 안전대책

기업이 파일교환소프트웨어의 이용을 제한하지 않고 방치하는 것은 개인정보누설의 위험을 방치하는 것에 동의하는 것과 같기 때문에, 개인정보보호법 상의 안전관리조치(개인정보보호법20)를 취하지 않았거나, 또는 직원 감독(개인정보보호법21)이 불충분하다고 판단될 가능성이 있는 것에 유의해야 한다.

상기와 같은 바이러스 감염에 의한 개인정보누설 사건은 크게 나누어 개인정보를 포함한 기업정보를 개인PC에 보존하여 개인PC가 바이러스에 감염되는 경우와 업무PC에서 Winny를 인스톨하여 감염되는 경우로 나눌 수 있다. 따라서 파일교환소프트웨어를 통한 개인정보의 누설을 막기 위해서는

① 바이러스 감염의 위험성이 있는 파일교환 소프트웨어를 사내용 PC에 인스톨 하는 것을 금지하고

② 개인정보를 포함한 기업정보를 사외누출하거나, 개인PC에 보존하는 것을 금지하거나 철저히 제한하여야 한다.

그리고 예를 들어 파일교환 소프트웨어의 사용에 관한 사내규정의 정비, 개인정보의 누출이나 개인PC에의 다운로드의 원칙금지(조직적 안전관리조치), 파일교환 소프트웨어 사용의 위험성에 관해서 직원에게 주지·교육의 철저(인적 안전관리조치), 외부의 네트워크와 접속하고 있지 않는 PC의 개인정보관리(물리적 안전관리조치), 개인정보의 암호화, 정기적인 바이러스 체크(기술적 안전관리조치)등을 두어, 이러한 바이러스의 피해를 미연에 방지하는 대책을 세우는 것이 유익하다고 생각된다.

(高橋美智留／米津航)

5. 메일주소의 오송신

Q 당사는, 자사의 고객에게 통상 BCC로 자사서비스광고 등의 정보를 발신하고 있는데, 당사의 직원의 메일 전달실수로 BCC로 발신해야하는 것을 CC로 발신해버렸습니다. 이 경우에 어떠한 문제가 있는 것입니까?

A 개인정보보호법상 CC로 전달해 버린 메일주소가 개인정보에 해당하는 경우에는 개인데이터의 누설로 적절한 대응이 필요하게 됩니다. 또, 귀사가 안전관리조치를 제대로 취하고 있었는지, 직원에 대한 감독의무를 과연 제대로 하고 있었는가 하는 점이 문제가 됩니다.

해 설

1. 메일주소의 「개인정보」 해당성

우선, 원래 메일주소가 개인정보보호법 상의 「개인정보」에 해당하는지가 문제된다.

1-1. 판단기준

Q1-1에서 기술하는 바와 같이, 「개인정보」란 생존하는 개인에 관한 정보이며, 특정의 개인을 식별할 수 있는 것을 가리킨다.

따라서 기호나 숫자 등의 문자열만으로 구성되어 있어 특정개인을 식별할 수 없는 메일 주소(예를 들어, 12abc345@defgd.jp 등)의 경우에는 해당 메일주소를 다른 정보와 용이하게 조합함에 의해서 특정의 개인을 식별할 수 있는 경우를 제외하고 개인정보보호법상의 「개인정보」에는 해당하지 않는다(경제산업성지침 II.1.(1)).

한편, 메일주소 안에 개인명이나 조직명이 포함되어 있기 때문에 메일주소의 정보만으로도, 특정의 조직에 소속하는 특정 인물의 메일주소인 것을 알 수 있는 것(예를 들어, keisan_ hanako@meti.go.jp 등)인 경우에는 개인정보보호법상의 「개인정보」에 해당한다.

1-2. 메일주소가 「개인정보」에 해당하지 않는 경우

잘못하여 CC로 발신해 버린 메일주소가 기호나 숫자 등의 문자열만으로 구성되어 특정의 개인을 식별할 수 없는 것인 경우에 해당 메일주소는 「개인정보」에 해당하지 않는다. 이러한 「개인정보」에 해당하지 않는 메일주소가 직원의 실수에 의해 다른 고객에게 전달되어 버렸다 해도 민사상 책임을 추궁당할 가능성은 부정할 수 없지만, 귀사에 개인정보보호법상의 책임이 생길 일은 없다고 생각된다.

1-3. 메일주소가 개인정보에 해당하는 경우

한편, 잘못하여 CC로 발신해 버린 메일주소가 해당 메일주소만으로도 특정의 조직에 소속하는 특정의 인물의 메일주소인 것을 알 수 있는 경우나, 기호나 숫자 등의 문자열만으로 구성되어 있어도, 다른 정보와 용이하게 조합되어서 특정의 개인을 식별할 수 있는 경우에는, 해당 메일주소는 「개인정보」에 해당한다고 할 수 있고 상기와 같은 민사상의 책임 외에, 이와 같은 개인정보보호법상의 문제가 생기게 된다.

2. 개인정보취급 사업자의 의무

2-1. 제3자에 대한 개인데이터의 제공

개인정보취급사업자가 제3자에게 개인데이터를 제공하는 경우에는 원칙적으로 미리 본인의 동의를 얻는 것이 필요하다(개인정보보호법23①). 따라서 귀사가 광고 등의 정보를 전달하고 있는 다른 고객은 「제3자」에 해당되고 본 건에서는 오송신된 메일주소의 본인은 자기 메일주소가 다른 고객에게 송신되는 것에 동의하지 않았기 때문에, 해당오송신은 고객 개인정보의 누설이라 할 수 있다.

2-2. 개인데이터 누설에 대한 조치

개인정보취급사업자가 개인데이터 누설사고가 있었을 경우에 취해야 할 조치는, Q1-3에서 상세하게 설명했던 대로 구체적으로는,

① 사실관계의 조사
② 주무장관에 대한 보고
③ 본인에 대한 통지
④ 시정조치·재발 방지책의 검토
⑤ 공표

등의 조치에 대한 대응을 검토해야 한다(각 부처의 지침규정 등에 대한 자세한 사항은 Q1-3의 해설을 참조).

또한 ④의 재발방지책으로서는 내부규정이나 계약서 등에서 개인데이터의 안전관리에 관한 직원의 역할·책임 등을 구체적으로 규정하고 이에 따른 운용을 행하는 것, 개인정보보호에 관한 직원의 의식을 향상시키는 교육프로그램을 실시하는 것, 직원이 메일을 전달할 때의 송신지확인절차 등 개인데이터를 취급할 때의 메뉴얼을 작성하여, 해당 메뉴얼을 직원에게 철저히 이해시키고 준수하도록 교육과 훈련을 실시하는 것 등을 들 수 있다.

(高橋美智留／小野木巳奈)

6. 고객정보와 관련한 수탁기관에 대한 조치

Q 당사는, 자사제품의 수리의뢰와 고객센터의 창구로서 타사에 콜센터 업무를 위탁하여, 수탁기관에서 고객정보의 데이터베이스 관리를 행하고 있습니다. 수탁기관에 어떠한 조치를 취하면 좋을까요?

A 개인정보취급사업자가 업무수탁기관에 대해 개인데이터를 제공하

는 경우에는 본인의 동의 없이 하는 것이 가능하지만, 수탁기관에도 개인데이터의 안전관리가 도모되도록 적절한 안전관리조치를 강구하여 수탁기관이 해당 조치를 준수하도록 감독할 책임을 집니다.

해 설

1. 수탁기관에 대한 개인데이터의 제공

개인정보취급사업자가 제3자에게 개인데이터를 제공하는 경우에는 원칙적으로 미리 본인의 동의를 얻는 것이 필요하다(개인정보보호법23①).

다만, 「개인데이터 관리의 전부 또는 일부를 위탁하는 경우」 수탁기관은 상기 「제3자」에는 포함되지 않고, 예외적으로 본인의 동의 없이 정보의 제공을 행할 수 있다(개인정보보호법23④一).

상기의 「개인데이터취급의 전부 또는 일부를 위탁하는 경우」로는 예를 들어 데이터의 입력 등이나 정보처리를 위탁하기 위해서 개인데이터를 건네주는 경우나, 백화점이 주문을 받은 상품의 배송을 위해서 택배업자에게 개인데이터를 건네주는 경우 등을 들 수 있다. 이러한 경우에, 그때마다 본인의 동의를 얻는 것은 번잡하고 제3자의 관여도 단순한 정보처리 등으로 한정되어 그 이용목적이 준수된다면 본인에게 있어서 특별한 불이익은 생기지 않기 때문에, 본인의 동의없이 제공할 수 있는 것으로 여겨진다.

질문과 같이, 타사에게 콜센터 업무를 위탁하여 수탁기관에게 고객정보의 데이터베이스 관리를 행하는 경우에는, 상술한 「개인데이터취급의 전부 또는 일부를 위탁하는 경우」에 해당한다. 따라서, 귀사가 고객정보의 데이터베이스 관리업무를 타사에 위탁할 때 해당 수탁기관은 본인의 동의 없는 개인데이터의 제공이 금지되는 「제3자」에는 해당하지 않고, 귀사는 각 고객의 동의없이 고객 정보를 수탁기관에 제공할 수 있다.

2. 개인정보취급사업자의 수탁기관에 대한 감독의무

개인데이터취급의 전부 또는 일부를 위탁하는 경우에, 개인정보취급사업자는 개인데이터본인의 동의없이 수탁기관에 개인정보를 제공할 수 있으나, 동시에 취급을 위탁한 개인 데이터의 안전관리가 도모되도록 그 수탁기관에 대한 필요하며 적절한 감독을 실시하여야 한다(개인정보보호법22). 이 감독책임은 만일 개인데이터 본인의 동의를 얻고, 수탁기관에 개인데이터를 제공했을 경우에도 면제되지 않는다고 이해되고 있다.15)

여기서 문제가 되는 것은 구체적으로 어떻게 하면 개인정보보호법 제22조의 감독의무를 완수한 것이 되는가 하는 점이다.

2-1. 수탁기관의 선정

우선, 수탁기관으로서 적절한 업자를 선정할 것이 필요하다. 각 부처의 지침에서도 수탁기관의 선정기준에 대해 규정되어 있으므로 그것이 참고가 된다.16)

예를 들어, 고용관리에 관해서 다음과 같은 선택기준례가 열거되고 있다.17)

① 개인데이터의 보관방법, 보관장소가 적절할 것
② 개인데이터의 누설이나 도용을 방지하기 위한 구체적인 조치를 강구하고 있을 것
③ 개인데이타를 취급하는 직원에 대한 교육, 연수를 하고 있을 것
④ 개인데이터 취급에 대해 적정한 감사를 실시하고 있을 것

2-2. 위탁계약

다음으로, 수탁기관에 대하여 계약상 관리가능하게 하기 위해서 위탁계약에 개인정보보호에 관한 규정을 포함시켜야 한다

경제산업성지침에 의하면 위탁계약에 포함시키는 것이 바람직한 사항

15) 「「개인정보 보호에 관한 법률에 대한 경제산업분야를 대상으로 하는 지침」 등에 관한 Q&A」의 Q3 14를 참조(http://www.meti.go.jp/policy/it_policy/ privacy/q&a. htm).

16) 「고용관리에 관한 개인정보의 적정한 취급을 확보하기 위해서 사업자가 강구해야 할 조치에 관한 지침」 제三, 四, 4(一), 금융청지침 제12조 제3항, 「경제산업분야 중에 신용분야에 있어서의 개인정보지침」 II. 2. (3) 4) 등.

17) 「고용관리에 관한 개인정보의 적절한 취급을 확보하기 위하여 사업자가 강구해야 할 조치에 관한 지침」 (해설) 21면

은 다음과 같다.

① 위탁자 및 수탁자의 책임의 명확화

② 개인데이터의 안전관리에 관한 사항

· 개인데이터의 누설방지, 도용금지에 관한 사항

· 위탁계약 범위 외의 가공, 이용의 금지

· 위탁계약 범위 외의 복사, 복제의 금지

· 위탁계약기간

· 위탁계약 종료 후의 개인데이터의 반환·소거·폐기에 관한 사항

③ 재위탁에 관한 사항

· 재위탁을 실시할 때 위탁자에 대한 문서에 의한 보고

④ 개인데이터의 취급 상황에 관한 위탁자에 대한 보고의 내용 및 빈도

⑤ 계약내용이 준수되고 있다는 확인(예를 들어, 정보 보안감사 등도 포함됨)

⑥ 계약내용이 준수되지 않은 경우의 조치

⑦ 보안사건·사고가 발생했을 경우의 보고·연락에 관한 사항

상기 사항에 대해 어디까지 엄격하게 포함되어야 하는가에 대해서는 해당 위탁에 따라 예탁되는 개인데이터의 수, 성질, 누설의 위험의 크기·영향 등을 종합적으로 고려해 정하게 된다.

2-3. 이행의 확인(보고·감사)

마지막으로, 상기 사항을 명확하게 정하고 있었다 해도 이러한 사항이 수탁자에 의해서 적절히 수행되고 있는지 정기적으로 확인하지 않은 경우에는 개인정보취급 사업자가 수탁자에 대해 필요하며 적절한 감독을 실시했다고는 말할 수 없다. 위탁자인 개인정보취급사업자는 수탁자의 개인데이터의 취급 상황이나 안전관리조치의 수행상황 등의 정기적인 확인을 게을리 하지 않도록 주의해야 한다.

개인정보취급사업자가 이와 같은 수탁자에 대한 감독의무에 위반한 결과 개인정보가 누설되었을 경우에는 권고·명령 등의 개인정보보호법

상의 행정처분을 받을 가능성이 있는(개인정보보호법34) 외에 수탁기관에 대한 감독의무위반을 근거로 민사상의 손해배상책임을 추궁당할 가능성도 있다.

(高橋美智留／小野木巳奈)

7. 개인데이터의 비공개사유

Q **당사가 보유하고 있는 개인데이터의 개시청구에 대해 개시청구를 거절할 수 있는 경우가 있습니까? 또한, 그것은 어떠한 경우입니까?**

A 법이 정하는 「보유개인데이터」에 해당하지 않는 경우는 개시하지 않는 것이 가능합니다. 보유개인데이터에 해당하는 경우이더라도

① 본인 또는 제3자의 생명, 신체, 재산 그 외의 권리이익을 해칠 우려가 있는 경우

② 해당 개인정보취급사업자의 업무의 적정한 실시에 현저한 지장을 미칠 우려가 있는 경우

③ 다른 법령에 위반하게 되는 경우

에는 예외적으로 개시하지 않는 취지를 본인에게 통지하고 전부 또는 일부를 개시하지 않는 것이 가능합니다.

해 설

1. 보유개인데이터의 개시

1-1. 보유 개인데이터의 개시의무

개인정보취급사업자는 원칙적으로 본인의 요구에 따라 지체없이 보유개인데이터를 개시하여야 한다(개인정보보호법25①본문). 개시청구에 따라 개시할 필요가 있는 「보유 개인데이터」란 개인정보취급사업자가 본인

또는 그 대리인으로부터 요구받는 개시, 내용의 정정, 추가 또는 삭제, 이용의 정지, 소거 및 제3자에 대한 제공정지에 응할 수 있는 권한을 가지는 개인데이터(개인정보보호법2②)이다.

1-2. 보유 개인데이터의 범위

■ 개시 등의 권한을 가지는 것

위탁자로부터 데이터베이스의 갱신, 관리를 수탁하고 있는 정보처리회사의 경우는 위탁자로부터 위탁되어 있는 개인데이터에 대해서 계약상 본인에게 개시 등을 실시할 권한이 주어지지 않은 것이 통상적이다. 이러한 경우 해당 데이터는 외부처리위탁업자에게 있어서 「개인데이터」에는 해당하나, 「보유개인데이터」에는 해당하지 않는다.

■ 개인데이터인 것

개인데이터에 해당하지 않는 검색 가능하지 않은 개인정보(예를 들어, 오십음순서로 정리되어 있지 않은 경품응모엽서)는 명시된 대상이 아니다.

■ 제외되는 개인데이터에 해당하지 않는 것

개인정보취급 사업자가 가지는 개인데이터 가운데,

a) 그 존부가 밝혀짐에 의해 공익 그 외의 이익에 피해를 끼칠 우려가 있는 것으로서 정령으로 정하는 것

b) 6개월 이내에 소거하게 될 것

에 대해서는 「보유개인데이터」에 포함되지 않는다(개인정보보호법2⑤, 개인정보보호법시행령4).

a)의 「존부가 밝혀짐에 의해, 공익 그 외의 이익에 피해를 끼칠 우려가 있는 것」으로, 이하와 같이 규정하고 있다(개인정보보호법시행령3, 경제산업성지침).

① 개인데이터의 존부가 밝혀짐으로써 본인 또는 제3자의 생명, 신체 또는 재산에 위해를 끼칠 우려가 있는 것(예를 들어, 가정내 폭력, 아동학대 피해자의 지원단체가 그 존부가 밝혀짐으로써 폭력이나 학대를 악화시킬 우려가 있는 가해자나 피해자의 개인데이터를 보유하고 있는 경우 등)

② 개인데이터의 존부가 밝혀짐으로써 위법 또는 부당한 행위를 조장

하거나 또는 유발할 우려가 있는 것(예를 들어, 사업자가 그 존부가 밝혀지면 보복 등이 우려되는 총회의 개인데이터를 보유하는 경우나, 그 존부가 밝혀짐으로써 정당한 업무가 방해될 우려가 있는 손해배상청구자의 개인데이터를 보유하는 경우 등)

③ 개인데이터의 존부가 밝혀짐으로 국가 안전에 피해를 끼칠 우려가 있거나, 타국 또는 국제기관과의 신뢰관계가 손상될 우려가 있거나 타국 또는 국제기관의 교섭에서 불이익을 입을 우려가 있는 것(병기 등의 개발담당자명 등의 개인데이터를 제조업자가 보유하고 있는 경우나, 외국 요인의 행동 예정을 경비회사가 보유하는 경우 등)

④ 개인데이터의 존부가 밝혀짐으로 범죄의 예방, 진압 또는 수사 그 외의 공공의 안전과 질서유지에 지장을 미칠 우려가 있는 것(압수수색영장의 대상이 된 사업자가 수사대상자나 피의자를 본인으로 하는 개인데이터를 보유하고 있는 경우 등)

2-1. 비공개사유

「보유개인데이터」에 해당하는 개인데이터여도, 이하에 해당하는 경우에는 예외로 개시하지 않는 취지를 본인에게 통지하고, 전부 또는 일부를 개시하지 않는 것이 가능하다(개인정보보호법25①단서).

a) 본인 또는 제3자의 생명, 신체, 재산 그 외의 권리와 이익을 해칠 우려가 있는 경우
b) 개인정보취급사업자의 업무의 적정한 실시에 현저한 지장을 미칠 우려가 있는 경우
c) 다른 법령에 위반하게 되는 경우

개시가 요구된 보유개인데이터의 모든 것이 상기 비공개사유에 해당하는 경우에는 개시를 거절할 수 있지만, 보유개인데이터의 일부만 상기 비공개사유에 해당하는 경우에는 개시 가능한 부분에 대해서는 청구에 따라 개시하여야 하다. 반대로, 상기 비공개사유에 해당함에도 불구하고 개시하는 것은 개시에 의한 지장이 개인정보취급사업자 자신의 업무의 적정한 실시에 관한 권리이익에게만 문제가 생기는 경우를 제외하고, 개

인정보보호법의 취지에 반하여 위법의 문제가 될 수 있다.

2-2. 비공개 사유의 구체적인 예[18)]

상기 a)의 구체적인 예로는, 의료기관 등에서 암 등의 병명이나 치유의 전망 등을 개시함에 의해, 본인의 심신상황을 악화시킬 우려가 있는 경우나, 본인에 관한 보유개인데이터 안에 제3자의 프라이버시가 포함되어 있는 경우 등을 들 수 있다.

상기 b)의 구체적인 예로서는, 시험실시기관에서 채점정보를 개시함으로써, 시험제도의 유지에 현저한 지장을 미칠 우려가 있는 경우나, 보유개인데이터를 개시함으로 개인정보 취급 사업자의 중요한 기업비밀이 밝혀질 우려가 있는 경우 등을 들 수 있다.

또, 인사고과 등의 평가정보개시에 의해, 이후 적절한 평가가 곤란하게 될 우려가 있는 경우에도 업무의 적정한 실시에 현저한 지장이 있는 경우로서 직원으로부터의 평가정보에 관한 개시청구를 거절하는 것이 가능하다. 다만, 사업자는 미리 비공개사항을 직원들에게 주지시키는 조치를 강구하도록 노력할 필요가 있다.[19)]

또한, 발생할 우려가 있는 지장은 사회통념상 「현저한 지장」이며, 단지 개인정보취급사업자에게 번잡하다든가, 비용이 든다든가, 개시가 적절하지 않다고 한 경우는 「업무의 적정한 실시에 현저한 지장」이 있는 경우에는 해당하지 않고, 이러한 이유에 근거하여 개시를 거절할 수 없다.

상기 c)의 구체적인 예로서는, 본인이 금융기관에 자기계좌에 관한 기록의 개시를 요구했을 경우에, 금융기관이 「조직적인 범죄의 처벌 및 범죄수익의 규제 등에 관한 법률」 제54조 제1항에 근거해 주무장관에게 해당 계좌에 대해 거래신고를 하였을 때에, 해당 신고를 실시한 것이 기록되고 있는 보유 개인데이터를 개시하는 것이 동조 제2항의 규정에 위반하는 경우 등을 들 수 있다.

---

18) 경제산업성지침2.(5).2)를 참조할 것.

19) 「고용관리에 관한 개인정보의 적정한 취급을 확보하기 위해서 사업자가 강구해야 할 조치에 관한 지침」 第3六

개인정보취급 사업자는 보유 개인데이터의 비공개를 결정하고 이것을 본인에게 통지할 경우에 그 이유를 본인의 이해를 얻을 수 있게끔 설명하도록 노력하여야 한다(개인정보보호법28). 청구에 일체 응하지 않는 것을 결정하는 경우는 물론, 그 일부에 대해서만 개시하는 경우에도 일부 명시조치를 취한 이유를 설명하도록 노력할 필요가 있다.

(小野木巳奈)

8. 옵트아웃의 청구와 데이터의 삭제

Q 당사는 인터넷으로 통신판매를 하고 있는 회사입니다. 어느 고객으로부터 「이제, 당사 사이트를 이용하지 않기 때문에 자신의 개인정보를 삭제해 주었으면 한다」는 요구를 받았습니다. 이 고객에 대해서는 향후 메일송부 등의 영업활동은 하지 않을 예정으로 하고 있으나, 영업 데이터를 분석하거나 훨씬 훗날 분쟁이 되었을 때를 위해서, 개인정보를 보관해 두고 싶습니다. 당사가 이를 삭제할 의무가 있는 것입니까?

A 개인정보보호법에 근거해 적절히 보관하는 한 삭제할 필요는 없으나, 취득시에 모든 이용목적이 본인에게 미리 명시될 것이 요구됩니다.

해 설

질문에 있는 고객의 「이제, 당사사이트를 이용하지 않기 때문에 자신의 개인정보를 삭제해 주었으면 한다」는 요구에 관계된다고 생각되는 개인정보보호법의 조문은 옵트아웃(개인정보보호법23②), 보유 개인데이터의 삭제청구(개인정보보호법26①) 및 보유 개인데이터의 소거 청구(개인정보보호법27①)이다.

1. 옵트아웃(개인정보보호법23②)

개인정보보호법에서는 개인정보취급사업자가 개인데이터를 제3자에게 제공하는 경우, 본인의 동의를 얻는 것을 원칙으로 하고 있으며(개인정보보호법23①) 해당 사업자가 본인의 요구에 따라 해당 본인이 식별되는 개인데이터를 제3자에게 제공하는 것을 정지하도록 규정하는 외에,

① 제3자에의 제공을 이용목적으로 하는 것
② 제3자에게 제공되는 개인데이터의 항목
③ 제3자에의 제공의 수단 또는 방법
④ 본인의 요구에 응해 해당 본인이 식별되는 개인데이터의 제3자에게의 제공을 정지하는 것

을 미리 본인에게 통지하고 또는 본인이 용이하게 알 수 있는 상태에 두고 있으면 본인의 동의를 받지 않아도 되는 것으로 규정하고 있다(개인정보보호법23②). 본인이 해당사업자에 의한 개인 데이터의 이용을 거부(out)하는 것을 선택(opt)할 수 있다는 점에서, 이 구조는 「옵트아웃」이라고 불리고 있다.

본건에서, 만일 귀사가 개인정보보호법 제23조 제2항에서 요구되고 있는 상기의 항목에 대해 본인에게 통지 또는 표시(=본인이 용이하게 알 수 있는 상태에 두는 것)를 미리 행하고, 본인에 의한 제3자 제공에의 동의를 얻지 않고 제3자에게 정보를 제공하였던 경우는, 고객으로부터 「더 이상 당사사이트를 이용하지 않기 때문에 자신의 개인정보를 삭제해 주었으면 한다」라는 요구가 있을 때, 본조와의 관계에서 이 요구는 본인으로부터의 개인데이터의 제3자제공의 정지요구라고 이해하여 즉시 제3자 제공을 정지하게 된다.

2. 보유개인데이터 삭제청구(개인정보보호법26①)

개인정보보호법 제26조는 본인으로부터 해당 본인이 식별되는 보유개

인데이터의 내용이 사실이 아니라는 이유에 의해 해당 보유개인데이터의 내용의 정정, 추가 또는 삭제가 요구되었을 경우, 개인정보취급사업자는, 이용목적의 달성에 필요한 범위내에서 지체없이 필요한 조사를 실시하여 그 결과에 근거해 대응해야 하는 것으로 되어 있다.

즉, 진실과 다른 데이터이면 본인은 해당 데이터의 삭제를 요구할 수 있다. 본 건에서도 만약 그처럼 진실과 다른 데이터를 사용하고 있다는 사정이 있으면, 삭제에 응하여야 하는 일도 있을 수 있다. 무엇보다, 본인으로부터의 요구에는 「이용목적의 달성에 필요한 범위내에서」 대응하면 충분하기 때문에, 정정하면 되는 경우까지 삭제해야 하는 것은 아니다.

3. 보유개인데이터의 소거청구(개인정보보호법27①)

개인정보보호법 제27조 제1항은 본인으로부터 개인정보의 목적 외의 이용이 이루어지고 있거나(개인정보보호법16의 위반) 또는 부정하게 취득된 개인정보(개인정보보호법17의 위반)라는 이유로, 보유 개인데이터의 이용정지 또는 소거가 요구되고, 그 요구에 이유가 있을 때에는 원칙적으로 이에 응하여야 한다고 규정하고 있다.

본 건에서도, 만일 고객의 개인정보 이용목적으로서 당초에 특정한 범위와 다른 이용을 하고 있거나, 개인정보를 부정한 수단으로 취득한 것 같은 사정이 있는 경우에는, 데이터를 소거해야 된다. 본인의 요구에는 「위반을 시정하기 위해서 필요한 한도로」 대응하면 충분하므로, 데이터의 이용을 정지하면 끝나는 경우에도 소거해야 하는 것은 아니다.

4. 본건에서의 대응

옵트아웃은 개인데이터의 제3자에 대한 제공 정지를 요구하는 것에 지나지 않고, 삭제까지는 할 필요가 없다. 또, 보유개인데이터의 삭제청구도 「해당 본인이 식별되는 보유 개인데이터의 내용이 진실하지 않다고 하는 이유」에 의한 경우 밖에 인정되고 있지 않다. 더욱이 보유 개인데이터의 소거청구도 목적 외의 이용이나 부정취득을 이유로 하는 경우 밖에 인정되지 않는다. 따라서 개인정보보호법에 의하면 해당 사업자를 더 이상 이용하지 않는다는 이유만으로 「자신의 개인정보를 삭제해 주었으면 한다」라는 본 건의 고객의 요망에 응할 의무는 없다.

무엇보다도 개인정보를 무제한으로 이용해도 좋은 것은 아니고, 「영업데이타를 분석하거나 훨씬 훗날 분쟁이 되었을 때를 위해 개인정보를 보관해 두고 싶다」고 하는 것이 삭제요구에 응하지 않는 실질적 이유이기 때문에, 개인정보의 이용목적을 그처럼 특정하여 본인에게 사전 명시해 두는 것이 필요하다(개인정보보호법②18. 본질문의 경우에는 인터넷 통신판매사업에 관해서 취득한 개인정보이며, 사이트를 통해서 본인에게 직접 전자적으로 취득했다고 생각된다).

더욱이 개인데이터의 보존에 대해서도 내부 규정을 마련하는 등 불필요한 데이터가 장기간 보존되는 일이 없도록, 관리하는 것이 바람직할 것이다. 실무적으로는, 보존하는 데이터를 최소한으로 하는 것이 개인데이터의 누설 위험을 감소시키는데 있어서 중요하다.

(米津航)

9. 개인정보 누설과 회사의 책임

Q 당사는 여행 대리업무를 하고 있는데 어느 직원이 여행대리업무를 제공하는 중에 고객으로부터 제공된 개인정보 데이터를 임의로 복제하여 다이렉트 메일회사에 매각했습니다. 이 직원을 해고할 수 있습니까? 또, 당사는 어떠한 책임을 집니까?

A 이 직원이 판매한 개인정보 데이터의 양, 이 직원의 지금까지의 근무태도, 근무성적, 그 외의 사정도 참작되나 유효하게 해고할 수 있는 가능성도 상당정도 있다고 생각됩니다. 또한, 유출한 정보의 내용에도 따르나 회사는 이 직원이 개인정보를 유출시킨 것에 대해

이용자로서 책임이 인정되면 정보의 대상자에게 손해배상책임을 질 수 있고, 이 회사가 개인정보 보호법상의 개인정보취급업자인 경우 개인데이터의 안전관리에 필요하고 적절한 감독이 취해지지 않은 등의 사정이 있었을 경우, 주무관청으로부터 필요한 조치를 취하도록 권고를 받거나 이것에 따르지 않는 경우에 권고와 관련되는 조치를 취하도록 명령을 받는 경우가 있습니다.

해 설

1. 개인정보의 관리

직원의 해고에 대해서는 판례에 의한 이른바 「해고권남용의 법리」에 근거해, 비록 어떤 행위가 취업규칙 등의 규정에 의해 해고사유에 해당한다고 해도, 그 해고가 객관적으로 합리적인 이유가 부족하고 사회통념상 상당하다고 시인할 수 없는 경우에는 해고권 남용으로 무효가 된다고 이해되고 있다(Q7-8 참조).

그런데 고객으로부터 제공된 개인정보 데이터는 회사가 보관·관리하는 정보이다. 최근, 기업에서 보관되고 있는 개인정보의 유출에 관한 보도가 잇따르고 있는데 개인정보 즉 자기에 관한 정보를 통제할 권리는 일반적으로는 프라이버시권의 일부라고 이해되어 법적 보호대상이 된다고 생각되고 있다. 그리고 2003년에는 개인정보보호법이 제정되어 개인정보를 취급하는 사업자가 준수해야 할 의무 등이 정해져 개인정보취급사업자에 해당하는 사업자는

① 이용목적을 가능한 한 특정하고(개인정보보호법15①), 특정된 이용목적의 달성에 필요한 범위를 초과한 개인정보의 취급을 원칙적으로 하지 않을 것(同16①)

② 취득한 데이터 내용의 정확성과 최신성을 확보하도록 노력할 것(同19)

③ 개인데이터의 안전관리가 도모되도록 해당직원에 대해 필요하고 적절한 감독을 실시해야 할 것(同21)

④ 미리 본인의 동의를 얻지 않은 경우는 법령에 근거한 경우, 사람의 생명, 신체 또는 재산의 보호를 위해 필요한 경우로써 본인의 동의를 얻는 것이 곤란한 경우 등 일정한 경우를 제외하고, 개인 데이터를 제3자에게 제공해서는 안될 것(同23①)

등의 의무를 지는 것으로 되었다. 이와 같이 개인정보 보호에 관한 사회의 관심은 더욱 더 높아지고 있다.

2. 개인정보의 누설과 해고

이상을 전제로 질문에 대해 생각한다. 질문의 사례에 대해 우선 문제가 되는 것은 이 여행대리점의 직원이 취한 행위, 즉 고객으로부터 제공된 개인정보 데이터를 마음대로 복제해 다이렉트 메일회사에 매각한 행위를 이유로 하는 해고가 해고권 남용에 해당하는지 여부가 된다.

개인정보를 유출했다고 하는 보도가 줄기차게 있음에도 불구하고, 개인정보를 유출시킨 직원 해고가 해고권의 남용에 해당하는지 여부에 관해서 판단한 재판기사 등은 좀처럼 보이지 않는다. 이 이유로서는 원래 보도기관이 보도 대상으로 하지 않기 때문이든가, 해당직원이 해고되지 않기 때문에라는 이유가 생각되는 한편, 만일 해당직원이 해고되었어도 상기와 같이 개인정보보호의 요청이 사회적으로 높고 중대한 개인정보를 고의로 유출시킨 직원의 불법행위가 큰 점, 행위를 한 직원도 그 불법행위의 존재 및 그 중대성에 대해 인식하고 있는 점 등에서 해당 직원이 그 해고의 적법성에 대해 재판에서 다투는 것까지 하지 않기 때문이라는 이유도 생각할 수 있으나 분명하지는 않다.

그러나 어쨌든 질문에 대해서 생각하기 전에, 일단 다음의 두 가지 점이 지극히 중요한 요소가 된다고 생각된다. 즉,

① 이 회사는 여행대리점이며 고객의 개인정보를 입수해 이것을 취급하여 업무를 진행시키는 것이 예정되어 있다고 생각되며, 고객의 신용을 확보하기 위해서도 고객으로부터 입수한 개인정보를 보호할 필요성이 특히 높다고 생각되는 업종인 점

② 직원은 그 개인정보를 복제하여 다이렉트 메일회사에 매각하고 대

가를 얻고 있어 개인적인 이유 이외로는 생각되지 않고, 어떤 정당한 이유를 찾아내지 못하는 점

의 두 가지 점이다. 이상의 두 가지 사정이나 상기의 개인정보보호법의 취지 등을 고려하면 이런 행위를 한 직원을 해고하는 것에는 객관적으로 합리적인 이유가 있다고 여겨지는 경우도 많다고 생각된다.

그러나 이 해고가 해고권 남용에 해당하는지에 대해서는 그 밖에도 그 유출한 정보의 내용, 정도, 빈도 등 행위의 구체적 내용이나 이 직원의 근무에 관한 사정, 예를 들어 근무년수, 근무태도, 회사에의 공헌도, 지금까지의 불법행위의 유무정도 등도 검토할 필요가 있어, 최종적으로는 이러한 사정을 감안한 다음 해고의 유효성이 판단되게 된다.

3. 회사의 책임

한편, 회사에 이 직원이 정보를 유출시킨 것에 대해 이용자로서의 책임이 인정되는 경우도 있는데 이 경우는 그 정보의 대상자로부터 손해배상청구를 받을 가능성이 있다. 판례 중에는 어느 지방자치단체가 유아건강진단시스템의 작성을 위하여 그 시스템 개발을 위탁한 업자에게 주민기본대장의 데이터를 제공했는데, 재위탁처의 아르바이트 직원이 상기 데이터를 부정하게 카피하여 이것을 명부판매업자에 판매하고, 동업자가 상기 데이터를 다른 곳에 판매하는 등의 사례에서, 상기 데이터의 유출에 의해 정신적 고통을 받았다고 주장하는 해당 자치단체의 주민 등의 손해배상청구(국가배상청구 또는 民715(한국민법 제756조)의 사용자책임에 근거한 손해배상청구)를 일부 인정한 것이 있다.[20]

이 사례는, 정보유출에 대해 회사가 사용자로서 책임을 질 가능성이 있음을 나타내고 있다.

또, 해당회사가 개인정보보호법상의 개인정보취급업자인 경우 개인데이터의 안전관리에 필요하고 적절한 감독이 취해지지 않은 등의 사정이 있었을 경우는 주무관청으로부터 조치 명령을 받는 경우가 있다. 개인정

20) 오사카고등재판소 2001년 12월 25일(판례지방자치 265호 11면)

보취급업자란 개인정보데이타베이스 등을 사업용으로 제공하고 있는 자를 말한다(개인정보보호법2③본문. 다만, 사업용으로 제공하는 개인정보데이터베이스 등을 구성하는 개인정보에 의해 식별되는 특정의 개인수의 합계가 과거 6개월 이내 매일 5,000명을 넘지 않을 것 등 일정한 경우는 제외된다. 동조단서. 개인정보보호법시행령2).

개인정보취급업자가 제3자에게 정보를 유출시켰을 경우에 개인정보보호법은 특히 벌칙은 정하고 있지 않으나 주무장관(개인정보보호법 36)은 개인정보취급업자가 개인데이터의 안전관리가 도모되도록 해당직원에게 필요하고 적절한 감독을 실시할 의무나 본인의 동의를 얻지 않고 개인데이터를 제3자에게 제공해서는 안될 의무 등을 위반한 경우는 그 행위의 중지 그 외 위반을 시정하기 위해서 필요한 조치를 취하도록 해당 개인정보취급업자에게 권고할 수 있고(개인정보보호법34①), 더욱이 이 권고를 받은 개인정보취급업자가 권고와 관련되는 조치를 취하도록 명령할 수 있다고 되고 있어(同34②), 질문에서의 회사가 필요한 감독의무를 해태하는 경우 등에는 이러한 권고·명령을 받을 가능성이 있다.

[참고문헌]

- 管野和夫「노동법(제7판)」(홍문당 2006년)
- 개인정보보호기본법제연구회편 「Q&A개인 정보보호법(제3판)」(유비각, 2005년)
- 니시무라종합법률사무소 넷미디어프랙티스팀 편저「IT法대전」(일경BP사, 2002년) 518~534면
- 판례지방자치 265호 11면

(棚澤 高志)

10. 제3자에 의한 인증

Q 당사는 X사로부터 소프트웨어 개발업무의 위탁을 받고 있는데 X사가 이번에 개인정보보호에 관한 질문서를 보내왔습니다. 그 안에, 「프라이버시마크 또는 ISMS인증 등의 제3자인증을 취득하고 있습니까」라는 질문이 있었습니다. 프라이버시마크 또는 ISMS 인증을 취득할 필요가 있는 것입니까? 또한 이러한 차이는 무엇입니까?

A 프라이버시마크, ISMS인증 모두 법적 제도가 아니기 때문에 그것들을 취득할 의무는 없습니다. 귀사의 규모, 취급하는 정보의 종류, 업무의 성격, 귀사의 고객으로부터의 요망 등을 종합적으로 판단하여 취득여부를 판단하게 됩니다.

해 설

1. 위탁자에 의한 수탁기관의 감독의무

우선, 질문의 「X사에서 이번에 개인정보보호에 관한 질문서를 보내왔습니다」라는 점은 개인정보보호법 상 어떠한 의미가 있는지 생각해 볼 필요가 있다. 개인정보보호법상, 위탁자는 수탁기관에 대해서 개인정보보호 취급에 관해서 필요적절한 감독을 할 의무가 있다(개인정보보호법 22). 그 감독의 일환으로 실무상으로는 위탁자가 수탁기관의 안전 관리조치에 대해 질문서를 보내 그 회답 내용을 체크하는 것으로써, 수탁기관의 안전관리에 문제가 없는가를 검사하는 방식이 취해지고 있다. 또, 수탁기관을 선정할 때에 일종의 질문서에 의해 그 안전관리조치의 정도를 도모하는 경우도 많이 있다.

2. 프라이버시 마크

프라이버시마크제도란, 일본공업규격 JIS Q 15001:2006 「개인정보보호

관리시스템 요구사항」에 적합한 개인정보의 보호조치를 강구하는 체제를 정비하고 있는 사업자를 인정하고, 그 취지를 나타내는 프라이버시마크를 부여하여 사업활동에 관해서 프라이버시마크의 사용을 인정하는 제도이다.

프라이버시마크제도는 개인정보보호법이 아직 성립하기 전 인터넷 및 전자상거래의 발전에 따라 대량의 개인정보가 컴퓨터로 전자처리되고 그 보호가 강하게 요구됨으로써, 재단법인 일본정보처리개발협회(JIPDEC)가 1998년 4월 1일 그 발족함으로써 만들어지게 되었다.

상기규격 JIS Q 15001는 최초로 1999년 3월 20일에 제정되었다(JIS Q 15001:1999). 개인정보보호법의 전면시행으로 2006년 5월 20일(공시는 5월 22일)에 개정되었다.

JIS Q 15001는 개인정보보호법보다 어려운 요건을 부과하고 있다. 예를 들면 개인정보를 직접 서면으로 취득하는 경우 원칙적으로 본인의 동의를 요구하고 있어(동 규격3.4.2.4), 개인정보의 취득에 동의를 요건으로 하지 않은 개인정보보호법보다 어려운 절차가 요구되고 있다.

인정받은 후의 마크 사용기간은 2년간이며, 그 후 갱신신청에 의해 갱신심사를 받고, 2년마다 갱신할 수 있다.

3. ISMS인증

ISMS(정보보안관리시스템) 적합성평가제도란 ISMS 인증기준에 의한 정보 보안시스템을 실시하고 있는 사업자를 제3자기관인 JIPDEC가 인정하는 심사등록기관이 심사하여 인증하는 제도이다. 2001년 4월부터 운용되고 있다.

ISMS 인증기준은 국제적으로 이용되고 있는 정보보안 규격인 영국의 BS7799에 의해 작성되고 있어 국제표준에 근거한 인증제도이다.[21)]

ISMS는 후술한 바와 같이 개인정보 수집시에 본인동의 등의 절차를

21) 국제규격 ISO/IEC 27001의 발행(2005년 10월 15일)에 따라, 동 국제규격 ISO/IEC 27001에 대응하는 국내규격 JIS Q 27001가 2005년 10월 15일에 발행되었다. 그에 따라, ISMS 인증기준(Ver.2.0)은 2007년 11월에 폐지된다.

요구하고 있지 않다. 이러한 요건과 같이, 개인정보보호법 이상의 엄격한 요건을 요구하는 것은 아니다.

ISMS는 취득 후 3년간은 유효하나, 그 후는 3년마다 갱신심사가 필요하다. 또, 유효기간 중에도, 반년에서 1년마다 1회 보안등급 하락 여부의 등록유지심사를 받게 된다.

4. 프라이버시마크와 ISMS 인증의 차이점

프라이버시 마크와 ISMS 인증제도는 이하의 점이 상이하다.

4-1. 보호의 대상

프라이버시마크는 그 보호 대상이 개인정보에 한정되는데 대해 ISMS에서는 모든 정보자산을 그 보호 대상으로 하여 보안대책을 실시한다.

4-2. 적용범위(신청적격)

프라이버시마크에서는, 전사(全社)적인 구조가 요구되고 있고 신청은 법인 단위이다. 사업부문 등의 사업자 일부 단위만으로는 부여인정을 하는 것이 인정되지 않는다. 이에 대해서, ISMS에서는 조직의 필요에 따라 그 적용 범위를 결정할 수 있다. 예를 들어, 사업자의 사업부문 단위, 1공장 단위에 적용범위를 결정하여 신청할 수 있다.

4-3. 목적

프라이버시마크에서는 개인정보보호의 안전관리대책만을 문제로 하는 것이 아니라, 기업이 개인정보를 취득하여 이용하고 파기할 때까지의 개인정보의 라이프 사이클 속에서, 개인정보의 주체가 되는 본인의 권리에 대응할 것을 요구하고 있다. 즉, 개인정보를 취득할 때, 이용목적을 사전에 통지한 다음 동의를 얻을 것을 요구하거나 수집후의 본인으로부터의 개시, 정정요구에 대응하는 등의 필요도 있다. 즉, 프라이버시마크제도는 개인정보의 정보주체의 권리(정보통제권)를 보호하는 것을 주안으로 하고 있다.

이에 대해, ISMS에서는 조직의 사업활동과 위험전반을 평가검토한 다음 그 위험에 응하는 필요한 보안등급 레벨을 결정하여 그 위험을 경감시키는 시스템을 실시·운용한다는 것이다. 따라서 ISMS의 규격요구로서 개인정보보호법이나 프라이버시마크가 요구하는 적정관리의 부분은 포함하고 있지만, 그 이외의 사항(수집과정, 개시요구에의 대응 등)은 요구하고 있지 않다.

5. 어느 인증제도를 선택해야하는가

상기의 차이점을 근거로 하여 어느 인증제도를 선택해야하는가, 또 양쪽 모두를 취득하는가 모두 필요 없는가 하는 것을 검토할 필요가 있다.

이 문제를 판단하는데 있어서 고려해야 할 점은 다음과 같다.

5-1. 귀사의 업무내용

프라이버시마크는 소비자로부터의 인지도가 높은 제도이다. 또한, 전술한 바와 같이 ISMS가 본인의 통제권을 특별히 요구사항으로 하고 있지 않은데 비해, 프라이버시마크는 본인의 동의취득 등에 있어 개인정보보호법보다 엄격한 요건을 정하고 있다. 따라서 귀사의 업무내용이 이른바 B2C의 소비자를 위한 사업을 전개하고, 소비자로부터 직접개인정보를 대량으로 수집하고 있는 경우(특히 전자상거래사이트를 운영하고 있는 경우)에, 프라이버시마크의 취득은 소비자에게 있어 신뢰감을 주고, 귀사의 사업에 있어서 장점이 큰 제도라고 말할 수 있다.

이에 대해, 귀사의 사업 내용이 이른바 B2B인 경우에는 프라이버시마크의 취득보다 기업이 보유하는 정보자산 전체에 대한 보안시스템을 구축하는 ISMS 쪽이 고객기업의 호응이 높다고 생각된다.

5-2. 적용범위의 상위

업무내용과도 관련되는데, ISMS에서는 전술한 바와 같이 공장이나 사업부 등의 일부에 대해 범위를 한정하여 인증을 취득하는 것이 가능하다. 따라서 위탁자로부터의 요청으로 어떠한 인증이 필요하다고 말할 때, 필요한 범위를 한정해 인증을 취득할 수 있다는 의미에서는 수탁기업이 이용하기 쉬운 제도라고 생각된다.

5-3. 프라이버시마크 요구사항의 실행 가능성

전술한 바와 같은 B2C 기업은 별개로, 전 회사를 통틀어 개인정보보호법 이상의 요구사항을 이행하는 것이, 현실 문제로서 실천해야 하는가를 그 장점과의 상관관계와 함께 검토할 필요가 있다고 할 수 있다.

(高橋美智留)

제 2 장 전자상거래

인터넷은 매우 편리한 비지니스의 도구이나, 반면 복제와 개변이 용이하다는 전자매체의 특성에서 분쟁이 생기기 쉬운 것도 사실이다. 이에 본 장에서는 실무상 자주 생기는 문제점을 폭넓게 다루었다. 예를 들어, 인터넷쇼핑사이트를 운영하는 경우에는 특정상거래법, 전자계약법, 소비자계약법 등에 주의할 필요가 있다. 또, 홈페이지 작성에 있어서는 타인의 저작권, 퍼블리시티권, 초상권 등을 침해하지 않도록 주의하여야 한다. 그 외, 본장에서는 도메인이름분쟁, 비지니스모델특허, 프리소프트웨어 등의 문제를 다룬다.

1. 인터넷 거래에서의 이용약관

Q 당사는 인터넷을 통한 자사제품의 판매를 검토하고 있는데, 그 때 작성할 필요가 있는 이용약관에 포함시켜야 할 점을 가르쳐 주세요.

A 해당제품(서비스도 포함한다)이 특정상거래법의 적용을 받는 경우에는 동법이 요구하고 있는 거래조건 등을 들 수 있습니다. 또, 개인정보보호법이 요구하는 내용은 이용약관 중에 또는 별도로 명시해 둘 필요가 있습니다. 한편, 법률 상 반드시 정해야 할 사항은 아니나, 서비스 제공 사업자의 지적재산권에 관한 권리관계와 하자담보책임을 비롯하여 책임제한조항과 합의관할의 규정 등은 명확히 해 두는 것이 바람직하다고 생각됩니다.
또한 이러한 규정을 정할 때, 소비자계약법을 의식할 필요가 있습니다.

해 설

1. 이용규약의 유효성

인터넷상에서 거래를 실시하기 위해서는 이용약관을 일방적으로 표시하고 있는 것이 많은데, 이러한 이용약관은 사업자측이 일방적으로 제시하게 되므로, 당사자 사이에 있어서 유효성의 여부가 하나의 논점이다. 일반적인 거래에서 해당 이용약관이 합의내용에 포함되어 있다고 평가할 수 있으면, 당사자는 이용약관에 구속된다고 할 수 있다.

경제산업성이 제시하고 있는 전자상거래의 준칙에서도 「이용자가 사이트의 이용약관에 동의하고 거래를 신청한 것이면, 사이트 이용약관 내용은 이용자와 사이트 운영자와의 사이의 거래계약 내용에 포함되는 것으로 구속력을 가진다」고 되어 있다(中山信弘編 「2006년판 전자상거래에 관한 준칙과 그 해설」별책NBL(상사법무, 2006년) 12면).

2. 특정상거래법

특정상거래법은 소비자보호의 관점에서 특정의 상품·서비스 제공시에 일정한 정보제공을 의무화하고 있다. 특정상거래법 제11조(한국전자상거래 등에서의 소비자보호에 관한 법률 제13조 제2항)는 이하에 열거한 사항에 대해 정할 것을 요구하고 있다.

① 상품 혹은 권리의 판매가격 또는 역무의 대가(판매가격에 상품의 우송료가 포함되지 않는 경우에는, 판매가격 및 상품의 우송료)

② 상품 혹은 권리의 대금 또는 역무대가의 지불시기 및 방법

③ 상품의 인도시기 혹은 권리이전 시기 또는 역무의 제공시기

④ 상품의 인도 또는 권리이전 후의 그 인수 또는 반환에 대한 특약에 관한 사항(그 특약이 없는 경우에는 그 취지)

⑤ 전 각 호에 열거하는 것 외에 경제산업성령으로 정하는 사항

따라서 이용약관을 정하려고 하는 사업자는 우선 자사에서 판매하는 제품·서비스가 특정상거래법의 적용을 받는가의 여부부터 확인하여야 한다. 또, 만일 적용이 없는 경우에도 같은 내용을 약관에 포함시켜 두는 것은 이용자의 편의를 도모하기 위해서는 바람직하다.

3. 개인정보보호법

개인정보보호법의 적용을 받는 개인정보취급사업자에 해당하는 경우에, 개인정보의 이용 목적 명시나 개인정보취급에 관여하는 기관의 명시를 하는 등 개인정보보호법 및 관할관청이 정하는 개인정보보호 지침을 준수하도록 약관의 내용을 정할 필요가 있다(개인정보보호법에 관한 논점에 대해서는 Q1-1을 참조).

4. 그 외의 규정

4-1. 지적재산권의 귀속

인터넷을 통한 거래의 경우, 거래의 대상이 소프트웨어인 경우에는 그

저작권이나 특허권 등의 유효성을 확인하거나 무단전용이나 무단이용 되지 않도록 사업자 스스로 자신의 권리에 방어조치를 취할 필요가 있다.

또, 인터넷을 통해 이용자측으로부터 정보가 발신되어(이용자의 의견, 상품제안 등), 그것을 계기로 비즈니스로 발전하는 경우도 있을 것이다. 그러한 일이 예상되는 경우에는 이용자에 기인하는 지적재산권의 귀속이나 취급에 대해 사전에 상호결정을 해 두는 것이 바람직하다고 생각된다.

4-2. 책임제한조항

이 점에 대해서도 인터넷을 통한 거래에 특수한 사정이 존재하는 것은 아니고, 사업자로서는 거래대가에 상응하는 범위내에서 손해배상책임을 한정하고 하자담보책임의 면제규정을 마련하는 등의 방어조치를 취하는 것이 바람직하다고 생각된다.

4-3. 합의관할

인터넷을 통한 거래의 경우, 상대방의 주소지역은 통상 한정할 수 없다. 따라서 예상되는 분쟁의 해결수단 및 관할지를 합의관할이라는 형태로 사업제공자 측에서 적당한 장소(통상은 본점소재지임)를 정해 두는 것이 합리적이다.

또한 구민사소송법 제11조 제2항(한국민사소송법29②)에 관할의 합의는 「서면으로 하지 않으면, 그 효력을 가지지 않는다」고 규정하고 있었기 때문에, 온라인이용약관 상의 합의관할규정에 이용자가 합의한 것만으로 그 합의가 유효한지에 대해 논의가 있었지만, 2004년 민사소송법의 개정에 의해, 동법 제11조 제3항이 「제1항의 합의가 그 내용을 기록한 전자적 기록(전자적 방식, 자기적 방식 기타, 사람의 지각에 따라서 인식할 수 없는 방식으로 만들어진 기록이며, 전자계산기에 의한 정보처리의용으로 제공되는 것을 말한다. 이하 같다)에 의해서 이루어졌을 때, 그 합의는 서면에 의한 것으로 간주하고 전항의 규정을 적용한다」고 규정하여 온라인상의 합의관할도 유효한 것으로 했다. 또한 중재에 대해서도 중재법 제13조 제4항이 같은 내용을 정하고 있다.

덧붙여 상기 4-1내지 4-3은 사업자의 이익보호를 위해서도 합리적으로 필요하다고 생각되는 조항이나, 이용자가 개인인 경우에는 사업자의 손해배상의 책임을 면세하는 조항(소비자계약법8. 한국약관규제에관한법률7), 그 외 소비자를 부당하게 해하는 조항은 전부 또는 일부가 무효화될 가능성이 있다(同法9, 10. 한국약관규제에관한법률6, 8). 따라서 약관을 제정할 때 항상 소비자보호의 관점을 반영하여 균형을 유지하는 이용약관으로 할 필요가 있다. 소비자의 이익을 부당하게 해하는 일 없이, 자사의 이익을 극대로 하는 이용약관을 정하는 것이 바람직하다고 생각된다.

[참고문헌]

- 中山信弘編 「2006년판 전자상거래의 준칙과 그 해설」 별책 NBL(상사법무, 2006년) 12면, 35면

(石新智規)

2. 확인화면의 법적의미

Q **당사는 인터넷 쇼핑몰의 개설을 계획하고 있습니다. 타사 사이트를 연구해본 결과 종종 인터넷쇼핑의 마지막에 구입의사의 확인화면이 나오는 일이 있는데 이러한 화면을 반드시 마련하여야 하는 것인가요? 또, 확인화면의 「결정」버튼을 이용자가 임의에 눌렀을 경우에는 당사자와의 계약이 원칙적으로 유효하게 성립되었다고 생각해도 좋은가요?**

A 인터넷상에서 통신판매를 영위하는 사업자는 특정상거래법에 따르는 규제를 받기 때문에, 동법에 관한 지침에 따라서 확인화면을

마련하는 것이 필요합니다. 또, 확인화면을 마련하는 것은 전자계약법이 적용되는 전자소비자계약에서, 조작실수에 의해 잘못 주문했다는 소비자의 주장을 봉쇄하는 의미도 있기 때문에, 구입자와의 충돌을 피하기 위해서는 반드시 마련해야 합니다.
전자계약법에 의해, 확인화면의 「결정」버튼을 이용자가 임의로 누른 경우에는 귀사와의 계약은 원칙적으로 유효하게 성립되었다고 생각해도 좋습니다.

해 설

확인화면을 마련하는 것은, 특정상거래법에 근거해 사업자에게 부과된 의무문제와 전자계약법에 따라서 확실히 계약을 성립시킨다는 문제와 관계된다.

1. 특정상거래법의 규제

인터넷상의 홈페이지를 이용한 상품이나 역무의 제공은 원칙적으로 특정상거래법 상의 「통신판매」에 해당되어 동법의 규제대상이 된다. 특정상거래법 제14조는 「고객의 뜻에 반하여 매매계약 혹은 역무제공계약의 신청을 하게 하는 행위」를 경제산업성령에 의해서 규제하는 것으로 하고 있어, 위반자는 행정처분의 대상이 된다. 간단하게 말하면 특정상거래법 제14조는 사업자에게 알기 쉬운 신청화면의 설정을 할 의무를 부여하고 있다.

특정상거래법 제14조에서 말하는 「경제산업성령」인 특정상거래법규칙은

(1) 고객이 PC의 조작을 할 때, 청약이 된 것을 용이하게 인식할 수 있도록 표시하고 있지 않은 경우
(2) 신청을 받는 경우에, 고객이 청약내용을 용이하게 확인 및 정정할 수 있도록 하지 않은 경우

에는 고객의 의사에 반해 청약을 하게 하려고 하는 행위라고 하고 있다

(특정상거래법 규칙16).

구체적으로 어떠한 경우가 상기에 해당하는가에 대해서는 경제산업성의 「인터넷 통신판매에서의 「의사에 반하여 청약을 시키고자 하는 행위」 관련지침」[22]이 참고가 된다. 동 지침에 의하면 상기 (1)에 해당하는 것은 「구입」버튼 대신에 굳이 「송신」버튼을 사용하고 있는 경우이다.

또, 동 지침의 상기 (2)에 관한 부분에 의하면 신청의 최종단계화면에서 ① 신청내용이 표시되는 것 또는 ② 신청내용 자체가 표시되지 않아도 「주문내용을 확인한다」는 버튼이 준비되는 등 용이하게 주문내용의 확인이 가능한 상태가 되어 있을 것이 필요하고, 「주문을 확정한다」 등의 버튼이 준비되어 있어야 한다. 또한 신청의 최종단계의 화면에 ① 「변경」, 「취소」라는 버튼이 준비되어 있거나 ② 「수정하고 싶은 부분이 있으면 브라우저의 「뒤로」 버튼을 이용하여 전면으로 돌아가 주십시오」라는 설명이 필요하다.

2. 전자계약법에 따르는 착오무효의 특칙

확인화면을 마련하는 것은, 조작실수에 의해 「착오로 주문했다」는 소비자로부터의 불평을 피하는 실제상의 효용뿐만 아니라 법률적으로도 의미가 있다.

민법원칙에서는 의사표시의 중요한 부분(요소)에 착오가 있는 경우(계약의 일방당사자가 진의에 의하지 않는 의사표시를 한 경우)에는 계약은 무효로 된다(民95본문. 한국민법109). 다만, 진심에 의하지 않는 의사표시를 한 사람이 중대한 과실에 의해 그러한 의사표시를 했을 경우에는 해당 당사자로부터의 무효주장은 할 수 없다(民95 단서. 한국민법107①).

전자계약법은 상기의 특칙을 정하고 있어 동법 제3조 제1항주석서 본문에 의하면, 소비자가 인터넷의 홈페이지 상에서 「전자소비자계약」의 청약의 의사표시를 송신했을 경우에, ① 그런 청약을 할 의사가 없었을 때, 또는 ② 송신한 내용과는 다른 내용을 청약할 의사가 있었던 경우에

22) http://www.meti.go.jp/kohosys/press/0002003/index.html에서 입수할 수 있다.

민법 제95조 단서 규정(한국민법107①)을 적용하지 않는다. 즉 청약을 한 소비자의 측에 「중대한 과실」여부에 관계없이, 원칙적으로 계약을 무효로 하게 되어 있다. 이것은 소비자가 컴퓨터의 조작실수 등에 의해 착오로 주문했을 경우에, 계약을 무효로 함에 의해 소비자를 구제하려고 하는 취지이다.

그렇지만, 전자계약법 제3조 제1항 주석서 단서에서 화면상의 ① 소비자 청약의사의 유무에 대해 확인을 요구하는 조치를 강구했을 경우, 또는 ② 소비자로부터 사업자에게 확인을 요구하는 조치를 강구할 필요가 없다는 의사표명이 있은 경우에는 「그러하지 아니하다고 한다」, 즉 민법 제95조 단서규정(한국민법107①)이 적용되게 되어 구체적 사안에서 소비자에게 중대한 과실이 있다고 인정되는 경우에는 비록 소비자 측에 주문실수가 있었다고 해도 그대로의 내용으로서 계약이 유효하게 성립하게 된다(단, 사업자측이 이것을 무효로 취급하는 것은 무방하다). 이 중, ② 소비자가 사업자에게 확인조치는 불필요하다는 표명이 이루어진다는 것은 통상 기대할 수 없고 만일 이것을 화면상 유도하는 것이 가능하다고 해도 그러한 화면은 특정상거래법 상 문제가 있다.

따라서 현실적으로는 ① 소비자의 청약의사에 대한 「확인을 요구하는 조치」를 강구하는 것이 계약이 무효라는 소비자의 주장을 막는 방법이다. 구체적으로는 특정상거래법에서 요구되고 있는 주문내용을 표시하는 확인화면을 마련해 「주문을 확정한다」는 버튼을 누를 때까지 주문이 확정되지 않고, 「변경」, 「취소」버튼에 의해 변경, 취소가 가능할 것이 필요하다.

[참고문헌]

· 경제산업성 「전자상거래에 관한 준칙」(최종개정 2006년 2월) 67~76면
(http://www.meti.go.jp/press/20060201002/20060201002. html)

(木村耕太郎)

3. 인터넷판매와 「허락지역」

Q 당사는 해외 의류브랜드와 라이센스계약을 체결하여 일본 국내에서 생산·판매를 실시하고 있는 회사입니다. 이번에 새롭게 인터넷 쇼핑몰의 개설을 계획하고 있습니다. 라이센스 계약상은 「허락지역은 일본으로 한다」고 되어 있지만, 일본어 사이트이면 해외에 거주하는 일본인에게 판매해도 문제가 없을까요?

A 해외거주의 일본인에게 라이센스 상품을 판매하는 것은, 비록 일본어 사이트를 통해서라고 해도 허락지역을 일본에 제한하는 조항의 위반이 된다고 생각됩니다.

해 설

질문의 사례에서는, 해외 의류브랜드가 상표권을 가지고 있어 귀사를 라이센시(licensee)로 하는 상표라이센스계약이 체결되어, 해당 라이센스계약에서 귀사가 상표를 붙여 제품을 제조·판매할 수 있는 「허락지역」이 일본으로 한정되고 있을 것이라고 생각된다.

계약에 따라서 「라이센시(licensee)는 허락지역 외에서 적극적으로 판매활동을 해서는 안 되지만, 허락지역 외로부터 주문을 받았을 경우에는 응해도 괜찮다」고 하는 취지를 규정하는 경우도 있다. 본 건에서 만약 그러한 규정이 있으면 일본어 사이트를 통해서라면 해외거주의 일본인에 판매하는 일도 용인된다고 생각한다.

그렇지만, 단순히 「허락지역은 일본으로 한다」고만 규정되고 있는 경우는 일본어의 사이트를 통하다는 한정만을 가지고, 해외거주의 일본인에게도 판매해도 좋다는 해석은 계약의 해석으로서 성립되지 않는다.

그래서 이러한 경우, 라이센시(licensee)로서는 계약위반이 되지 않기 위해 이하의 방법 중 하나를 채택할 것이 요구된다.

제1의 방법은 「본건 사이트에 의한 통신판매는 일본내에 거주하는 개인만을 대상으로 하고 있다. 일본 외에 거주하는 분에게는 본건 사이트에서 소개하고 있는 상품을 판매할 수 없습니다.」라는 주의문을 주문화면의 몇 군데에 표시하는 방법이다.

제2의 방법은 통신판매를 신청할 때에, 고객의 성명, 주소 등을 반드시 등록하도록 하여, 일본내의 주소를 등록하지 않는 한 통신판매를 이용할 수 없도록 하는 등록시스템으로 해 두는 것이다.

제3의 방법은 대금의 지불방법으로 일본 내에서 발행된 크레디트 카드에 의한 결제만을 인정하는 시스템으로 하는 것이다.

이상에서, 제1의 방법과 제2의 방법 또는 제3의 방법을 결합한 뒤, 일본 외에는 상품을 발송하지 않는 시스템으로 하는 것이 바람직하다고 생각된다.

(木村耕太郎)

4. 콘텐츠 판매가격의 구속

Q 저작물(음악, 동영상 등)의 이용허락을 콘텐츠 제공자로부터 얻어 인터넷을 통해서 이용자에게 제공하는 플랫폼 사업을 하려고 생각합니다. 콘텐츠 제공자가 이용자에 대한 판매가격을 일정가격이하로 내리지 않도록 지시하고 있는데 이러한 구속은 허용되는 것입니까?

A 콘텐츠 제공자가 저작물(음악, 동영상 등)의 이용자에 대한 판매가격에 대해서 일정가격을 세세하게 지시하는 것은 독점금지법이 금지하는 「불공정한 거래방법」에 해당되어 허용되지 않습니다.

해 설

1. 독점금지법에서의 불공정한 거래방법의 금지

독점금지법 제19조(한국독점금지법23)는 「사업자는 불공정한 거래방법을 이용해서는 안 된다」고 하여 이러한 「불공정한 거래방법」에 해당하는 것으로서 공정거래위원회 고시 제15호(이른바 일반지정) 제12항은 재판매가격의 구속을 들고 있다. 상대방의 판매가격을 구속하는 행위(이른바 재판매가격 유지행위)는 「상대방에게 그 판매하는 해당상품의 판매가격을 정하여 이것을 유지시키는 것 기타 상대방의 해당상품 판매가격의 자유로운 결정을 구속하는 것」(同項一)에 해당되어 불공정한 거래방법으로 독점금지법상 금지되는 것이 원칙이다.

2. 「저작물」에 관한 예외

그렇지만, 한편으로 독점금지법은 「저작물」에 대해서는 이 금지적용의 제외를 규정하고 있다(同法23④. 한국독점금지법59).[23]

본건과 같이, 콘텐츠제공자가 이용자에게 판매가격이 일정가격 밑으로 떨어지지 않게 지시하는 것은 재판매가격 유지행위에 해당하나, 만일 음악, 동영상 등의 저작물이 독점금지법 제23조 제4항(한국독점금지법59)에 말하는 「저작물」에 해당한다고 하면, 이러한 행위는 금지규정의 적용을 받지 않고, 법률상 허용될 가능성이 있다.

독점금지법상 「저작물」에 대하여 정의는 없으나, 공정거래위원회는 이 「저작물」의 범위에 대해서는 반드시 저작권법상의 「저작물」의 정의(著2①, 同10. 한국저작권법2①, 4)에 집착하지 않고, 독점금지법의 목적에 비추어 서적, 잡지, 신문, 레코드, 음악용 테이프, 음악용CD의 여섯 가지 품목으로 한정한다는 견해를 나타내고 있다. 2003년 10월 8일에 개최된 동위원회의 정례기자회견에서 동위원회 사무총장은 「저작물」이 상기의 여

23) 독점금지법 제23조 제4항(한국독점금지법59)은 「저작물을 발행하는 사업자 또는 그 발행하는 것을 판매하는 사업자가 그 물건의 판매의 상대방인 사업자와 그 물건의 재판매가격을 결정하여 이것을 유지하기 위해서 하는 정당한 행위」에 대해서 재판매가격유지행위의 금지적용제외를 규정하고 있다.

섯 품목으로 한정되는 것을 재차 명확하게 한 뒤「영상이 들어가 있는 것은 포함되지 않는다」고 하여 영화는 독점금지법상의「저작물」에 해당하지 않는다고 하고「새로운 기술에 수반해 저작물의 범위가 계속 확대될 때마다 적용 제외되는 상품의 범위가 확대된다는 것은 적절치 않다」라고 명언하고 있다(동일자 사무총장회견기록).

이러한 공정거래위원회의 견해로 보면 저작권법상 보호되어야 하는「저작물」에 해당하는 음악, 동영상 등이어도 상기 여섯 품목의 어느 것에도 해당하지 않는 이상 독점금지법 제23조 제4호(한국독점금지법59)에서 말하는「저작물」에는 해당하지 않게 된다.

따라서 음악, 동영상 등의 저작물에 대해서는 원칙적으로 독점금지법상 재판매가격 유지행위가 금지되기 때문에, 이러한 저작물에 대해서 콘텐츠제공자가 이용자에게의 판매가격을 일정가격을 하회하지 않도록 지시하는 것은 허용되지 않는다.

[참고문헌]

- 岡村久道·近藤剛史「인터넷의 법률실무」(신일본법규출판, 2001년) 68~79면
- 공정거래위원회사무총국編「독점금지법관계법령집(2005년판)」(공정거래위원회, 2005년)
- 공정거래위원회「기자회견 사무총장정례회견기록(2003년 10월)」(공정거래위원회 : http://www.jftc.go.jp/teirei/kaikenkiroku031008.html에서 입수가능, 2002년)

(橋本 敬子)

5. 전자서명 및 전자인증의 개념

Q 인터넷상에서의 「명의도용」이란 무엇입니까? 그 대책을 위한 전자서명, 전자인증이란 무엇입니까?

A 인터넷상에서는 상대의 얼굴이 보이지 않기 때문에, 제3자가 용이하게 명의도용을 하여 메시지를 송신하는 것이 가능하나, 전자서명에 의해 명의도용을 막고 상대방의 동일성을 확인할 수 있습니다. 또, 제3자기관이 메시지에 첨부된 전자서명이 확실히 메시지 작성자의 서명인 것을 증명하는 것을 「전자인증」이라고 합니다.

➡ 해 설

1. 명의도용이란?

1-1. 명의도용

전자거래에서는 상대방의 소리나 얼굴을 확인할 수 없다. 메시지작성자가 기술했다 해도, 그것은 제3자가 그 사람을 가장하여 메시지를 작성하는 경우가 있다. 이러한 행위를 「명의도용」이라고 부르고 있다.

1-2. 그 외의 전자상거래상의 보안의 문제

명의도용 외에도 인터넷이라는 개방적인 네트워크로 데이터를 교환하는 것에 수반하여 다음과 같은 보안상의 위험이 존재하고 있다.

① 인터넷상의 통신에서는 그 경로상에서 악의적인 사람에게 도청되거나 내용이 개변될 우려가 있을 뿐만 아니라 종이매체의 경우와 달리 디지털상의 메시지에서는 개변의 유무를 언뜻 보아서 판별할 수 없는 점(개변의 위험성)

② 명의도용이 가능하므로 전자상거래에서 주문을 한 후 주문자가 「자신은 발주하지 않았다」고 주장하거나 내용을 부정하는 등의 부인행

위를 하는 것이 가능한 점(부인행위)

전자상거래가 안심하고 행해질 수 있도록 하기 위해서는 이러한 보안상의 문제가 해결되어야 한다. 그것을 위한 대책이 전자서명이며 전자인증시스템이다.

2. 전자서명이란

종이매체의 거래에서 서명이나 날인은 그 문서의 작성자가 해당 서명자 또는 날인자 본인인 것을 확인하는 기능을 하고 있다.

전자서명은 암호기술을 활용함으로서 상기의 종이매체에서의 서명이나 날인이 하고 있는 본인확인기능을 디지털 데이터도 동일하게 하는 구조이다. 그 구체적인 구조를 대표적으로 「디지털 서명」을 예로 들어 이하에서 설명한다.

2-1. 암호기술과 공개열쇠암호방식

암호기술이란 누구라도 읽을 수 있는 「평문」을 「암호문」으로 복호(암호화)하여 암호문을 이후에 평문으로 복호하는 기술이다. 복호를 위한 일정한 수학적 프로세스를 「알고리즘」이라고 하고, 복호를 위한 보조변수(파라미터)를 열쇠라고 부른다. 암호화를 위한 열쇠를 「암호화 열쇠」, 복호를 위한 열쇠를 「복호열쇠」라고 부른다.

암호기술에는, 암호화열쇠와 복호열쇠가 공통인 경우(공통열쇠암호방식)와 다른 경우(비대칭열쇠 암호방식, 공개열쇠암호 방식)가 있는데, 여기서는 후술하는 디지털서명에 이용되고 있는 비대칭열쇠암호방식(공개열쇠암호방식)에 대해 설명한다.

공통열쇠암호 방식과 달리, 이 경우는 암호화열쇠와 복호열쇠가 다르다. 통신자는 각각 비밀열쇠와 공개열쇠로 불리는 한 쌍의 열쇠를 작성한다. 비밀열쇠와 공개열쇠는 비밀열쇠로 암호화한 것을 쌍을 이루는 공개열쇠로 밖에 복호할 수 없는 관계에 있다. 또, 반대로 공개열쇠로 암호화한 것은 비밀열쇠로 밖에 복호할 수 없다는 관계가 된다.

비밀열쇠는 그 이름대로 제3자에게 모용되지 않도록 비밀리에 보관하는 것이 전제가 되고 있다. 이에 대해 공개열쇠는 그 이름대로 다른 사람에게 알리는 것이 전제로 된다.

2-2. 디지털 서명

「디지털서명」이란 비대칭열쇠 암호방식을 이용한 전자서명을 말한다. 간단하게 설명하면 다음과 같은 프로세스가 된다.

① 송신자는 자신의 평문메시지를 자신의 비밀열쇠를 이용해 암호화한다. 이것을 「디지털 서명」이라고 부른다. 통상은 요약함수에 의해 압축된 데이터(메시지 다이제스트)를 암호화한다.

② 송신자는 평문에 디지털 서명을 첨부해서 송신한다.

③ 수신자는 디지털 서명을 송신자의 공개열쇠로 복호한다. 이것에 의해 본인의 동일성 확인이 가능해진다. 왜냐하면, 전술한 바와 같이 어떤 사람의 비밀열쇠로 암호화된 것은 동일 인물의 공개열쇠로밖에 복호할 수 없다는 관계에 있기 때문이다.

④ 복호해서 얻을 수 있었던 평문메시지(통상은 메시지 다이제스트)와 송신된 평문(통상은 요약함수에 의해 송신된 평문을 압축해 얻을 수 있는 메시지 다이제스트)을 비교해 양쪽이 동일하면 개변되지 않은 것을 확인할 수 있다.

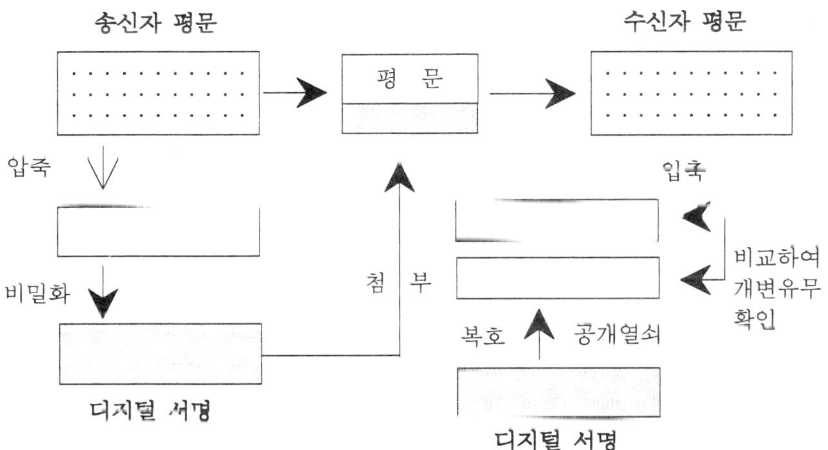

또한 송신자가 디지털서명을 붙인 평문메시지를 수신자의 공개열쇠로 암호화하면 그것은 수신자의 비밀열쇠로 밖에 복호화할 수 없기 때문에, 통신의 비밀도 지켜지게 된다.

이와 같이 전자서명에 의해 전자상거래에 있어서도 상대방의 본인확인, 개변의 유무확인을 할 수 있게 된다. 더욱이 그러한 기능을 달성함으로써 상대방의 부인주장을 봉쇄하는 것이 가능하게 된다.

3. 전자인증서란

전 페이지의 디지털서명 설명 중의 ③의 프로세스 중에서, 「송신자의 공개열쇠로 복호」한다고 하는데, 원래 그 공개열쇠와 쌍이 되는 비밀열쇠를 가진다고 하여 송신자라고 자처하는 자라는 보증은 없다. 즉, 어느 공개열쇠가 확실히 X라고 자처하는 송신자의 공개열쇠인 것을 확실히 증명하는 신뢰할 수 있는 제3자기관이 필요하다.

이 제3자기관을 「인증기관」이라고 부르고 어느 공개열쇠가 특정의 서명자의 것이라고 증명하는 전자증명서를 발행하는 이 증명행위를 「전자인증」이라고 부르고 있다(상세한 해설은 Q2-7을 참조).

(高橋 美智留)

6. 전자서명의 효과

Q 일본의 법률상 전자서명에는 어떠한 효과가 있습니까?

A 전자서명 가운데 본인만이 할 수 있는 특성을 가지는 고도의 전자서명에 대해서만 전자서명이 첨부된 데이터의 진정한 성립이 법률상 추정됩니다.

해 설

1. 전자서명 · 인증법

「전자서명 및 인증업무에 관한 법률」(2000년 법률 제102호. 이하, 전자서명·인증법)이 2000년 5월 24일 제정되어, 2001년 4월 1일에 시행되었다. 당시 전자상거래 등 인터넷을 통한 사회경제 활동에서 이미 전자서명이나 민간의 인증기관에 의한 전자인증이 이용되기 시작하고 있었으나, 그 법적인 취급에 대해서는 명확한 규정이 없었다.

이에, 전자서명·전자인증에 대해 적어도 자필서명이나 날인의 기능을 가질 수 있도록 기반을 정비하는 것이 네트워크에서 정보의 유통을 도모하는데 중요하다고 생각되었다. 이러한 목적에서 전자서명·인증법이 제정되었다.

2. 전자서명의 정의

앞의 질문에서 설명한 바와 같이 전자서명에서 현재 주류가 되고 있는 것은 공개열쇠암호 방식을 채택한 디지털서명이다. 외국법제에서도 전자서명을 정의하는 경우에 디지털서명으로 정의하는 경우를 볼 수 있다. 이것에 대해 일본의 전자서명·인증법에서는 향후의 기술진보에 의해서 새로운 방식이 채택되는 것이 충분히 생각되기 때문에 기술적 중립성을 유지하여 넓게 정의하고 있다.

즉 「전자서명」은 전자서명·인증법에서 다음과 같이 정의되고 있다(전자서명·인증법 2①. 한국전자서명법2 ii·iii).

「전자적 기록(전자적 방식, 자기적 방식 그 외의 사람의 지각에 따라서는 인식할 수 없는 방식으로 만들어지는 기록이며, 전자계산기에 의한 정보처리용으로 제공되는 것을 말한다. 이하 동일)에 기록할 수 있는 정보에 대해 행해지는 조치이며, 다음 요건의 모두에 해당하는 것을 말한다.

1. 해당정보가 해당조치를 행한 자의 작성과 관련된 것인 것을 나타내기 위한 것.
2. 해당 정보에 개변이 행해지지 않았는지 확인할 수 있는 것일 것.」

상기의 정의 가운데 제1호로 정해져 있는 요소는 서명의 목적일 것을 요구한다. 전자적인 기록을 타인이 판독하거나 개변할 수 없게 암호화한 것만으로는 그 기록을 본인이 작성했다는 것을 나타내는 목적을 가지지 않으므로 전자서명에는 해당하지 않는다. 여기서 주의하여야 하는 것은 이 요소는 어디까지나 서명의 「목적」일 것을 요구할 뿐 실제로 서명자가 본인인 것을 확인할 수 있는 기능을 요구하고 있는 것이 아니다. 후술하는 바와 같이, 전자서명·인증법은 전자서명을 동법 제2조 제1항에서 넓게 정의하고 있고, 그 중에 특히 「이것을 행하기 위해서 필요한 부호 및 물건을 적정하게 관리함에 의하여 본인만이 행할 수 있는」 전자서명(전자서명·인증법3)에 대해서 법률상의 효과를 부여한다는 구성을 취하고 있다.

제2호에서 정해져 있는 요소는 개변의 유무를 확인하는 기능이 있을 것을 요구한다.

3. 전자서명의 효과

3-1. 자필서명·날인의 경우

사문서에 본인 또는 대리인의 서명 또는 날인이 있을 때, 해당 문서는 진정하게 성립한 것이라고 추정된다(민사소송법228④. 한국민사소송법358). 계약서 등의 문서가 진정하게 성립한다는 것은 해당문서가 작성자인 특정인의 의사에 근거해 작성된 것을 의미한다. 통상 그러한 주관적인 의사에 대해 입증하는 것이 곤란하기 때문에 법은 상기와 같이 법률상의 추정규정을 두고 있다. 예를 들어, 인감등록된 인감도장이 날인되어 있는 경우에는 인감도장 등록자인 본인의 날인이라고 일반적으로 사실상 추정된다. 그리고 본인의 날인이면 상기 규정에 의해 법률상 진정한 성립이 추정된다.

3-2. 전자서명의 경우

상기와 같이, 전자서명·인증법은 전자서명에 대해 기술적 중립성을 유지하면서 일정한 기능을 가지는 것을 광범위하게 전자서명이라고 파악하고 있다. 더욱이, 전자서명·인증법은 그 중에 특히「이것을 행하기 위해서 필요한 부호 및 물건을 적정하게 관리하는 것으로써, 본인만이 행할 수 있게 되는」본인에 의한 전자서명에 대해서만 해당 전자서명이 첨부된 전자적 기록의 진정한 성립이 추정된다고 규정한다(전자서명·인증법3. 한국전자서명법3).

여기서「이것을 행하기 위해서 필요한 부호 및 물건을 적정하게 관리하는 것으로써, 본인만이 행할 수 있게 된다」는 디지털서명을 예로 들면,「부호」는 비밀열쇠이며,「물건」은 비밀열쇠를 보관하고 있는 IC카드 등을 가리킨다. 앞의 질문에서 설명했던 바와 같이, 디지털 서명에서는 비밀열쇠를 보유 관리하는 본인만이 그 전자서명을 행할 수 있다는 기술에 근거하기 때문에 디지털 서명은 이 요건을 충족한다.

또한 본조에서의 법률상의 추정이 행해지기 위해서는「본인에 의한 전자서명」일 것이 입증되어야 한다. 인증기관이 본인의 공개열쇠인 것을 증명하는 전자증명서를 발행하고 있다는 것만을 가지고, 본인에 의한 전자서명이라고 할 수 없다.

예를 들어, 인증기관이 전자증명서를 발행하는 경우에 엄격한 본인확인절차를 취하지 않았던 경우에는, 제3자가 용이하게 명의도용을 하여 그 전자증명서를 취득하는 것이 가능하기 때문이다.

본인에 의한 전자서명인 것의 입증은 예를 들어 엄격한 본인확인을 행하는 인증기관이 발행하는 전자증명서에 의해 검증가능한 디지털서명이 되어 있는 경우에는 그처럼 본인확인 심사가 된 본인만이 비밀열쇠에 의해 서명할 수 있는 것이므로 사실상 해당 본인에 의한 전자서명이라고 추정된다는 것이 된다. 이것은 종이매체의 문서날인의 경우 등록된 인감도장에 사실상 강한 추정효과가 있다고 생각할 수 있다.

다음 질문에서 자세하게 해설하는 특정인증업무를 행하는 것으로 인정을 받은 인증업자가 증명하는 전자서명에 대해서는 이러한 사실상의 추정이 가능하다고 할 수 있다.

(高橋 美智留)

7. 전자인증업무를 행하기 위한 요건

Q 전자인증업무를 행하는데, 법률상의 요건이 있습니까?

A 전자인증업무를 행하는 것 자체에는 법률상의 요건은 없으나 특정인증업무이기 위해서는 법령에서 규정하는 일정한 기술기준을 만족시켜야 합니다. 또, 특정인증 업무를 행하는 인증업자는 해당 인증업무에 대해서 임의로 주무대신의 인정을 받을 수 있습니다.

해 설

1. 전자인증이란

디지털서명에 대해서는 지금까지 설명했던 대로 어떤 자가 가지는 비밀열쇠에 의해 암호화된 메시지는 그것과 쌍을 이루는 공개열쇠에 의해서만 복호할 수 있다. 그러나 디지털서명 자체에서는 그 공개열쇠가 정말로 메시지작성자의 공개열쇠인가를 확인할 수 없다. 이에, 그 공개열쇠가 정말로 메시지 작성자의 공개열쇠라고 하는 것을 확인하기 위해서 신뢰할 수 있는 제3자가 그것을 증명하는 것이 필요하게 된다. 이러한 증명을 행하는 기관을 「인증기관」이라고 부르고 그러한 증명행위를 「전자인증」이라고 부른다.

전자서명·인증법에 대해서는 「인증업무」는 「스스로 행하는 전자서명에 대해서 그 업무를 이용하는 자(이하, 「이용자」라고 한다.) 그 외의 자의 요구에 따라 해당 이용자가 전자서명을 행한 것을 확인하기 위해서 이용되는 사항이 해당 이용자와 관련된 것임을 증명하는 업무」라고 정의하고 있다(전자서명·인증법2②. 한국전자서명법2 vi·ix). 「해당 이용자가 전자서명을 행한 것을 확인하기 위해서 이용되는 사항」이란 디지털서명을 예로 들면, 그 이용자의 「공개열쇠」를 의미하여 결국 공개열쇠가 그 이용자의 것임을 증명하는 업무를 말한다.

무엇보다 전자서명·인증법은 전자서명의 정의와 같이 인증업무의 정의에도 기술적 중립성을 확보하여 그 기술이 공개열쇠암호방식을 이용하고 있을 것을 요구하고 있지 않다. 또한, 전자서명·인증법은 인증업무를 행하는데 대해서 아무런 제한을 두고 있지 않으므로, 누구라도 인증업무를 행하는 것은 가능하다.

이와 같이 인증업무 자체에 일정한 법률상의 제한을 두지 않은 것은 이용자가 그 거래의 성질, 규모, 위험 등에 따라 자유롭게 인증서비스의 수준을 선택하도록 인정하는 것이 보다 거래의 실태에 맞기 때문이다. 이것은 종이문서에 의한 거래에서도 항상 인감증명서와 실제 인감도장으로 거래를 하는 것은 아닌 것과 같다. 결국 인증수준이 낮은 인증서비스를 선택했을 경우에는 본인의 전자서명이라고 하는 입증이 곤란하게 되어 진정한 성립의 추정(전자서명·인증법3. 한국전자서명법3)을 받을 수 없다는 불이익을 본인이 입게 되는데, 그것은 본인이 개개의 거래에 따라 판단한 결과이며, 그 자체를 법률로 제한할 필요는 없다고 생각된다.

2. 특정인증업무

2-1. 특정인증업무와 임의의 인정제도

전자서명·인증법은 「전자서명 가운데 그 방식에 따라 본인만이 행할 수 있는 것으로서 주무성령에서 정하는 기준에 적합한 것에 대해서 행해지는 인증업무」를 특히 「특정인증업무」라고 규정하고 있다(전자서명·인증법2③).

특정인증업무의 요건이 되는 기술적 기준은 「전자서명 및 인증업무에 관한 법률시행규칙」에서 다음의 어느 것이라고 정해져 있다(전자서명·인증법규칙2).

① 거의 같은 크기의 두 가지 소수의 누적인 1,024비트 이상의 정수의 소인수분해
② 크기 1,024비트 이상의 유한체의 곱셈군에서의 이산대수의 계산
③ 타원곡선상의 점이 이루는 크기 160비트 이상의 군에 있어서의 이산대수의 계산
④ 전3호에 열거된 것에 상당하는 곤란성을 가지는 것으로서 주무장관이 인정하는 것

내용적으로 현시점에서는 디지털서명을 염두에 두고 있다.[24)]

그리고 특정인증업무에 대해서는 주무장관의 인정을 받을 수 있다(전자서명·인증법4①). 이와 같이 인정받은 특정인증업무를, 「인정인증업무」라고 한다. 이와 같이, 전자서명·인증법은 인증기관 단위가 아니고 인증업무를 단위로서 그것이 일정한 신뢰수준에 있다고 인정하는 제도를 마련하였다. 그러나 그 인정은 어디까지나 임의이며 인증기관의 경영판단에 맡겨지게 되었다.

또한 인정을 받았을 경우에는 그것을 나타내는 표시를 전자증명서 등에 첨부할 수 있다(전자서명·인증법13②. 한국전자서명법15②, 9). 인정을 받지 않아도 특정인증업무를 행할 수 있으나, 인정 인증업무의 표시의 첨부는 금지되고 있다(전자서명·인증법13①). 인정인증업무를 나타내는 표시는 「전자서명법인정인증업무」 혹은 「Accredited under e-Signature Law (Japan)」 또는 다음 페이지에 표시하는 표시를 이용하게 되어 있다(전자

24) 「전자서명 및 인증업무에 관한 법률에 근거하는 특정인증업무의 인정과 관련되는 지침」(총무성, 법무성, 경제산업성 고시 제2호)(이하, 「인정지침」이라 한다) 제3조에서는 이 기준을 충족하는 전자서명방식을 구체적으로 열거하고 있다.

서명·인증법규칙 13②, 양식 제5).

2006년 12월 26일 현재, 18개의 특정인증업무가 인정되고 있다.[25]

2-2. 인정의 기준

인정의 기준이 되는 요소는

1) 업무용으로 제공하는 설비
2) 이용자의 진위 확인의 방법
3) 기타 업무방법

의 세 가지이다(전자서명·인증법6①. 한국전자서명법4).

첫번째로, 업무용으로 제공하는 설비에 대해서는 입출장의 관리, 부정접속의 방지, 무권한자에 의한 인증업무용 설비의 작동을 방지하는 조치, 재해피해의 방지조치 등의 보안조치가 충분히 되어 있을 것이 요구되고 있다(전자서명·인증법규칙4, 인정지침4 내지 7. 한국전자서명법시행령2).

두번째로, 이용자의 진위확인방법으로서는 이용자가 전자증명서 발행신청시에 명의도용하는 것을 방지하기 위해서 주민등록증을 복사하고, 호적등본 또는 초본 등의 자료제출을 요구함과 동시에 여권, 운전면허증 등 사진이 붙여진 ID의 제출, 신청서에 날인한 인감에 대한 인감증명서의 제출 또는 본인한정수취우편에 의한 본인확인방법의 어느 하나를 행하게 되어 있다(전자서명·인증법규칙5).

세번째로, 그 외의 업무방법에 관한 기준으로서는 17항목에 걸쳐 기준을 열거하고 있는데(전자서명·인증법규칙6), 예를 들어 다음이 포함되어 있다.

① 중요사항의 설명(전자서명·인증법규칙6一, 인정지침8)

이용자에게 명의도용이 처벌되는 것, 전자서명에 자서나 날인에 필적하는 효과가 주어지는 것 등의 중요사항을 설명할 것이 요구되고 있다.

② 이용신청의 의사확인(전자서명·인증법규칙6二, 인정지침 9)

이용신청자의 의사확인을 위해 그 서명 혹은 날인(인감증명서를 점

25) http://www.meti.go.jp/policy/netsecurity/digisign_ninteiitiran.htm을 참조.

부)이 있는 이용신청서 그 외의 서면의 제출 또는 그 정보(인정인증업무 또는 이것에 준하는 인증업무에 의한 전자증명서로 확인할 수 있는 전자서명이 되어 있는 것)를 송신하는 것이 요구되고 있다.

③ 암호열쇠의 취급(전자서명 · 인증법규칙6三)

비밀열쇠를 안전하고 확실하게 이용자에게 송신하는 것과 동시에 그 비밀열쇠 및 복제를 완전하게 소거하는 것이 요구되고 있다.

④ 전자증명서의 유효기간(전자서명 · 인증법규칙6四)

전자증명서의 유효기간은 5년을 초과하지 않는 것으로 한다.

2-3. 인정인증사업자의 의무

인정을 받은 인증업자(「인정인증사업자」라고 불림)는 다음의 의무를 진다.

① 업무에 관한 장부보존의무(전자서명 · 인증법11, 전자서명 · 인증법규칙12. 한국전자서명법 22)

인정인증사업자는 인정인증업무에 관해서 이용자 신청에 관한 장부서류(이용신청서 등), 전자증명서의 실효에 관한 장부서류, 인증사업자의 조직에 관한 장부서류 등은 전자증명서의 유효기간 만료일부터 10년간, 설비 및 안전대책에 관한 장부서류에 대해서는 다음 인정갱신일까지 보존하여야 한다. 특히 이용자 또는 그 대리인의 서명 또는 날인이 있는 서류는 원본을 보존하여야 하고, 그 외의 서류는 전자적 기록에 의한 보존도 인정되고 있다.

위반한 경우는 인정취소(전자서명 · 인증법14①三) 또는 벌칙의 대상이 된다(전자서명 · 인증법44二).

② 이용자의 진위확인에 관한 정보의 적정한 사용(전자서명 · 인증법12)

인정인증사업자는 이용자의 진위확인에 관한 정보를 인정에 필요한 업무용으로 제공하는 목적으로만 사용하여야 하며 위반의 경우에는, 인정취소(전자서명 · 인증법14①三)의 대상이 된다.

(高橋 美智留)

8. 전자계약과 인지세

Q 전자계약을 이용하면 인지세가 들지 않는다고 들었는데 정말입니까? 「전자계약」의 계약서를 사내기록용으로 인쇄하여 보존해 두려고 하는데, 그 인쇄물에도 인지세가 들지 않는다고 생각해도 좋은가요?

A 전자계약의 경우, 인지세의 과세대상이 되는 「문서」가 존재하지 않기 때문에 인지세가 부과되지 않습니다. 또 전자계약의 계약서를 사내기록용으로 인쇄해도 해당 인쇄물에 인지세는 부과되지 않습니다. 이러한 인쇄물은 이른바 문서의 팩스나 카피와 같이, 상대방과의 관계에 대해 일정한 사항을 증명하는 목적으로 작성되는 것은 아니기 때문에, 인지세의 과세대상이 되는 「과세문서」에 해당하지 않기 때문입니다.

해 설

1. 전자계약이란

세법상 특히 정의가 있는 것은 아니나 일반적으로 전자계약이란 전자데이터로만 계약서가 존재하는 계약이라고 생각되고 있다. 인터넷의 화면 조작에 의해서 체결되는 계약이나, 계약서를 전자메일의 첨부파일 등의 형태로 교환하는 계약 등이 이것에 해당한다.

그리고 최근 「전자서명 및 인증업무에 관한 법률」(2000년), 「서면의 교부 등에 관한 정보통신 기술의 이용을 위한 관계법률 정비에 관한 법률」(2000년), 「민간사업자 등이 실시하는 서면의 보존 등에서의 정보통신 기술의 이용에 관한 법률」(2004년) 등 전자상거래 등의 촉진을 위한 IT관계법이 정비되어 현재는 전자데이터의 집합체인 전자문서에도 통상의 종이문서에 가까운 증명력이나 효력이 인정되고 있다.

2. 전자계약에 대한 인지세

전자계약에 인지세는 부과되지 않는다. 이것은 이하의 이유에 의한다.

인지세는 일정한 「문서」를 과세의 대상으로 하고 있고 과세의 대상이 되는 문서는, 인지세법상 「과세문서」라고 불리고 있다(印法3①. 한국인지세법1). 그리고 과세문서란 이하의 모든 요건에 해당하는 문서를 의미한다(印法3①, 印基通2).

- 과세물건표(印法別表 제1)로 열거된 문서에 의해 증명되어야 할 사항(과세사항)이 기재된 문서
- 과세사항을 증명하는 목적으로 작성된 문서
- 부과세문서(印法5)에 해당하지 않는 문서

그런데, 전자문서는 해당 문서중의 문자를 디스플레이상에서 또는 인쇄에 의해 확인할 수 있는 것은 가능하지만, 전자데이터 자체를 물체로서 인식할 수 없다. 그 때문에 전자문서가 작성되어도 「문서」가 작성되었다고는 할 수 없고, 문서 그 자체가 존재하지 않는다고 생각되고 있다. 전자계약에 대해서는 과세「문서」가 존재하지 않기 때문에, 인지세가 부과되지 않는다.[26)]

이 점, 같은 내용의 계약을 체결하고 있음에도 불구하고 문서계약서를 작성했을 경우와 전자데이터의 계약서를 작성했을 경우에, 인지세의 부담이 다른 것에 대하여 비판적인 의견도 있다.

그러나 현재 상태로서는 전자계약에 대해서는 인지세를 부과하지 않는다는 것이 확립된 실무 취급이며, 장래의 법개정 등에 의해 취급변경

---

26) 「전자상거래에서도 인터넷상에서 계약서 등이 교환되는 일이 있지만, 첨부파일 등의 형태로 교환되는 전자문서에 대해서는 인지세의 과세대상외가 되어 있다」는 기재가 있는 제162회 국회의 의원에의 질문취지서(제출번호 6, 제출자 사쿠라이 미츠루 의원)에 대해서 정부가 제출한 답변서에도 「지금까지 오로지 문서에 의해 작성되어 온 것이 전자적 기록에 의해 작성되는 사무자동화가 진전되고 있지만, 문서과세인 인지세에 대해서는 전자적 기록에 의해 작성되는 것에 대해서 과세되지 않는 것은 지적대로이다」라고 기재되어 있어 전자데이터나 전자문서를 나타내는 단어로서 「전자적 기록」이라는 말이 이용되어 전자문서가 「문서」에 포함되지 않는 것이 밝혀지고 있다.

이 실시되지 않는 이상 납세자는 전자계약을 체결하는 것에 의해 인지세의 부과세 장점을 향수하는 것이 가능하나, 전자데이터에 대해서는 일반적으로 종이의 문서와 비교해서 소실의 위험이 높아져, 개변이나 개변 흔적의 소거가 비교적 용이한 면이 있다. 계약을 체결할 때에, 종이 계약서와 전자문서의 계약서 어느 쪽을 이용하는지에 대해서, 충분히 검토할 필요가 있다고 할 것이다.

3. 전자문서를 인쇄하는 경우

또한 전자문서를 사내 기록용으로 인쇄하여 보존해도 해당 인쇄물은 사내 기록용으로 작성된 것으로, 상대방의 서명이나 날인도 없고 상대방에 대해서 증명할 수도 없다. 따라서 이러한 인쇄물은 계약서의 단순한 사본과 동일하게 과세사항을 증명하는 목적으로 작성된 것이라고는 인정되지 못하고(印基通19②(1)단서), 인지세의 과세대상은 되지 않는다.

한편, 전자문서를 이용해 계약을 체결하는 경우에도 후에 해당 전자문서를 인쇄하여 해당 인쇄물에 조인해, 이것을 정식적 계약서로 한 경우 등은 당연 전자문서가 아니고 해당 인쇄물이 해당 계약에서의 계약서가 된다. 따라서 해당계약서에 인지세법별표1상의 몇 가지 과세사항이 기재되어 있으면, 과세사항을 증명하기 위해서 작성된 과세문서로서 해당 인쇄물에 인지세가 과세되게 된다.

[참고문헌]

· 佐藤明弘 編 「인지세법기본통치 축조해설」(오쿠라재무협회, 2004년)
· 세무통신 No.2356(세무연구회)

(矢向 孝子)

제 3 장

IT 지적재산권

제1절 홈페이지와 저작권

1. 홈페이지 제작과 저작권

Q 당사는 자사의 홈페이지를 가까운 시일내에 제작할 예정입니다. 후의 분쟁을 방지하기 위해서,
① 자사의 직원에게 제작시키는 경우
② 타사에 제작을 의뢰하는 경우
에 대해서 법률상 분쟁이 일어나기 쉬운 부분과 그 대응책에 대해 가르쳐 주세요.

A ① 직원의 권리의식이 부족하고, 자기 부담으로 홈페이지를 제작하기 때문에 타사 홈페이지를 참조하여 그 홈페이지의 표현의 전부 또는 일부를 무단 이용하는 결과, 저작권을 침해해 버리는 경우가 있습니다.

따라서 홈페이지 제작에 관련된 직원이 저작권에 대한 의식이 충분하지 않은 경우를 상정해, 회사는 제작에 종사하는 직원에게 저작권 침해가 없도록 지도·감독할 필요가 있습니다. 또, 결과적으로 동종의 홈페이지를 제작했을 경우에, 동종 홈 페이지보유자로부터 저작권침해를 추궁당해도 충분히 방어할 수 있도록 독자적으로 제작한 경위를 증거로 하여 보존해 두는 것도 중요합니다.

② 타사에 홈페이지의 제작을 의뢰하는 경우, 중요한 것은 제작된 홈페이지의 저작권이 저작자인 홈페이지 제작업자에게 우선 귀속하는 것으로부터, 저작권에 관련하는 권리처리로서 저작권의 양도를 받는 것 및 홈페이지 제작업자가 가지고 있는 저작인격권의 불행사 특약을 체결하는 것이 필요합니다.

또한, 제작된 홈페이지에 관한 디지털 데이타에 관한 권리는 당연히 위탁자 측에 이전되지 않습니다. 따라서 디지털 데이타에 관한 권리

이전도 계약에서 합의해 둘 필요가 있습니다.

또한, 홈페이지 제작업자 등이 저작권에 대한 의식이 낮고 제3자를 위해서 이용한 홈페이지 제작을 위한 포맷을 기초로 동종의 홈페이지를 작성했을 경우에 귀사가 저작권 침해책임을 지게 되는 위험을 회피하기 위해서 제작물이 제3자의 저작권을 침해하지 않는다는 보증을 요구해 둘 필요도 있다고 생각됩니다.

해 설

1. 홈페이지에 대한 저작권

1-1. 홈페이지의 범람

인터넷은 벌써 사회에 깊게 침투하여 「홈페이지」라는 말이 사회적으로 완전히 인지되고 있을 뿐만 아니라, 극히 당연한 듯 회사와 개인은 홈페이지를 보유하고 있다. 특히, 최근 인터넷을 통해 자사의 제품정보나 회사정보 등을 제공하거나 인터넷을 통해서 거래하는 것을 가능하게 하는 것 등이 비즈니스 확대를 위해 불가피하게 되어 많은 회사가 자사 홈페이지를 보유하는 상황이다.

인터넷을 통하면, 용이하게 다양한 종류의 홈페이지를 만날 수 있는 홈페이지 범람시대이다. 누구든지 용이하게 작성할 수 있는 탓인지 홈페이지의 저작권에 대한 의식이 그만큼 높지 않은 것이 염려된다.

1-2. 홈페이지의 저작물성

「사상 또는 감정을 창작적으로 표현한 것」(著2①　)으로 평가할 수 있는 것이면, 소설이나 그림만이 아니라 뉴스기사나 논문, 광고나 사진, 영상 등도 모두 「저작물」이라 할 수 있다. 「창작성」이란 작성자의 개성이 나타나 있으면 충분하고 「신규성」까지는 요구되지 않는다고 이해되고 있다(타무라 요시유키 「저작권법 개설(제2판)」(유비각, 2004년) 14면).

따라서 홈페이지에 대해서도 약간의 연구가 더해짐으로 창작성을 띠게 되어 저작물로 평가할 수 있는 경우가 많다고 생각된다. 직원이 자사의 홈페이지를 작성하는 경우, 동업종의 타사를 비롯하여 타사의 홈페이지 비교분석과 검토를 하는 것이 통상적이라고 생각된다. 가능한 한 잘 작성하기 위하여 타사의 홈페이지를 참고로 하는 것이 반드시 나쁜 일은 아니다. 또, 모방으로부터 새로운 창조가 탄생하기도 한다.

그렇다고 해도, 타사의 홈페이지 중 창작성이 인정되는 부분을 그대로 복제하는 경우나 약간 변경한 것에 지나지 않는 경우에는, 저작권침해행위(복제권(著21. 한국저작권법16), 이차적 저작물작성권침해(著27. 한국저작권법22)침해)가 될 수 있다.

회사는 자사의 직원이 타사의 홈페이지 저작권을 침해하지 않도록 지도·감독할 필요가 있다. 회사의 법무담당자로서는 특히 복제·이차적 저작물작성이란 무엇인가를 명확하게 인식해야 한다.

복제의 여부에 대한 판단은 비교적 용이하다고 생각되나, 「이차적 저작물작성」에 해당하는지 그렇지 않으면 새로운 저작물의 창작에 해당하는지는 매우 미묘한 판단을 포함하기도 한다. 따라서 이차적 저작물작성이라고 평가받을 가능성이 있는 경우에는 원저작물의 권리자로부터 허락을 얻어 두어야 한다.

1-3. 저작권침해에 대한 항변(독립창작의 항변)

저작권침해가 성립되기 위해서는 창작성 있는 표현을 복제·이차적저작물을 작성하고 있을 뿐만 아니라, 그것이 원저작물에 의거해 제작된 것일 것이 필요하다. 반대로 말하면, 타인이 작성한 것과 결과적으로 같은 것이거나 또는 지극히 유사하다고 해도, 타인의 저작물에 의거해 제작된 것이 아니면 저작권 침해의 추궁을 당할 일은 없다(「독립창작의 항변」, 田村 전술 51면).

따라서 회사는 장래의 분쟁에 대비하여 작성과정에 관한 중요한 자료를 가능한 보존하여 자사가 독자적으로 작성하였음을 후일 증명할 수 있는 상황으로 해 두는 것이 바람직할 것이다.

2. 저작권의 양도와 저작인격권의 불행사 특약

홈페이지의 제작을 제3자에게 위탁했을 경우, 제작된 홈페이지 저작물의 「저작자」는 해당 제3자이다. 저작권법 제15조(한국저작권법9)의 직무저작으로서 위탁자측이 저작자가 되는 것은 아닌가 하는 것이 문제가 되나, 일반적으로 「고용관계가 없는 외부인에게 위탁하거나 또는 위촉하여 작성받은 것은, 사용자의 지배하에 있는 업무종사자의 작성물에는 해당하지 않는다」(加戸守行 「저작권법 축조강의(4정신판)」(저작권정보센터, 2003년) 145면)고 해석되고 있다.

따라서 위탁한 측으로서는 후일 분쟁이 되지 않게 해당 홈페이지에 대한 저작권의 양도를 받아두어야 한다. 여기서 주의를 필요로 하는 것은 저작권법 제27조와 제28조(한국저작권법22)에 근거하는 이차적 저작물에 대한 권리에 대해서는 명시적으로 양도받지 않으면 이러한 권리는 저작권의 양도자에게 유보된 것으로 추정받게 되는 것이다(著61. 한국저작권법45②). 계약으로「저작권(단, 저작권법 제27조와 28조(한국저작권법22)의 권리를 포함한다)을 양도한다」는 내용을 반드시 명기하는 것이 필요하다.

또, 저작자는 저작물에 대해서 저작인격권(공표권(著18. 한국저작권법11), 성명표시권(同19. 한국저작권법12), 동일성유지권(同20. 한국저작권법13))을 보유하는 바, 이 권리는 인격권으로서의 성질상 일신전속적인 것이며, 양도나 포기는 할 수 없다는 생각이 다수를 차지하고 있다. 이에 대해, 그 유효성에 논의는 있지만 실무상은 저작자인 홈페이지 제작자와 저작인격권의 불행사를 합의해 두는 것이 필요하나(다만 「저작자가 그 저작물의 미지의 개변에 대해 포괄적으로 권리의 불행사를 약속하는 것은 인격권의 특성으로 보아 공서양속에 반한다」(齊藤博 「저작권법」(유비각, 2006년) 206면)는 견해도 있으므로, 절대적이 아닌 것에는 주의할 필요가 있다).

[참고문헌]

- 加戸 守行 「저작권법 축조강의(신정 제4판)」(저작권 정보센터, 2005년) 145면 외
- 早稲田裕美子 「홈페이지의 위탁제작」카피라이드 2월호(지적권 정보센터, 2006년) 70면

(石新智規)

2. 홈페이지에서 화상을 수정·이용하는 문제

Q 마음에 드는 일러스트레이터의 그림을 당사 홈페이지에서 이용하기 위해서 트리밍(그림의 불필요한 부분을 잘라내는 것) 하는 것이나 색채를 변경하는 것을 검토하고 있습니다. 이 경우에 유의해야 할 점이 있으면 가르쳐 주세요.

A 실제로 트리밍이나 색채를 변경하는 경우에는 해당 일러스트레이터로부터 그림의 게재 자체에 대한 승낙을 얻는 것 뿐만 아니라, 트리밍 하는 것이나 색채를 변경하는 것에 대하여도 승낙을 얻는 것을 잊지 마십시오. 게재자체에 승낙을 얻고 있어도 무단으로 트리밍이나 색채의 변경을 하는 것은 이차적 저작물작성권 및 동일성유지권의 침해가 됩니다.

해 설

1. 저작권(저작재산권) 상의 유의점

저작권법상 저작물이란 「사상 또는 감정을 창작적으로 표현한 것이며, 문예, 학술, 미술 또는 음악의 범위에 속하는 것」(著2①一. 한국저작권법2 i)으로 정의되고 있어 그림도 저작물의 하나임을 예시하고 있다(著10①四). 그리고 저작권자에게는 무단으로 그 저작물을 홈페이지 상에 게재하는 것이, 저작권 중에서 복제권(著21. 한국저작권법16) 및 공중송신권(著23. 한국저작권법18)의 침해에 해당한다. 따라서 본 질문과 같이 마음에 드는 일러스트레이터의 그림을 회사 홈페이지 상에 게재하기 위해서는 저작권자(저작권이 양도되어 있지 않은 한 해당 일러스트레이터)의 승낙을 얻어야 한다.

게다가 질문과 같이 해당 일러스트를 회사의 홈페이지에 게재하는데 맞추어 트리밍이나 색채변경을 하는 것은 이차적 저작물작성권(著27. 한국저작권법22)의 침해로도 될 수 있기 때문에 이 점에 대해서도 주의가 필요하다.

또한 저작권자가 누군지 알 수 없는 그림의 경우 유효한 검색방법의 하나로 일본미술저작권기구에 문의할 수 있다. 동 기구에서는 동 기구에 대하여는 운영하는 홈페이지(http://www.apg.gr.jp/) 상에서 검색도 가능하다.

2. 저작인격권 상의 유의점

더욱이 해당 일러스트를 회사의 홈페이지에 게재하는데 트리밍이나 색채 변경을 실시하는 경우에는 전술한 저작권과는 별도로 저작인격권이 문제가 된다.

저작인격권이란 재산권으로서의 지작권(저작재산권)과는 별개의 저작물을 창작한 자 본인이 고유하게 보관 유시하는 인격권을 밀하며, 공표권(아직 공표되지 않은 저작물의 공표여부를 판단할 권리. 著18①. 한국저작권법11), 성명표시권(저작물 자체 또는 그 공표에 대해 자기의 실명 또는 가명의 사용여부를 결정할 권리. 著19①) 및 동일성유지권(저작물 및 그 표제에 자기의 뜻에 반해 변경, 삭제 기타 개변되지 않을 권리. 著20①. 한국저작권법13)로 구성되어 있다. 그리고 본문과 같은 그림의 트리밍이나 색채 변경을 저작자에게는 무단으로 실시하는 것은 비록 해당그림의 게재자체에 대해 저작권자로부터 승낙을 얻어도 상기 저작인격권 중 동일성유지권의 침해에 해당한다고 생각된다.27)

왜냐하면, 저작권자가 동의한 것은 어디까지나 해당 일러스트를 그대로 게재하는 것에 한하며 마음대로 개변하는 것은 저작자의 인격적 이익을 해하여 정신적 고통을 줄 수 있기 때문이다.

이와 함께 저작인격권은 양도할 수 없기(著59. 한국저작권법14①) 때문에 해당저작물의 저작권을 양도한 경우에도 역시 해당저작물의 저작자의 승낙이 필요하다.

27) 원저작물의 창작적 표현이 남지 않을 만큼 개편한 경우는 별개독립의 저작물이 되므로, 동일성유지권은 문제가 되지 않는다. 그러나 질문에 있는 트리밍이나 색채의 변경에 한한 경우는 그런 개변이 이루어졌다고는 말하기 어려울 것이다.

[참고문헌]

· 田村善之著 「저작권법개설(제2판)」(유비각, 2001년) 433~444면
· 인터넷변호사협의회(ILC) 편저 「현역변호사가 대답하는 Q&A 홈페이지에서의 저작권 문제」(인터넷법률총서 1)」(마이니치 커뮤니케이션즈, 1997년) 104~111면

(杉田泰樹)

3. 홈페이지에서의 초상(사진·화상)의 이용

Q **인터넷상에서 당사의 기업이미지를 고양하기 위해서 홈페이지 배경으로 당사의 직원이 개인적으로 촬영하거나 또는 인터넷상에서 입수한 연예인의 초상(사진·화상)을 이용하고 싶습니다. 무단으로 사용하는 것에 문제가 있습니까? 또, 유명한 동물이나 건물 등 연예인 이외의 경우의 이용에 문제가 있습니까?**

A 연예인의 사진이나 화상을 무단으로 홈페이지에 사용하는 경우 그 연예인의 초상권 내지 퍼블리시티권을 침해하는 것으로서 민사상의 손해배상책임을 질 가능성이 있습니다. 또, 유명한 동물이나 건물을 이용하는 경우에도 그 소유자의 배타적 이익을 침해하는 것으로서 민사상의 손해배상책임을 질 가능성은 부정할 수 없습니다.

해 설

1. 초상권

연예인의 사진 또는 화상을 홈페이지에 이용하는 경우, 첫째로 피사체인 연예인의 초상권침해가 문제가 된다. 일본의 법률상, 초상권에 대한 명문규정은 없으나, 최고재판소는 1969년의 판결[28]에서, 「누구든지 그

28) 최고재판소 1969년 12월 24일 판결(최고재판소판례집 23권 12호 1625면)

승낙없이 함부로 그 용모나 자태(「용모 등」이라 한다)를 촬영당하지 않을 자유를 가진다」고 하여 이른바 초상권이 개인의 권리로 보호되는 것을 인정하고 있다.

홈페이지에 타인의 사진이나 화상을 싣는 행위는 촬영한 사진을 불특정 다수의 인간에게 공개하는 행위이기 때문에 무단으로 이러한 행위를 하는 경우에 피사체의 초상권을 침해하게 된다. 그리고 초상권을 침해하는 행위는 민법상의 불법행위(民709)에 해당하기 때문에 무단으로 사진이 게재된 피사체에게 손해배상책임을 질 가능성이 있다.

2. 퍼블리시티권

또, 연예인의 초상은 통상 상품의 선전이나 광고 등 정보전달수단에 이용되는 것으로 일정한 금전적 가치를 가진다. 즉, 연예인의 초상에는 고객흡인력이라는 점에 대해 경제적 가치가 인정되어 이러한 관점에서 연예인의 초상에 관한 권리는 인격권적 측면에서의 초상권임과 동시에 재산권적 측면에서의 퍼블리시티권이 인정된다고 생각되고 있다.[29] 퍼블리시티권에 대해서는 일본의 법률상 명문규정은 없으나, 일반적으로 연예인 등의 초상이나 성명 등이 가지는 재산적 가치(고객흡인력)를 스스로 통제할 권리로서 판례로 인정되고 있다.[30] 홈페이지에 무단으로 연예인의 사진이나 화상을 게재하는 것은, 피사체인 연예인의 통제권이 미치지 않은 곳에서 그 초상을 무제한으로 유통시키는 행위이기 때문에 퍼블리시티권의 침해에 해당하여 민법상의 불법행위(民709. 한국민법750)를 근거로 손해배상책임을 질 가능성이 있다.

---

29) 초상(및 성명)에 관한 권리가 인격적 이익과 경제적 이익으로 분류될 수 있다고 명시한 일본 최초의 판례로서 이른바 「마크·레스터 사건」이 있다(도쿄지방재판소 1976년 6월 29일 판결(判時 817호 23면).

30) 도쿄최고재판소는 「연예인이 성명이 가지는 모든 고객흡인력은, 해당 연예인이 획득한 명성, 사회적 평가, 지명도 등에서 생기는 독립된 경제적인 이익 내지 가치로서 파악하는 것이 당연한 것으로, 이것이 해당 연예인의 고유의 것으로 귀속되는 것은 당연한 일이며, 해당 연예인은 모든 고객흡인력을 가지는 경제적 이익 내지 가치를 배타적으로 지배하는 재산적 권리를 가진다」고 판단한다(「오냥코클럽 사건」도쿄최고재판소 1991년 9월 26일 판결(判時 1400호 3면)).

이상에 대해 유명한 동물이나 건물 등의 「물건」의 소유자의 허락없이 회사의 홈페이지 배경으로 이용하는 경우 이용자가 퍼블리시티권의 침해를 근거로 소유자에게 손해배상책임을 지는가 하는 여부에 대해서는 논의의 여지가 있다. 최고재판소는 이른바 「갤럽레이서 사건」에서 「물건」의 퍼블리시티권을 보호하는 법령 등이 존재하지 않는 것을 근거로 그러한 손해배상청구를 부정하고 있다.[31] 그렇지만 그 하급심인 나고야지방재판소 및 나고야최고재판소는 모두 퍼블리시티의 가치는 고객흡인력이 있는 한 사람에 한정되지 않고, 물건에도 인정할 수 있다고 하여 「물건」에 대한 퍼블리시티권의 침해를 인정하고 있다.[32]

「갤럽레이서 사건」 이전에는 「물건의 퍼블리시티권」이라는 명확한 표현은 사용되지 않아도, 유사한 논점에 대해 소유권의 침해의 유무라는 관점에서 판단을 내린 판례가 여럿 있어서 이러한 판례에 대해 결론이 나뉘고 있다.

즉, 소유자가 물건에 대해 가지는 높은 고객흡인력이나 광고효과를 이용하는(또는 이용하려고 하는) 경우에 그러한 물건 소유자의 배타적 이용을 보호되어야 할 이익이라고 파악하여 소유권 침해를 인정한 판례가 존재할 뿐[33] 소유권은 어디까지나 유체물을 객체로 하는 권리라고 하고 그 내용은 유체물로서의 배타적 지배권능에 그치며 이용에 관한 배타적 권능을 포함하는 것은 아니라고 하여 소유권 침해를 부정한 판례도 존재한다.[34]

이와 같이, 「물건」의 퍼블리시티권에 대해서는 본래 나뉘고 있는 분야임과 함께 이론적으로도 소유권의 침해에 근거하여 불법행위의 성립을 인정하는 것은 불가능하다고는 할 수 없기 때문에, 정보전달수단 보급이 늘어남에 따라 성명·초상 등이 가지는 가치의 경제적 측면에 대한 의식

31) 최고재판소 2004년 2월 13일 판결(최고재판소민사판례집 58권 2호 311면)

32) 나고야지방재판소 2000년 1월 19일 판결(判タ 1070호 233면), 나고야고등재판소 2001년 3월 8일 판결(判タ 1071호 294면)

33) 광고용가스기구 사건 : 도쿄지방재판소 1977년 3월 17일 판결(判時 868호 64면), 긴꼬리닭 사건 : 高知지방재판소 1984년 10월 29일(判タ 559호 291면), 크루저 사건 : 코베지방재판소 1991년 11월 28일(判時 1412호 136면)

34) 단풍나무 사건 : 도쿄지방재판소 2002년 7월 3일(判時 1793호 128면)

이 한층 높아지고 있는 가운데, 상기 최고재판소 판례에도 불구하고, 장래 고객흡인력을 가지는 「물건」의 이용보호를 긍정하는 판단이 내려질 가능성은 부정할 수 없다. 따라서 동물이나 건물 등이라 해도, 그것이 유명한 것인 경우에는 그 홈페이지 등에서의 이용하는 것은 신중히 해야 한다고 할 수 있다.

3. 저작권

또한 피사체가 유명한 건축물인 경우에는 그 설계를 한 건축가(저작권자)와의 관계에서 저작권침해가 성립되지 않을까 검토할 필요가 있다.

일반적으로 저작권법에 따르는 보호대상이 되어야 할 저작물이란 「사상 또는 감정을 창작적으로 표현한 것이며, 문예, 학술, 미술 또는 음악의 범위에 속하는 것」이라고 정의되고(著2①一. 한국저작권법2 i), 그 예시로서 「건축저작물」을 들 수 있다(同10①五. 한국저작권법4① v). 오사카지방재판소는 2003년의 판결에서 저작권법 제10조 제1항 제5호의 「건축저작물」이라 하기 위해서는 이른바 건축예술이라 할 수 있는 창작성을 갖추었을 경우여야 한다고 하고 그러한 경우는 일반인의 일반주택에서 통상적으로 가미되는 수준의 미적요소를 넘어 건축가·설계자의 사상 또는 감정이라는 문화적 정신성을 감득시키는 예술성 내지는 미술성을 갖추었을 경우라고 하고 있다.[35)]

이 판례에서는 굿 디자인상을 수상한 고급주문주택에 대해 수상은 기능면이 지극히 중시되고 있어 기존의 통상주택과는 다른 미술성, 예술성이 갖춰져 있다고는 말할 수 없으므로 저작권법상의 「건축저작물」에 해당하지 않는다고 여겨졌다. 따라서 이와는 달리 배경으로 포함되는 건축물이 일반건축과는 다른 어떤 예술성을 갖춘 것인 경우에는 건축 저작물에 해당할 가능성이 있다고 말할 수 있다.

그렇지만, 본 질문의 경우에서는 저작권법 제46조(한국저작권법35)에 의해 건축저작물을 건축에 의해 복제하는 등의 행위(著46二. 한국저작권법35

35) 오사카지방재판소 2003년 10월 30일 판결(判時 1861호 110면)

②)이외의 이용행위는 복제권 침해가 되지 않는다고 여겨지고 있기 때문에 건물을 사진으로 찍어 이용하는 행위가 건축저작물의 복제권 침해에 해당하지는 않는다(다음질문참조).

이와 같이, 건물을 사진으로 찍어 홈페이지에서 이용해도 저작권침해는 되지 않으나, 고객흡인력이 있는 유명한 건축물의 경우는 전술한 바와 같이 불법행위의 성립 여지가 없다고 단언할 수 없으므로 신중한 판단이 필요하다.

[참고문헌]

· 岡村久道·近藤剛史「인터넷의 법률실무」(신일본법규출판, 2001년) 63~79면
· 阿部浩二「퍼블리시티권과 부당이득」「신판주석민법(18)」(유비각) 564~594면
· 伊藤真「물건의 퍼블리시티권」田倉整선생고희기념「지적재산을 둘러싼 제문제」(발명협회, 1996년) 507면 이하

(橋本敬子)

4. 홈페이지에서의 풍경사진의 이용

Q 당사 홈페이지에서는 거리풍경을 배경으로 하는 사진을 이용한 화면을 게재하고 있고, 배경에는 인물이나 건물이 들어가 있습니다. 그러한 인물이나 건물의 권리자 내지는 관계자로부터 소제기도 예상되는데, 법률상으로 문제가 없다고 생각해도 괜찮은가요?
또한, 고인이나 역사상의 인물(예를 들어 사카모토 류마)을 이용한다면 문제가 없을까요?

A 사진의 배경에 인물이 있는 경우, 사진을 그 인물의 허락없이 홈페이지에 이용하는 것은 그 인물의 초상권을 침해하는 행위에 해당하여, 불법행위(民709. 한국민법750)로서 민사상의 손해배상책임을 질 가능성이 있습니다. 특별히 사진에 찍힌 인물이 유명인인 경우는 퍼블리시티권의 침해도 문제가 되고, 건물도 그것이 유명한 건물인 경우에는 동일하게 퍼블리시티권 침해의 문제가 됩니다. 사진에 찍힌 것이 고인이나 역사상의 인물인 경우, 퍼블리시티권의 문제의 발생 여부에 대해서는 다툼이 있습니다.

해 설

1. 사진의 배경에 인물이 포함된 경우

앞의 질문에서 말한 바와 같이, 사람에게는 초상권이 있기 때문에 사진배경에 인물이 포함되는 경우, 그 초상권을 침해하는 일 없이 사진을 공표하기 위해서는 그 인물의 허락을 얻을 필요가 있다. 그러한 허락을 얻지 않고 무단으로 홈페이지에 사진을 공표했을 경우에는 불법행위(民709. 한국민법750)로서 민사상의 손해배상 책임을 질 가능성이 있다. 더욱이 사진에 찍힌 인물이 유명인이면, 앞의 질문과 같이 그 초상이 가지는 경제적 가치(고객흡인력)를 침해한 것으로 퍼블리시티권의 침해도 문제가 된다.

2. 사진의 배경이 건물인 경우

이것에 대해, 사진의 배경이 건물인 경우 해당건물이 저작권법상 건축저작물에 해당한다고 하면 이것을 사진으로 찍어 이용하는 행위는 복제권침해에 해당하는 것처럼 보인다. 그렇지만, 저작권법 제46조(한국저작권법35)에 의해 건축저작물을 건축에 의해 복제하는 등의 행위(同條二. 한국저작권법35②) 이외의 이용행위는 복제권의 침해가 되지 않는다고 여겨지고 있기 때문에, 건물을 사진으로 찍어 이용하는 행위가 건축저작물의 복제권침해는 되지 않는다. 일반적으로, 저작물에 해당하는 건물을 찍은 사진이어도 그 사진이 그 해당건물을 주된 피사체로 한 구도가 아니고, 거리풍경 전체를 촬영한 것인 경우에는 저작권 침해에 해당하지 않는다는 견해도 있으나, 실제로는 저작권법 제46조(한국저작권법35)에 의해 구도에 관계없이 저작권침해는 되지 않는다.

또, 사진에 찍혀있는 있는 건물이 유명한 건물인 경우에는 전술한 바와 같이 「물건」에 대한 퍼블리시티권의 침해 내지 그 경제적 가치에 관한 배타적 이용권의 침해가 문제된다.

3. 고인이나 역사상 인물의 경우

초상권은 인격적인 권리로서 일신전속성을 가지기 때문에 고인이나 역사상의 인물을 이용하는 경우, 그 초상권의 침해는 문제가 되지 않는다. 또한, 이와 같이 일신전속적인 권리는 상속에 의해 승계되지 않기 때문에 그 유족에 대한 손해배상책임도 문제가 되지 않는다.

이에 대해, 초상과 관련된 권리의 재산적 측면으로 퍼블리시티권이 보호되는지에 대해서는 아직도 일본에서 명확한 결론은 나와 있지 않는다. 일본의 판례에서 이에 관한 판단을 내린 것은 없고, 학자 중에도 견해가 나뉘고 있다. 학자의 견해 중에는 퍼블리시티권이 유명인의 초상 등이 가지는 경제적 가치의 보호를 목적으로 하는 점에 주목하여, 이것은 인격권과는 다른 재산적 권리로 소유권 등의 일반적인 재산권과 같이 권리자의 사망에 의한 상속을 인정하는 것도 있다.

그렇지만, 이러한 견해 중에서도 권리의 보호기간에 대해서 고인의 초상 등이 상품이나 서비스 등에 사용되고 있는 한, 무한정으로 그 보호를 인정하는 견해와 저작권등과 같이 보호기간을 한정하는 견해의 대립을 볼 수 있다. 한편, 이러한 견해에 대해 상표법 제4조 제1항 제8호(타인의 초상·성명 등의 상표등록의 승낙. 한국상표법7① vi) 및 저작권법 제116조(저작권자 사후의 인격적 이익의 보호. 한국저작권법4②) 등과는 달리, 고인의 초상 등을 상속인의 재산으로 하는 취지의 명문규정이 존재하지 않는 이상, 고인의 퍼블리시티권은 보호되지 않는다는 견해도 있다.

「물건」에 관한 퍼블리시티권에 대해서 최고재판소가 2004년의 판결(167면 「갤럽레이서 사건」)에서 부정적 견해를 나타낸 근거는 권리의 성립요건, 효과, 존속기간 등을 규정하는 법령 등이 없고, 그 내용이 불명확함에 있다. 따라서 이와 같이 명문규정의 흠결로 내용이 불명확한 고인의 퍼블리시티권에 대해서도 마찬가지로 부정적인 판단이 내려진다고 추측할 수는 있다.

그렇지만, 이용태양에 따라서는 다른 법률구성에 의해 불법행위 등으로 판단될 가능성을 부정할 수 없으므로, 비록 현존하지 않는 인물의 사진이어도 그 이용은 신중하게 해야 한다고 생각된다.

[참고문헌]

- 岡村久道·近藤剛史 「인터넷 법률실무」(신일본법규출판, 2001년) 77~78면
- 牛木理一 「디자인, 캐릭디 및 퍼블리시티이 보호」(유유사, 2005년) 457~517면
- 田倉保 「퍼블리시티권」 田倉整선생고희기념 「지저재산을 둘러싼 제문제」(발명협회, 1996년) 473면 이하

(橋木 敬子)

5. 홈페이지내의 기록에 대한 저작권포기조항

Q 당사 홈페이지에 이용자가 작성할 수 있는 페이지를 마련하였는데, 그것을 가공하여 홈페이지 이외의 매체에서 자사광고에 이용할 것을 고려하고 있습니다. 동 화면에서는 이용자가 작성할 때, 작성한 내용에 대한 저작권을 모두 당사에 양도하는 취지를 기재하여 동의한 사람의 작성물만을 인정하도록 하고 있는데, 이러한 권리포기조항은 유효합니까? 또한, 이러한 대응만으로 충분할까요?

A 권리포기조항은 유효하다 할 수 있습니다. 권리포기를 정한 이용약관에 동의하는 것을 명확하게 하기 위해, 이용자에게 그 선택지를 선택하여 클릭하도록 하는 것이 바람직할 것입니다.

해 설

1. 이용자에 의한 작성물의 저작물성

자사 홈페이지 내의 이용자 개개의 작성물에 대해서도 통상의 저작물의 경우와 동일하게 저작물성이 판단된다. 이 점, 홈페이지 내에서의 작성에 대해서도 개인의 사상 또는 감정의 창작적인 표현(著2①一. 한국저작권법2ⅰ)에 해당한다고 판단되어 이용자의 저작물로서 보호된다고 생각된다. 이용자 개개의 작성물은 핸들네임 등 개인을 특정할 수 없는 익명으로 이루어지는 것이 통상이나, 익명성으로 저작물성이 부정되거나 저작권(著21~28. 한국저작권법16~22)의 양도, 저작권 및 저작인격권(著18~20. 한국저작권법1~13)의 행사의 포기가 있었다고 간주되는 것은 아니다. 따라서 이것을 무단으로 이용하는 것은 저작권 침해행위가 될 가능성이 있다.

2. 저작물성의 판단기준

호텔애호가 전용의 회원제 조직을 운영하고 있는 회사가 홈페이지 내에 설치한 게시판에 이용자가 쓴 호텔·레스토랑 등의 정보를 정리하여 1권의 책으로 출판했던 것에 대해, 기록 작성한 이용자측이 출판사와 저자에게 저작권(복제권·著21. 한국저작권법16) 침해로 인한 손해배상청구를 한 사례에 대해,[36] 도쿄지방재판소 및 도쿄최고재판소는 저작권 침해를 인정하였다.

상기 판결에서 도쿄최고재판소는 이용자가 작성한 정보가 「사상 또는 감정을 창작적으로 표현한 것」(著 21. 한국저작권법16)으로서 보호되기 위해 필요한 「창작성」의 정도가 표현자의 개성이 어떠한 형태로 발휘되고 있으면 충분하다고 하여 완화하여 해석하고, 구체적인 저작물성의 판단에 있어, 정형적 문장의 계절인사 등 창작성이 없는 것이 분명한 경우를 제외하고, 저작물성을 인정하는 방향으로 판단하는 것이 상당하다고 판단하였다. 더 나아가, 저자들의 행위가 이용자의 복제권을 침해한다고 인정했다.

출판사에 대해서도 도쿄지방재판소는 전재허락의 유무를 조사, 확인하지 않았다는 이유로 저작권 침해에 대한 과실을 인정해 해당서적의 발행 등의 금지 및 해당서적의 폐기를 명하고 있다(출판사는 항소를 하지 않았기 때문에 지방재판소 판결이 확정). 손해배상에 대해서 도쿄최고재판소는 서적의 총판매액이나 저작권료 및 변호사 비용을 종합적으로 고려해 약 117만엔의 손해액을 인정했다.

저자들은

① 인터넷 게시판의 작성물의 수가 방대하고 수시로 삭제되기 때문에 전모의 파악이 곤란한 점

② 많은 경우 익명으로 작성되기 때문에 승낙을 얻는 것이 곤란한 점

③ 작성물은 많은 경우가 대가를 얻을 수 있는 정도의 내용이 점

을 주장하여 인터넷상의 게시판 작성물의 저작물성은 종래의 정보전달 수단보다 엄격한 기준에 의할 필요가 있다고 주장했다. 그러나 도쿄최고재판소는 상기와 같은 사상은 다른 표현 분야에서도 볼 수 있는 것이고,

---

36) 도쿄지방재판소 2002년 4월 15일 판결(判時1792호 129면), 도쿄최고재판소 2002년 10월 29일 판결(2002년(ネ) 제2887호, 2002년(ネ) 제4580호)

인터넷상의 작성물을 구별하는 이유는 되지 않는다고 하고 있다.

3. 저작권 등의 양도에 관한 문제점

상기판결은 홈페이지상 문장의 저작물성을 인정한 첫 판결이나, 상술했던 대로 지방재판소의 판결도 최고재판소의 판결도 저작물성의 유무의 판단에 대해, 홈페이지상의 문장과 그 이외의 형태의 문장을 매체에 의해서 구별하고 있지 않다.

따라서 본 질문의 예에서도 자사 홈페이지 내의 작성물에 대해서는 이용자의 어떠한 개성이 발휘된 내용인 하나의 저작물로서의 보호받게 되어, 자사가 소유하는 홈페이지 내의 작성물이라는 것만을 가지고 이용자측이 홈페이지 운영자에게 저작권을 주장하지 않는다는 묵시적 의사가 있었다고 간주할 수 없고, 그 이용을 위하여는 개별적으로 승낙을 얻을 필요가 있다고 생각된다. 그 때문에, 이용자가 작성을 할 경우에 저작권을 자사에 양도시키는 한편, 또 저작권 및 저작자 인격권의 행사를 포기한다는 내용을 이용약관 등의 형식에서 명기해 두는 것이 유효하다고 생각된다.

또한 본 질문에서는 이용자의 작성물을 가공하여 홈페이지 기타매체에서의 자사광고에 이용하는 것을 상정하고 있다. 이와 같이, 저작물의 내면 형식을 유지하면서, 가공에 의해 구체적인 표현(외면 형식)을 바꾸는 경우에는 번안권(著27), 또 이차적저작물작성에 의해 작성된 이차적인 저작물에 대해서, 원저작물의 저작자가 이차적 저작권자와 동일한 범위에서 가질 권리(著 28. 한국저작권법22)의 침해의 문제가 생기게 된다.

따라서 이용약관의 내용으로서는 저작권의 양도와 함께 저작물의 구체적인 이용형태 등도 기재하여, 이차적저작물작성권이나 이차적 저작물 이용에 관한 원저작자의 권리에 대해서도 양도되는 것을 명확하게 해 두는 것이 바람직하다 할 수 있다. 단지 저작권의 양도라는 기재로는, 이차적저작물작성권이나 이차적 저작물 이용에 관한 원저작자의 권리는 양도인에게 유보된다고 추정되므로(著61②. 한국저작권법42②), 그러한 양도를 포함하는 것을 명기할 필요가 있기 때문이다.

4. 이용약관 형식에 대해

본 질문의 건에 관해서도, 이용자의 작성물에 대해 예고없이 그 내용이나 투고자명을 가공한 뒤 홈페이지 기타매체에서 자사광고에 이용하는 것을 이용약관에 명시해 두는 것이 바람직하다.

이 경우에 이용약관은 이용자가 보기 쉬운 위치에 알기 쉽게 표시되도록 해야 한다. 이용약관이 언뜻 본 것만으로는 인식되지 않는 위치에 표시되고 있거나 또는 표시방법이 이해하기 어려운 경우 등에는 이용자가 「이용약관이 용이하게 인식할 수 있도록 표시되지 아니하여, 이용약관에 대한 동의는 없었다」고 주장하여 동의가 부정될 우려가 있다. 따라서 이용자가 이용약관에 동의한 것을 분명히 해 두기 위해서는 이용약관이 게시판에 작성을 할 때에 명확하게 표시되도록 하고, 또한 이용자가 이용약관에 동의하는 것을 클릭한 것이 확인되었을 경우에만 작성이 가능하도록 하는 등 동의가 행해진 것이 명확하게 나타나게 되는 형식을 갖추는 것이 바람직하다 할 수 있다.

이상과 같이, 홈페이지내의 작성에 대해서 저작권 포기를 이용약관에 명기하여, 동의 한 사람만이 작성을 할 수 있도록 함으로써, 유효하게 저작권을 포기시킬 수 있다. 그 경우에 이용약관의 내용 및 표시방법에 주의하여 이용자가 동의를 부정하지 않게 할 필요가 있다.

[참고문헌]

- 오사카변호사회 지적재산법실무연구회編 「디지털콘텐츠법(상)」(상사법무, 2004년)
- 牧野和夫 「인터넷 법률상담[전정판]」(학양서방, 2005년)
- 小林英明 「Q&A 사례로 이해하는 인터넷상의 법률문제(제2판)」(중앙경제사, 2002년)

(浅野絵里)

6. 링크되는 홈페이지의 동의 필요성

Q 당사의 홈페이지에 「관련되는 홈페이지」의 링크집을 만들려고 하는데, 링크를 하기 위해서는 반드시 링크처의 홈페이지 개설자의 동의를 얻어야 하는가요? 만일, 링크처의 홈페이지 개설자가 「링크엄금」이라는 표시를 하고 있는 경우에는 일체 허용되지 않는 것입니까?

A 링크를 거는 행위자체는 저작권 침해행위에는 해당하지 않습니다. 「링크엄금」이라는 표시가 있었다고 해도 동일하나, 링크처의 표시방법에 대하여는 저작권 이외의 문제가 생기지 않게 주의할 필요가 있습니다.

해 설

1. 저작권법에 있어서 링크의 의미

링크는 자신의 홈페이지 내에서 타인 홈페이지의 URL(Uniform Resource Locator)을 표시하는 것을 의미한다. URL란 인터넷상에 있어서의 정보의 장소를 나타내는 기술이며, 홈페이지를 열람하고 있는 자는 링크를 통해서 링크처의 페이지에 직접 접속하는 것이 가능해진다.

만일 타인의 홈페이지에 있는 문서나 화상을 자신의 홈페이지 내에서 무단으로 사용했을 경우에는 저작물의 복제권(著21. 한국저작권법16) 침해의 문제가 된다. 저작권법상 개인적으로 한정된 범위 내에서의 사용에 불과한 경우에는 사적 사용을 위한 복제로서 예외적으로 복제를 인정받으나, 자신의 홈페이지 내에서 개인적으로 사용할 의도로 타인의 문서나 화상을 사용한 경우는 외부에서 불특정 다수의 여러 사람이 해당 홈페이지에 접속할 수 있는 상태에 있기 때문에 사적사용에는 해당하지 않는다고 생각된다.

그렇지만, 질문과 같이 제3자의 명칭을 표시하여 링크를 거는 행위는 자신의 페이지에 타인의 홈페이지나 화상의 URL를 표시하는 것에 지나지 않는다고 말할 수 있다. URL 자체는 정보의 장소를 나타내는 것에 지나지 않고, 개인의 「사상 또는 감정의 창작적인 표현」(著21; 한국저작권법16)에는 해당하지 않아 저작물로서 보호되지 않는다고 생각된다.

또, 링크를 거는 것 자체는, 링크처의 면나 화상 등을 자신의 홈페이지에서 사용하는 등의 복제행위를 행하고 있는 것이 아니다.

더욱이 무단링크를 실시하는 것은 무허가로 링크처의 홈페이지 내용을 송신한다고 해서 공중송신권(著23①. 한국저작권법18)을 침해하는가 하는 점에 대해서도, 원래 링크처의 홈페이지 저작자가 열람자의 컴퓨터에 URL 입력에 의하여 자동적으로 홈페이지의 콘텐츠의 송신을 하도록 하고 송신이 가능한 상태에 두고 있는 것으로, 링크처로서는 링크처의 콘텐츠를 업로드하는 행위를 하는 것은 아니기 때문에, 공중송신권의 침해에는 해당하지 않는다고 생각된다.

이상에서, 자사 홈페이지에 링크를 거는 행위는 링크처의 개설자가 「링크엄금」이라는 표시를 하고 있는 경우라고 해도, 복제권이나 공중송신권 등의 저작권침해의 문제는 생기지 않는다고 생각된다.

2. 저작권법 이외의 관점

다만, 링크할 때 링크처와 아무런 관계가 없는데 거래나 관계가 있는 것 같이 표시하는 경우에는, 명예·신용훼손이나 영업방해의 문제가 되어 불법행위로 인한 손해배상책임이 생길 가능성이나 형법상의 명예훼손죄나 신용훼손죄에 해당할 가능성이 있음에 주의할 필요가 있다.

예를 들어, 아무런 관련도 없는데 자사의 관련 기업이나 거래처로서 타사의 성명을 올려 홈페이지를 링크하는 경우에는 링크처와의 관계에 대해 열람자에게 오해를 불러일으켜서 부정한 이익을 얻거나 링크처에 손해를 끼치는 행위로서 불법행위책인이 발생한 가능성이 있다. 링크를 거는 경우에도 링크처의 소개로 허위사실이나 상대방의 명예를 침해하는 사실 등을 기재하는 일이 없도록 배려할 필요가 있다.

또한, 같은 이유로 링크처를 표시하기 위해서 상대회사의 표장, 로고마크 등을 무단으로 사용하는 것은 상표법이나 부정경쟁방지법상의 문제를 일으키게 된다.

예를 들어, 자사와 아무런 관계가 없는 타사의 로고마크 등의 상품표시 또는 유사한 마크 등을 자사의 로고마크로 하거나 또는 자사의 영업과 어떠한 관계가 있는 듯 오인이나 혼동을 일으키게 하는 모양을 사용하는 경우 또는 유명한 타인의 로고마크 등을 사용하는 경우에는 부정경쟁행위로서 부정경쟁방지법 상의 문제를 일으키게 되므로 주의가 필요하다.

이러한 점에 대해서 경제산업성은「전자거래 등에 관한 준칙」의 개정판[37]에서 타인의 홈페이지에 링크를 거는 경우의 법률상 문제점에 대해 구체적으로 예를 들어 해설하고 있다.

예로서 ① 외설적인 화상을 올리고 있는 성인사이트 운영자가 해당사이트의 회원인 이유 등으로 여성이 주최하는 점포나 개인의 홈페이지에 무단으로 링크하는 경우 또는 반사회적 단체가 자기 단체의 관련기업이라는 이유 등으로 선량한 기업의 홈페이지에 무단으로 링크를 거는 경우는 링크라는 수단을 이용하여 링크처의 명예나 신용을 훼손하는 행위로 해석되어 불법행위라고 인정될 가능성이 생각되는 등 링크에 의해서 법적 책임을 추궁당할 가능성에 대하여 구체적인 예를 들어 해석하고 있다.

이상과 같이, 링크 자체에는 저작권법상의 동의가 필요하지 않다고 생각되나, 링크처의 표시나 소개방법에 관해서 허위사실이나 상대의 명예침해가 되는 기재를 하거나 무단으로 타인의 상표 등을 사용하는 행위 등에 의해서 법적인 문제가 생기지 않게 유의할 필요가 있다.

[참고문헌]

· 오사카변호사회 지적재산법실무연구회編「디지털콘텐츠법(상)」(상사법무, 2004년)

37) http://www.meti.go.jp/press/20060201002/junsoku,kaitei-set.pdf 참조 가능

· 小林英明 「Q&A 사례로 이해하는 인터넷의 법률문제(제2판)」(중앙경제사, 2002년)
· 岡村久道·近藤剛史 「인터넷 법률실무(신판)」(신일본법규, 2001년)
· 제일도쿄변호사회종합법률연구소 「인터넷 법률상담(개정판)」(아스키출판, 1999년)
· 岡村弘道編著 「인터넷 소송 2000」(소프트뱅크 출판, 2000년)

(浅野 絵里)

7. 자사 홈페이지의 일부로서의 링크되는 홈페이지의 표시

Q **당사는 당사의 홈페이지상에서 타사 제품과 비교를 하기 위하여 타사 홈페이지에 링크를 걸어, 이용자가 알기 쉽도록 타사 홈페이지를 표시하는 창이 열리는 형태가 아니고, 해당 화면이 당사 홈페이지의 일부와 같이 표시되도록 하고 싶습니다. 이 경우, 해당 타사의 동의를 얻어야 합니까?**

A 자사 홈페이지의 일부로서 타사 홈페이지를 표시하는 것은 저작권 침해가 될 가능성이 있기 때문에 타사의 동의를 얻어 둘 필요가 있습니다.

해 설

Q3-6에서 말한 바와 같이, 타사의 홈페이지나 화상 등에 링크를 거는 행위는 저작권침해의 문제를 일으키지 않는다고 생각된다. 그렇지만, 본 질문과 같이 다른 홈페이지의 일부분만을 자신의 홈페이지의 일부로 표시한 경우에는 화면상 링크에 자사 홈페이지가 표시된 상태가 된다. 이와 같이 링크원 홈페이지의 일부로서 조합하는 형식으로 링크처의 홈페이지를 표시하는 것을 「프레임 링크」라고 부른다.

프레임 링크에 의해, 프레임 내에 표시된 타사 홈페이지의 문서나 화상에 대해서는 링크처의 URL이 표시되지 않게 되어, 링크의 자사 홈페이지의 문서나 화상이라는 오해를 일으킬 가능성이 있다. 화면상 링크처의 저작자 표시가 이루어지지 않고 링크원의 URL나 저작자만이 표시되는 경우에는 성명표시권(著 19. 한국저작권법12)을 침해한다고 생각된다.

화면상에 자사 홈페이지 내부에 타사 홈페이지를 그 일부인 것 같이 표시하는 형태가 되는 것은 타사 홈페이지의 내용으로 변경, 삭제 그 외의 개변을 한 것으로서 동일성유지권(著20. 한국저작권법13)을 침해하게 된다고 생각된다. 더욱이 외면형식의 변경에 의해 새롭게 이차적 저작물을 작성했다고 인정되는 경우에는 이차적 저작물작성권침해라고 판단된다.

이상과 같이, 타사의 홈페이지를 자사 홈페이지의 일부로서 표시하는 것은 성명표시권이나 동일성 보관유지권 등의 저작자인격권 침해 및 이차적 저작물작성권침해가 될 가능성이 있으므로, 회피할 필요가 있다. 그리고 그런 링크를 하는 경우에는 분쟁을 막기 위해서 미리 타사의 동의를 얻어 둘 필요가 있다.

또한 앞의 질문과 같이, 위의 경우에 링크처의 화면 내에 있는 타사의 표장 등의 상품표시가 자사 홈페이지내에 표시되는 것에 의해서 등록상표의 지정상품 또는 역무에 관해서 무단으로 상표를 사용했다고 보여지는 경우나, 영업주체가 누구인지를 오인시켜 출처의 오인을 야기하는 사용을 했을 경우, 타사의 유명한 상품표시를 자사의 상품표시라고 게시해 사용했을 경우 등에는 상표법 또는 부정경쟁 방지법상의 문제가 생기는 것에 주의할 필요가 있다(不競法2①一·二. 한국부정경쟁방지및영업비밀보호에관한법률12 i).

영업주체의 오인에 관해서는 예를 들어 타인 홈페이지의 첫 페이지가 아니고 그 홈페이지 내에 있는 다음단계에 있는 다른 화면내의 문서나 화상에 직접 링크를 거는(이른바 딥 링크)것에 따라, 그 화면이 링크원의 자사 홈페이지와 영업주체의 오인혼동을 일으키게 하는 경우 부정경쟁행위문제가 생기게 된다.

이상과 같이 자사 홈페이지의 일부로 타사 홈페이지를 표시하는 것은 저작인격권 및 저작재산권 침해가 될 가능성이 있기 때문에, 그러한 표시는 회피할 필요가 있다. 또, 그러한 링크를 할 때는 표시방법 등에 대해 사전에 타사의 동의를 얻어 둘 필요가 있다고 생각된다.

[참고문헌]

- 오사카변호사회 지적재산법실무연구회編「디지털 콘텐츠법(상)」(상사법무, 2004년)
- 小林英明「Q&A 사례로 알 수 있는 인터넷의 법률문제(제2판)」(중앙경제사, 2002년)
- 岡村久道·近藤剛史 공저「인터넷의 법률실무(신판)」(신일본법규, 2001년)
- 제일도쿄변호사회종합법률연구소「인터넷 법률상담(개정판)」(아스키출판, 1999년)
- 岡村弘道編著「인터넷 소송 2000」(소프트뱅크 출판, 2000년)

(浅野 絵里)

8. 홈페이지에 신문기사의 표제를 게재하는 경우의 문제

Q **당사는 신문사와 계약관계는 없으나, 홈페이지에 신문기사의 표제를 게재하여 표제를 클릭하면 링크처의 신문기사를 읽을 수 있도록 하는 서비스 제공하고 싶습니다. 무엇이 문제가 됩니까?**

A 신문의 표제에 대해서는 원칙적으로 저작물성은 인정되지 않지만, 예외적으로 저작물성이 인정되는 경우가 있다고 생각됩니다. 표제로부터 직접 링크처의 신문기사를 볼 수 있도록 하는 경우에는 적어도 기사를 작성한 신문사명 등 신문기사가 누구의 저작물인가 하는 정보를 명시할 필요가 있습니다. 또한, 링크처의 정보에 대해서 저작물성에 관계없이 링크처의 법적 이익을 침해하지 않도록 유의할 필요가 있습니다.

■ 해 설

1. 신문기사 표제의 저작물성

신문 표제의 저작물성 여부에 대해서는, 주식회사 요미우리신문 도쿄 본사에서 운영하는 인터넷상의 뉴스사이트 「요미우리 온라인(Yomiuri Online)」의 뉴스기사의 표제 및 이에 유사한 표제를 유한회사 디지털 얼라이언스가 자사 홈페이지 내에서 라인토픽 서비스라는 명칭으로 전달하고 있었다고 해서, 저작권 침해유무가 다투어진 사건이 있다. 본 건에서 도쿄최고재판소는 표제의 저작물성을 부정하였다(도쿄최고재판소 2005년 10월 6일 판례집미탑재, 사건번호 2005(ネ) 제10049호. 또한 디지털 얼라이언스는 시사·예능뉴스에 관한 표제전송을 2005년 10월 27일 이후 일시 정지하고 있다). 라인토픽서비스에서는 전송된 표제를 클릭하면 요미우리 신문이 야후에 표시를 허락한 요미우리 온라인의 표제 및 기사 면으로 직접링크가 허락된 「Yahoo! 뉴스」의 기사가 표시되게 되어있다.

2. 저작물성의 판단기준

신문의 표제가 「저작물」이라 하기 위해서는 「사상 또는 감정을 창작적으로 표현한 것」(著2①一)일 필요가 있다. 도쿄최고재판소는 일반적으로 뉴스보도에서의 기사표제는 「보도대상이 되는 사건 등의 내용을 간결한 표현으로 정확하게 독자에게 전한다는 성질에서 오는 제약이 있는 것 외에도 사용할 수 있는 자수에도 한계가 있는 것에 기인하여 표현의 선택폭은 넓다고 하기 어렵고, 창작성을 발휘할 여지가 비교적 적은 것은 부정하기 어려워서 반드시 저작물성이 긍정되는 것은 아니라고 생각된다」고 판단하고 있다. 더욱이 기사표제이기 때문에 즉시 「사실전달에 지나지 않는 잡보 및 시사 보도(著10②)」에 해당하여 저작물성이 부정되는 것은 아니라고 해서, 각 기사 표제의 표현을 개별 구체적으로 검토하여 창작적 표현인지 여부를 판단해야 한다고 판시하고 있어 동 판례에서는 신문의 표제에도 저작물성이 인정될 여지가 있다고 해석된다.

그리고 도쿄최고재판소는 「매너를 모르는 대학교수, 매너교본 해적판 만들어 판매」 「A·B씨, 아카쿠라 온천에서 뜨끈뜨끈한 족탕체험」 「꽁치잡이 배, 소형어선 몰래 대형화」 「중앙선 주행차선에 정차 → 추돌 등 14대충돌, 1명 사망」 「일본의 상처투성이 사적, 쓰레기장이나 미니 골프장 … 검사원」 「「일본제 인도카레」는 × … EU가 원산지규칙을 제안」 등 원심 이래 다투고 있던 365개의 모든 표제에 대해서 저작물로서 보호되기 위한 창작성을 가지지 않는다고 하여 저작물성을 부정했다.

실제상 보도기사의 표제에 대해서는 사실관계의 요점을 최소한의 범위에서 간결하게 논술할 필요가 있기 때문에, 창작성을 인정할 정도의 표현은 되기 어렵고, 또 어느 정도는 타사의 기사표제와도 유사한 표현이 되지 않을 수 없는 부분이 있다고 할 수 있다. 본 판결에 따르면, 보도 기관에 의한 뉴스표제의 작성에 대해서 실제상 저작물성이 인정될 가능성은 지극히 낮다고 할 수 있다.

3. 불법행위의 성공 여부, 그 외의 문제점

본 건 항소심에서는 모방한 표제를 홈페이지 상에 표시하는 행위는 「상품」의 형태를 모방하여 양도 등을 하는 행위라고 하여 부정경쟁방지법 제2조 제1항 제3호(한국부정경쟁방지및영업비밀보호에관한법률2 i) 위반을 이유로 하는 청구도 행해지고 있다. 이 점에 관해서 도쿄최고재판소는 표제는 상품형태에 해당하지 않는다고 하여 이것을 인정하지 않았다.

또한, 라인토픽 서비스에 의한 무단의 표제복제행위가 위법이며, 불법행위에 해당하는가 하는 점에 대해서 지방재판소 판결을 뒤집고 이것을 인정하여 23만 7,741엔의 지불을 명했으나, 금지청구는 인정하지 않았다(요미우리 신문사측은 제1심에서 6,825만엔, 제2심에서는 2,480만엔의 손해배상 청구를 요구하였다). 도쿄최고재판소는 요미우리 온라인의 표제에 대해서 크나큰 노력과 비용을 들인 보도기관으로서의 일련의 활동의 결실이며, 표제자체로 유료로의 거래 대상으로 되어 있는 등 독립한 가치를 가지는 것으로서 취급되고 있는 실정 등에 비추어 법적 보호에 적합한 이익이 될 수 있다고 판단했다. 더욱이, 라인토픽 서비스는 광고수입을 얻고 있어 영리목적으로 반복 계속되어 행해지고 있는 것으로 판단했다. 만일 표제의 사용에 의해, 요미우리 신문사에 손해가 생기지 않았다고 해도, 다른 사람이 유료로 영업에 사용하고 있는 표제를 무단으로 사용하는 것은 사회적으로 허용한도를 넘고 있어 요미우리 온라인의 법적 이익을 침해했다고 판단하고 있다.

이와 같이, 도쿄최고재판소는 표제에 대해서 저작물성을 인정하는 여지를 남기면서도 개별 구체적인 판단에 근거해, 본건에서 주장된 표제에 대해서는 저작물로 인정하지 않았다. 그렇지만, 표제에 대해서도 법적 보호에 적합하다고 하여, 무단사용에 의해 불법행위(民709)가 성립한다고 판단하고 있다.

4. 링크설정에 관한 유의점

또한 표제로부터 기사에의 링크를 설정하는 경우에는, 표제나 기사에 대해서 그 정보발신원을 명확하게 할 필요가 있다고 생각된다. 링크처를 명시하지 않고 표제를 무단으로 사용하거나 또는 정보원을 오인시키는 형식으로 하는 경우는 성명표시권 등을 침해할 가능성이 있다. 특히, 상기 질문에서 말한 것처럼 링크처 신문사의 신용이나 명예를 해치는 행위나 자사 홈페이지의 일부로 표시되는 링크, 상품 등 표시의 무단사용에 대해서도 문제가 생길 수 있는 것에 유의해 둘 필요가 있다.

사단법인일본신문협회에서는 「네트워크상의 저작권에 관한 신문협회 의견(1997년 11월 6일)」에서 표제는 기사의 제목인 것과 동시에 기사 내용의 요지·요약에 해당하여, 저작물이라고 하는 해석이 있는 것을 지적하고 신문사의 선택·배치 그대로의 표제의 소개는 저작권침해라고 한 판례를 언급하며, 표제의 링크·인용도 포함해 인터넷상의 이용에 대해서는 발신원에 연락을 하도록 하라는 견해를 게재하고 있다.[38] 각 신문사에도 동 견해에 준하는 기사, 표제의 사용, 링크 등에 대하여 발신원인 신문사에 사전에 상담·연락하여 필요에 따라서 승낙을 얻고 사용료

38) http://www.pressnet.or.jp/info/kenk19971100.htm에서 참조 가능

를 지불하도록 요구하는 등 사용조건을 명시하고 있는 경우를 많이 볼 수 있다.

상기판례에서 판단한 것처럼, 표제에 대해서는 저작물성이 인정될 가능성이 있는 한편 저작물성에 관계없이 표제는 법적 보호를 받을 수 있는 이익이 된다. 기사에 대한 링크를 거는 것 자체는 기본적으로 문제가 생기지 않는다고 해도, 표제의 게재 및 표제로부터 기사에 대한 링크방법에 대해서는 다른 사람의 이익을 침해하지 않게 배려할 필요가 있다고 생각된다.

[참고문헌]

- 茶園成樹「기사표제의 저작물성과 그 이용에 의한 불법행위판례연구」지재관리 No.667(일본지적재산권협회, 2006년)
- 潮見佳男「신문기사 표제의 저작물성과 기사 표제의 무단이용에 의한 불법행위」카피라이트 538호(저작권정보센터, 2006년)

(浅野絵里)

제 2 절 IT 저작권

9. 인터넷 상의 정보의 출력

Q 당사는 회사 영업상 필요하게 되는 정보를 인터넷에서 입수하는 일이 많아 인터넷상의 화면을 출력한 후 그대로 복사해서 사내자료를 작성하는 일이 있습니다. 이것을 영업사원에게 배포하는 것은 허용됩니까?

A 원칙적으로 저작자에게 무단으로 사내자료를 작성하여 영업사원에게 배포하는 것은 저작권자의 복제권 침해가 되기 때문에 저작권자인 작성자로부터 복제사용하는 것에 대하여 허락을 얻을 필요가 있습니다. 다만, 일정한 경우에는 저작권자의 묵시의 승낙이 있다고 인정될 여지도 있습니다.

해 설

인터넷상의 화면에 대해서도, 「사상 또는 감정을 창작적으로 표현한 것이며, 문예, 학술, 미술 또는 음악의 범위에 속하는 것」(著2①一. 한국저작권법2 i)으로 저작물이라 생각되기 때문에 이것을 작성자에게 무단으로 그대로 출력하여 배포하는 행위는 저작권 중 복제권의 침해에 해당하기 때문에 원칙적으로 해당화면 작성자의 허락을 얻을 필요가 있다.

다만, 본 질문에서 어디까지나 사내자료용으로 출력하여 영업사원에게 배포하는데 그치고 있어서, 이것이 저작권법 제30조 제1항(한국저작권법 30)에서 규정하는 「개인적으로 또는 가정내 그 외 이것에 준하는 한정된 범위내에서 사용하는 것」(사적 사용)에 해당한다면 예외적으로 저작권자의 허락을 없이 복제를 할 수 있게 된다.

그런데, 이 「사적 사용」에 사내용으로 사용되는 경우도 포함되어 있는지가 문제가 된다. 이와 관련하여 판례[39]는 「저작권법 제30조(한국저작권법30)에서는 저작물은 개인적 또는 가정내 그 외 이것에 준하는 한정된 범위내서 사용하는 것을 목적으로 하는 경우, 그 사용하는 사람이 복제할 수 있다고 규정하고 있지만, 기업 그 외의 단체에서 내부적으로 업무상 이용하기 위해서 저작물을 복제하는 행위는 그 목적이 개인적인 사용에 있다고 할 수 없고 가정내에 준하는 한정된 범위내의 사용에 해당한다고는 말할 수 없기 때문에 동조 소정의 사적 사용에는 해당하지 않는다고 해석하는 것이 상당하다」고 판단하고 있다. 또, 학설에서도 기업내의 복제는 사적 사용 목적을 넘는다고 일반적으로 이해되고 있다. 따라서 본 질문과 같은 경우에도 원칙적으로 「사적 사용」에 해당하지 않는다고 생각된다.

단지, 본 질문과 같이 인터넷상의 화면을 출력하는 것에 대하여는 일정한 범위에 그치면 묵시의 허락이 있는 것이라고 인정되는 경우도 있다고 할 수 있다. 왜냐하면, 인터넷의 화면을 표시하는 사이트에 접근한 사람은 누구라도 자유롭게 열람을 할 수 있기 때문에 열람을 가능하게 한 저작권자로서는 화면상에서 명시적으로 금지하고 있는 경우 등을 제외하면 화면상에서 열람되는 것뿐만 아니라 해당화면이 출력되어 내부적으로 이용되는 것에 대하여는 충분히 예측한 후 허용범위로 하고 있는 것이라고 생각되기 때문이다.[40] 따라서, 배포하는 영업사원의 수가 소수이고 순수한 사내용의 자료로서 배포되는 등의 경우에는 저작권자의 묵시의 허락이 있는 것으로서 저작권자의 명시적 허락이 없어도 출력을 하는 것이 허용될 여지가 있다고 할 수 있다.

한편, 영업사원이 해당 사내자료를 영업활동의 일환으로서 사외에 배포하는 등의 경우에는 저작권자의 예측범위를 넘고 있기 때문에 묵시의 승낙이 있다고는 생각되지 않는다. 다만 이러한 묵시 허락의 인정여부는

39) 도쿄지방재판소 1977년 7월 22일 판결(判タ 369호 268면)

40) 경제산업성이 2006년 2월에 발행한 「전자상거래 등에 관한 준칙」 168면 이하에서는 동일한 지적이 행해지고 있다.

개개 구체적인 상황에 비추어 신중하게 판단할 필요가 있다.

[참고문헌]

- 加戸守行 「저작권법 축조강의(4정신판)」(저작권정보센터, 2003년) 226면
- 田村善之 「저작권법개설(제2판)」(유비각, 2001년) 198~202면
- 作花文雄 「저작권법해설(제3판)」(교세이, 2004년) 318~319면
- 作花文雄 「저작권법기초와 응용(제2판)」(발명협회, 2005년) 412면
- 松本重敏／池原季雄他編 「저작권판례백선(별책 쥬리스트 91)」(유비각, 1987년) 132~133면

(杉田 泰樹)

10. 프리 소프트웨어 이용의 유의점

Q 당사는 인터넷상에서 다운로드할 수 있는 프리소프트웨어를 이용하여 소프트웨어 상품을 개발해 인터넷을 통해서 판매할 것을 검토하고 있습니다. 프리소프트웨어를 이용할 때 유의해야 할 점이 있으면 가르쳐 주세요.

A 프리소프트웨어는 통상 일정한 이용허락조건을 준수하는 한 저작권 등의 권리행사를 하지 않는다는 합의가 있다고 이해할 수 있기 때문에 이용하려고 하는 프리소프트웨어의 이용허락조건을 상세하게 검토해 두는 것이 매우 중요합니다.

예를 들어, 본 질문과 같이 프리소프트웨어를 이용해 상용소프트웨어를 제작하려고 하는 경우, 프리소프트웨어의 허락조건 중에서 파생적(이차적)인 저작물에 대해서도 원시코드의 공중에 대한 개시를 의무지우는 것도 있어, 그러한 경우 파생적 저작물을 이용한 비즈니스에 대한 영향도 크다고 생각됩니다. 그러므로 이용한 성과물의 재

배포에 대한 내용은 프리소프트웨어의 재이용 가부에 크게 영향을 주는 것이라고 할 수 있습니다.
또, 프리소프트웨어를 제공할 때에는 합의된 지침이 존재하는 것이 아니며 국가에 따른 법제도의 차이도 반영과 허락조건의 규정도 프리소프트웨어의 제공자에 따라서 다양한 종류가 있습니다. 그 때문에, 허락조건 속에는 준거법이 일본법은 아니기 때문에 허락조건 중의 영어(기타 외국어)가 의미하는 내용이 일본의 저작권법과는 달라 해석을 일의적으로 분명히 할 수 없는 경우도 있습니다. 그러므로 그러한 법적 위험이 있음을 항상 유의하여야 합니다.

▶ 해 설

1. 프리소프트웨어의 이용과 그 법적 위험

1-1 프리소프트웨어란

프리소프트웨어(Free Software)라고 했을 경우에는 자유롭게 배포할 수 있는 소프트웨어, 무상으로 이용할 수 있는 소프트웨어의 두 가지의 의미가 있다(이상은 Wikipedia에서의 정의이다).

미국의 프리소프트웨어 재단(이하, FSF)의 창시자인 리처드 스톨맨이 1980년대에 자유롭게 이용 개변하여 재배포할 수 있는 소프트웨어의 보급을 목표로 한 것(이것을 「GNU 프로젝트」라고 한다)에서 시작하는 프리소프트웨어 사상은 「무상」이 아니고 「자유」인 것이 중시되었다.

그리고 일반적으로 프리소프트웨어를 둘러싼 법률문제를 논할 때에 언급되는 「프리소프트웨어」란 자유로운 소프트웨어를 의미하는 것으로 「자유」의 내용(허락조건)이 논의의 대상으로 여겨진다.

1-2. 다양한 허락조건

전술한 바와 같이 프리소프트웨어의 취급에서 가장 주의를 필요로 하는 것은 허락조건의 내용이다. 그리고 그 허락조건은 어느 정도 유형화되어 있어 자사가 이용하려고 하는 프리소프트웨어에 어떠한 특징을 가진 허락조건이 있는지를 이해하는 것이 필요하다.

이하에서, 대표적인 프리소프트웨어를 개관하면 다음과 같은 점에서 차이가 있다.

- 계약의 성립시점이 정해져 있는가(예를 들어, GNU 일반공중이용허락계약서 제5조(GNU General Public License, 이하, GPL)는 이용자가 프리소프트웨어에 대해서 개변행위를 한 시점에서 이용자가 계약에 동의한 것으로 간주한다고 규정하고 있다)
- 프리소프트웨어를 이용해 만들어 낸 소프트웨어를 제3자에게 재배포하는 경우에, 프리소프트웨어 라이센스와 동일조건으로 허락하는 것이 필요한가?
- 이용자가 프리소프트웨어에 덧붙인 개변부분의 소스·코드를 공중에 개시할 것이 요구되는가?
- 이용자가 프리소프트웨어와 그렇지 않는 다른 소스코드를 조합해 이용하는 경우, 다른 소스코드에 대해서도 프리소프트웨어 라이센스와 동일한 허락조건이 당연히 효력을 가지는가? 또, 이 경우 프리소프트웨어가 아닌 부분의 소스코드의 비개시나 개변의 금지를 정하는 것이 허락되는가?
- 이용자가 프리소프트웨어를 개변하여 배포하는 경우, 동 소프트웨어 전체에 대해서 소스코드의 비개시나 개변의 금지를 정하는 것이 허락되는가?

프리소프트웨어를 제공하는 측이 상술한 점에 대해 어떻게 규정하는가에 의해서, 그것을 재이용할 때 어떤 것을 준수하여야 하는가가 정해진다. 프리소프트웨어를 비즈니스에 이용하는 경우에는 이러한 허락조건이 의도된 비즈니스에 주는 영향을 판단하는 것이 불가결하다.

예를 들어, 가장 유명한 라이센스인 FSF가 채용하는 GPL는 가장 자유로운 소프트웨어의 유통을 의도하고 있는(이른바 「카피레프트」) 것이며, 개변물의 소스코드의 개시의무, 개변자유의 보증 등 가장 자유를 실현하는 라이센스 내용이다. 그렇지만, 너무나 자유를 존중하기 때문에 파생적(이차적) 이용에 있어서(프리를 무상이라고 생각하는 「오해」도 포함하여) 위축효과가 있는 것도 부정할 수 없고, 반대로 자유로운 소프트웨어의 배포에 방해가 될 위험을 포함하는 면도 있다.

따라서 프리소프트웨어의 이용에는 무엇보다도 라이센스의 내용을 정확하게 이해하고, 그 조건준수가 의도하는 비즈니스에 어떠한 영향을 미치는지를 잘 검토하는 것이 필요하다.

2. 저작권법과의 차이(GPL과의 차이)

또, 일본의 저작권법에서의 개념과 프리소프트웨어에 첨부되는 허락조건의 개념과의 차이가 나타나는 경우가 있어 허락조건의 해석도 일의적으로 분명한 것이 아니다.

최근, GPL를 일본법의 입장에서 해석했을 경우의 차이점 등의 연구가 나오고 있다(소프트웨어정보센터연구회 보고서 「오픈소스소프트웨어의 현상과 향후에 대해서」(2004년 10월). 본고의 많은 부분을 동 연구보고에서 참고).

앞으로도 동연구회의 보고를 기초로 GPL을 포함한 프리소프트웨어의 라이센스 계약의 해석에 대해서 보다 연구가 진행될 것이 기대된다. 허락조건의 다양성을 유지하면서 각 라이센스의 내용을 보다 더 명확하게 하여 이용자에게 친화적인 프리소프트웨어의 제공을 기대할 수 있는 환경을 만드는 것이 향후의 프리소프트웨어 문화의 발전에는 빼놓을 수 없는 것이라고 생각된다.

3. 기타 문제점

또한 기타 문제점으로서는 이하를 들 수 있는데 문제점의 해결이 프리소프트웨어의 이용촉진에는 불가결하고 또 향후의 과제이기도 하다(자세한 것은 상술한 보고서 18면 이하를 참조).

- 품질면(하자)에서의 대응(품질에 대한 무보증)
- 버전업 등에 있어서 프리소프트웨어 전문가가 필요한 현상의 개선
- 보수 환경의 제공

[참고문헌]

- 소프트웨어정보센터연구회「오픈소스 소프트웨어의 현상과 금후의 과제에 대해」(2004년 10월, 소프트웨어정보센터 연구회).
  http://www.meti.go.jp/kohosys/press/0004397/1/ 030815opensoft.pdf에서 입수가능
- 오사카변호사회 지적재산법실무연구회편「디지털콘텐츠법」(상사법무, 2004년) 13면

(石新 智規)

11. 파일교환 소프트웨어를 둘러싼 논점

Q **파일교환 소프트웨어를 개발하여 판매할 계획을 가지고 있습니다. 최근, 파일교환 소프트웨어의 제공사업자가 저작권법 위반책임을 추궁당한 사례가 있다고 들었습니다. 저작권 침해행위 그 자체는 이용자가 하고 있다고 인식하고 있으나 이용자가 저작권침해행위를 할 가능성이 있는 소프트웨어를 개발해 판매하는 경우 항상 해당 소프트웨어의 제공사업자는 저작권법 위반의 책임을 부담하게 되는 것입니까?**

A 중앙서버를 필요로 하는 파일교환 소프트웨어에 관해서는 해당 소프트웨어 제공사업자가 중앙서버의 관리를 통해서 이용자의 저작권침해행위를 관리·지배하고 있는 실태가 인정됨과 함께, 동 사업에서 이익을 향수하고 있다고 평가되는 경우에는 직접적인 저작권 침해 행위자로서 저작권 침해에 의한 금지·손해배상청구를 당합니다. 또, 5년 이하의 징역 또는 500만엔 이하의 벌금 또는 그 병과의 대상이 됩니다(著119一. 한국저작권법36①).

한편, 중앙서버를 필요로 하지 않는 파일교환 소프트웨어에 관해서는 전자의 유형과 같은 중앙서버가 존재하지 않기 때문에 직접 침해행위자로서 저작권 위반을 추궁당할 가능성은 전자의 유형만큼

높지 않기는 하지만 저작권침해를 방조했다고 하여 금지·손해배상 청구를 당할 가능성은 부정할 수 없다고 생각됩니다. 또, 방조범(刑法62, 著119一. 한국형법32, 한국저작권법36①)으로 형사처벌대상이 될 가능성도 부정할 수 없습니다.

해 설

1. P2P파일 교환에 의한 저작권 침해

1-1. P2P 파일교환 소프트웨어

P2P 파일교환이란 파일교환 소프트웨어에 의해 인터넷 및 단말PC를 통해서 각 이용자가 각자 보유하는 파일(문서, 동영상 등)을 직접 교환하는 것을 통상적으로 의미한다. 파일 교환 소프트웨어에 의해서 교환되는 정보에 저작물성이 인정되는 경우(많은 경우는 인정된다), 저작권자의 허락없이 대량의 복제물을 작성할 수 있거나 또는 공중으로 송신하는 것이 가능해지기 때문에 저작권법에 의해 어떻게 규율되는지가 문제된다.

1-2. P2P 파일교환서비스의 구조

P2P 파일교환서비스라 해도 그 중에는 다양한 형태가 존재하나, P2P 파일교환서비스가 나타난 초기에는 일반적으로 이하와 같은 구조를 말하는 것이라고 이해되고 있었다(도쿄지방재판소 2003년 1월 29일 중간판결(判時 1810호 29면)이 인정한 사실관계에 의거).

① 파일의 송신을 희망하는 이용자(이하, 송신이용자)의 클라이언트 소프트웨어의 공유폴더 내에 송신을 가능하게 하는 파일을 파일명을 붙여서 장치한다.

② 송신이용자의 PC가 파일교환 서비스업자가 설치 관리하는 서버(이하, 설치서버)에 접속되면, 공유폴더내의 파일이 다른 이용자의 PC에 송신가능한 상태가 된다.

③ 서버에 대한 접속에 의해서 공유폴더내의 폴더의 정보(폴더명, 폴더사이즈, 이용자 ID) 및 IP주소 및 포토번호에 관한 정보(이하, 파일정

보)가 설치서버에 송신된다.

④ 파일수신을 희망하는 이용자(이하, 수신이용자)는 설치서버에 키워드와 파일형식에 의해서 희망하는 전자파일의 검색을 지시하면 이 지시에 따른 전자파일에 관한 파일정보를 수신이용자에게 송신한다.

⑤ 수신이용자는 취득하고 싶은 폴더를 선택해 다운로드를 지시하고 보존화면을 선택한 뒤 보존하면 보존처에 지정된 수신이용자의 PC 내로 지정된 파일이 자동적으로 복제된다.

상기와 같은 과정은 법률적으로 보면 다음과 같이 설명할 수 있다. 즉, 송신하려는 파일작성에 있어서 송신이용자가 송신가능으로 하는 파일을 공중에게 제공할 목적으로 작성(복제)했을 경우는 물론, 비록 당초에는 개인적으로 이용할 목적으로 작성(복제)한 것(사적 복제는 著30(한국저작권법 30)에 의해 허용되고 있음)이더라도, 그것을 공중에 제공할 목적으로 그 복제물을 공중에 제시한 시점에서 복제권의 침해가 된다(著49①一).

더욱이 송신이용자에 의한 공유폴더로의 파일장치는 송신이용자가 공유폴더에 송신을 가능하게 하는 파일을 장치한 후 설치서버에 접속되면 수신이용자의 요구에 따라 공유폴더내의 파일을 자동적으로 송신할 수 있는 상태가 되는 것으로, 송신이용자의 PC와 설치서버를 일체로서 「자동공중송신장치」(著2①9九의5イ)라고 평가할 수 있어 그 시점에서 공중용으로 제공되고 있는 전기통신회선에 접속되어 송신가능화권 침해를 구성하는 것이라고 생각된다.

1-3. 직접침해 주체성

상술한 바와 같이, 파일교환 서비스에서 파일교환 소프트웨어의 이용자가 저작권침해의 주체가 되고 있다. 그리고 그러한 행위를 가능하게 하는 파일교환소프트웨어를 제공하는 자는 말하자면, 그러한 저작권 침해를 방조하는 자라 할 수 있어 방조의 책임(民719)을 져야 한다고 생각될 수 있다. 방조책임에 대해서는 민법상 불법행위로서 금지청구가 인정되지 않고, 손해배상책임만 생기는 것이 원칙이다. 이 점이 저작권의 직접침해자에 대해서 저작권에 근거하는 금지청구가 인정되는 것과 크게 다르다.

이 점, 파일교환 소프트웨어 제공사업자(유한회사 일본MMO. 이하, MMO)에 대한 저작권 침해금지 등 청구사건에서 도쿄지방재판소(2003년 1월 29일 중간판결(判時 1810호 29면))은 「피고 MMO가 송신가능화권 및 자동공중송신권을 침해하고 있다고 해석되는가 여부에 대해서는 ① 피고 MMO의 행위의 내용·성질, ② 이용자가 하는 송신가능화 상태에 대한 피고 MMO의 관리·지배의 정도, ③ 피고 MMO의 행위에 의해 얻는 동 피고의 이익의 상황 등을 종합적으로 참작하여 판단해야 한다」고 하여 소프트웨어 제공사업자가 직접침해의 주체가 될 수 있음을 명확하게 하였다.

그리고, 파일정보의 취득 등에 관한 서비스의 제공 및 전자파일을 다운로드할 기회의 제공, 그 외 일체의 서비스를 MMO가 직접적이고 주체적으로 하고 있는 것 외에 복수의 이유를 기술하여 도쿄지방재판소는 「이용자로서 시판레코드를 복제한 MP3파일을 자동공중 송신 및 송신가능화하기 위한 서비스라고 하는 성질을 가진다」고 판단했다.

또, 관리·지배의 정도에 대해서 도쿄지방재판소는 「이용자가 본건 서비스를 이용하고, 전자파일을 자동공중송수신하려면, 피고사이트에서 본건 클라이언트 소프트웨어를 다운로드하고, 이것을 자기의 PC에 인스톨하는 것이 필요불가결하다」는 등의 이유로 송신이용자에 의한 송신가능화 및 자동공중송신은 피고 MMO의 관리 아래에 행해지고 있다고 평가했다.

그리고 웹 사이트상의 광고게재에 대한 수요는 해당 웹사이트에 대한 접속수와 상관관계에 있어 접속수가 많아지면 광고 게재의 수요가 높아지고 광고수입 등도 많아지므로, 파일교환에 의한 저작권 침해의 증대에 의해 접속수도 증가했고 결과적으로 피고 MMO가 이익을 향수한다고 평가했다.

이상의 점을 종합적으로 고려하여 도쿄지방재판소는 MMO를 저작권의 직접적인 침해주체로 인정하고 금지를 인정했다(도쿄지방재판소 2003년 12월 17일 최종판결(判時1845호 36면), 도쿄최고재판소 2005년 3월 31일 판결(판례집미게재)도 통지).

1-4. 판례이론에서의 침해 주체성

상기 판례는 서비스의 태양을 실질적으로 관찰하여 ① 저작권 침해행위에 대한 관리·지배성이 있을 것, ② 저작권 침해행위의 촉진이 파일교환 소프트웨어 제공업자의 영업상의 이익을 촉진하였을 것이라는 요건을 충족하는 경우에는 소프트웨어를 제공하는 것에 지나지 않는 사업자도 저작권침해의 직접주체로서 파악됨을 명확하게 하였다.

무엇보다도, 이러한 침해주체를 실질적으로 고찰하는 판단방법은 파일교환소프트웨어에 관한 판례에 의해 생긴 것이 아니고, 그 전에 클럽캐츠아이 사건 최고재판소판결(최고재판소 1988년 3월 15일 판결(判時 1270호 34면))에서 채용되었던 이론의 연장선상에 있는 것이다. 또한, 이러한 방법은 비디오메이트사건 최고재판소판결(최고재판소 2001년 3월 2일 판결(判時 1774호 108면))에서 저작권자의 허락을 얻지 않고 가라오케를 영업용으로 제공하고 있는 주점 등의 음식점에 가라오케 장치를 대여하고 있던 대여업자를 공동불법행위의 주체로서 평가할 때에도 이용되고 있어 판례이론으로 확립해 있던 것이라 할 수 있다.

따라서 판례에서 제시하는 두 가지의 판단요소에 대해 모두 충족하는 경우, 그러한 파일 교환 소프트웨어의 제공사업자는 저작권침해(금지·손해배상 청구)를 추궁당할 가능성이 매우 높기 때문에 신중한 대응이 요구되게 된다.

2. 중앙서버를 가지지 않는 파일교환 소프트웨어

중앙서버를 개입시킬 필요가 없는 파일교환 소프트웨어(예를 들어 「Winny」)가 파급되어, 동 소프트웨어의 개발자가 저작권법 위반의 방조(刑法62, 著119. 한국형법32, 한국저작권법36①)로 기소되어 2006년 12월 13일, 교토지방재판소는 벌금 150만엔의 유죄판결을 내렸다.

중앙서버를 개입시키는 파일교환 소프트웨어 제공서비스에 대해서는 사업자에게 관리·지배성을 비교적 용이하게 인정할 수 있어 종래의 판례이론을 인용하기 쉬웠다고 할 수 있으나, 과연 관리·지배성이 부족한

Winny에 대해 그 개발자에게 침해행위에 대한 어떠한 책임이 인정되는지에 대하여 상기 Winny 사건은 형사사건인바 민사상의 책임에 대해서는 향후의 과제로 남는다.

만일 직접적인 침해주체로 인정받지 못한 경우, 방조자로서 손해배상의 대상이 되는 것에 지나지 않는 것이 원칙이다(民719. 한국민법760). 그러나 최근 방조자에 대해서도 금지청구를 인정하는 견해가 유력하게 주장되고 있다. 판례가 집적되기 시작한 바로 직후 (방조자에 대해 저작권법 제112조(한국저작권법123)에 근거해 금지를 인정한 것으로서 오사카지방재판소 2003년 2월 13일 판결(判時 1842호 120면), 오사카지방재판소 2005년 10월 24일 판결(判時 1911호 65면)이 있다. 다만, 후자는 저작권법 제112조(한국저작권법 123)의 유추적용)로서, 모두 지방재판소 수준의 판단이며, 최종적인 결론은 향후의 전개를 기다려야 할 것이다. 현 시점에서는 금지청구가 인정될 가능성은 중앙서버를 가지는 파일교환 소프트웨어에 비해 낮다고 할 수 있으나, 그 가능성은 부정할 수 없다.

또한 상기 판례와는 별도로 특허법을 모방하여 저작권의 간접침해를 규율하는 신규입법을 행하려고 하는 움직임이 있다(문화청 홈페이지에서 2006년 1월 「문화심의회 저작권분과회보고서」를 참조). 입법동향에도 주의를 기울여야 할 것이다.

[참고문헌]

- 作花文雄 「해석저작권법(제3판)」(교세이, 2004년) 590·606면, 795~803면
- 牧野利秋 「파일 로그사건 가처분 결정과 복수관여자에 의한 저작권침해(상)(하)」 NBL 750·751호(상사법무, 2002년)
- 岡村久道 「파일교환소프트웨어의 판례이론」 카피라이트 528호(저작권정보센터, 2005년) 2면
- 高部眞規子 「저작권침해의 주체에 대하여」 쥬리스트 1306호(유비각, 2006년) 114면

(石新智規)

12. 기술적 보호수단에 대한 법적보호

Q **인터넷상에서 유상으로 제공되는 악곡파일 중에는 제공될 때 무단 복제를 저지하기 위한 기술적 보호수단을 강구하고 있는 것이 있습니다. 이용자가 악곡파일을 자유롭게 복제하여 즐길 수 있도록 이 기술적 보호수단을 해제하는 기능을 갖춘 휴대형 플레이어를 제조·판매하는 것이 법률상 문제는 없습니까?**
해외에서 판매되고 있는 DVD소프트웨어로 설정되어 있는 리젼코드를 해제하고, 일본에서 자유로운 시청을 가능하게 하는 장치를 제조·판매하고 싶습니다. 이러한 장치 판매가 법률상 문제됩니까?

A ① 기술적 보호수단을 회피해 무단복제를 실시하는 경우, 그러한 복제가 개인적으로 행해지는 것이어도 사적복제로서 허용되지 않고, 민사상 그리고 저작권 침해의 책임을 집니다. 기술적 보호수단을 해제하는 장치는 확실히 그러한 저작권침해행위를 조장하는 것으로, 적어도 저작권침해의 방조자로 손해배상 책임을 질 것이라고 생각됩니다. 또한 저작권침해에 대한 관리·지배의 정도, 이익향수 상황에 따라서는 상기장치의 판매행위 자체가 저작권침해로서 손해배상 책임뿐만 아니라 장치의 제조·판매금지 등도 인정될 가능성이 있습니다. 또, 3년 이하의 징역 혹은 300만엔 이하의 벌금 또는 병과에 처해질 가능성도 있습니다.
② 이른바 리젼코드는 어떠한 구매자에게도 일정한 국가에서의 시청을 한정하는 것이므로 저작권법상의 기술적 보호수단에는 해당하지 않으나, 부정경쟁방지법 제2조 제1항 제10호 「영업상 이용되고 있는 기술적 제한수단…(생략)…에 의해 제한되고 있는 영상 또는 음의 시청 또는 프로그램의 실행 또는 영상, 음 또는 프로그램의 기록을 해당 기술적 제한수단의 효과를 방해하는 기능만을 가지는 장치」에 해당하기 때문에 그러한 장치의 제조·판매는 금지·손해배상의 대상이 됩니다.

해 설

1. 기술적 보호수단과 기술적 제한수단

디지털 기술에 의해, 아날로그 시대에 비해서 디지털화된 저작물은 쉽게 그리고 대량으로 복제·배포되는 성격도 가지게 되어 저작권 침해의 가능성을 비약적으로 높이는 것이 되었다.

「기술적 보호수단」이란 다음의 요건을 충족하는 것을 말한다(著2①二十. 한국저작권법 xxviii).

- 전자적 방법, 자기적 방법 기타 사람의 지각에 의해 인식할 수 없는 방법이 이용되고 있을 것
- 저작인격권·저작권·저작인접권을 침해하는 행위의 방지 또는 억제를 하는 수단일 것
- 저작물, 실연, 레코드, 방송 또는 유선방송을 이용할 때 이용되는 기구가 특정의 반응을 하는 신호를 음이나 영상과 함께 기록매체에 기록 또는 송신하는 방식에 의할 것

이 정의로부터 분명한 바와 같이 저작권법상의 기술적 보호수단은 저작권이나 저작인격권의 침해행위를 방지하기 위한 수단이라고 한정되고 있어, 이 같은 규제는 복제를 통제하는 것으로서 「복제통제」라고 불리기도 한다. 구체적으로는 SCMS(Serial Copy Management System), CGMS(Copy Generation Management System), 유사싱크펄스방식 등이 해당한다(저작권법령연구회·통상산업성 지적재산정책실編 「저작권법 부정경쟁방지법 개정해설」(유비각, 1999년) 90면).

또한, 복제통제에 대해 접근통제로 불리는 기술적 조치가 존재한다. 이것은 문자 그대로 저작물에의 접근(영상, 음을 시청하는 것 등)을 규제하기 위해서 시행되는 기술적 조치를 말한다(不競法상은 「기술적 제한수단」).

「기술적 제한수단」은 다음의 요건을 충족하는 것을 말한다(不競法2⑦).

- 전자적 방법을 이용하고 있을 것

- 영상, 음의 시청·프로그램의 실행·영상, 음, 프로그램의 기록을 제한하는 수단일 것
- 시청기구 등이 특정한 반응을 하는 신호를 영상, 음, 프로그램과 함께 기록매체에 기록·송신하는 방식 또는 시청기구 등이 특정한 변환을 필요로 하도록 영상, 음, 프로그램을 변환해서 기록매체에 기록·송신하는 방식에 의할 것

구체적으로는 위성방송에서 사용되고 있는 「스크럼블」이나 DVD에서 사용되고 있는 CSS(Contents Scramble System) 등이 이것에 해당한다(저작권법령연구회, 전게 90면).

2. 기술적 보호수단의 회피행위에 대한 규제

복제통제와 접근통제에 대한 규제에 대해서 미국에서는 모두 저작권법의 범위 내에서 규율하고 있는데 비해(디지털밀레니엄저작권법1201, 1998년) 일본은 1999년의 개정에 의해 저작권법에 근거하여 복제통제를, 부정경쟁방지법에 근거해 접근통제를 각각 규율하고 있다.

2-1. 저작권법 제120조의2 제1호 및 제2호(한국저작권법136②)

기술적 보호수단의 회피행위에 대해 3년 이하의 징역 혹은 300만엔 이하의 벌금 또는 그 병과에 처한다고 규정하고 있다.

또한 기술적 보호수단을 「회피」하는 것은 「기술적 보호수단에 이용되고 있는 신호의 제거 또는 개변(기록 또는 송신방식의 변환에 수반하는 기술적인 제약에 의한 제거 또는 개변을 제외한다)」(著30①二) 하는 것을 의미한다고 해석되기 때문에 신호에 반응하지 않는 기구에 대해서는 「회피」라는 것을 생각할 수 없고, 이른바 무반응 기구에 대해서는 규제의 대상에서 제외된다고 하는 점에는 주의를 필요로 한다(저작권법령연구회, 전게 93면). 「복제통제 기술은 본래 수신측 기기에 보호기술을 탑재하지 않으면 기능하지 않기 때문에 우회금지만을 규정하고 수신측 기기에 법적 의무를 지우지 않는 것은 법규제로서 불충분하다」고 하기(디지털콘텐츠협회 「

콘텐츠 보호기술과 그 법적평가」보고서」(2003년) 42면) 때문이다.

또한, 저작권법은 기술적 보호수단의 회피에 대해 형사처벌을 규정하고 있지만 민사상의 책임에 대해서는 특별히 규정하고 있지 않다. 따라서 기술적 보호수단의 회피행위자가 저작권 침해의 직접침해주체가 되는가(직접침해), 저작권 침해의 방조가 되는가(간접침해)는 구체적인 사실관계 하에서 판단될 것이라고 생각된다.

2-2. 부정경쟁 방지법 제2조 제1항 제10호 및 제11호

1999년의 법개정에 의해 접근통제를 회피하기 위한 기능만을 가지는 장치 또는 그런 기능만을 가지는 프로그램을 기록한 매체 또는 기억한 기구를 양도·인도, 양도 또는 인도를 위한 전시·수출입·해당 기능만을 가진 프로그램을 전기통신회선을 통해서 제공하는 행위가 「부정경쟁」으로 인정되었다.

그 결과 거기에 해당하는 행위에 대해서는 금지(不競法3) 및 손해배상 청구(同4)가 인정된다.

또한, 접근통제의 무효화 기구 제공에 대해서 부정경쟁방지법은 이하 두 가지의 유형을 두고 있다.

① 부정경쟁방지법 제2조 제1항 제10호

음악·영상 사업자가 일률적으로 시청 또는 실행 또는 기록을 제한하는 기술적 제한수단을 이용하고 있는 경우

② 부정경쟁방지법 제2조 제1항 제11호

단독의 음악·영상 등 제공사업자가 「특정인」에 한해서 시청 또는 실행 또는 기록이 가능하도록 기술적 제한수단을 이용하고 있는 경우

문언상은 제11호의 유형이 제10호의 유형에 포함될 수 있지만, 규정상은 제10호로부터 제외되도록 조정되고 있다.

질문에 있는 「리젼코드」는 시장분할 때문에 지역에 따라 시청을 제한시키기 위한 기술적인 제한이다. 이것은 음악·영상사업자가 일률적으로

시청 또는 실행 또는 기록을 제한하는 기술적 제한수단을 이용하고 있는 경우라고 생각되므로, 제10호의 대상이 된다. 따라서, 리젼코드를 무효화하는 장치의 제조·판매는 금지·손해배상의 대상이 된다. 다만, 복제통제 규제와는 달라 접근통제에 대해서 형사처벌의 규정은 없다.

[참고문헌]

· 저작권법령연구회·통상산업성지적재산제작실編「저작권법·부정경쟁방지법의 법개정해설」(유비각, 1999년)
· 디지털콘텐트 협회「「콘텐츠 보호기술과 그 법적평가」보고서」(2003년)

(石新 智規)

13. 직원의 직무저작

Q **당사는 경영관리에 관한 컴퓨터 소프트웨어의 개발사업을 하고 있습니다. 최근 당사의 직원이 당사의 기존소프트웨어에 근거하여 지극히 시장가치가 높은 개량소프트웨어를 단독으로 개발했습니다. 이러한 경우 당사는 이 개량소프트웨어에 대해서 어떠한 권리를 취득합니까? 또 당사는 이 직원에게 어떠한 대가를 주면 좋은 것일까요?**

A 이 기존 소프트웨어가 저작권의 보호의 대상이며 특허권의 대상은 아니라고 하면, 직원이 회사의 업무로서 개량소프트웨어를 개발했을 경우는 통상 회사가 개량소프트웨어의 저작권을 취득합니다. 이 경우 원칙적으로 회사는 직원에게 특별한 대가를 지불할 필요는 없습니다. 이것은 직원이 특허법에 의해 보호될 권리발명(직무발명)을 했을 경우에 그 발명이 직원에게 귀속되고, 이 직원이 사용자 등에게 특허권을 승계시키는 등을 했을 경우에, 그 직원이「상당한 대

가」를 받을 권리를 가지는 것과 크게 다릅니다.

이에 대해, 직원이 회사업무와 무관하게 개량소프트웨어를 개발했을 경우, 이 개량소프트웨어는 기존소프트웨어를 원저작물로 하는 이차적 저작물이 되어, 이 이차적저작물 즉 개량 소프트웨어의 저작권 가운데 개량 소프트웨어에 대해 새롭게 부여된 창작 부분에 대해서는 이것을 개발한 직원에게 귀속하게 됩니다. 회사가 그 개발에 대가를 지불할 필요는 없으나, 회사가 그 저작물을 사용하려고 하는 경우 직원과의 사이에 사용 또는 양도에 관한 계약을 체결하여야 하고 그 대가의 지불이 필요하게 된다.

해 설

1. 소프트웨어의 저작물성

저작권법은 동법에서의 저작물의 예시로서 「프로그램의 저작물」을 들고 있다(著10①九. 한국저작권법4①ix). 여기서 말하는 「프로그램」이란 「전자계산기를 기능시켜 하나의 결과를 얻을 수 있도록 이것에 대한 명령을 조합한 것으로서 표현한 것」을 말한다(著2①十의二. 한국저작권법2xvi. 한국컴퓨터프로그램보호법2xi). 이와 같이 프로그램은 저작권법에서 말하는 저작물로서 동법의 보호를 받도록 되어 있다. 본질문의 소프트웨어도 여기에 말하는 프로그램으로서 저작권의 대상이 될 것이라고 생각된다.

한편으로, 소프트웨어는 그것이 발명이라고 평가되어 신규성 및 진보성의 요건(特許法29. 한국특허법29)을 갖추어서, 특허권의 보호를 받기도 하나 본 질문에서는 일반적인 경우에 따라서 기존 소프트웨어가 저작권의 대상이며 특허권의 대상은 아니라는 것을 전제로 한다.

2. 소프트웨어의 저작권이 회사에 귀속하는 경우(직무저작)

프로그램의 저작물에 대해 저작권법 제15조 제2항(한국컴퓨터프로그램보호법5)은 법인 그 외 사용자(이하, 법인 등)의 발의에 근거해 그 법인 등의 업무에 종사하는 사람이 직무상 작성한 프로그램저작물의 저작자는 그 작성시 계약에 근무규칙 그 외에 특별한 규정이 없는 한 그 법인 등으로 한다고 규정하고 있다. 여기에 말하는 「법인 등 업무에 종사하는 자」에 관해서는 그 노동자와의 사이에 명시의 고용계약이 존재하는 경우는 그다지 문제가 생기지 않으나 해당 노동자가 파견노동자의 경우 등에 문제가 된다.

또, 「직무상 작성」한 것이어야 하는데 이것은 「자신에게 부여된 업무로서 작성했다」고 하는 의미라고 생각되고 있다. 이상의 요건을 충족한 경우에 그 저작물 작성시의 계약, 근무규칙 그 외에 특별히 정함(예를 들어 작성한 직원을 저작자로 하는 등의 규정)이 없는 경우는 그 저작물은 당연히 법인 등에 귀속한다는 것이 법의 규정이다. 저작물을 작성한 직원에게 저작권은 귀속되지 않기 때문에 법인 등의 허락을 받지 않고 이 저작물을 복제하는 등을 했을 경우는 당연히 저작권자인 법인 등의 저작권 침해가 된다. 또한, 작성한 직원은 법인 등에 대해서 대가를 청구할 권리도 가지지 않는다고 할 것이다.

3. 직무저작과 직무발명

최근 재판 등으로 화제가 되고 있는 「직무발명」은 특허법으로 규정되어 있는 개념이다. 직원이 한 발명 가운데 직원의 현재 또는 과거의 직무에 속해, 사용자의 업무범위에 속하는 것을 직무발명이라고 하여, 사용자는 당연히 무상의 통상실시권을 취득할 수 있다(特許法35①. 한국발명진흥법10①). 다만, 발명 그 자체는 직원에게 귀속하여 직원이 계약, 근무규칙 등에 의해 직무발명에 대해 사용자에 특허를 받을 권리 또는 특허권을 승계시키거나 사용자를 위해서 전용실시권을 설정하거나 한 경우는 상당한 대가를 받을 권리를 가지는 것으로 되어 있어 이 점에서 저작권에 관한 규정과 크게 다르다.

4. 직무저작에 해당하지 않는 경우

그럼, 직원이 회사의 업무와 무관하게 개량소프트웨어를 개발했을 경우는 어떻게 될까? 직원의 개량소프트웨어 개발이 회사의 업무와 무관하다고 할 수 있을지에 대해서는 조금 전 말한 저작권법 제15조 제2항(한국컴퓨터프로그램보호법5)의 요건에서 어떻게 판단되는가에 의하나, 동항의 요건을 충족시키지 않는 경우는 그 개량소프트웨어의 저작권이 당연히 회사에 귀속하는 것으로 되지 않는다. 그 요건을 충족하지 않는 경우이고 원저작물에의 수정변경에 의해 그 정도가 원저작물과의 동일성을 상실하는 정도의 것이 되는 경우는 이차적 저작물에 관한 문제를 검토하여야 한다. 이차적 저작물이란, 「저작물을 번역하거나 편곡 또는 변형하거나 또는 각색하고 영화화하는 것, 그 외 개작함으로써 창작한 저작물」이다(著 2①十一. 한국저작권법5①).

이차적저작물의 권리범위에 대해서, 판례41)는 「이차적 저작물의 저작권은 이차적 저작물에 대해 새롭게 부여된 창작적 부분에만 생기고, 원저작물과 공통되고 그 실질을 같이하는 부분에는 생기지 않는다」고 판단하고 있다.

예를 들어, 제3자가 원저작물 X(x에 의해 구성된다)를 번안하고, 원저작물 X와 동일부분인 x와 원저작물을 구성하지 않는 y에서 나온 이차적 저작물 Y(=x+y)를 작성했을 경우, 제3자는 y부분에 대해서는 그 저작권을 취득하지만, 저작권은 원저작물에 관한 x에 대해서는 미치지 않는다는 것이 앞의 판례의 취지이다. 이와 같은 이유로서 앞의 판례는 「이차적 저작물 중 원저작물과 공통되는 부분은 아무런 새로운 창작적 요소를 포함하는 것이 아니고, 별개의 저작물로서 보호해야 할 이유가 없다」고 하고 있다. 따라서 직원의 개량 소프트웨어의 개발이 회사의 업무와 무관하게 행해졌을 경우, 기존소프트웨어의 저작권은 여전히 회사에 귀속하나 개량소프트웨어의 저작권 가운데, 개량소프트웨어에 새롭게 부여된 창작부분에 대해서는 이것을 개발한 직원에게 귀속하는 것이 된다.

창작부분에 관한 저작권은 해당직원에게 귀속하기 때문에 회사는 그것을 자유롭게 사용할 수 없으나, 반면 직원에게 대가를 지불할 필요도 없다. 그러나 회사가 그 직원에게 귀속하는 저작물을 사용하거나 양도를

41) 뽀빠이만화사건 : 최고재판소 1997년 7월 17일 판결(민사판례집 51권 6호 2714면)

받으려고 하는 경우는 직원과의 사이에 사용 또는 양도에 관한 계약을 체결하여야 하고 그 대가를 직원에게 지불하게 된다.

[참고문헌]

- 作花文雄「해석 저작권법(제3판)」(교세이, 2004년) 189~204, 114~116면
- 前村善之「저작권법개설(제2판)」(유비각, 2001년) 376~390면
- 牧野利秋·飯村敏明編「(신·재판실무체계22) 저작권관계소송법」(청림서원, 2004년) 237~246, 283~297면
- 金井重彦「멀티미디어시대의 컴퓨터프로그램」(교세이, 1998년) 70~76면
- 최고재판소 1997년 7월 17일 판결(민사판례집 51권 6호 2714면)

(棚澤 高志)

제 3 절 IT산업재산권

14. 비즈니스모델 특허 취득에 있어서의 주의점

Q 당사는 비즈니스모델 특허에 매우 관심을 가지고 있습니다. 비즈니스모델 특허는 인터넷과의 관련이 강하다고 들었는데, 비즈니스 모델 특허를 취득하기 위해서는 어떠한 것을 조심하면 좋을까요?

A 비즈니스모델 특허는 일본에 있어 컴퓨터 소프트웨어 관련발명의 일종으로 되어 있어 컴퓨터 또는 소프트웨어와 어떠한 형태의 관련이 없는 이상 실무상 특허를 취득하는 것은 곤란합니다. 비즈니스방법 자체는 특허의 대상은 되지 않습니다. 또한, 공지의 비즈니스 방법을 단지 인터넷상에서 실시하는 것만으로는 신규성·진보성이 인정되지 않습니다.

해 설

비즈니스모델 특허(영어로는 business method patent라 한다)는 1998년 미국항소법원판례(스테이트 스트리트 뱅크 사건[42])를 계기로 미국에서 갑자기 주목을 끌어 일본에서도 2000년경부터 주목받게 되었다.[43]

그렇지만, 일본의 특허법에서는 「발명」은 「자연법칙을 이용」한 것에 한정된다고 여겨져(特?① 하특?i), 자연법칙을 이용하지 않는 인위적 상호결정은 「발명」에 해당하지 않으므로, 비즈니스 방법의 아이디어 그 자

42) State Street Bank & Trust Co. v. Signature Financial Group, Inc., 149 F.3d 1368 (Fed. Cir. 1998), cert. denied. 525 U.S. 1093 (1999).

43) 「비즈니스 방법의 특허에 대해」(2000년 10월)은 특허청의 홈페이지(http://www.jpo.go.jp/indexj.htm) 참조

체는 특허대상이 되지 않는다. 비즈니스모델 특허는 일본에서 컴퓨터 소프트웨어 관련발명의 일종으로 분류되어 컴퓨터 또는 소프트웨어와 어떤 관련이 있지 않은 이상, 실무상 특허를 취득하는 것은 곤란하다. 비즈니스 방법의 아이디어 그 자체를 특허발명으로서 인정하는 것에 가까운 극히 독특한 예로서 특허 제2912597호(발명의 명칭 「장례방법」)가 있으나, 이것은 어디까지나 예외라고 생각하는 편이 좋을 것이다.

일본에서 등록된 비즈니스모델 특허의 대표적인 사례로서는 인터넷상의 지도검색 사이트인 「마피온」의 화면상에 음식점이나 숙박시설 등의 광고를 게재하기 위한 시스템(특허 제2756483호, 발명의 명칭 「광고정보의 공급방법 및 그 등록방법」)이 있다.

비즈니스모델 특허에 대해서는 특허법상의 「발명」요건 외에 신규성, 진보성의 요건이 문제되는 것도 적지 않다. 이 점에 관해 특허청은 공지의 비즈니스 방법을 공지의 방법으로 시스템화한 것에 지나지 않는 것이나 공지의 비즈니스 방법과 공지의 정보처리시스템을 단지 모은 것에 지나지 않는 것은 진보성이 없다는 의견을 공표하고 있다.[44]

(木村 耕太郎)

44) 「특허가 되지 않는 비즈니스관련 발명사례집」(2001년 4월), 「비즈니스관련 발명에 대한 판단사례집」(2003년 4월)은 각 특허청 홈페이지(http://www.jpo.go.jp/indexj.htm) 참조

15. 비즈니스모델 특허의 구체적인 예

Q **비즈니스모델 특허에 대해, 구체적으로는 어떠한 특허권이 인정되고 있는 것입니까? 또, 재판상 비즈니스모델 특허의 침해가 다투어진 사례가 있으면 가르쳐 주세요.**

A 일본의 비즈니스모델 특허의 대표적인 사례로서는 「마피온 특허」로서 알려진 특허 제2756483호, 스미토모은행(당시)의 입금조회서비스에 관한 특허 제3029421호, 도요타 자동차의 「간판방식」에 관한 특허 제2956085호 등이 있습니다. 또 재판상 비즈니스모델 특허의 침해가 다투어진 사례로서는 「인터넷의 시한과금시스템」에 관한 가처분사건이 있습니다.

해 설

앞의 질문에서 설명한 바와 같이, 일본의 특허법에서는 「발명」은 「자연법칙을 이용」하는 것에 한정된다고 여겨져(特2①. 한특2ⅰ), 자연법칙을 이용하지 않는 인위적 결정은 「발명」에 해당하지 않으므로 비즈니스 방법 그 자체는 특허의 대상이 되지 않는다. 비즈니스모델 특허는 일본에서 컴퓨터소프트웨어관련 발명의 일종으로 알려져 있어 컴퓨터 또는 소프트웨어와 어떠한 형태로 관련되어 있는 것에 거의 한정되어 있다.

그렇지만, 예외적으로 컴퓨터 또는 소프트웨어와의 관련성이 없는 것도 존재한다.

① 특허 제3023658호(발명의 명칭 「혼례 답례품의 증정방법」)

특허 제3023658호는 선물을 결혼식장에서 출석자에게 직접 전하지 않고 그 답례품을 「위탁자」에게 위탁하여 위탁자는 증정 목록에 따라 증정자별로 발송지와 증정일을 확인 정리한 후, 임의의 수송수단에 의해서 상기 증정목록에 의한 지정 답례품을 앞에서 기술한 확인정리에 의한 지정장소와 지정일에 송부하는 것을 특징으로 하는 혼례 답례품의 증정 방법을 내용으로 하는 것이다.
본 발명에서는 상기 「증정리스트」의 작성, 「확인정리」, 「송부」등에서 컴퓨터를 잘 이용하면 특허로 인정해도 무방한 경우가 있다고 생각하지만, 특허공보 상으로 IT와의 관련성은 전혀 시사되어 있지 않다.
또한, 본건 특허는 등록 후 이의절차에 의해 등록이 삭제되어 있다.

② 특허 제2912597호(발명의 명칭 「장례방법」)
특허 제2912597호는 장례 제단에 설치된 스크린과 고인의 영정을 영사하기 위한 슬라이드 영사장치와 개인의 생전의 활동을 촬영한 화상을 영사하기 위한 비디오 영사장치와 이 두 종류의 영사장치의 영사를 장례 진행에 맞추어 바꾸는 전환수단을 갖춘 「장례용 영상장치」를 이용한 장례방법의 발명이다. 본 발명에서는 「전환수단」의 구체적 구성에 무엇인가 새롭게 생각함이 있으면 특허로 인정해도 괜찮다고 생각하나, 특허 공보에서는 「전환수단」의 구체적 구성은 개시되고 있지 않고, IT와의 관련성도 시사되고 있지 않다.

③ 특허 제2804933호(발명의 명칭 「오토카페」)
이 청구항 1(전1항)은 「방문한 손님이 자동식기 대여기에 동전을 투입해 식기를 빌려 그 그릇에 음식물 공급장치로부터 음식물을 받아 테이블로 가져와서 먹도록 한 자동음식점」이라는 지극히 간단한 것으로 요컨대 자동판매기 앞에 테이블과 의자를 둔 것은 거의 변함없으나, 이것이 어떻게 특허가 되는지 필자는 전혀 이해할 수 없다.

이상의 3건은 「이 같은 특허도 있다」는 예로서 소개했으나, 이는 어디까지나 예외적인 것이며 오히려 이와 같은 것은 원칙적으로 특허가 되지 않는다고 할 것이다.

일본에서 등록된 비즈니스모델 특허의 대표적인 사례로서는 이하와 같은 것이 있다.

④ 특허 第2756483호(발명의 명칭「광고정보의 공급방법 및 그 등록방법」)
이른바 「마피온 특허」로서 알려지는 것으로서 인터넷상의 지도검색사이트인 「마피온」(http://www.mapion.co.jp/)의 화면상에 음식점이나 숙박시설 등의 아이콘을 표시하여, 그 아이콘을 클릭하면 해당 음식점이나 숙박시설 등의 상세정보가 광고로서 표시되는 시스템에 관한 것이다.

⑤ 특허 第3029421호(발명의 명칭「입금처리 시스템」)
이것은 스미토모은행(당시)이 「퍼펙트」의 상품명으로 1998년에 개시한 법인을 위한 입금조회서비스에 관한 것이다. 그 특징은 입금하는 사람마다 일종의 가상입금계좌를 할당함에 의해서 누구로부터 입금되었는지 간단하고 확실하게 파악할 수 있는데 있다. 이 특허가 등록된 2000년 당시, 다른 은행도 같은 서비스를 실시하고 있었기 때문에 신문에서도 크게 다루어졌다.

⑥ 특허 第2956085호(발명의 명칭「부품납입 지시장치」)
토요타자동차의 「간판방식」(「간판」이라 불리는 발주지시 카드를 이용하여 재고를 가능한 만들지 않는 just in time 생산을 실현하는 방식)에 관한 발명이다. 어디까지나 컴퓨터 시스템을 이용한 「간판방식」의 일 실시태양에 관한 것으로서 「간판방식」 그 자체가 특허가 된 것은 아니라고 여겨지고 있다.

2. 비즈니스모델 특허의 침해가 다투어진 사례

일본에서 비즈니스모델 특허 침해가 재판으로 다투어진 사례로서는 특허 第2939723호(발명의 명칭 「인터넷의 시한과금이용시스템」에서 특허권자가 선불형 전자화폐를 이용하는 인터넷상의 결제서비스 사업을 영위하는 세 곳의 회사 및 다이얼 업 방식에 의한 인터넷접속사업을 영위하고 있는 한 곳의 회사에 대해서 특허권침해금지가처분을 제기한 사건(도쿄지방재판소 2000년 12월 12일 결정·2000년(ㅋ) 第22138호 사건 외[45])이 알려져 있다. 본건 특허발명

45) 도쿄지방재판소 2000년 12월 12일 결정·2000년(ㅋ) 第22138호(제1사건), 동일결정·

은 첫째로 인터넷과의 접속을 제공하기 위한 시스템이며 둘째로 이용자의 「접속회수」를 서버로 관리하여 이용자 접속회수가 제로가 될 때까지로 한정해서 인터넷과의 접속서비스를 제공하는 것을 필수요건으로 하는 점은 특허공보의 기재로부터 분명한 사안이었다.

그렇지만, 선불형 전자화폐를 이용하는 인터넷상의 결제서비스사업을 영위하는 세 곳의 회사는 이용자에 의한 콘텐츠 구입에 관해서 결제서비스를 제공하는 것이며, 원래 인터넷접속서비스를 제공하는 것이 아니다. 또한, 다이얼 업 방식에 의한 인터넷접속 사업을 영위하고 있는 한 곳의 회사는 분명히 인터넷접속서비스를 제공하는 것이므로 월 150시간을 넘으면 사용시간에 따라 과금되는 시스템이나 이용자의 「접속회수」를 관리하는 것이 아니며, 이용자의 「접속회수」가 제로가 되었을 경우에 자동적으로 접속을 정지하는 시스템이 아니었다.

따라서 법원이 청구를 모두 각하한 것은 지극히 타당하다. 이 사건의 교훈은 비즈니스 모델 특허라 해도 통상의 특허침해 사건과 같이 구성요건 개개마다 판단하는 것으로 비즈니스모델 특허라 해서 특별한 점은 전혀 없다고 하는 것이다.

[참고문헌]

· 일본감성공학회 IP연구회편저 「비즈니스모델 특허」(경제산업조사회, 2000년)

(木村耕太郎)

2000년(ㅋ) 제22139호(제2사건), 동일결정 · 2000년(ㅋ) 제22140호(제3사건), 동일결정 · 2000년(ㅋ) 제22152호(제4사건). 제1사건 및 제3사건에 대해 判タ 1050호 251면

16. 도메인명을 둘러싼 분쟁

Q 당사의 상호와 지극히 혼동하기 쉬운 도메인명을 개인이 가지고 있습니다. 이러한 경우, 당사가 도메인 이전을 요구하는 것은 가능합니까? 또한, 실제로 그 도메인을 이용하여 사업을 할 경우 그 이용을 금지하는 것은 가능합니까?

A 귀사의 상호가 사용되고 있는 등 지극히 혼동하기 쉬운 도메인명을 사용하고 있는 경우 분쟁처리기관(JP도메인[46]의 경우는 일본지적재산중재센터)에 도메인명의 이전을 신청하는 것이 가능합니다.
그리고 상대방이 그러한 도메인명을 이용하여 사업을 하고 있는 경우, 일정한 요건을 충족하면 해당 도메인명의 이용행위 그 자체 또는 해당도메인명의 사용을 수반하는 영업활동은 부정경쟁행위로서 금지 및 손해배상의 대상으로 할 수 있습니다.

해 설

1. 도메인을 둘러싼 분쟁과 그 해결절차

1-1. 도메인의 부정목적취득의 실태

인터넷, 전자메일이용의 일반화에 따라 회사가 보유하는 홈페이지의 소재를 나타내는 URL이나, 직원용의 전자메일주소 중의 도메인명을 회사명 그 자체로 하거나 관련성이 있는 명칭을 이용하거나 하는 일이 많은 것은 많은 사람들이 인식하고 있는 바와 같다.

그러나 이러한 실태를 배경으로 도메인명을 부정목적으로 취득하는 사람이 나타나게 되었다.

예를 들어

46) 「abc.co.jp」와 같은 속성형 JP도메인과 「abc.jp」와 같은 범용JP도메인이 있어, 모두 주식회사 일본레지스트리 서비스(JPRS)에 의해서 등록·관리되고 있다.

- 어떤 회사가 자사명을 이용한 도메인명을 취득하기 이전에 동사의 회사명을 이용한 도메인명을 취득하여, 동사의 도메인명 취득을 불가능하게 한 뒤 도메인명의 매입을 요구하는 경우
- 해당 도메인을 이용하여 사업을 행함으로써, 사업주체에 대해 소비자에게 혼동을 일으키게 하고 이익을 얻으려고 하는 경우
- 어떤 회사를 가해할 의도로 동 회사명과 관련성이 있는 도메인명을 이용해 성인사이트를 운영하는 등의 경우

등을 들 수 있다.

1-2. 도메인의 이전청구

그러면, 자사보다 먼저 자사명을 이용하거나 또는 자사를 상기시키는 도메인을 취득하고 있는 사람에게 그 이전을 청구할 수 있을까? 물론, 당사자 사이의 교섭에 의해 매입을 할 수 있다. 그렇지만, 전술한 대로 제3자가 자사명과 관련된 도메인을 먼저 취득하고 있는 경우, 전술한 세 가지 경우 중 어느 쪽에 해당하거나 또는 해당할 우려가 있는 경우인 쪽이 많아 합리적인 매입가격(도메인 취득, 유지 및 그 이전과 관련되는 실비상당비용+ α)으로 매입이 곤란한 경우도 있다.

물론, 도메인 보유자에게 보유할 만한 합리적 이유(예를 들어, 도메인에 관련된 상표를 가지고 있다든가 회사명이 우연히 일치하는 등)가 있으면, 보유자의 의사를 무시하고 이전시키는 것은 곤란하다.

한편, 그 보유에 합리적 이유가 없는 경우 도메인분쟁처리기관(com 도메인이면 ICANN로부터 인정된 WIPO중재센터, JP도메인이면 사단법인일본네트워크 인포메이션센터(JPNIC)로부터 인정된 일본지적재산중재센터)를 통해서 도메인이전청구를 하는 것이 가능하다.

예를 들어, JP도메인이 분쟁의 대상이 되었을 경우, 다음과 같은 사정이 인정되면 도메인의 이전 또는 폐지를 요구할 수 있다(JP도메인명 분쟁처리방침 3·4).

① 신청의 대상이 되는 도메인명이 신청인이 가지는 상표 등과 동일 또는 혼동을 일으킬 만큼 유사할 것

② 등록자가 그 도메인명 등록에 대해 권리 또는 정당한 이유가 없을 것

③ 등록자의 도메인명이 부정한 목적으로 등록 또는 사용되고 있을 것

특히, ③의 「부정한 목적으로 등록 또는 사용되고 있는」지 여부는 다음 사정의 존부가 주로 고려되게 되어 있다(JP도메인명 분쟁처리방침 4b).

1) 실비금액을 초과하는 대가로 전매할 목적으로 등록하고 있을 때
2) 상표권자에 의한 도메인명의 사용을 방해하기 위해서 등록하여 그러한 방해행위가 여러 차례 행해지고 있을 때
3) 경업자의 사업을 혼란시키는 것을 목적으로 등록하고 있을 때
4) 이용자의 오인혼동을 겨냥하여 제3자의 상표를 도메인명으로서 등록·사용하고 있을 때

따라서 본 질문의 경우에도, 상기1) 내지는 4)에 해당하는 사정에 관한 증거수집활동을 하여, JPNIC가 인정한 분쟁처리기관(현재는 일본지적재산중재센터)에 도메인이전청구를 하게 된다(분쟁의 구체적인 결과에 대해서는 http://www.nic.ad.jp/ja/drp/ list/index.html에서 확인할 수 있다. URL은 2006년 6월 1일 현재).

2. 도메인 사용의 금지·손해배상청구

상기와 같은 민간의 분쟁처리기관을 통한 처리의 경우에는 도메인의 이전청구를 할 수 있는 반면, 손해배상청구는 인정되지 않는다(JP도메인명 분쟁처리방침 4 i).

손해배상을 청구하거나 또는 도메인명의 사용금지를 요구하는 경우에는 부정경쟁방지법상의 청구를 할 수 있다. 즉, 부정경쟁방지법 제2조 제1항 제12호(한국부정경쟁방지 및 영업비밀보호에 관한 법률2 i 아목)는 「부정한 이익을 얻을 목적으로 또는 타인에게 손해를 줄 목적으로 타인의 특정상품 등의 표시(사람의 업무와 관련되는 성명, 상호, 상표, 표장 그 외의 상품 또는 역무를 표시하는 것을 말한다)와 동일 또는 유사한 도메인명을 사용할 권리를 취득하거나 또는 보유하거나 또는 그 도메인명을 사용하

는 행위」를 부정경쟁행위로서 금지하여(不競法3. 한국부경법4), 손해배상(不競法4. 한국부경법5)의 대상으로 했다(2001년 12월 25일 시행).

또한 도메인명의 사용자체를 부정경쟁으로 파악하는 것이 아니라, 도메인 사용을 포함하여 영업에서 저명하거나 주지의 표시를 이용하고 있다고 하여 동법 제2조 제1항 제1호 또는 제2호(한국부경법2 i)에 의해 금지 또는 손해배상청구를 하는 것도 생각할 수 있다(개정전의 이러한 경우로서 잭스사건 : 나고야고등재판소 카나자와지부 2001년 9월10일 판결, j-phone 사건 : 도쿄고등재판소 2001년 10월 25일 판결 참조).

그리고 부정경쟁방지법 제2조 제1항 제12호(한국부경법2 i 아목)에 근거하는 도메인명의 사용금지청구권부존재확인사건으로서 도쿄지방재판소 2002년 7월 15일 판결(判時 1796호 145면)을 들 수 있다. 동 판결은, 동항 제12호가 제시하는「부정한 이익을 얻는 목적」이란 「공서양속에 반하는 태양으로서 자기의 이익을 부당하게 도모하는 목적이 있는 경우」라고 하여 단순히 도메인명의 취득, 사용 등의 과정에서 사소한 위반이 있었을 경우 등을 포함하지 않는다고 하였다. 또 「타인에게 손해를 가하는 목적」이란 「타인에게 재산상의 손해, 신용의 실추 등의 유형 또는 무형의 손해를 가하는 목적이 있는 경우」라고 하여 예를 들어,

① 자기가 보유하는 도메인명을 부당하게 고액으로 전매할 목적
② 타인의 고객흡인력을 부정하게 이용하여 사업을 행할 목적
③ 해당 도메인명의 웹 사이트에 중상기사나 외설스러운 정보 등을 게재해 해당 도메인명과 관련성이 추측되는 기업에 손해를 가할 목적

을 가지는 경우 등이 상정된다고 하고 있다.

상기 사안에서는, 당사자 사이에서 도메인명의 매수 교섭의 사실, 동 교섭의 결렬이라 하는 경위가 있었음에도 불구하고 「원고가 피고로부터 등록비용 상당액으로 원고 도메인명을 양도하도록 요청한 것에 대해, 이것을 거절했다고 해도 원고 도메인명의 재산가치로부터 보면, 오히려 당연한 일이며 원고 도메인명을 등록비용 상당액으로 피고에게 양도하지 않았다고 해도, 그것으로 원고가 피고로부터 원고 도메인명의 양도대금

으로 부당하게 고액의 금액을 취득하려는 목적을 가지고 있었다고 인정할 수 없다」고 하여, 동항 제12호의 해당성을 부정했다.

이 판례에서 보이듯이, 법원은 단지 매입교섭에서 실비의 상당액을 상회하는 금액을 요구했다는 사실 관계만으로는 부정한 이익취득의 목적 등을 인정하지 않고 보다 구체적으로 사업의 실태를 고찰하여 해당 도메인명이 가지는 재산적 가치 및 도메인 취득의 목적을 평가한다는 점을 주의하여야 한다.

[참고문헌]

- 松尾和子·佐藤恵太編「도메인명분쟁」(홍문당, 2001년) 25~44면, 102~120면
- 일본네트워크인포메이션센터「JP도메인명분쟁처리방침」(http://www.nic.ad.jp/doc/ jpnic-00816. html)

(石新智規)

17. 인터넷 옥션에서의 부정출품에 대한 대응(권리자)

Q 당사는 음식체인을 전개하는 프랜차이저인데 인터넷 옥션에 점포의 간판이 출품되어 있는 것을 발견했습니다. 점포의 간판은 물론 판매품이 아닙니다. 어떻게 대응하면 좋을까요?

A 인터넷 옥션의 관리자에게 출품의 삭제청구를 실시하는 것이 기본적인 대응입니다. 출품자의 메일주소를 알 수 있는 경우에는 메일로 경고하는 방법도 있습니다. 출품자에게 민사 또는 형사책임을 추궁하고 싶은 경우는 출품자의 신원을 특정할 것이 필요하므로, 옥션 관리자에게 제공자책임제한법에 근거한 개시청구를 하는지, 경우에 따라 응찰해 보는 것도 생각할 수 있습니다.

해 설

1. 삭제청구

판매품이 아닌 점포의 간판이 인터넷 옥션에 출품되었다는 것은
① 출품된 간판은 진짜이며, 장물 또는 종업원 등에 의해서 횡령된 것인가
② 출품된 간판은 위조품인 경우(실제로 존재하지 않는 디자인인 경우도 있다)
둘 중에 하나라고 생각된다.

어쨌든 위법한 출품이므로, 이러한 경우는 즉시 해당옥션의 관리자에게 출품의 삭제청구를 해야 한다.

삭제청구의 절차에 대해 법률상의 제한은 없으나, 옥션관리자가 삭제청구의 절차를 정하고 있는 경우는 우선은 그 절차에 따라야 한다. 절차에 따랐는데 신속히 대응해 주지 않는 등의 문제점이 있는 경우에는 내용증명 우편을 송부하는 등 다른 수단을 검토하게 된다.

최대옥션인 「Yahoo! 옥션」의 경우 「Yahoo! 옥션 지적재산권보호프로그램」[47]이 준비되어 있어 이것을 이용할 수 있는 경우에는 이용하는 것이 간편하다. 본건은 반드시 지적재산권의 침해라고는 할 수 없는 사안이나, 귀사의 소유권 또는 상표권이 침해되고 있을 우려가 있어 상기 프로그램은 이용가능하다고 생각한다.

「Yahoo! 옥션 지적재산권보호프로그램」에는 「프로그램 A」와 「프로그램 B」가 준비되어 있다. 프로그램 A는 권리침해 때마다 개별적으로 야후주식회사에 문서로 삭제청구하는 절차를 정한 것이다. 그렇지만 프로그램 A에서는 침해행위를 하고 있다고 판단하는 전문가의 감정서 2통 이상의 제출이 의무지워져 있어 요건이 매우 엄격하므로 지적재산권 침해의 경우에는 거의 이용되지 않을 것이라고 생각된다.

이것에 비해서 프로그램 B는 권리침해를 받을 우려가 있는 사업자를 미리 권리자(프로그램참가자)로서 등록해 두고 침해품의 출품이 있었을 경우, 프로그램참가자로부터의 전자 메일에 의한 삭제의뢰에 의하여 원칙적으로 신속하게 야후주식회사가 삭제를 하는 것이다.

다만, 프로그램 B를 이용가능한 피침해권리는 저작권, 상표권, 의장권, 초상권 및 퍼블리시티권으로 한정되기 때문에 장물의 경우에는 이용할 수 없다.

2. 출품자에 대한 경고

출품자에게 메일로 경고함으로써 출품자가 자발적으로 출품을 취소해서 해결되는 경우도 있다. 인터넷 옥션의 출품자의 공개프로필에서 주소와 메일주소 등의 연락처가 공개되고 있는 경우는 이것을 이용할 수 있다. 더욱이 출품자에게의 질문기능을 이용하여 경고하면 질문(실제로는 경고) 내용이 공개되어 버릴 우려가 있기 때문에 주의가 필요하다.

출품자의 공개프로필에 연락처가 공개되어 있지 않은 경우는 다음 장의 신원 개시청구에 의해 신원정보를 수집하고 나서 경고하게 된다.

47) http://auctions.yahoo.co.jp/phtml/auc/jp/propertyprotection/guide/program/

3. 출품자의 신원정보개시청구

인터넷옥션의 출품자의 연락처가 공개되지 않은 경우, 출품자의 신원정보를 특정하는 것이 필요하다. 신원정보 중에서도, 경고장을 메일로 송부하는 것뿐이라면 메일주소를 아는 것으로 대응가능하나, 경고장을 내용증명우편으로 송부하고 싶은 경우나 금지 및 손해배상청구 등 소송제기를 하기 위해서는 주소·성명을 특정할 필요가 있다. 경찰에 신고나 고소 등을 하는 경우에도, 미리 주소·성명을 특정할 수 있으면 대응해 올 가능성이 높아진다.

출품자의 신원정보, 특히 주소·성명을 특정하는 방법인데 출품자의 메일주소를 알 수 있는 것만으로는, 유감스럽지만 인터넷상에서 주소·이름을 검색하는 방법은 없다.[48] 출품자의 신원정보를 얻기 위해서는 제공자책임제한법 제4조에 근거하는 발신자정보개시청구를 인터넷 옥션의 관리자에게 하게 된다. 게시판의 경우와 달리 인터넷 옥션의 경우 출품자는 통상 등록제로 되어 있기 때문에, 출품자의 메일주소, 주소·성명 등 신원 정보는 인터넷 옥션의 관리자가 보유하고 있을 것이다. 다만, 개인정보보호법의 문제도 있기 때문에 관리자에게 신원정보(특히 주소·성명)을 개시시키는 것은 실제로는 곤란한 경우도 많다고 예상된다.

경우에 따라서는 귀사의 직원 등에게 의뢰시켜 모르는 척하며 응찰해 보는 수단도 생각할 수 있으나, 상품이 무사히 도착한 경우에는 동시에 신원정보에 대한 단서를 얻을 가능성도 있으나, 권리침해혐의가 있는 상품이 다수 출품되고 있는 경우나 출품되고 있는 상품이 고가인 경우에는 이러한 수단은 취하기 어렵다는 문제점도 있다.

(木村 耕太郎)

48) 구글 등의 검색엔진에 메일주소를 입력해 검색해도, 통상은 주소·성명 등을 얻을 수 없다. 또, 이른바 WHO IS서비스는 도메인(「abc.jp」등) 보유자의 주소·성명을 검색할 수 있으나, 메일주소로부터 주소·성명을 검색할 수 있는 것은 아니다.

18. 인터넷 옥션에서의 부정출품에 대한 대응(옥션 사업자)

Q **인터넷 옥션사업에 참가하는 것을 검토하고 있는데 인터넷 옥션에 위법한 상품(지적재산권침해의 물품이나 위법약물 등)이 출품되었을 경우에는 어떠한 대응을 준비하면 좋을까요? 또, 당사가 위법한 상품의 출품에 대하여 책임을 추궁당하는 경우가 있습니까?**

A 부정 출품에 대한 사전대응으로서는 인터넷 옥션의 이용규약을 정비하는 것이 우선 필요합니다. 옥션 관리자가 부정출품에 대한 책임을 지는 경우는

① 부정출품을 삭제함에 의해서 출품자로부터 책임을 추궁받는 경우

② 지적재산권 등의 권리침해물품의 출품에 대해서 권리자로부터의 삭제 요구에 응하지 않아서 해당권리자로부터 책임추궁을 받는 경우

③ 모르고 위법한 상품을 낙찰한 이용자로부터 책임추궁받는 경우

가 생각됩니다. 이 중에, ①에 대해서는 이용규약의 규정방법에 의해 책임을 면하는 것이 가능하나, ② 및 ③에 대해서는 이용규약의 규정만으로 책임을 면하는 것은 어렵다고 생각됩니다.

해 설

1. 부정출품에 대한 사전대응

첫번째로, 인터넷 옥션의 이용규약을 정비할 필요가 있습니다. 통상은 출품자과 입찰자를 위한 공통의 이용규약이 정해지는 경우가 많다고 생각되나, 출품자에게 적용되는 조항에 특별히 주의를 기울일 필요가 있다.

구체적으로는 「금지사항」으로서 지적재산권의 침해물품이나 위법약물 등 위법 또는 사회통념상 상당하지 않은 물품의 출품을 금지하거나 이러한 물품이 만일 출품되었을 경우에는 옥션관리사의 판단에 의해 출품

정보를 삭제하거나 또는 해당위반자에게 서비스의 일시정지나 탈퇴 등의 처분을 할 수 있도록 명시해 두어야 한다.

두번째로 「Yahoo! 옥션」에서의 「Yahoo! 옥션 지적재산권보호프로그램」과 같은 지적 재산권보호프로그램을 준비해 두는 일도 검토할 필요가 있다(앞의 질문참조).

2. 위법출품에 대한 책임

문제가 되는 것은 어떠한 경우에 관리자가 부정출품에 대한 책임을 지는지와 또 이용규약에서 면책조항을 마련해 둠으로써 「책임을 면할 수 없는가」하는 것이다.

관리자가 부정출품에 대한 책임을 지는 경우는

① 부정출품을 삭제한 것에 대해서 출품자로부터 책임을 추궁받는 경우

② 지적재산권 등의 권리침해물품의 출품에 대해 권리자로부터의 삭제 요구에 응하지 않음으로써 해당권리자로부터 책임을 추궁받는 경우

③ 모르고 위법한 상품을 낙찰해 버린 이용자로부터 책임을 추궁받는 경우

가 생각된다.

①의 출품자로부터의 책임추궁에 대해서는 제공자책임제한법 제3조 제2항에 의해 타인의 권리가 침해되고 있다고 믿기에 충분한 상당한 이유가 있을 때 또는 삭제의 가부에 대해출품자에게 조회하여 7일 이내에 회답이 없을 때에는 출품자에게 책임을 지지 않는다고 여겨지고 있다. 다만, 이용규약에서 관리자의 재량에 의해 삭제할 수 있는 것으로 하고 있는 경우에는 제공자책임제한법의 규정에 관계없이 관리자의 재량에 의해 삭제해도 출품자에 대해서 책임을 질 것은 없다고 해석된다.

또한 출품자의 신원정보의 개시에 응했을 경우에 생길 수 있는 옥션관리자의 출품자에 대한 책임에 대해서는 제공자책임제한법이 직접 규정하는 것은 아니다. 출품자의 신원 정보의 개시에 대해서는 통신의 비밀 및 개인정보보호법의 관점에서 신중한 대응이 요구된다. 이 점에 관

해 이용규약에서 부정출품이 이루어지고 있다고 인정되는 경우는 출품자의 신원정보를 개시하는 경우가 있음을 규정할 때가 있다.[49)]

①의 지적재산권 등의 권리자로부터의 책임 추궁에 대해서는 제공자책임제한법 제3조 제1항에 의해 타인의 권리가 침해되고 있는 것을 알고 있든지 또는 알 수 있었다고 인정하기에 충분히 상당한 이유가 있을 때로 한정하여, 권리자에 대해서 책임을 진다고 할 것이다(해당 출품의 존재를 알고 있는 것이 책임의 전제가 되기 때문에 실제로는 권리자로부터 통지를 받을 때까지는 책임이 발생하는 일은 없다고 해석). 여기서 「타인의 권리가 침해되고 있다」는 법적판단으로서 권리침해가 성립하는 것을 의미한다. 그렇지만, 「타인의 권리가 침해되고 있는 것을 알 수 있었다고 인정할 상당한 이유가 있을 때」(제공자책임제한법32)에 해당하는지의 판단은 미묘한 경우가 많다고 생각되기 때문에 경우에 따라 전문가에게 상담하는 것도 필요하게 된다.

또한 권리자는 옥션의 이용자가 아니기 때문에 이용규약에 의해 권리자에 대한 귀사의 책임을 제한할 수 없다.

③의 부지로 위법한 상품을 낙찰한 이용자로부터 책임추궁받는 경우란 구체적으로는 진짜 브랜드품이라고 생각해 구입했는데 실은 위조품인 것이 판명되어 낙찰액에 상응하는 가치가 없었던 경우나 장물인 것이 판명되었기 때문에 경찰로부터 압수되어 낙찰자가 사용할 수 없게 되었을 경우 등이 생각된다. 이러한 경우에 대하여는, 제공자책임제한법에서 규정하고 있지 않기 때문에 아직 해명되지 않은 문제가 많은 분야이다.

이 점에 대해서는 경제산업성이 공표하고 있는 「전자상거래에 관한 준칙」이 참고가 된다(다음 페이지의[참고문헌]을 참조) 이 준칙에 의하면,

49) 아래에 인용하는 livedoor 옥션 이용규약 제23조가 참고가 된다(http:// auction.livedoor.com/docs/rule.html). 「폐사는, 본서비스를 이용한 본이용자의 IP주소, 해당 IP주소로부터 본서비스를 이용한 일시 등의 이른바 접속로그를 기록할 수 있는 것으로 한다. 해당 접속로그에 대해서는, 본장에 정하는 것 외에 범죄를 범한 경우나 범죄를 했다고 의심하기에 충분한 이유가 있는 경우나, 검찰·경찰, 감독관청, 변호사회 등의 공적기관으로부터 조회를 받은 경우에는 그러한 기관에게 해당이용자의 개인정보 및 접속 로그를 개시할 수 있는 것으로 한다. 그리고 폐사는 그러한 정보개시에 의한 이용자로부터의 손해, 손실, 그 외의 비용의 배상 또는 보상을 면하는 것으로 한다.」

옥션사업자가 단지 개인사이의 매매중개시스템을 제공하는 것으로 개개의 거래에 직접 관여하지 않는 경우(이른바 「장소의 제공」에 지나지 않는 경우)는 원칙적으로 이용자 사이의 거래에 기인한 분쟁에 대해 책임을 지지 않지만, 단순한 중개시스템의 제공을 넘어 실질적으로 관여하는 경우는 그 역할에 따라 책임을 질 가능성이 있다고 하고 있다. 옥션사업자가 「단순한 중개시스템의 제공을 넘어 실질적으로 관여하는 경우」로서, 준칙은 ① 옥션사업자가 이용자의 출품행위를 적극적으로 돕고 이에 따르는 출품수수료 또는 낙찰보수를 출품자로부터 수령하는 경우, ② 특정의 판매자를 어떠한 형태로 추천하는 경우, ③ 옥션사업자 자체가 판매자가 되는 경우를 들고 있다.

다만, 상기준칙에서도 비록 옥션사업자가 단지 장소를 제공하는 것에 지나지 않는 경우이더라도, 도품 등 위법한 물품이 출품되지 않게 할 일정한 주의의무를 인정하는 것이 가능하고, 낙찰자에게 주의의무 위반의 책임을 질 가능성이 있는 것을 인정하고 있다.

옥션의 이용규약에 대해서는 통상 옥션 이용에 의해서 이용자에게 생긴 일절의 손해에 대해 옥션사업자는 책임을 지지 않는 취지의 규정(면책조항)이 설치되어 있다. 그렇지만, 소비자계약법에 의해 사업자의 채무불이행에 의해 소비자에게 생긴 손해의 전부를 면제하는 조항(同法8①一. 한국약관규제법7)이나, 사업자의 채무 이행에 따른 사업자의 불법행위에 의해 소비자에게 생긴 손해의 전부를 면제하는 조항(同法8①三. 한국약관규제법7)은 무효가 되기 때문에, 옥션이용 규약에서의 상기와 같은 면책조항은 소비자계약법에 의해 무효가 될 가능성이 높다고 생각된다.

[참고문헌]

· 경제산업성 「전자상거래에 관한 준칙」(최종개정 2006년 2월) 37~41면[50)]

(木村 耕太郎)

50) http://www.meti.go.jp/press/20060201002/20060201002.html에서 입수할 수 있다.

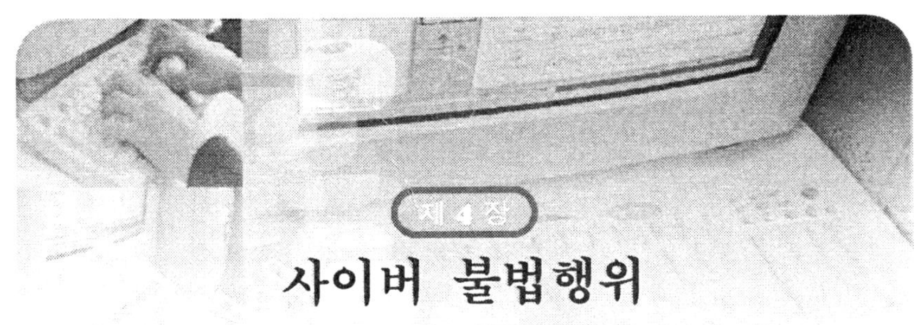

제 4 장
사이버 불법행위

인터넷은 익명성 정보전달력의 다대함, 누구라도 정보발신자가 될 수 있는 점 등 지금까지 미디어가 가지지 못했던 특징을 가지고 있으나, 예를 들어 넷 상의 게시판에 불리한 정보가 게시되어 있을 경우 기업은 곤란한 대응을 강요당한다. 또, 차세대의 비즈니스로서 넷옥션은 매우 매력적이나 위법한 출품 등이 있을 경우에는 운영기업은 어떻게 대응하여야 하는가?

이에 본장에서는 인터넷을 주된 무대로 하면서 위기관리에 대해 검토해 보고자 한다.

1. 게시판 사이트에의 비방과 중상에 대한 대응

Q 게시판 사이트에 당사를 비방·중상하는 글이 올라왔습니다. 어떻게 대응하면 좋은가요? 또, 게재물의 내용이 당사의 영업비밀에 속하는 경우에는 어떠한 대응을 하면 좋은가요?

A 게시판사이트의 관리자에게 게재물삭제를 청구하고 관리자가 이것에 응하지 않는 경우에는 관리자에게 송신금지청구 또는 손해배상청구를 하는 것이 가능합니다. 또, 게시판 사이트의 관리자에게 게재물을 올린 자에 관한 정보의 개시를 청구하여 개시된 정보에 근거해 특정된 자에게 재판상의 금지청구나 손해배상청구를 하고, 또 게재물이 비방과 중상을 내용으로 하는 경우에는 사죄광고를 요구하는 것을 생각할 수 있습니다.

해 설

1. 게재물의 삭제청구

일반적으로 사람에게는 헌법 제13조(한국헌법 제10조)에서 정하는 행복추구권의 일환으로서의 명예권이 인정되고, 부정경쟁방지법은 「부정경쟁」을 금지하는 형태로 영업비밀을 법적 이익으로서 보호하고 있기 때문에(不競法 2四. 한국부경법2 ii·iii), 비방이나 중상 등의 영업비밀을 내용으로 하는 게재물로 피해를 입은 피해자는 각각 명예훼손, 영업비밀의 침해를 근거로 하는 법적 구제를 받게 된다. 게시판 사이트의 게재물에 의해 이러한 피해를 입었을 경우 피해자가 취할 수 있는 구제수단으로서는 첫째로 게시판사이트의 운영자에게 그 게제물의 삭제를 요구하는 것이 있다.

삭제청구의 구체적 방법으로서는 후술한 바와 같이 제공자책임제한법 제3조와의 관계에서 증거를 남긴다는 관점에서 내용증명우편에 의하는 것이 효율적이라고 생각된다.

「특정전기통신역무제공자의 손해배상책임제한 및 발신자정보의 개시에 관한 법률」(이하 제공자책임제한법이라 함)은 특정전기통신에 의한 정보유통으로 권리침해가 있었을 경우에 특정전기통신역무 제공자의 손해배상책임의 제한 및 발신자 정보의 개시를 청구할 권리에 대해 규정하는 점을 최대의 특징으로 한다. 여기서 「특정전기통신」이란 불특정다수의 자에게 수신되는 것을 목적으로 하는 전기통신의 송신을 말하고(제공자책임제한법21), 게시판사이트는 이것에 해당한다. 또, 「특정전기통신 역무제공자」란 특정전기통신설비를 이용하여 타인의 통신을 매개하고 그 외 특정전기통신설비를 타인의 통신용으로 제공하는 자라고 정의되기 때문에(제공자책임제한법23)[51], 전자게시판의 관리자는 여기에 해당한다.

제공자책임제한법은 우선, 제3조 제1항에서 특정전기통신역무제공자가 송신방지조치를 강구하지 않은 경우의 피해자에 대한 책임제한에 대해 규정하고 있다. 제3조 제1항에 의하면 게시판사이트의 운영자는 기록의 삭제청구에 응하지 않은 경우에도 기록의 삭제를 하는 것이 기술적으로 가능함과 함께 그 게재물에 의해 타인의 권리가 침해되고 있는 것을 알고 있든지, 또는 그러한 기록이 되어있는 것을 알았을 경우에 그 정보의 유통에 의해 타인의 권리가 침해됨을 알 수 있었다고 인정하기에 상당한 이유가 있을 때가 아니면 책임을 지지 않게 된다. 이 규정과의 관계에서 삭제청구를 내용증명우편으로 하여 게시판사이트의 관리자에게 침해정보의 존재를 알았다는 증거를 남겨 두는 것에 의의가 있다.

또, 제공자책임제한법 제3조 제2항은 제1항과는 반대로 특정전기통신역무제공자가 송신방지조치를 강구했을 경우 발신자에 대한 책임제한을 규정하고 있다. 이것은 특정전기통신역무 제공자가 삭제청구 등의 송신방지조치에 응했을 경우 정보의 발신자로부터 표현의 자유를 침해한다고 해서 책임을 추궁받을 우려가 있기 때문이다. 제공자책임제한법 제3조 제2항에 의하면 특정전기통신역무제공자가 면책되기 위해서는 해당 송신방지조치가 해당정보의 불특정 다수에 대한 송신을 방지하기 위해

51) 우리나라에는 OSP의 책임에 관한 일반법이 존재하지 않는다.

서 필요한 한도로 행해질 필요가 있다. 특정전기통신역무제공자가 송신방지조치를 검토할 때, 발신자에 대한 면책을 받는 것은 최대의 관심사라고도 할 수 있기 때문에, 본 질문과 같은 경우에 게재물의 삭제를 요구할 때에는, 「필요한 한도」라는 요건을 충족할 수 있도록 삭제를 요구하는 위법한 정보를 엄격하게 특정할 필요가 있다.

예를 들어, 위법한 게재물이 있는 스레드(Thread)가 전체에 기록되어 있었다고 해도, 해당 스레드 전체의 삭제를 요구하지 못하고 위법한 부분만을 개별적으로 특정하여야 한다. 하나의 발언이라도 그 발언의 일부분만이 비방이나 중상에 해당하는 경우에는 그 일부분만이 삭제의 대상이 되게 된다.[52)]

본 질문에서는 이와 같은 관점에서 문제가 되는 게재물 가운데 비방이나 중상에 해당하는 부분 또는 영업비밀에 해당하는 부분만을 특정하여 내용증명우편으로 게시판 사이트의 관리자에게 해당 부분의 삭제를 요구하는 것이 우선 생각된다.

2. 게재물의 삭제청구에 응하지 않는 경우

게시판 사이트의 관리자가 삭제청구에 응하지 않는 경우, 피해자는 해당 게재물에 대해 법원에서 송신금지청구소송을 제기하는 것이 생각된다. 이 경우 피해자는 금지청구와 함께 게시판 사이트의 관리자에게 송신방지조치를 해태한 것을 원인으로 손해배상을 청구하는 일도 이론적으로는 가능하다. 또, 법원에 의한 송신금지판단을 기다리고 있을 시간적 여유가 없는 경우에는 송신방지가처분을 제기할 수 있다. 게시판 사이트의 기록의 경우 가해자가 익명이며 특정할 수 없는 것이 일반적이기 때문에 피해자는 자기와 가해자와의 사이에 개입된 게시판 사이트의 관리자에게 이러한 조치를 요구하는 것에 실익이 있다.

만일 가해자가 판명되어 있는 경우, 그 내용이 비방이나 중상인 경우에는 피해자는 그 가해자에게 명예훼손을 이유로 불법행위에 기한 손해

52) 침해정보의 구체적인 특정방법에 대해서는 제공자책임법 지침 등 검토협의회에 의해 제정된 「명예훼손·프라이버시관계 지침」의 신청서식이 참고가 된다고 생각된다.

배상청구, 민법 제723조(한국민법764)에 근거하는 사죄광고청구와 금지청구를 하는 것을 생각할 수 있다. 또, 그 내용이 영업비밀인 경우, 피해자는 가해자에게 동법 제3조에 근거한 금지청구 및 동법 제4조에 근거한 손해배상청구를 하는 것이 가능하다.

다만, 기록의 내용이 비방이나 중상인 경우, 법원에서 명예훼손으로 반드시 인정되는 것은 아니라는 점에 유의할 필요가 있다. 왜냐하면, 피해자가 명예훼손을 주장하는 경우, 본래 명예훼손이 성립하기 위해서는 적시 사실이 진실하지 않을 것이 필요하나, 만일 그 입증에서도 가해자가 적시한 사실이 진실하다고 믿을만한 상당한 이유가 인정되면 고의·과실의 흠결로서 명예훼손 성립이 부정되게 되기 때문이다.

3. 발신자 정보의 개시청구

전술한 바와 같이 현실에서는 게시판사이트의 게시물은 익명으로 행해지기 때문에 가해자를 특정하는 것이 불가능하거나 지극히 곤란한 것이 일반적이다. 그렇지만 그에 관계없이 피해자가 금지청구나 손해배상청구 또는 사죄광고청구 등을 가해자에게 직접 하고자 하는 경우 우선 가해자를 특정하기 위해 제공자책임제한법 제4조에 근거해 발신자 정보의 개시를 청구하는 것을 생각할 수 있다. 제공자책임제한법 및 총무성령[53]은 개시를 요구할 수 있는 발신자 정보로서 이름, 주소, 전자메일주소, IP주소 및 타임스탬프를 들고 있다.

그렇지만, 전자게시판 등에 의한 가해행위는 익명으로 이루어져 게시판 사이트의 관리자 등이 가해자의 이름과 주소를 알고 있는 경우는 거의 없는 실정이기 때문에 일반적으로 제공자책임제한법 제4조에 근거하는 개시청구는 단계적인 작업이 필요하다. 즉, 제1단계로서 게시판사이트의 관리자에게 침해정보를 기록한 시점의 ISP(인터넷서비스제공자)가 발신자에게 할당하고 있던 IP주소 및 타임스탬프를 개시하도록 하여, ISP가 어디에 있는가를 밝혀낸다. 다음으로 제2단계에서 최초의 개시청구에

53) 「특정전기통신사업역무제공자의 손해배상 책임의 제한 및 발신자정보의 개시에 관한 법률 제4조 제1항의 발신자정보를 정하는 성령」(2002년 총무성령 제57호)

의해서 판명된 ISP에게 IP주소 및 타임스탬프를 제시하여 주소·성명 등의 발신자 정보를 개시하도록 한다.

무엇보다도 발신자정보의 개시는 발신자의 이익을 희생하기 때문에, 개시청구가 인정되기 위해서는 엄격한 요건이 정해져 있고 구체적으로는 권리침해의 명백성 및 정당한 이유가 요구된다(제공자책임제한법4①). 이러한 요건의 존부에 대해 다투어진 판례로서 도쿄지방재판소의 2003년 3월 31일의 판결이 있다.[54)]

이 사안은 원고의 명예를 훼손하는 게시물이 전자게시판에 게시되었기 때문에 원고가 제공자책임제한법 제4조 제1항 및 민법 제723조(한국민법764)에 근거하여 전자게시판의 관리자인 피고에게 해당게시물의 IP주소와 타임스탬프의 개시를 요구한 상기 첫 번째 단계의 개시청구에 관한 것이다. 이 판결에서 도쿄지방재판소는 우선 권리침해의 요건에 대해, 제공자책임제한법 제4조 제1항이 민법 제709조(한국민법750)와 달리 고의·과실이라는 주관적 요건을 규정하고 있지 않은 바, 불법행위의 성립을 인정하는 것보다 완화된 판단에 의하여 명예훼손에 의한 권리침해를 긍정했다.[55)] 또, 정당한 이유의 요건에 대하여 본건에서는 원고는 피고로부터 벌써 발신자의 이름·주소·메일 주소의 개시를 받았다는 특수한 사정이 있었지만 그에 의해 정당한 이유의 존재는 부정되지 않는다고 하여 원고는 총무성령에 규정되는 모든 발신자정보의 개시를 받을 필요가 있다고 지적했다.

본 질문에서는 발신자정보의 개시청구를 하기 위해서는 우선 첫 번째 단계의 개시청구로서 게시판사이트의 관리자에게 가해자의 IP주소와 타임스탬프의 개시를 청구하게 된다. 그리고 게시물의 내용이 비방이나 중상의 경우 상기 판결의 입장을 전제로 하는 한 법원에서 개시청구가 인정되기 위한 요건은 불법행위에 의한 손해배상이 인정되기 위한 요건에

---

54) 야후안과의료법인사건(判時 1817호 84면)

55) 발신자정보개시청구소송에서는 권리침해 요건의 충족을 위해서는 권리의 침해에 모든 객관적 사실 외에, 위법성 조각사유의 부존재에 대해 주장, 입증해야 한다고 하여 사실을 진실이라고 믿기에 상당한 이유가 있을 때라는 주관적 요건과 관련된 조각사유에 대해서는 원고에게 주장, 입증할 필요는 없다고 했다.

비해 완화되어 있다고 생각할 수 있다.

[참고문헌]

- 飯田耕一朗편저「제공자책임제한법해설」(삼성당, 2002년) 68~69면, 120면, 139면
- 「특정전기통신 역무제공자의 손해배상 책임의 제한 및 발신자 정보의 개시에 관한 법률축조해설」(총무성, 2002년)
- 久保健一郎 「익명가해자에 의한 인터넷 전자게시판상에서의 권리침해 문제와 대응책」 도쿄변호사회 변호사연수센터운영위원회 編 「2003년도 추계변호사 연수강좌」(상사법무, 2004년) 63～89면
- 인터넷법률연구부 「제공자책임제한법에 근거한 발신자정보개시청구」 법률실무연구 제19호(도쿄변호사회법률연구부, 2004년) 247면, 276면

(橋本 敬子)

2. 부정 접속에 대한 대응책

Q **당사에서는 자사에 속하는 여러 점포들의 고객정보나 회계정보 등을 정기적으로 집계하여 하나의 서버에 축적하여 이러한 집적된 정보에 부정접속하지 못하게 기술적인 대응도 하고 있습니다. 그럼에도 불구하고 부정한 접속이 있는 경우 어떻게 대응하면 좋은지요?**

A 가해자를 특정할 수 있었을 경우 민사상의 대응으로서는 손해배상청구가 생각됩니다. 경우에 따라서는 금지청구 및 신용회복청구 등의 원상회복조치를 요구하는 일도 생각할 수 있습니다.

한편, 형사상의 대응으로서는 부정접속행위의 금지 등에 관한 법률(1999년 법률 제160호) 위반에 해당하는 행위 기타 범죄행위로서 고소하는 것이 생각됩니다.

또, 일정한 요건을 충족하는 경우 관할공안위원회에서 향후의 부정한 접속 재발방지를 위한 원조를 받을 수 있습니다.

해 설

컴퓨터 시스템에 대한 부정한 접속으로서는 부정한 수단에 의해 이용자(정보시스템에 의해 제공되는 서비스를 이용하기 위해서 접속할 권한을 가지는 자) 이외의 자가 행하는 접속 또는 이용자가 실시하는 권한 외의 접속 쌍방이 문제가 된다(1997년 9월 18일 제정국가공안위원회고시 9호).

구체적인 예로는 접속 제어기능을 가진 시스템에 타인의 ID나 패스워드 등을 무단으로 사용해 침입하는 행위나 보안헛점을 공격하여 타인의 컴퓨터에 침입하는 행위 등을 들 수 있다.

이하, 부정한 접속이 행해진 경우에 민사상 가능한 대응과 형사상 가능한 대응으로 나누어 검토하기로 하겠다.

1. 민사상의 대응

1-1. 민법상의 불법행위 책임

민사상의 대응으로서는 가해자가 특정되어 있는 경우 우선 민법상의 불법행위에 근거하는 손해배상청구(민709. 한국민법750)를 하는 것이 생각된다.

1-2. 부정경쟁방지법상의 청구

더욱이 본 질문의 경우 모든 접속에 의해서 영업상의 이익을 침해하거나 또는 그 우려가 있는 자에 대해서, 관련 행위의 금지청구(不競法3. 한국부경법4)를 영업상의 이익을 침해한 자에 대해서는 손해배상청구(同法4. 한국부경법5)를, 영업상의 신용을 해친 자에게는 신용회복의 조치를 청구(同法14. 한국부경법6) 할 수 있다.

왜냐하면, 본 질문과 같은 부정하게 접속되지 않기 위한 기술적 대응을 하고 있는 자가 복수의 점포별 고객정보나 회계정보 등은 부정경쟁방지법상의 「영업비밀」에 해당한다고 생각되어 모든 정보가 부정 접속에 의해 취득되었을 경우에는 동법 제2조 제1항 제4호(한국부경법2ii)에서 정의하는 부정경쟁에 해당하기 때문이다.

1-3. 민사적 구제의 문제점

이상, 민사상의 대응에 대해 기술하였으나, 모든 대응은 가해자를 특정할 수 있는 경우에 가능한 대응이다. 아시다시피 인터넷의 최대 특징의 하나는 발신자의 익명성에 있기 때문에 원래 가해자의 특정이 곤란한 경우가 많다고 할 수 있다.

또한 비록 가해자를 특정할 수 있는 경우라도 손해배상에 대해서는 단순히 부정한 접속이 행해지는 것에 그치고, 데이터의 개변이나 부정한 취득이 이루어지지 않은 경우, 경제적인 손실이 생기지 않았으므로, 정신적인 손해에 기한 위자료청구에 한정되어 버리기 때문에, 배상금 액도 소액에 머문다.

더욱이 일반적으로 손해금액의 입증은 곤란한 것이 된다.

이와 같이, 민사상의 대응에서는 많은 문제가 따른다. 이에 다음으로 형사상의 대응을 생각할 필요가 있다.

2-1. 조사기관에 대한 상담, 고소

부정한 접속은 형법 기타 법률상, 범죄행위에 해당하는 것으로 피해자인 회사에서 형사고소를 하여 조사기관의 수사를 재촉하여 범인의 소추를 요구할 수 있다. 특히 1999년에 부정접속금지법이 제정되어 부정한 접속에 대한 처벌대상이 넓어졌다. 또, 각 지역의 경찰본부는 각 사이버 범죄상담 창구를 설치하고 있으므로 우선은 그 쪽에서 상담하는 것이 유용하다고 할 수 있다(http://www.npa.go.jp/cyber/soudan.htm).

이는 민사상의 대응과는 달라 범인이 특정할 수 없는 경우에도 모든 대응을 취하는 것이 가능하다. 범죄의 태양은

① 부정접속에 의한 컴퓨터 등의 침입에 머무는 경우에는 부정접속금지법 위반(부정접속금지법3·4)

② 해당컴퓨터 등을 부정하게 조작했을 경우에는, 덧붙여 전자계산기 파괴 등 업무방해죄(刑法234의2. 한국형법314②)나 사적 전자기록부정작출·공용죄(同法161의2①. 한국형법232의2)

③ 부정접속에 의해 컴퓨터 등에 침입하여 그 내부의 정보를 부정하게 입수했을 경우는 특히 부정경쟁방지법위반(不競法21①五ロ)이나 저작권법위반(著119등)

이 문제될 수 있다.

2-2. 각 부처의 공안위원회로부터의 재발방지를 위한 원조

더욱이 부정접속금지법은 이하의 모든 요건을 충족하는 경우에 각 부처의 공안위원회로부터 재발방지를 위한 원조 등을 받을 수 있다(同法6)고 규정하고 있다. 따라서 모든 원조 등을 받는 것도 유효한 대응책의 하나라고 할 수 있다.

① 부정접속행위를 했다고 인정되는 것

② 해당부정접속 행위를 받은 컴퓨터 등을 관리하고 있는 사람이 해당 부정접속행위를 했을 때의 해당컴퓨터 등의 작동상황 및 관리상황 등에 관한 서류 등을 첨부 후에 원조받고 싶은 취지를 적어 신청하는 것

③ 해당 신청이 상당하다고 인정되는 것

2-3. 형사상의 대응문제점

이상, 형사상의 대응방법에 대해 말해 왔으나, 모든 형사상의 대응에도 문제점이 없는 것은 아니다. 그 하나로서 종래, 부정한 접속라고 생각되던 행위의 범위가 부정접속금지법상의 「부정접속행위(同法3)」보다 넓은 것을 들 수 있다.

즉, 부정접속금지법상의 부정접속행위는 해당컴퓨터 등에서 동법으로 정의하는 「접속제어기능」이 붙어 있는 것이 전제가 된다(同法2). 구체적으로는 접속할 때 ID나 패스워드가 요구되는 경우 등이다. 따라서 그러한 ID나 패스워드 등이 붙어있지 않은 컴퓨터 등은 보호의 대상이 되지

않는다.

향후 부정한 접속의 현상을 살피면서 어떠한 행위를 규제해야 할 것인가를 계속 검토할 것이 기대된다.

[참고문헌]

- 부정접속대책법제연구회편저 「축조부정접속행위의 금지 등에 관한 법률[보정판]」(타치바나 출판소, 2001년) 46~67면, 114~125면
- 田村善之 「부정경쟁법개설(제2판)」(유비각, 2003년) 328~350면, 370~377면
- 西村 종합법률사무소 넷·미디어·프랙티스 팀 편저 「IT법대전」(일경BP사, 2002년) 398~409면
- 牧野和夫 「인터넷 법률상담(전정판)」(학양서점, 2005년) 82~83면

(杉田 泰樹)

제 5 장
IT회사법

회사는 다수의 이해관계인이 관여하기 때문에, 각 이해관계인에 대하여 회사정보의 개시나 그 의견의 집약을 위한 제도를 정해 두는 것이 불가결하다. 따라서 법은 다양한 방법을 통해 그 효율화를 도모해 왔고, 최근의 정보통신 기술의 발전성과를 이용하기 위한 제도의 도입도 시작되었다.

본장에서는 회사법에서의 정보개시 및 의견집약 제도의 효율화를 위해, 정보통신 기술을 활용하기 위한 제도를 다룬다.

제 1 절 주주총회의 IT화

1. 전자 메일에 의한 주식 총회 소집통지

Q 최근 주주총회의 소집통지를 전자메일로 수령하는 경우가 있다고 들었습니다. 당사에서도 도입을 검토하고 있는데 구체적으로는 어떤 구조인가요?

A 전자메일에 의한 주주총회 소집통지는 법률상으로는 주주의 승낙을 얻으면 되고 운용상으로는 주주의 메일주소를 취득함으로써 가능합니다. 다만, 주주의 개별적인 승낙이 필요한 이상, 전 주주에게 전자메일을 한번에 송신하는 것이 어렵고, 서면과의 분리 관리가 필요하다는 단점이 있습니다.

해 설

1. 주주총회 소집통지의 발송방법

주주총회의 소집통지는 이하의 방법으로 할 수 있다(会299③, 2三十四, 会施規222).[56]

① 전자 메일을 송신하는 방법
② 웹 사이트에 게시한 정보를 다운로드 받는 방법
③ 플로피 디스크나 CD ROM을 교부하는 방법

그 경우, 첨부서류[57]·참고서류[58]도 상기의 방법으로 제공할 수 있다

56) 한국회사법에는 전자메일에 의한 주주총회, 소집통지를 인정하는 규정을 두고 있지 않다.

57) 계산서류(대차대조표, 손익계산서, 주주자본 등 변동계산서 및 개별주기표), 사업보

(会計規161②二, 会301②).

주주관리비용의 절감이라는 관점에서 보면 전자메일 이용이 중심이 되지만, 첨부서류·참고서류는 정보량이 많기 때문에 소집통지만 전자메일로 송신하고, 첨부서류·참고서류는 웹사이트로 게시하는 등 구분되어 사용되고 있는 것이 일반적이다. 그리고 이 경우 전자메일의 본문은 단순한 안내문으로 하고, 소집통지의 내용은 첨부 파일로 송부하거나 전자메일 본문에 URL만 기재하여, 소집통지내용을 웹 사이트에 게재하는 방법[59]도 사용할 수 있다.

2. 주주의 승낙취득

이러한 방법(会社法에서 「전자적 방법」이라 함)을 취하기 위해서는 주주의 승낙을 얻을 필요가 있다(会③299). 왜냐하면 전자적 방법을 즐기지 않는 주주도 존재하고, 전자적 방법에도 다양한 것이 있기 때문이다. 그리고 이 승낙을 취득하기 위한 방법은 법정되어 있다. 즉, 이용하는 전자적 방법의 종류와 내용을 주주에게 표시하고, 서면 또는 전자적 방법에 의해 승낙을 얻어야 한다(会施令21②).

전자적 방법의 종류란 상기의 각 전자적 방법(전자메일의 송신, 웹 사이트에 게시한 정보의 다운로드, 플로피 디스크나 CD-ROM의 교부)을 말하고, 전자적 방법의 내용이란 첨부 파일의 소프트웨어명(PDF, WORD등)이나 버전 등을 말한다(会施規230). 이러한 전자적 방법의 종류와 내용을 나타내는 방법은 공고 또는 개별적 통지가 되나, 다른 주주 앞으로 통지를 할 때에 「전자적 방법」에 관한 통지를 동봉하는 것이 경제적이라고 할 수 있다.

또, 승낙의 취득 방법으로는 동의서면에 기재받는 방법과 웹 사이트에서 입력받는 방법이 있으나, 웹 사이트의 경우 주주에게 ID와 패스워드

고, 감사보고 및 회계감사보고(会計規161①, 会435②, 会計規91①)

58) 참고서류 기재사항은, 예를 들면 선임하는 이사의 약력 등(会施規73 내지 同94)

59) 예를 들면, 소프트뱅크 주식회사(http://www.softbank.co.jp/presentation/shareholder/pdf/softbank-meeting 26-001.pdt) 등 (2006년 12월 현재). 웹 사이트에 게재하는 경우, 주주총회를 할 때까지 계속하여 게재할 필요가 있다.

를 교부함으로써 승낙 명의의 본인 확인을 할 필요가 있다.

또한, 회사법에서 이사회 불설치 회사의 경우에는 적당한 방법으로 소집통지를 할 수 있기 때문에(会299②二), 적당한 방법으로 전자적 방법을 선택하여도 주주의 승낙(会299③)은 필요 없다.[60]

3. 메일주소의 취득

실제로 전자메일을 보내기 위해서는 승낙과 함께 주주의 메일주소를 취득할 필요가 있지만, 웹 사이트에서 주주에게 등록작업을 하도록 하는 것이 일반적이다. 주소에 조금이라도 상이점이 있으면 송신 에러가 되어 버리기 때문에, 주주에 의한 직접 입력이 바람직하다.

4. 서면발송의 비용

이와 같은 전자적 방법에 따른 소집통지는 주주관리와 사무를 신속하게 하여 비용을 절감하는 장점이 있으나, 일정한 단점도 있다. 즉, 전자적 방법을 승낙하지 않는 주주(전자적 방법을 선호하지 않는 주주와 전자적 방법을 선호하지만 승낙절차를 완료하지 않은 주주의 두 종류가 있을 수 있음)가 병존할 가능성이 있고, 이것에 종래대로 서면으로 대응해야 하는 이상, 전자메일 발송분과 서면 발송분의 분리관리비용이 별도로 발생하게 된다. 또, 참고서류는 주주의 청구가 있으면[61] 서면을 교부해야 하기 때문에(会301② 단서), 서면교부를 바라는 주주가 많으면 서면우송비용의 삭감효과도 감소한다.

게다가 구법 아래에서는 상술한 단점 이외에도 몇 개의 문제점[62]이

---

60) 相澤哲 외에「신회사법의 해설(7) 주주총회 등」상사법무 1743호, 18면

61) 방대한 용량일 경우, 주주가 서면을 원할 수도 있다.

62) 서면투표제도(旧商239의2①)를 채용했을 경우 소집 통지를 전자적 방법으로 송부해도, 의결권 행사서의 서면에 의한 송부를 생략할 수 없다고 여겨져(同239의 2④), 소집통지를 전자화하는 장점이 감퇴하고 있다(이 점, 회사법에서는 주주의 청구가 없는 한 의결권 행사서면도 전자적 방법으로 제공할 수 있도록 되어 있어(会301②) 구 상법하에서는 주주가 전자적 방법에 따른 소집 통지를 승낙했을 경우에, 주주의 희망에 따라 주주로부터 회사에 대한 청구, 신청, 통지 또는 의결권 행사의 방법에 대해 전자적 방법에 따르는 것을 정당한 사유(주주가 이용하려고 하는 전자적 방법으

지적되고 있어 2007년까지 소집통지의 전자화를 채용한 회사는 소수에 불과하다.[63]

[참고문헌]

- 原田晃治 편저「2001년 개정상법 Q&A 주식제도의 개선·회사운영의 전자화」(상사법무, 2002년)
- 宮谷隆「주주총회의 준비사무와 의사운영」(중앙경제사, 2006년)
- 中西敏和「주주총회의 IT화와 실무의 대응」 상사법무 1625호 27면
- 上柳克郎 편집대표「신판주석会社法(4)」(유비각, 1986년) 25면

(横山 丈太郎)

도 회사측이 대응하고 있지 않는 경우 등)가 없는 한, 일정기간동안 회사측은 거절할 수 없다고 되어 있어(旧商204의2③·② 및 이것들을 준용하는 각 조항), 그 결과, 불특정 다수의 청구에의 대응이나 다른 주식 사무와의 조정 등 체제의 정비가 필요해졌다. 회사법에서는 의결권 행사(会312② 및 다음의 설문도 참조하고 싶다) 및 대리인에 의한 의결권 행사의 경우의 대리권을 증명하는 서면의 제출(会310①)을 제외하고 이러한 규정이 삭제되었다.

63) 2003년 25사(전체응답 회사의 1.3%), 2004년 39사(전체응답 회사의 2.0%), 2005년 39사(전체응답회사의 2.0%)이다(상사법무연구회편 「주주총회백서」상사법무 11월 30일 임시증간호(1681, 1715, 1749호).

2. 주주총회에서의 전자투표

Q 주주총회의 의결권행사절차를 전자화할 때, 주의해야 할 점은 무엇입니까?

A 전자화의 채택 자체는 용이하나 파생되는 문제 즉, 소집절차의 간략화나 생략이 인정되지 않고 반대로 참고서류의 교부가 필요한 것과 주주에 의해 중복되는 의결권 행사의 대처에 주의가 요구됩니다.

해 설

1. 전자투표의 채용

이사회결의(이사회 불설치 회사의 경우 이사의 과반수의 결정)에 의해 주주의 「전자적 방법」에 의한 의결권 행사(이하, 전자투표)를 채택하는 것이 인정되고 있다(会298①四, 4).[64] 「전자적 방법」이란 전자 메일을 이용하는 방법과 웹 사이트를 이용하는 방법이 있으나(Q5-1참조), 의결권 행사의 경우 투표용 웹 사이트에서 찬부를 클릭하는 방법이 정착되어 있다. 전자메일을 이용하는 경우보다 획일적·간결하게 처리·집계할 수 있는 편리성이 있기 때문이다.[65]

2. 소집 절차의 엄격화

이 전자투표를 채용하는 경우, 소집절차에 관해서 이하와 같은 법률상의 요건이 부과된다.

---

64) 이사회결의나 이사의 과반수에 의한 결정이 필요한 것은 주주총회의 결의방법의 결정이라는 중요한 업무집행이기 때문에, 이 결의나 결정은 주주총회 마다 할 필요는 없고, 한 번만으로 충분하다. 또 이사가 2명 이상인 경우, 반드시 그 과반수로 결정하여야 하고 각 이사에게 결정을 위임하는 것은 허용되지 않는다(会348③三).

65) 또한 기관투자가 등에 의한 불통일행사의 경우, 「찬성 0개, 반대×개」라고 행사하게 되므로 일반 주주와는 다른 전용 화면을 준비할 필요가 있다.

① 이사회 불설치 회사의 경우, 주주총회의 소집통지는 적당한 방법으로 실시할 수 있는 것이 원칙이지만(会299②二, Q5-1참조), 의결권 행사를 전자화하는 경우는 예외적으로 서면 또는 전자적 방법으로 실시하여야 하므로(会299②一, ③), 그 서면 또는 전자적 방법에 전자 투표의 채용에 대해 기재·기록할 필요가 있음(会299④)

② 주주 전원의 동의에 의한 소집절차의 생략도 인정받지 못함(会300 단서)

③ 주주수가 1,000명 이상의 회사에서는 일반적으로 서면에 의한 의결권행사를 인정하여야 한다고 여겨져(会298②), 참고서류(Q5-1참조)의 교부가 필요하지만, 전자투표를 채용하는 경우 주주수가 1,000명 미만의 회사라도 참고서류를 교부해야 함(会302①)[66]

3. 소집통지의 전자화와의 관계

소집 통지의 전자화(Q5-1)와의 관계는 이하와 같다. 우선, 소집통지의 전자화를 채용하지 않는 경우에도 의결권 행사만 전자화하는 것이 가능하고 실제로 그러한 경향을 보이고 있다. 한편, 소집통지의 전자화를 채용한 경우는 의결권 행사의 전자화에 대해 일정한 의무가 생긴다.

즉, 소집통지의 전자화를 승낙한 주주에 대해서 의결권행사 서면기재사항[67]을 전자적 방법에 의해 제공하여야 하고(会302③), 또 이 주주에 의해 전자적 방법에 따르는 의결권 행사를 회사는 원칙적으로 거절할 수 없다(会312②·①, Q5-1참조).

4. 실시에 임했을 때의 문제점

전자투표를 실제로 실시하는 경우, 주주의 동일성을 확인하기 위한 조치를 강구할 필요가 있다. 그 확인 방법은 법정되어 있지 않고 전자서명

66) 다만, 전자적 방법에 따르는 소집 통지를 승낙한 주주에 대해서는 전자적 방법으로 제공할 수 있다(会 302②, 239의3 ②·③).

67) 의결권행사 서면기재사항은, 예를 들면 주주의 성명, 의결권의 수, 찬반 등(会施規 66).

을 교부하는 방법이나, 미리 할당한 ID·패스워드를 입력받는 방법이 생각되나, ID·패스워드 방식이 본인확인에 충분하다고 보는 것이 일반적이다.

그 외의 문제점으로서 전자 투표의 여러 차례의 행사, 전자투표와 서면투표와의 이중행사[68]나, 전자투표 후의 총회 출석의 문제를 들 수 있다. 어느 쪽도 전자투표가 그 후의 투표 행위를 물리적으로 배척하지 않는다는 성질에 의해 발생하는 사태를 말하나, 투표행위의 철회·변경을 거부할 이론적 근거는 없기 때문에, 회사로서는 최신의 전자투표나 총회 출석을 가지고 의결권 행사로 취급한다. 그러나 전자투표와 서면투표가 이중 행사되었을 경우 어느 쪽이 최근의 투표인가 판별이 곤란하고, 집계 작업에 과대한 부담이 가는 경우도 있다. 거기서, 전자투표와 서면투표의 어느 쪽이든 유효한 의결권 행사로서 취급하는 취지, 의결권행사서면(또는 그 내용을 기재한 전자적 방법)에 미리 정하는 것에 의해, 획일적으로 취급하여 처리할 수 있다(会301①·②, 会施規66①三, 同634四ロ).[69]

또, 주주가 전자투표 후에 총회에 출석하여 의결권을 행사하려고 하는 경우에는, 그 후 회사의 사무부담을 증대시키지 않기 위하여, 총회 당일의 접수로 기계 처리하는 것이 유익하다. 단지, 회사법 하에서는 주주에게 의결권행사서면을 교부하지 않는 경우가 있는데[70], 그러한 경우 동 서면을 이용해 접수시에 기계처리할 수 없다.

거기서 웹 사이트상에서 출석희망제의를 받아들여 출석표를 송부하는 방법을 취할 수 있으면 좋으나, 그것이 늦어지는 경우에는 주소·성명의 확인 등에 의해 당일 확인을 하는 것 외에 방법이 없다. 특히 대주주의 경우는 보다 신중한 대응이 필요하다.

---

68) 전자적 방법에 따른 소집통지를 승낙하지 않는 주주의 경우(즉, 의결권 행사서면이 교부되는 경우)에도 주주총회의 1주일 전까지 청구가 있으면 전자투표를 가능하게 해야 하기 때문에(会302④), 이중행사의 여지가 생기게 된다.

69) 그 외, 투표 결과의 집계 등의 회사사무처리의 편의를 도모하는 취지로 의결권행사의 기한은 총회 직전의 영업시간 종료시까지로 인정되는 한편(会312①, 会施規70), 회사가 의결권 행사의 기한을 미리 정할 수 있다(会施規633三ハ).

70) 소집 통지를 전자적 방법에 의해 수령하는 것을 승낙한 주주에 대해서는 원칙적으로 의결권 행사서면의 교부가 불필요한 것으로 개정되었다(会301②).

5. 통계

이러한 전자투표에 의해 주주의 권리행사기회가 확대되어 의결권 행사율의 향상과 정족수의 확보가 용이하게 된다. 개인주주 확대의 추세에서 보면 큰 관심사라고 할 수 있다. 채용 회사수도 2003년에 140사(응답회사의 7.2%), 2004년에 211사(응답회사의 11.0%), 2005년에 259사(응답회사의 13.4%)로 증가하는 경향이다.71)

[참고문헌]

- 郡谷大輔「2001년 개정상법(11월개정)의 해설[XI · 완]」 상사법무 1664호 35면
- 「주주총회의 IT화」 연구회 「주주총회의 IT화의 실무와 문제점[하]」 상사법무 1600호 19면
- 宮谷隆「주주총회의 준비사무와 의사운영」(중앙경제사, 2006년)

(橫山 丈太郎)

71) 상사법무연구회編 「주주총회백서」 상사법무 11월 30일 임시 증간호(1681 · 1715 · 1749호)

3. 주주총회의사의 전자화

Q 당사에서는 최근 수년 주주총회에 출석하는 주주가 증가하고 있어 회의장의 설치와 운영에 고생하고 있습니다. 그래서 금년에는 주주총회의 회의장을 여러 개 마련하여 각 회의장을 TV회의 시스템 등으로 묶는 방법의 개최를 검토하고 있는데 이 경우 어떠한 문제점이 있습니까?

A 모든 주주에게 적시에 질문의 기회를 확보하기 위한 인프라를 마련한 다음, 총회를 개최할 필요가 있습니다.

해 설

앞의 질문에서 검토한 전자투표제도는 「주주총회에 출석하지 않는 주주」(会298①四)를 대상으로 하는 것으로 주주가 전자적 방법에 의해 질문하거나 동의를 제출한 다음에 전자투표를 하는 것을 상정하지 않았다. 그러나 본 질문과 같이 주주수의 증가에 대응할 필요가 있는 경우나, 도쿄·오사카 이외의 도시에 대규모 거점을 가지는 회사나 국제기업의 경우에는 주주총회에 대한 참가 자체를 전자화해야 할 경우가 생긴다.

그래서 본 질문에서는 이러한 주주총회의 참가 자체의 전자화에 대해 검토한다. 주주총회의 전자화로서는 다음 3 종류의 방법을 생각할 수 있다.

① 복수의 현실의 회의장을 TV회의 시스템 등의 전용회선으로 접속하는 방법
② 실제로 개최되고 있는 총회를 인터넷으로 중계하여, 공중회선인 인터넷을 경유하여 질문·투표를 접수하는 방법
③ 물리적 회합을 전혀 동반하지 않는 인터넷상의 총회를 개최하는 방법

1. 복수의 회의장을 전용회선으로 접속하는 방법

복수의 회의장을 전용회선으로 접속하는 방법은 종래부터 위법이 아니라고 이해되고 있다.[72] 그리고 적법하다고 판단되는 조건에 대해서 1998년 3월 18일 오사카지방법원판결에서 내려졌다. 동 판례로 문제가 된 주주총회의 개최 방법은 이하와 같은 것이었다.

- 제1회의장·제2회의장의 쌍방으로 설치된 모니터 TV를 통해서 한 편의 회의장의 상황을 다른 편 회의장에 방영한다.
- 양 회의장에 설치된 직통의 전화회선에 의해 한편 회의장의 움직임을 다른 편 회의장에 전달할 수 있도록 한다.

이러한 개최 방법이 적법하기 위하여 판례는 이하의 사정을 열거하였다.

- 주주로부터 질문의 요구가 있으면 즉시 거기에 대응할 수 있는 체제가 갖추어져 있을 것
- 양 회의장의 일체성이 확보되어 있을 것(주주가 실제로 질문의 기회가 주어지기까지 다소의 시간이 경과하여 의사가 진행되었어도 일체성은 손상되지 않는다)
- 양 회의장의 주주에게 질문의 기회가 주어질 것(의안마다 각 회의장의 주주에게 질문의 유무를 확인하지 않아도 된다)

요컨대, 모든 주주에게 적시에 질문의 기회가 확보될 것을 요한다. 이것은 「정보전달의 쌍방향성과 즉시성의 확보」[73], 「기능적으로 보아 동등한 취급」[74], 「일체성과 질문 기회의 확보」[75] 등으로 정식화되어 있다.

---

72) 판례(대심원 1930년 12월 16일)도 회의장의 확장을 인정하여 의장과 주주가 동실에 있을 필요는 없다고 하였다.

73) 相澤哲 「신회사법해설」 상사법무 1743호 18면

74) 神作裕之 「주주총회의 IT화」 민상법잡지 126-6호(유비각, 2002년) 778면

75) 小塚壮一郎 「주식회사 운영의 전자화·IT화」 법학교실 264호(유비각, 2002년) 41면

2. 인터넷 중계에 의한 주주총회

그러면, 상기 판례로 인정된 전용회선 접속방식에서 한층 더 진행되어, 공중회선 인터넷을 이용한 주주총회에의 참가방법에 대해 검토한다. 무엇보다 물리적 회합을 일체 동반하지 않는 인터넷상의 총회는 아직 현실적이라고는 할 수 없다. 모든 주주가 동시에 전자적 수단을 이용하기 어렵고, 또 어쨌거나 물리적인 거점은 필요하기 때문이다.

그래서 현실에서 개최되고 있는 총회를 인터넷으로 중계하여 인터넷을 경유하여 질문·투표를 접수한다고 하는 방법에 대해 검토한다. 이 방법은 물리적 총회보다 복잡한 커뮤니케이션이 가능하게 되어 오히려 우위성을 갖는다는 지적도 있다.[76] 그러나, 이하와 같은 많은 문제점이 있다.

《전자 주주총회 자체의 문제점》

- 회선집중에 의한 시스템 다운에 대한 대책이 필요한 점
- 주주에 의한 총회에의 참가·불참가의 경계가 애매해서 총회 결의의 유효성에 이의를 야기할 수도 있는 점
- 불규칙 발언의 방지 등 총회의 질서 유지가 곤란한 점
- 의장이 주주의 질문 내용을 점검할 수 있고, 질문을 자의적으로 채용할 가능성이 있으므로 그러한 가능성을 배제하기 위한 방책(질문의 내용과 질문의 시각을 기록해 두는 것 등)이 필요한 점
- 전자적 방법에 따르는 각 참가자는 다른 참가자의 상황을 알 수 없기 때문에, 의장이 공평하게 의사를 진행하고 있는지 감독할 수 없는 점

《병용함으로서 생기는 문제점》

- 실제 총회 회의장에서의 의사 진행과 전자 주주총회와의 조정이 곤란하고, 전자적 방법에 의해 출석하는 주주가 의사 진행에 고립되어 다루어 질 위험이 있는 점

76) 神作裕之「주주총회 관계 규정의 개정」상사법무 1641호 6면

• 참가의 경합이 생겼을 경우에 시스템 대응이 필요한 점

확실히 서브 회의장의 주주도 자택에 있는 주주도 네트워크로 접속되고 있는 것에 차이는 없고, 전용회선 접속방식이 인정된다면 공중회선 접속방식도 인정하는 것이 균형을 이루며,[77] 주주의 질문기회를 확보하기만 하면 인터넷에 의한 참가를 부정할 이유는 없다고 이론적으로 말할 수 있다. 그러나 이상과 같이 장애가 많으므로, 실무적으로 실현이 어려운 것이 현실이다.

덧붙여 2001년 4월 18일 공표된 「상법 등의 일부를 개정하는 법률안 요강 중간시안」에서 「TV회의 시스템을 이용한 주주총회를 인정해야 하는가 등에 대해서는 좀 더 검토한다」(제25의五 注5)고 하였으나, 2001년 개정에서는 보류되어 그 후에는 진전이 없다.

[참고문헌]

· 岩村充·神田英樹編 「전자주주총회의 연구」(홍문당, 2003년)
· 岩村充·坂田絵里子 「전자주주총회의 가능성과 문제점」 쥬리스트 1215호 88면
· 相澤哲 외 「신회사법 해설(7) 주주총회 등」 상사법무 1743호 18면

(横山 丈太郎)

77) 同취지, 弥永真生 「전자적 수단에 의한 주주총회소집통지 등과 의결권 행사」 상사법무 1577호 17면

4. 주주총회의 인터넷에 의한 공개

Q 당사에서는 PR활동의 일환으로 정기 주주총회의 모습을 널리 일반에게 인터넷으로 중계하는 것을 검토하고 있습니다. 주의해야 할 점은 무엇입니까?

A 질의응답 부분에 있어서, 주주의 초상권·프라이버시권을 보호하기 위한 대처나 편집이 필요합니다.

해 설

주주총회의 결의 내용이나 질의 내용을 인터넷을 이용해 공개하는 것에는 PR효과에 의해서 개인주주를 확대한다는 효용이 있다. 이러한 인터넷의 이용자체에 대해서는 아무런 규제가 없고 이하의 통계에서는 아래와 같은 경향을 엿볼 수 있다.

	총회중의 모습을 화상*음성으로 중계	총회중의 모습을 문자정보로 중계	총회종료 후에 결의내용을 게재	총회종료 후에 질의내용 등을 게재
2003년	18사 (0.9%)	1사 (0.1%)	190사 (9.7%)	19사 (1.0%)
2004년	19사 (1.0%)	2사 (0.1%)	246사 (12.7%)	20사 (1.0%)
2005년	24사 (1.2%)	1사 (0.1%)	280사 (14.4%)	24사 (1.2%)

※ 注 「주주총회백서(2003년판)」 상사법무 1681호, 「주주총회백서(2004년판)」 상사법무 1715호 및 「주주총회백서(2005년판)」 상사법무 1749호에 근거하여 작성. 도표 중의 괄호안의 수치는 도쿄·오사카·나고야 등 전국 5대증권거래소에 상장되고 있는 일본회사 가운데, 응답한 약 75%의 회사 전체의 비율을 나타낸다.

- 총회의 종료 후에 결의내용을 게재하는 회사가 가장 많고, 조사대상 회사전체를 차지하는 비율은 꽤 높다(약 7사에 1사). 또 일정하게 증가하고 있음.[78]

이와 같이 결의 내용만을 게재하는 경우에는 특히 문제가 되지 않으나, 한편으로 이하와 같은 경향도 엿볼 수 있다

- 총회중의 모습을 화상·음성으로 중계하는 회사나, 총회의 종료 후에 질의내용 등을 게재하는 회사도 소수이지만 증가하는 경향인 점

이와 같이 결의내용 뿐만 아니라 질의 내용도 공개하려고 하는 경우, 질문자인 주주의 초상권, 프라이버시권, 발언권 그 외의 법적 이익을 해치지 않기 위한 대응이 필요하다.

특히, 질의응답의 모습을 중계하는 경우는 주주의 육성·용모 등 직접적인 정보를 취급하게 되기 때문에 신중한 대응이 필요하다. 그리고 총회중의 모습을 중계하는 회사는 이러한 관점으로 여러 가지의 대응을 하고 있어 아래와 같은 변형을 볼 수 있다.

1. 시청자의 범위

주주에 한정하는 것과 한정하지 않는 것으로 나눌 수 있다. IR활동이라고 하는 관점에서는 현 주주에 한정되지 않고, 잠재적 주주에게도 공개하는 것이 바람직하다.

2. 중계의 방식

생중계와 녹화공개가 있다. 예를 들면 2002년에는 노무라 홀딩스, 마넥스 증권, 미츠비시 자동차공업, 다카시마야 및 JR서일본(西日本)이 생중계를 실시하였다.[79] 생중계하는 경우 주주의 초상권·프라이버시권을 보호할 필요가 있고, 또 질문내용이나 회사의 대응에 따라서는 회사에 손실을 가져올 가능성도 있다. 그 때문에 질의응답 부분만 중계방법을 바꾸거나, 공개를 바라지 않는 주주에 대해서만 중계를 중단하는 총회 당일의 대처가 필요하다.

녹화 공개의 경우는 이러한 총회 당일의 대응은 불필요하나, 사후적으

78) 예를 들면, 일본전신전화주식회사, 일본전기주식회사, 주식회사리코 등

79) 山田尙武「2002년 주주총회의 인터넷 공개의 실제[상]」상사법무 1649호 20면

로 주주의 초상권과 프라이버시권을 배려하는 것이 필요한 점은 같다.

3. 질의응답 부분의 편집 방법

3-1. 문자만으로 게재하는가 아니면 영상·화상도 게재하는가?

문자만으로 게재하고 있는 회사도 볼 수 있으나,[80] 영상이나 화상과 문자를 조합하여 게재하고 있는 회사 쪽이 더 많다.

3-2. 문자·영상 각각에 어떠한 내용으로 하는가?

어느 회사도, 영상을 게재하는 경우 질문하는 주주가 아니라 응답하는 회사 임원의 영상이나 화상을 게재하고 있다. 예를 들어 KDDI 주식회사에서는 주주의 질문사항에 대해 설명하는 이사·감사역의 클로즈 업 화상을 게재하고, 주주의 질문사항에 대해서는 별도의 텍스트를 기재하고 있다(2006년 12월 현재).

또, 문자에 의한 게재내용은 모두가 주주를 성명 등으로 특정하지 않고, 질문 내용도 요약하여 게재하고 있는 회사가 많다. 예를 들어 노무라 홀딩스 주식회사에서 질문자는「주주 1」등으로 표시되고 있어, 질문에 충실한 재현이 아닌 취지의 설명문이 되어 있다. 더욱이 소프트뱅크 주식회사에서는 질문 내용을 단지 항목으로 열거하고 있다(「주가에 대해서」 등. 2006년 12월 현재).

이상에서 보듯이, 질의응답 부분을 편집할 때에 유의해야 하는 점은

① 주주가 질문하고 있는 영상을 게재하지 않을 것

② 주주의 성명을 게재하지 않을 것

이다. 더욱이, 질문 내용을 일일이 상세하게 기재함으로 주주가 특정되어 버리는 예외적 경우나 회사에 손실을 미칠 수 있는 경우에는

③ 주주의 질문 내용을 적절하게 요약할 것

도 필요하다. 효율적인 IR활동의 관점 등에서도 요약이 바람직할 수 있다.

---

80) 예를 들면, 에이벡스 그룹·홀딩스 주식회사 등

또, PR전략 여하에 따라서는 주주총회를 일정기간만 공개하거나(예: 후지쯔 주식회사), 주주총회뿐만 아니라 주주 간담회를 공개하는 것(예: 소니 주식회사)도 선택사항의 하나이다.

[참고문헌]

· 柳田幸雄·野村晋右 감수「IR형 주주총회」(상사법무, 2004년)

(横山 丈太郎)

제 2 절 전자공고제도

5. 전자공고제도의 개요

Q **현재 당사는 회사관계의 공고를 일간 신문지에서 행하고 있는데 최근 인터넷의 홈페이지상에서 공고를 실시할 수 있게 되었다고 들었습니다. 어떤 제도인지 가르쳐 주세요.**

A 종래, 주식회사의 공고 방법으로는 관보 및 일간 신문이라는 종이 매체의 공고방법만이었으나 2004년부터 인터넷 홈페이지 상에 공고를 게재하는 방법이 도입되었습니다. 이 방법을 「전자공고」라 합니다. 전자 공고에는 ① 높은 주지성 ② 염가의 비용이라는 장점이 있습니다.

해 설

1. 전자공고 제도도입의 경위

회사법에서는 회사가 어떤 절차를 실시하는 경우, 일정사항을 공고하는 방법이 몇 가지로 규정되어 있다. 회사의 공고방법은 상법이 2004년에 개정되기 전까지는 관보 또는 일간 신문지에 게재하는 방법으로 한정되어 있다. 이러한 두 가지 방법은 모두 종이매체로 공고는 원칙적으로 1회 밖에 게재되지 않고, 공고가 게재된 지면을 일단 놓쳐 버리면 나중에 공고를 알기 위해서는 과거의 관보나 신문을 찾아보아야 한다는 문제점이 있다.

이에 비해 인터넷의 홈페이지 상에 공고를 게재할 수 있으면, 세계의 어느 장소에서도 인터넷에 접속할 수 있는 환경만 갖추고 있으면 홈페이지에 게재되어 있는 동안은 몇 번이라도 공고를 열람할 수 있다. 그리고 무엇보다 인터넷 보급에 따라 그 주지력이 매우 높다.

이러한 편리성 때문에 상법이 2004년에 개정됨에 따라 인터넷의 홈페이지상에 공고내용을 게재하는 방법, 즉 전자공고(旧商166⑥)가 도입되어, 2006년 5월부터 시행된 회사법에도 채택되고 있다(会939③三).

2. 전자 공고의 장점

전자 공고의 장점으로서는 이하의 두 가지를 들 수 있다.

2-1. 높은 주지성

전술한 바와 같이 IT의 보급에 따라 가정에서도 부담없이 인터넷에 접속할 수 있게 된 현대에 인터넷에 공고를 게재하는 전자공고의 높은 주지성은 종이매체인 다른 방법에 비해 매우 높다고 할 수 있다.

2-2. 염가의 비용

여기서 세 가지의 공고 방법의 비용에 대해 다음 면의 도표를 보면서 정리해 본다.

예를 들어 20행의 합병공고를 실시하는 경우를 생각해 보면 관보에서는 2,854엔×20행=57,080엔이 든다. 어느 일간신문지에 공고를 게재하는 경우, 62,000엔×2단×6cm=744,000엔이 든다. 한편 전자공고의 경우 1개월간 홈페이지에 게재한다고 가정하면 조사 비용은 대략 약 15만엔~30만엔 정도가 된다. 이것은 그저 일례에 지나지 않고 공고 내용에 의해서 차이가 있으므로 통틀어 말할 수 없으나, 전자공고는 일반적으로 관보보다는 비용이 다소 비싸지만, 일간 신문지에 비해서는 꽤 비용을 절감할 수 있다고 말할 수 있다.

[세가지의 공고비용 비교]

공고방법	필요비용	요　금
관보	관보공고게재요금	1행 당 2,854엔

일간신문지	신문사에 대한 공고게재 요금	(어떤 일간신문의 경우) 62,000엔×단수×폭(cm)
전자공고	전자공고 조사기관에 대한 조사비용	1건당 약 15만엔~30만엔 (공고의 양이 아니라 기간에 따라 요금이 설정된다)

특히 합병 등의 채권자 보호 절차에 있어 전자공고의 비용 절약 장점은 두드러진다고 말할 수 있다(상세한 것에 대하여는 Q5-10을 참조). 합병 등을 실시하는 경우 채권자 보호 절차로 회사는 관보에 공고를 실시한 뒤, 채권자에 대해 일정사항을 개별적으로 최고하여야 한다(会789②등). 이 채권자에 대한 개별 최고는, 최고의 대상이 되는 채권자의 특정으로 통지의 발송에 걸리는 수고와 비용이 회사에게 무거운 부담이 될 때가 적지 않다. 그러나 공고 방법을 일간신문 또는 전자공고와 정관에서 정하고 있는 회사는 관보에 의한 공고와 함께, 정관기재의 공고 방법에 따라 공고를 실시하면 개별 최고를 생략할 수 있다(会789③ 등. 다만 정관에서 공고방법을 관보로 정하고 있는 경우에는 모든 개별 최고를 생략할 수 없기 때문에 주의가 필요하다).

이러한 경우에 각 정관 기재의 공고 방법에 따르는 비용 비교는 다음 면의 도표대로이나, 개별 최고의 생략을 하는 경우에는 결국 일간신문과 전자공고와의 비용 비교에 귀착하기 때문에, 전술한 바와 같이 전자공고로 공고하는 편이 비용을 절감할 수 있다.

[채권자보호 절차에서의 비용 비교]

정관기재의 공고방법	필요 절차	필요 비용
관보	관보공고+개별최고	관보공고비용+개별최고비용
일간신문	관보공고+일간신문공고	관보공고비용+일간신문지 공고비용
전자공고	관보공고+전자공고	관보공고비용+전자공고비용

이상과 같이 채권자보호절차에 대해 비용 부담에 차이가 생기므로, 특히 합병 등을 준비하고 있는 회사는 공고방법을 전자공고로 변경해서 비용 절약의 장점을 향수할 수 있다.

(難波 浩祐)

6. 전자공고의 도입절차

Q **새로운 공고방법으로 전자공고를 도입하는 경우의 절차에 대해 가르쳐 주세요.**

A 회사가 전자공고를 행하기 위해서는 공고를 전자공고로 행하는 취지를 정관에 정하여, 그 취지 및 공고 내용을 게재하는 홈페이지의 주소를 등기할 필요가 있습니다. 또한, 실제로 전자 공고를 행하는 경우에는 전자 공고를 실시하기 전에 조사기관에 조사를 의뢰(상세한 것은 Q5-7을 참조)할 필요가 있습니다.

해 설

종래, 관보 또는 일간신문을 공고방법으로 정하던 회사가 새롭게 전자공고를 도입하여, 실제로 공고를 실시하는 경우 원칙적으로 이하의 절차가 필요하다.

① 정관의 기재
② 등기
③ 전자공고조사기관에의 의뢰
④ 공고의 실시

이하, 각 수속에 대해 설명한다.

1. 정관의 기재

우선, 주주총회에서 정관에 전자공고를 공고의 방법으로 하는 취지를 정하는 결의를 할 필요가 있다(会939③前段). 또한, 사고나 그 외에 불가피한 사유에 의해 전자공고에 의한 공고를 할 수 없는 경우의 공고방법으로서 관보 또는 시사에 관한 사항을 게재하는 일간 신문지 게재하는 방법의 어느 쪽을 정관에 정할 수 있다(예비적 공고방법. 会939③後段). 상세한 것은 Q5-9를 참조해 주길 바라나, 실무상 전자공고를 정관에 정하는 경우에는 동시에 예비적 공고방법도 정해 두어야한다.

이하에 정관의 구체적인 예문을 열거하였으므로 참고하기 바란다. 또한 예문은 예비적 공고방법으로 관보공고를 정하는 경우를 상정하고 있다.

[旧定款]

제○조 당사의 공고는 관보에 게재하여 행한다.

[新定款]

제○조 당사의 공고는 전자공고의 방법에 의해 행한다. 2 당사의 공고는 전자공고에 의한 공고를 할 수 없는 사고 그 외에 불가피한 사유가 생겼을 경우에 관보에 게재해 행한다.

2. 등기

다음으로, 공고해야 할 내용인 정보가 불특정 다수의 사람에게 제공되기 위해서 필요한 사항이며 법무성령으로 정하는 것, 구체적으로는 공고방법을 전자공고로 하는 취지 및 전자 공고를 게재하는 홈페이지의 주소를 등기할 필요가 있다(会911③二十九イ). 또한, 예비적 공고방법을 정관에 규정했을 경우에 예비적 공고방법도 등기할 필요가 있으므로, 주의가 필요하다(会911③二十九ロ).

보다 상세한 것은 Q5-8을 참조하고, 전자공고의 주소와는 별도로 결산공고용 주소를 사용하는 경우에는 결산공고용 주소도 별도로 등기해야 함에 주의가 필요하다.

3. 전자공고 조사기관에의 의뢰

정관의 기재 및 등기가 종료되면 회사는 전자공고를 실시할 수 있다. 무엇보다, 대차대조표를 공고하는 경우(결산공고, 会440①)를 제외하고, 실제로 홈페이지 상에 공고내용을 게재하기 전에 미리 전자공고 조사기관에 조사를 의뢰할 필요가 있다(会941).

전자공고 조사기관에 대한 의뢰방법 등 상세한 것은 Q5-7을 참조.

4. 공고의 실시

회사가 전자공고를 실시하는 경우, 공고 내용에 따라 정해진 일정기간 중에 계속하여 홈페이지에 공고내용을 게재할 필요가 있다(会940). 공고기간 등 상세한 것에 대해서는 Q5-7을 참조.

(難波 浩祐)

7. 전자공고 조사기관 및 공고기간

Q **전자공고를 실시하기 위해서는 조사기관에 의한 조사를 받아야만 하는 것 같은데, 조사기관에 대한 의뢰는 어떻게 하면 좋은가요? 또 공고를 홈페이지상에 게재하는 경우 어느 정도의 기간으로 하면 좋은가요?**

A 조사기관은 법무성의 전자공고제도에 관한 홈페이지(http://www.moj.go.jp/MINJI/minji81.html)에서 소개되고 있습니다. 또, 조사기관에 대한 의뢰 방법은 각 조사기관의 홈페이지에서 소개되고 있습니다. 또한 조사기관에 대한 의뢰비용에 대해서는 각 조사기관에 따라서 다르지만 대체로 1건당 15~30만엔 정도입니다.
또, 전자공고를 게재하는 기간에 대해서는 공고내용에 따라서 다르나, 예를 들어 결산공고의 경우에는 정기주주총회일부터 5년간 계속해 게재할 필요가 있습니다.

해 설

1. 전자공고조사기관

전자공고를 실시하는 회사는 공고기간 중에 공고 내용인 정보가 불특정 다수의 사람에게 제공될 수 있는 상태에 있는지에 대해서 법무성령에서 정함에 따라, 법무성장관에 등록한 조사기관에게 조사를 하도록 요구하여야 한다(会941). 종이매체에 의한 공고와 달리, 전자공고의 경우에는 공고 내용을 인터넷의 홈페이지에 게재하는 것이므로 공고종료 후에 공고의 유무나 내용을 증명하는 객관적인 증거가 남지 않는다. 그래서, 전자공고에 대해서는 조사기관이 회사에 조사결과를 서면으로 통지(会946④)하거나 조사기록장부를 작성·보존하여 이해관계인의 청구에 따라 사본을 교부(会955)할 의무를 짐으로, 객관적 증거를 확보하려고 하는 조사기관제도가 설치되었다.

예외로, 결산공고를 전자공고로 실시하는 경우에 조사기관의 조사를 받을 필요는 없다.

1-1. 조사기관의 조사방법

조사기관을 검색하기 위해서는, 법무성의 전자공고제도에 관한 홈페이지(http://www.moj.go.jp/MINJI/minji81.html)에 조사기관이 소개되어 있기 때문에 여기를 이용하는 것이 편리하다. 2006년 11월 현재 5개의 회사가 등록되어 있다.

1-2. 조사기관에의 의뢰방법

상세한 것은 각 조사기관의 홈페이지를 참조. 각 조사기관의 홈페이지는 http://www.moj.go.jp/MINJI/minji81.htm에서 접속할 수 있다.

1-3. 조사비용

조사기관이나 공고기간에 따라 다소 차이는 있으나, 대체로 1건당 15~30만엔 정도이다.

2. 공고기간

관보나 일간신문지에 의한 공고의 경우에는, 공고를 종이매체에 한 번 게재하면 충분하고 며칠 동안 공고를 계속 게재할 필요는 없다. 이것에 비해서, 전자공고의 경우에는 공고내용에 따라 결정되는 일정한 기간동안, 공고를 홈페이지 상에 계속 게재할 필요가 있다(会940①). 공고기간은 공고내용에 따라 이하의 분류에 따라 결정된다.

[공고기간의 분류]

공고내용	공고기간
특정일의 일정한 기간전에 공고해야 하는 경우 (예 : 주주명부의 기준일의 공고)	특정일의 일정기간 전날부터 해당 특정일까지

결산공고의 경우	정시 주주총회 종결일부터 5년간
공고에서 정하는 기간내에 이의를 말할 수 있는 취지의 공고(예: 합병·회사 분할·주식 교환·자본감소 등의 채권자의 이의 신청공고, 임원 등의 책임면제의 경우 주주의 이의 신청공고)	공고에 정한 기간을 경과하는 날까지
상기 이외의 공고 (예 : 주주대표 소송 제기의 공고)	공고의 개시 후 1개월을 경과하는 날까지

(難波 浩祐)

8. 대차대조표의 전자적 공시와 전자공고에서의 취급

Q 현재 당사는 대차대조표를 홈페이지 상에 공개하고 있는데 공고방법으로 전자공고를 새롭게 도입했을 경우 대차대조표는 현재 게재하고 있는 홈페이지 상에 공개한 채로 두어도 좋은가요?

A 결산공고는 전자공고와 유사하지만 다른 것으로서 전자적 공시의 방법이라는 것이 있습니다.

귀사는 대차대조표에 전자적 공시의 방법을 채용했다고 생각되나, 공고방법으로서 전자공고를 도입했을 경우, 종래 등기되어 있던 대차대조표의 전자적 공시는 말소됩니다.

전자공고를 위해 새롭게 등기한 주소가 종래 대차대조표를 공개하던 주소와 같으면, 그대로 대차대조표를 홈페이지 상에 공개해도 문제가 없으나, 주소가 다른 경우 원칙적으로 대차대조표는 전자공고를 위해서 등기한 주소의 홈페이지 상에 공개하여야 합니다. 만약, 종래의 홈페이지 상에 계속해서 공개하고 싶으면, 전자공고 일반의 주소와는 별도로 종래의 주소를 결산공고의 주소로서 등기할 필요가 있습니다.

해 설

1. 전자적 공시

주식회사는 정기주주총회 종료 후 즉시 대차대조표(대기업에서는 대차대조표 및 손익계산서)를 공고할 필요가 있다(会440①). 통상은 정관에 기재되어 있는 공고방법에 따라 결산공고를 실시하는 것이 일반적이다.

무엇보다 관보 또는 일간신문을 공고방법으로서 정관에 정하고 있는 회사도, 정관에 기재되어 있는 공고방법을 대신하여 대차대조표를 전자적 방법에 의해 불특정 다수의 사람이 제공을 받을 수 있는 상태에 두는 조치를 취하는 것(이하, 전자적 공시), 즉 인터넷의 홈페이지상에 대차대조표를 게재할 수 있다(会440③). 이 대차대조표의 전자적 공시는 인터넷의 홈페이지상에 대차대조표를 게재한다고 하는 점에서는 전자공고에 의한 경우와 완전히 동일하다.

또한 회사가 대차대조표의 전자적 공시를 실시하기 위해서는 미리 전자적 공시를 실시하는 홈페이지의 주소를 등기해 둘 필요가 있다(会911③二十七).

2. 전자적 공시를 채용하던 회사가 새롭게 전자공고를 채용했을 경우의 주의점

대차대조표의 전자적 공시를 채용하고 있던 주식회사가 새롭게 전자공고를 채택했을 경우, 이하의 점에 주의가 필요하다.

대차대조표를 전자적 공시에 의해서 게재하고 있던 회사가 새롭게 전자공고를 도입했을 경우, 종래 등기되어 있던 대차대조표의 전자적 공시의 주소는 말소된다(商登規71). 이 경우, 회사가 지금까지 홈페이지 상에 게재하고 있던 대차대조표를 어떻게 할지에 대해서는 이하와 같은 경우로 나누어 생각할 수 있다.

2-1. 전자적 공시의 주소와 전자공고의 주소가 동일한 경우

회사가 전자적 공시에서 사용하고 있던 주소(A)와 전자공고의 주소(A)가 동일한 경우에는 게재하는 주소가 동일하기 때문에 대차대조표를 그대로 같은 주소 상에 계속해 게재해도 특별한 문제는 생기지 않는다.

2-2. 전자적 공시의 주소와 전자공고의 주소가 다른 경우

회사의 여러 가지 사정에 따라서, 전자 공고를 도입한 후에도 전자공고의 주소와는 별도로 종래부터 대차대조표에 대해 사용하고 있던 전자적 공시의 주소를 계속해 사용하고 싶은 회사도 있다고 생각된다. 그렇지만, 회사가 전자적 공시로 이용하고 있던 주소(A)와 전자 공고의 주소(B)가 다른 경우에는, 전자공고의 도입에 의해 전자적 공시의 주소(A)의 등기가 말소되어 버리기 때문에, 원칙적으로 그 주소(A)에 대차대조표를 계속 게재했다고 해도 공고방법의 변경 후에는 결산공고를 한 것으로 인정되지 않는다.

이러한 경우에, 종전의 전자적 공시의 주소에 대차대조표를 게재한 채로 결산 공고의 효력을 발생시키는 방법으로서 주식회사가 전자공고를 도입할 때, 전자공고를 게재하는 주소와는 별도로 대차대조표의 공고에 대한 홈페이지의 주소를 등기하는(会施規220②) 방법이 있다. 이 주소를 종래의 전자적 공시의 주소(A)와 같은 것으로 하면, 대차대조표를 종래의 홈페이지에 계속하여 게재해도 결산 공고의 효력은 발생하게 된다.

(難波 浩祐)

9. 전자공고의 일시적 중단 및 예비적 공고방법

Q **전자공고기간 중에 서버의 관리보수에 의해 공고가 일시적으로 중단된 경우, 재차 전자공고를 하여야 하는지요?**
또, 전자 공고를 실시하려 했는데 서버에 큰 장해가 생기는 등의 이유에 의해 전자공고를 할 수 없는 상태가 된 경우 공고를 하려면 어떻게 하면 좋은가요?

A 전자공고 기간 중에 공고에 중단이나 변경이 생겼을 경우, 원칙적으로 그 전자공고는 무효가 되어, 다시 게시할 필요가 있습니다. 무엇보다 일정한 요건을 갖추고 있는 경우에는 중단이나 변경이 되었다고 해도 해당 공고의 효력에 영향을 미치지 않고, 적법한 공고로서 취급된다고 할 것입니다.
또, 사고나 그 외의 불가피한 사유에 의해 전자공고에 의한 공고를 할 수 없는 경우, 정관에서 관보 또는 일간신문에 의한 공고 방법을 정하고 있으면, 해당 공고방법에 따라 공고를 행할 수 있습니다.

해 설

1. 전자공고의 일시적 중단

전자공고의 공고 기간 중, 불특정 다수의 사람이 제공을 받을 수 있는 상태에 둔 정보가 그 상태에 있지 않게 된 경우, 또는 그 정보가 그 상태에 있은 후에 개변되었을 경우(이하, 공고의 중단), 예를 들어, 관리보수나 사고에 의해서 서버가 일시적으로 정지된 경우나 해커의 침입에 의해 공고사항이 변경되는 등의 경우 등 이하의 3개의 요건을 모두 충족하는 경우에는 공고의 중단이 공고의 효력에 영향을 미치지 않는다(會940③一).

요건① : 공고 중단이 생기는 것에 대해 회사가 선의이며 또한 중대한 과실이 없고 또는 회사에 정당한 사유가 있을 것(会940③一)

→ 중대한 과실이 있는 경우로서는 예를 들어 최소한의 필요한 서버의 관리보수를 해태해서, 서버가 다운되었을 경우 등이 해당한다고 생각된다.

정당한 사유가 있는 경우로서는, 예를 들어 공고 설비의 정기적인 관리보수를 위해서 서버를 일시적으로 정지하는 경우 등이 해당한다고 생각된다.

요건② : 공고 중단이 생긴 시간의 합계가 공고기간의 10분의 1을 넘지 않을 것(会940③二)

→ 조사기관의 조사결과 통지에서 공고 중단이 생겼을 가능성이 있는 시간의 합계는 최장 몇 시간 몇 분이라고 추계되는 형태로 통지되므로 이 통지에 의해서 해당 요건을 입증하게 된다.

무엇보다도, 실제 중단기간의 합계가 공고 기간의 10분의 1이하임에도 불구하고, 조사결과통지에 기재된 최장 합계 중단시간이 공고 기간의 10분의 1을 넘는 경우, 회사는 서버의 로그 등의 자료에 의해 해당 요건을 입증하게 된다.

요건③ : 회사가 공고 중단을 안 후에 신속하게 그 취지, 공고 중단이 생긴 시간 및 공고의 중단의 내용을 해당 공고에 부가하여 공고할 것(추가공고, 会940③三)

→ 추가 공고의 기재 방법으로서는 예를 들어 「0월 0일 오전10시 28분부터 0월 0일 오후 8시 48분까지, 서버의 기능정지에 의해 공고의 중단이 생겼다」는 형태를 생각할 수 있다.

또한, 추가공고를 할 때에는 추가공고를 적법하게 행한 것의 증명을 하기 위해서, 조사기관에 추가공고의 내용인 공고중단이 생긴 시간 및 공고의 중단의 내용에 관한 정보를 표시할 필요가 있다.

2. 예비적 공고 방법

전자공고를 공고방법으로 채용하는 회사는 폐업이나 등록취소에 의해 조사기관이 하나도 존재하지 않게 되거나, 지진 등에 의해서 서버 등에 조기회복을 불가능하게 하는 손상이 생기거나 하는 등의 사정에 의해, 전자공고를 실시할 수 없는 사태가 생길 가능성이 있다.

이 경우, 회사가 미리 정관에 사고 기타 불가피한 사유에 의해서 전자공고에 의한 공고를 할 수 없는 경우의 공고방법으로, 관보 또는 일간신문에 의한 공고방법(이하, 예비적 공고방법)을 규정하고 있으면, 해당 예비적 공고방법에 따라 공고를 행할 수 있다(会939③後段).

더욱이, 예비적 공고방법은 등기를 할 필요가 있으므로 주의가 필요하다(会社法911조③二十九ロ).

한편, 예비적 공고방법을 정하지 않은 경우 회사로서는

① 전자공고를 실시할 수 없는 사유가 해소되기를 기다려서 전자공고를 행하든가

② 주주총회에서 공고방법을 관보 또는 일간신문으로 정관을 변경하고 변경등기를 실시하여, 새로운 공고 방법에 따라 공고를 하는 방법을 생각할 수 있다. 그러나 어느 방법에 의해서도 신속한 공고를 실시하는 데에 어려움을 겪는 회사가 적지 않다고 생각된다.

따라서 회사로서는 나중의 곤란을 피하기 위해서 전자공고제도를 도입할 때에 예비적 공고방법을 아울러 결의해 두는 것이 실무적으로 바람직하다 할 수 있다.

또한 정관의 구체적인 예문에 대해서는 Q5-6에 열거한 것을 참고.

(難波 浩祐)

10. 채권자보호절차의 간이화

Q 전자공고를 도입한 경우에 채권자보호절차에 어떤 장점이 있습니까?

A 자본감소나 합병, 회사분할 등에 있어서 회사는 관보에 공고를 실시하는 것과 동시에, 알려져 있는 채권자에 대해 일정사항을 개별적으로 최고(이하, 개별최고)하여야 합니다. 채권자가 다수인 경우 회사가 모든 채권자에게 개별적으로 통지하는 것은 번잡하고 막대한 경비가 들 가능성도 있습니다.

만일 회사가 선사공고를 도입하고 있으면 회사는 일정사항을 관보 및 전자공고에 의하여 공고해 개별최고를 생략할 수 있으므로, 번잡한 절차를 회피할 수 있는 큰 장점이 있다고 말할 수 있습니다.

그러나 비록 관보 및 전자공고에 의한 공고를 실시했다 해도, 회사분할을 하는 경우에 분할회사의 불법행위채권자에 대한 개별최고는 생략할 수 없는 것에 주의할 필요가 있습니다.

해 설

회사는 자본 감소나 합병, 회사분할 등을 실시하는 경우, 일정사항을 관보에 공고하고, 알려져 있는 채권자에게 개별적으로 이것을 최고하여야 한다(会449② 등). 무엇보다, 일정 사항의 공고에 대해서는 관보와 함께 정관에 공고 방법으로서 정하고 있는 일간신문 또는 전자 공고에 의한 방법으로 공고를 했을 경우 즉,

① 관보+일간신문

또는

② 관보+전자공고

와 같이 회사가 이중으로 공고한 경우에는, 개별최고를 생략할 수 있다(会449③ 등). 이 점은 공고 방법을 일간신문지로 하는 경우와 전자공고

로 하는 경우 모두 개별최고의 생략이 가능한 점에서는 같으나, Q5-5에서 말한 바와 같이 전자공고를 채용하는 편이 경비를 절감할 수 있다.

이하에, 회사의 종류유형별로 개별최고를 생략할 수 있는 경우를 정리한다.

[개별최고 생략가능 절차 일람]

절 차	주식회사	합동회사	합자회사·합명회사
자본금 또는 준비금의 액수 감소	○ (会449③)	○ (会627③)	-
퇴사에 따르는 지분의 환급	-	○注1 (会635③)	-
청산	-	-	○ (会670③)
조직변경	○ (会779③)	○ (会781②·799③)	-
흡수합병에서 소멸회사	○ (会789③)	○ (会793②·789③)	○ (会793②·789③)
흡수합병에서 존속회사	○ (会799③)	○ (会802②·799③)	○ (会802②·799③)
신설합병에서 소멸회사	○ (会810③)	○ (会813②·810③)	
흡수합병에서 분할회사	○注2 (会789③)	○注3 (会793②·789③)	-
신설분할에서 승계회사	○ (会799③)	○ (会802②·799③)	○ (会802②·799③)
신설분할에서 분할회사	○注4 (会810③)	○注5 (会813②·810③)	-
주식교환에서 완전자회사	○注6 (会789③)	-	
주식교환에서 완전모회사	○注7 (会799③)	○注8 (会802②·799③)	-
주식이선에서 완전자회사	○注9 (会810③)	-	-

注1 합동회사에서 퇴사에 따르는 지분의 환급에 있어 합동회사의 채권자에 대한 개별최고가 필요한 경우란 합동회사가 지분의 환급에 의해 사원에게 교부하는 금전 등의 장부 가격이 해당지분을 환급하는 날에 잉여금액을 넘는 경우

이다(会635①,②). 또한, 지분의 환급액이 해당 합동회사의 순자산액으로서 법무성령으로 정하는 방법에 의해 산정되는 액을 넘는 경우에는 개별최고의 생략은 불가(会635③단서)

注2 흡수분할회사의 불법행위 채권자에 대한 개별최고 생략은 불가

注3 注2와 동일

注4 신설분할회사의 불법행위 채권자에 대한 개별최고의 생략은 불가

注5 注4와 동일

注6 주식교환에 있어 주식교환 완전자회사의 채권자에 대한 개별최고가 필요한 채권자란 주식교환 완전자회사의 신주예약권자의 신주예약권이 신주예약권부사채인 경우의 해당 사채권자이다(会789①·②).

注7 주식교환 완전모회사의 채권자에 대해 개별최고가 필요한 채권자란 대가가 완전모회사가 되는 회사의 주식일뿐인 경우 외의 경우에 있어서 완전모회사가 되는 회사의 채권자이다(会799①·②).

注8 注7과 동일

注9 주식이전 완전자회사의 채권자에 대한 개별최고가 필요한 채권자란, 주식이전 완진자회사의 신주예약권자의 신주예약권이 신주예약권부사채인 경우의 해당 사채권자이다(会810①·②)

덧붙여, 채권자가 공고내용을 알기 위해서 채무자인 회사의 전자공고에 액세스하는 방법으로는 법무성이 개설하고 있는 「법무성 전자공고 시스템」홈페이지(http://e-koukoku. moj.go.jp)를 이용하면 어떠한 회사가 어떠한 전자공고를 실시하고 있는지 간단하게 알 수 있으므로 편리하다.

(難波 浩祐)

제 3 절 서류의 보존기간과 전자장부보존법의 적용범위

11. 서류의 보존기간과 전자장부보존법의 적용범위

Q 당사는 해마다 증가해가는 문서의 보존방법으로 고심하고 있습니다. 세무 상 거래관계 서류나 장부서류는 몇 년 보존해 두면 좋은가요? 이러한 서류를 전자데이터로 보존하는 것을 생각하고 있는데 그러한 보존방법이 세무상으로도 인정됩니까?

A 법인은 법인세법상 거래관계서류나 장부서류를 원칙적으로 7년간 보관하고 상법상 상업장부 및 영업에 관한 중요서류를 10년간 보관하는 것이 필요합니다.
그리고 세무상 일정한 요건을 채우는 서류에 대해서는, 전자 데이터로 보존하는 것이 인정되고 있습니다.

■ 해 설

1. 서류의 보존기간

청색신고법인은 법인세법상 구분표·총간정원장·재고정리표·대차대조표·손익계산서·결산에 관한 서류·거래에 관한 서류(주문서·계약서·영수증·견적서·운송장 등)를 원칙적으로 7년간 보존하여야 한다(法法126, 法規59①). 또, 상법상은 상업장부 및 영업에 관한 중요서류를 10년간 보관하도록 하고 있고(商19③. 한국상법33①), 회사법상은 회계장부, 사업에 관한 중요한 자료, 계산서류 등을 10년간 보존하게 되어 있다(会432②, 435④. 한국상법541①).

청색신고법인이 법인세법상 보존이 의무 지워져 있는 상기서류의 보존을 게을리 했을 경우, 청색신고의 승인이 취소될 가능성이 있으나(法法127①), 허위기재에 해당하지 않는 것을 전제로 하면 벌칙은 없다.

2. 서류의 전자데이터에 의한 보존

상기대로 보존이 의무 지워져 있는 서류에 대해서, 상법상은 전자적 방법에 의한 작성·보존이 인정되고 있다(商19②, 商規4③. 한국상법33③. 한국상법 일부규정의 시행에 관한 규정 제2조의 2).

그리고 세무상으로도 「전자계산기를 사용해서 작성하는 국세관계장부서류의 보존방법 등의 특례에 관한 법률」(전자장부보존법)에 의해 일정한 서류에 대해 전자데이터로 보존하는 것이 인정되고 있다.

2-1. 전자장부보존법의 적용범위

전자장부보존법에 의한 전자데이터 보존이 인정되는 서류는 관할세무서 서장 등의 승인을 받은 다음 페이지상의 서류에 한정된다(전자장부보존법4, 동규칙3③·④).

또한 상기 적용범위에 관한 「자기」는 보존의무자에게 한정되지 않고, 보존의무자의 위탁을 받아 전산처리를 행하고 있는 회계사무소나 기장대행업자도 포함된다(전자장부보존법취급통칙4-3).

2-2. 전자장부의 비치, 보존방법

자기가 작성하는 국세관계장부·국세관계서류를 전자데이터로 보존하기 위해서는 이하의 요건을 충족하는 전자계산기처리시스템을 이용하고 해당 전자데이터의 비치 및 보존을 하여야 한다(전자장부보존법 규칙3①·②).

① 전자데이터의 정정·삭제 등의 이력·내용을 확인할 수 있을 것(同3①一)

② 전자데이터에서 보존하고 있는 국세관계관련 장부와 각 관련 국세관계장부 사이의 기록사항의 관련성이 확인가능할 것(同3②二)

전자장부보존법 상의 규정	해당 장부·서류
자기가 최초기록단계부터 일관하여 전자계산기를 사용해서 작성하는 국세관계 장부의 전부 또는 일부 (전자장부보존법4①)	자기가 작성한 분류표·총감정원표
자기가 일관해서 전자계산기를 사용하여 작성한 국세관계 서류의 전부 또는 일부 (同4②)	자기가 작성한 재고관리표·대차대조표·손익계산서·결산에 관한 서류 및 자기가 작성해서 상대에게 교부한 거래에 관한 서류의 대기
기재사항을 재무성령에서 정하는 규격을 채운 스캐너에 의해 전자적 기록에 기록하는 국세관계서류(재무성령에서 정하는 것을 제외한다)의 전부 또는 일부 (同4③)	주문서, 견적서, 송장, 자기가 작성해서 상대에게 교부한 계약서·영수증의 대기 ＊ 상대로부터 수령한 계약서·영수증 등, 자기가 작성한 서류의 사본, 재고관리표, 대차대조표, 손익계산서, 결산에 관한 서류는 대상 외

③ 전자계산기 처리시스템의 개요를 기재한 서류·시스템개발 서류·조작 설명서 등을 비치하고 있을 것(同3①三)

④ 디스플레이·서면에 전자데이터를 신속하고 일정한 상태로 출력가능할 것(同3①四)

⑤ 기록사항의 검색기능을 갖추고 있을 것(同3①五)

상기 각 요건에 대해서는 전자장부보존법 취급통지 4-5에서 4-16에 상세하게 규정하고 있다.

또, 동일하게 국세관련 서류를 스캐너에 의해 전자데이터로 보존하는 경우에도 이하의 요건에 따라서 전자데이터의 보존을 하여야 한다(전자장부보존법규칙3⑤).

① 기록사항의 입력을 신속하게 행할 것(同3⑤一)

② 일정한 해상도 등으로 읽어내고 일정한 요건을 충족하는 전자서명·타임스탬프를 교부하여 해당 국세관세서류를 스캐너로 읽어냈을 때의 해상도, 명암, 해당서류의 크기에 관한 정보를 보존하여 해당 전자데이터의 정정·삭제의 사실·내용을 확인할 수 있는 스캐너를 사용하는 전자계산기처리시스템을 사용할 것(同32).

③ 해당 국세관계관련 서류와 관련국세관계 장부의 기록사항 관련성이 확인가능할 것(同3⑤三)
④ 해당 국세관계 서류와 관련되는 전자데이터의 보존 장소에, 일정한 전자계산기, 프로그램, 칼라 디스플레이, 컬러 프린터, 이러한 조작설명서를 비치하여 디스플레이·서면에 신속하고 일정한 상태로 전자데이터를 출력 가능할 것(同34)
⑤ 전자계산기 처리시스템의 개요를 기재한 서류·시스템 개발서류·조작설명서 등이 비치되어 있을 것(同3⑤五, 3①三)
⑥ 기록사항의 검색기능을 갖추고 있을 것(同3⑤五, 3①三)

상기 각 요건에 대해서는 전자장부보존법 취급통칙 4-19 내지 4-35에 상세하게 규정되어 있다.

2-3. 승인신청의 절차

전자장부보존법에 의해 국세관계장부, 국세관계서류를 전자데이터로 보존하기 위해서는 관할세무서 서장의 승인을 받아야 한다(전자장부보존법 4). 그리고 해당 승인을 받기 위해서는 납세지의 관할세무서 서장에게, 그 비치를 개시하는 날 또는 그 서류의 보존을 대신하는 날의 3개월 전까지 해당 국세관계장부·국세관계서류의 종류, 사용하는 전자계산기·프로그램의 개요 등 일정한 사항을 기재한 신청서에 일정한 서류를 첨부해 제출할 것이 필요하다(同法 6①,②).

3. 정 리

이상, 귀사는 세무상 7년간 보존의무가 있는 거래관계서류나 장부서류를 전자데이터로 보존할 수 있는데, 그러기 위해서는 관할세무서 서장의 승인을 얻고 상기의 일정한 요건을 충족할 것이 요구된다.

(矢向 孝子)

제 6 장 IT증권거래법

증권거래법은 증권거래의 당사자에 대한 규제와 증권거래의 매개 또는 플랫폼을 제공하는 증권업자와 증권거래소 등의 규제에 대하여 규정하고 있지만, IT화의 진전은 그 어느 면에서도 업무에 큰 변화를 가져왔다.

본장에서는 IT화가 증권거래의 인프라에 준 영향의 대표적인 예로서 EDINET, ToSTNeT에 대해 설명하고 증권거래 그 자체의 IT화인 STP화에 대해 개관함과 아울러, 또 IT화에 의해 생기는 증권거래의 실무적인 문제로서 홈 페이지를 통한 모집행위와 오발주에 대해 해설하고 있다.

1. 공개매수와 EDINET

Q 당사는 비상장의 제조사인데 상장기업인 판매사를 공개매수로 매수하려고 생각하고 있습니다. 공개매수신고서를 제출하여야 한다고 알고 있는데, EDINET(Electronic Disclosure for Investors' NETwork: 증권거래법에 근거한 유가증권 보고서 등의 개시서류에 관한 전자개시시스템)으로 제출하여야 합니까? EDINET으로 제출하려면 어떤 절차가 필요합니까?

A 공개매수신고서는 EDINET로 제출하여야 합니다.
EDINET로 공개매수신고서를 제출하려면, 제출자는 사전에 EDINET의 등록신고를 한 다음 EDINET를 통해 공개매수신고서의 서류파일을 송신하게 됩니다.

해 설

1. 공개매수신고서의 제출에 있어서 EDINET의 이용

공개매수에 의한 매수를 할 때, 구매자는 일정사항에 대해 공고할 의무를 짐과(証取法27의3①. 한국증권거래법21의2) 동시에, 원칙적으로 해당공고를 실시한 날에 공개매수신고서를 내각총리대신에게 제출하여야 한다(証取法27의3②본문. 예외적으로 공고를 한 날이 주말이거나 공휴일 또는 12월 29일부터 1월 3일까지의 기간에 해당하는 경우는 다음 영업일에 제출한다. 한국증권거래법시행령11③). 구매자는 공고 및 공개매수신고서로 신고를 한 날로부터 매입의 신청, 매도신청의 권유, 공개매수 설명서의 교부나 구매행위를 개시할 수 있다.

공개매수신고서의 제출 절차는 유가증권신고서나 유가증권보고서 등의 제출절차와 함께 「전자개시절차」의 하나로 여겨져(証取法27의30의2), 전자개시절차를 실시하는 자는 EDINET를 사용해야 한다(証取法27의30의3①).

따라서 공개매수신고서의 제출은 EDINET로 할 필요가 있다.

2. EDINET의 개요

EDINET은 「Electronic Disclosure for Investors' NETwork」의 약어로서 내각부가 사용하는 전자계산기와 전자개시 절차를 실시하는 자의 사용과 관련된 입출력 장치 및 증권거래소 및 정부령으로 정하는 증권업 협회의 사용과 관련되는 입출력 장치를 전기통신회선으로 연결한 전자정보처리조직(証取法27의30의2)이다. 유가증권보고서 등의 개시서류의 제출자는 EDINET를 통해서 온라인으로 서류의 제출을 할 수 있다. 제출된 개시서류는 대부분의 경우 제출된 당일부터 인터넷을 통해서 누구라도 열람할 수 있다. 또, 재무국의 열람실에는 모니터 화면이 설치되어 개시서류를 열람할 수 있게 되어 있다.

EDINET의 도입은 개시서류의 제출자에게 있어서, 제출서류를 종이에 인쇄해서 낙장 등이 없는가를 체크하여, 미리 재무국에 연락해 예약한 시간에 제출서류를 문서로 지참해야하는 종래의 실무상 부담을 크게 경감함과 함께 피개시정보의 이용자도 재무국 등에 직접 가는 일 없이 인터넷을 통해서 간편하고 신속하게 피개시정보를 검색, 열람 및 인쇄하는 것을 가능하게 하였다.

3. EDINET에 의한 공개매수 신고서의 제출절차

EDINET에 의한 서류제출은 제출자가 사전에 전자공개시스템의 등록신고를 한 다음, 인터넷상에서 EDINET를 통해서 제출서류 파일을 송신하는 방법으로 행해진다.

3-1. 전자개시 시스템의 등록절차

전자개시 절차를 실시하는 사람은 미리 금융청장관에 신고하여야 한다(証取令14의10②). 해당신고(등록신고)의 절차는 다음과 같다(개시용 전자정보처리조직에 의한 절차의 특례 등에 관한 내각부령2).

① 우선, 공개신고서의 제출자는 「전자개시시스템 등록신고서」, 첨부서류(법인의 경우는 정관, 개인의 경우는 주민표) 및 회신용봉투 2통을 관할 재무국 앞으로 우송한다. 그러면, 「EDINET 홈 페이지에 접속하기 위한 URL」 및 「식별번호(신고정리번호)」를 기재한 전자개시시스템 등록 신고서 수리확인 통지서가 제출자에게 송부되어 온다.
② 다음으로, 제출자는 인터넷을 이용하여 통지서에 기재된 「EDINET 홈페이지에 접속하기 위한 URL」을 입력하고 EDINET의 홈 페이지에 접속하여, 「제출자 등록신고 메뉴」에서 「제출자의 등록신고」 화면으로 가서, 통지서에 기재된 「식별번호(신고정리번호)」 등의 필요사항을 기입함으로써 「EDINET메일 ID」 및 「EDINET메일 패스워드」를 온라인으로 취득한다.
③ 그리고, 한번 더 「제출자 등록신고 메뉴」로 돌아와 「등록신고 수리상황」을 클릭하여, 「EDINET메일 ID」 및 「EDINET메일 패스워드」를 입력해 「실행」버튼을 누르면, 「제출자의 등록수리 통지」 화면이 나타나고 거기서 「로그인 정보」 버튼을 눌러 「로그인 ID」 및 「로그인 패스워드」를 입수한다.
④ 마지막으로 「로그인 ID」 및 「로그인 패스워드」를 사용하여 EDINET의 「서류제출」에 로그인해서 제출서류를 제출하게 된다.

3-2. 공개매수신고서 파일의 작성·제출

EDINET를 사용해 전자개시 절차를 실시하는 자는 제출서류도 전자파일로 작성할 필요가 있다(証取令14의10①).

구체적으로, 공개매수신고서는 HTML 파일로서 작성하고 첨부문서는 PDF 파일로 할 필요가 있다. 이렇게 해서 작성한 제출서류를 EDINET의 「서류제출」에 로그인하고, 온라인 송신에 의해서 제출한다.

덧붙여 전자개시 절차에 있어서는 문서에 의한 신고의 경우 필요한 날인 및 서명을 생략 할 수 있게 되어 있다(개시용 전자정보처리 조직에 의한 절차의 특례 등에 관한 내각부령1). 절차의 상세사항에 대해서는 금융청 홈 페이지로 접속하여 입수할 수 있는 「제출자 등록신고 작성가이드」

「제출서류파일 설명서」「제출서류파일 설명서(공개매수신고서)」를 참조.

[참고문헌]

- 「EDINET개요서」(금융청 홈페이지 「각종 정보검색 서비스(EDINET 등)」/「EDINET의 안내」 이후를 참조)
- 「EDINET 설명회 배포자료」(전술)
- 「제출자 등록신고 작성가이드」(전술)
- 「제출서류파일 설명서」(전술)
- 「제출서류파일 설명서(공개매수신고서)」(전술)

(山田 享/太田 善大)

2. ToSTNeT 거래의 개요

Q **최근 보도된 적대적 매수사건에서, ToSTNeT 거래에 의한 구매가 이용된다고 보도되었습니다. ToSTNeT 거래란 무엇입니까? 또, ToSTNeT 거래를 이용하면, 공개구매의 절차에 의하지 않고 기업매수를 할 수 있습니까?**

A ToSTNeT 거래란 도쿄증권거래소의 개장시간외에, 전자거래 네트워크 시스템인 ToSTNeT를 개입시켜 실시하는 상장국내주식이나 상장전환사채권의 매매거래를 말합니다.
거래소 유가증권시장에서의 거래는 원칙적으로 공개매수규제가 미치지 않으나, 2005년의 증권거래법 개정으로 ToSTNeT 거래에 대해서는 거래소 유가증권시장에서의 거래에 대하여도 공개구매 규제가 적용되게 됩니다.

해 설

1. ToSTNeT 거래의 종류

ToSTNeT 거래란 도쿄증권거래소의 개장시간외에 전자거래 네트워크 시스템인 ToSTNeT를 개입시켜 실시하는 거래이다. 1998년에 도쿄증권거래소에서 개시된 것으로, 그 내용은 도쿄증권거래소의 「ToSTNeT 거래에 관한 업무규정, 신용거래·대차거래 규정 및 수탁계약 준칙의 특례」에서 규정한다.

ToSTNeT 거래의 종류로는 ToSTNeT-1을 통해서 실시하는 단일종목거래 및 바스켓거래(15종목 이상, 한편 매매대금 1억엔 이상)와 ToSTNeT-2를 통해서 실시하는 마감가격(終値)거래(국내주식 및 국내전환사채권 : 최저매매단위이상)가 있다.

단일종목거래는 국내주식 및 국내전환사채권을 대상으로 하고 도쿄증권거래소가 정하는 수량 또는 금액 이상인 것을 조건으로 행해지는 거래로, 단일종목의 주문에 대하여 네트워크상에서 익명으로 거래의 상대방을 찾아내어 개별적으로 조건교섭을 실시해 거래를 성립시키는 상대교섭거래와 매도치와 매수치를 동시에 행하여 거래를 성립시키는 크로스 거래가 있다.

바스켓 거래는 국내주식을 대상으로 하고 도쿄증권거래소가 정하는 종목수 및 대금이상인 것을 조건으로 행해지는 거래로, 현재 크로스거래만이 인정되고 있다(ToSTNet 거래에 관한 업무규정, 신용거래·대차거래규정 및 수탁계약 준칙의 특칙).

종가거래는 국내 주권 및 국내전환사채권을 대상으로 하고 종가 또는 도쿄증권거래소가 산정하는 매매고가 중에 평균가격(VWAP)에 의해 행해지는 거래로 보통거래와 같이 판매가와 구매가를 경합시키는 경쟁매매거래를 원칙으로 하고 있지만 크로스 거래도 인정되고 있다.

단일종목거래와 바스켓거래는 오전 8시 20분부터 오전 9시, 오전 11시부터 오후 0시 30분 및 오후 3시부터 오후 4시 30분의 시간대에 행해지고, 종가거래는 오전 8시 20분부터 오후 4시까지를 호가접수시간으로 하여, 오전 8시 45분, 오후 0시 15분 및 오후 4시에 상대되는 호가의 사이에서 거래를 성립시킨다.

1-1. 공개매수규제

증권거래법은 유가증권보고서를 제출할 필요가 있는 회사가 발행자인 주식 등을 거래소유가증권시장 외에서 매입하는 등의 경우에는, 원칙적으로 공개매수의 절차에 의해야 한다고 규정한다(証取法27의2. 다만, 매입 등 이후의 주식 등 소유비율이 3분의 1을 넘지 않는 경우 등은 제외. 한국증권거래법21①). 공개매수란 불특정한 다수의 사람에게 공고에 의해 주식매입의 신청 등을 권유하여 거래소유가증권 시장 외에서 주식의 매입 등을 실시하는 것으로(証取法27의2⑥. 한국증권거래법21③), 공개매수절차에 의한 경우 구매자는 구매기간, 구매수량 및 구매가격 등을 미리 공고하여야 한다(証取法27의3. 한국증권거래법21의2).

공개매수규제의 필요성에 대해서는 논의가 있는데, 원래는 대상 회사의 주식을 단기간에 시장 외에서 대량으로 취득하려는 매수자가 나타났을 경우에, 일반주주는 충분한 정보가 없이 매수자의 주식매도의 권유에 응할지를 판단하여야 하는 불리한 상황에 놓이기 때문에 이러한 일반주주를 보호하기 위하여 1968년의 미국의 Williams Act에 의해서 규제가 이루어졌던 것이 시작이다.

따라서 공개매수규제를 긍정하는 입장에서는 투자가에의 정보개시의 확보를 위해서 공개 매수규제가 필요하다고 논해진다. 또, 매수는 대상회사의 주가에 큰 영향을 줌에도 불구하고, 권유를 받지 않는 주주는 투자를 회수할 기회를 잃어버리기 때문에, 모든 주주에게 투자를 회수할 기회를 확보하여 주주의 평등취급을 보장하기 위해서도, 증권거래법의 규정하는 일정한 규제가 필요하다고 논해진다.

이러한 제도 취지에 비추어, 거래소 유가증권시장에서의 거래에서는 비록 이것에 의해 회사의 지배권 취득이 이루어진다고 해도, 공개매수규제는 미치지 않는다. 거래소 유가증권 시장에서의 거래는 투자가에 대한 정보개시가 확보된 투명한 거래임과 동시에 주주는 누구라도 거래에 참가가능하기 때문에, 주주의 평등취급의 요청은 충족되었다고 할 수 있기 때문이다.

1-2. ToSTNeT 거래와 공개매수 규제의 적용

ToSTNeT 거래가 거래소 유가증권시장에서의 거래라고 하면, ToSTNeT 거래를 통한 주식 등의 매입 등에는 공개매수 규제가 미치지 않게 된다.

그러나 ToSTNeT 거래 가운데 ToSTNeT-2를 통한 종가거래(크로스 거래를 제외한다)에 대해서는 주주의 평등취급의 요청을 충족하였다고 말할 수 있는데, 단일종목거래나 바스켓거래 및 종가거래 중 크로스 거래에 대해서는 주주의 평등취급의 요청이 충족되지 않는 한편, 정보개시의 요청에 대해서도 약정가격은 사후에 공표되면 충분한지는 의문이 있다.

이러한 관점에서, 종래 ToSTNeT 거래는 증권거래법이 말하는「거래소 유가증권시장」(証取法2⑰에서는 「증권거래소의 개설하는 유가증권시장」라고 정의. 한국증권거래법2②)의 거래가 아닌, 혹은 거래소 유가증권시장에 해당한다고 해도 공개매수규제의 제도취지를 거울삼아, 증권거래법 제27조의 2(한국증권거래법21①)을 적용함에 있어서는「거래소 유가증권시장에서의 유가증권의 매매 등에 의한 매입 등」에는 해당하지 않는다고 해석해야 한다고 실무나 학계에서 논의되고 있다.

이 점은 라이브도어가 닛폰방송에 의한 신주예약권 발행의 금지가처분을 요구한 사건에서도 문제가 되었다. 라이브도어가 닛폰방송 주식을 취득할 때 ToSTNeT 거래를 이용했기 때문이다. 재판절차에서 여러 상법학자로부터 찬반양론의 의견서가 제출되었고 재판외에서도 이 점을 논하는 많은 논문이 발표되었으나, 결과적으로 법원은 ToSTNeT 거래는 거래소 유가증권시장에서의 거래이며 공개매수에 대한 규제는 미치지 않는다고 판단을 내렸다.

2. 2005년 개정 증권거래법

상기의 닛폰방송 사건에 대하여 법원이 판결을 내리긴 하였지만, 공개매수규제제도의 취지로 보아 공개매수규제가 미치지 않은 것에 대하여 의문이 남은 것 외에도 공개매수규제 적용의 유무라고 하는 중요한 문제에 대해 법이 모호한 것은 문제라는 비판이 있었기 때문에 금융청은 입법에 의하여 이 논의에 종지부를 찍었다.

즉, 2005년 6월 22일의 증권거래법의 개정에서 「경쟁매매의 방법 이외의 방법에 의한 유가증권의 매매 등으로서 내각총리대신이 정하는 것」은 공개매수규제가 적용되지 않는 「거래소 유가증권시장에서의 유가증권의 매매 등」에서 제외되는 것으로 되어, 금융청 고시에 의해 ToSTNeT 거래가 「경쟁매매의 방법 이외의 방법에 의한 유가증권의 매매 등」의 하나로 지정되었고 이 결과, ToSTNeT 거래에 공개매수규제가 미치는 것이 명확하게 되었다.

[참고문헌]

- 河本一郎 · 大武泰南 「증권거래법독본(제7판)」(유비각, 2006년) 224~231면
- 神崎克郎 · 志谷国史 · 川口恭弘 「증권거래법」(청림서원, 2006년) 300~304면
- 河本一郎 · 今井宏 「감정의견회사법 · 증권거래법」(상사법무, 2005년) 112~115면
- 별책상사법무편집부編 「기업매수를 둘러싼 제양상 및 닛폰방송사건 감정의견」(상사법무, 2005년) 별책상사법무 No.289

(山田 享/太田 善大)

3. 증권거래의 STP화의 현황과 장점

Q 증권거래의 사무처리를 전자적으로 실시하는 STP화는 현재 어디까지 진행되어 있습니까? STP화가 진행됨에 따른 장점은 무엇입니까?

A 증권보관대체기구의 결제조회시스템이 2001년 9월부터 가동하여 2004년 5월에는 계좌대체시스템과 연동하게 되어, 취급대상상품도 주식에서 CB, 국채, 2006년에는 일반채권, 단기사채에까지 차례차례 확대되고 있어 2007년에는 투자신탁수익권 취급이 시작될 예정입니다. STP화의 장점은 증권거래처리능력의 향상 및 증권거래에 소요되는 사무경비의 삭감 및 결제위험(신용위험, 사무위험 등)의 감소입니다.

해 설

1. STP화는

STP는 Straight Through Processing의 약어이며, 증권거래 최초의 약정단계에서 마지막 결제 단계에 이르는 일련의 과정에 대해서 메시지·포맷의 표준화 등에 의해 IT를 이용한 전자적인 방법으로 관계자 사이의 시스템을 자동적으로 연동시켜 데이터를 주고받으면서 처리해 나가는 구조이다.

증권거래에서는 투자가, 증권회사, 증권거래소, 청산기관, 증권결제기관, 자금결제은행 및 명의개서대리인 등 많은 관계자가 관여하고 있는바, 관계자 사이의 정보의 유통이 복잡하고 유가증권의 종류도 다양하여, 각 관계자의 내부처리도 유가증권의 종류에 응한 처리가 필요하게 된다. 전자계산기의 보급은 각 관계자내의 내부처리시스템의 전자화를 급속히 진행하지만, STP화가 진행되지 않은 상황에서는 각 관계자 사이에 메일이나 팩스로 거래 데이터를 수수하고, 받은 거래데이터를 각 관계자의 내부처리시스템에 입력하는 작업을 하여야 한다. 또한, 각 관계자 내부에서도 유가증권의 종류나 업무의 내용부문이 다른 결과, 부문 상호간의 거래데이터의 수수에도 사람을 개입시켜 진행하는 경우가 있다.

STP화가 진행되면, 일단 입력된 거래데이터에 대해서는 메일이나 팩스 작성시 수작업에 의한 개입이 배제되어, 발주부터 결제까지 전자적으로 처리되게 된다.

2. STP화의 장점

2-1. 처리능력의 향상

STP화는 입력된 거래데이터 처리의 수작업에 의한 개입을 전자계산기의 이용에 의해 배세하는 섯인바, 불리적인 거래데이터 처리능력이 시간적으로도 양석으로도 현격히 향상될 것이 기대된다.

2-2. 사무비용의 삭감

STP화는 일단 입력된 거래데이터를 사람이 복제·가공하는 과정을 대폭 줄이는 것을 목적으로 하는 것이므로, 이것이 진행되면 사무경비의 삭감으로 연결된다.

또한, 어느 종류의 유가증권거래에 대해 STP화가 진행되고, 시스템간의 메시지·형식의 표준화 등이 실현되면, 그것이 다른 유가증권거래에 있어서 STP화를 진행시키는 플랫폼이 되어 시스템간의 통합이 진행되고, 이에 의해 새로운 사무경비의 삭감을 기대할 수 있다.

2-3. 결제위험의 삭감

STP화는 입력된 거래데이터 처리에 있어서 수작업에 의한 개입을 배제하기 때문에 인위적인 실수나 부정한 처리에 의해서 결제 불능이 되는 위험의 감소로 연결된다.

STP화에 의한 거래데이터 처리속도의 향상은 발주에서 결제에 이르기까지의 시간을 단축하는 것으로 연결된다. 현재의 증권결제는 T+3(약정일부터 3영업일 후에 결제)이 보통이나, STP화가 진행되어 결제기간이 단축되어 T+1(약정일부터 1영업일 후에 결제)도 불가능하지 않게 된다(또한 T+1실현을 위해서는 유가증권의 사무자동화 외에 각 관계자 사이 및 관계자 내부에서의 사무처리의 합리화가 필요하다).

거래성립에서 결제까지의 기간 중에는 거래상대의 신용이 저하되어 도산하거나 시스템장해에 의해 증권을 받을 수 없어지는 등 증권결제를 방해하는 사유가 발생하는 위험(결제위험)이 있으나, T+1화에 의한 기간의 단축은 그러한 결제위험도를 낮춘다.

3. 일본의 STP화의 현상

증권결제시스템에 대하여는 G30(the Group of Thirty)에 의한 1989년의 「세계의 증권시장에서의 청산 및 결제시스템」이라는 권고 이후, ISSA (International Securities Services Association), BIS(Bank of International Settlements) 등의 국제기관에 의해 분석이나 권고가 이루어져 각국에서 이러한 권고에 따른 개혁이 이루어져 왔다.

일본은 구미·아시아제국과 비교해 증권결제시스템 개혁에 있어서 약간 뒤떨어져 1999년에 자유민주당·금융문제조사회·채권시장문제소위원회가 「증권시스템의 개혁을 향해서」라는 보고서를 정리한 것을 계기로 STP화의 지연이 확인되고 STP화가 추진되어 왔다.

실무적으로는 일본증권업협회가 주재하는 형태로 증권의 인도·결제제도개혁간담회가 설치되어 구체적 과제에 대해 워킹그룹을 마련하고 검토가 이루어져 STP화의 추진을 위한 유가증권의 사무자동화나 조회시스템의 정비가 제언되고 STP화를 향한 인프라정비가 진행되어 왔다.

STP화의 중심을 담당하는 것은 2001년부터 가동하고 있는 증권보관대체기구의 결제조회시스템이며, 이것은 기관투자가, 투자신탁위탁회사, 투자고문회사, 생명보험회사, 손해보험회사, 보관업무를 실시하는 은행, 신탁은행, 증권회사 등에 대해 약정조회·결제 조회서비스를 제공하는 것이다. 결제조회시스템은 당초에는 대상상품이 주식·CB로 한정되고 있으나, 2003년 5월에는 국채, 2006년 1월에는 일반채권이나 단기사채도 취급하게 되어, 2007년 1월에는 투자신탁수익권의 취급 개시가 예정되어 있다.

또, 2004년 5월에는 결제조회시스템이 계좌대체시스템과 연동하여 결제조회시스템에서 조회되고 확정한 결제지시데이터는 계좌대체시스템에 자동으로 송신되어 별도로 추가지시의 입력이 없어도 결제를 완료하게 되었다.

이와 함께 STP화의 추진에 불가결한 증권의 사무자동화도 진행되고 있다.

구체적으로는 단기사채등대체법의 시행(2002년), 이것을 개정한 사채등대체법의 시행(2003년)에 의해 단기사채·국채·일반채 등의 사무자동화가 주권의 원칙적 불발행을 규정하는 회사법의 시행(2006년 5월)에 의해 주식의 사무자동화가 법제상 정비되었다(덧붙여 2019년에는 사채등대체법의 개정법으로서 사채주식등대체법이 시행될 예정). 증권이 사무자동화됨에 따라, 현물의 취급이 불필요해지고 대체결제기관[81)]에서 받은 결제지시 데이터에 따라, 시스템상 자동적으로 거래당사자의 계좌간의 대체처리를 하는 것으로 결제를 완료하는 것이 가능해진다.

실제로는 단기사채에 대해서는 전자화가 거의 완료되었고, 일반사채도 2010년 1월까지 거의 전면적으로 전자화(기존의 현물채나 등록채에 대해서도 대체채로 이행)되는 것이 예정되어 있어 2019년 1월에는 상장회사의 주식전자화가 예정되어 있다.

이상과 같이, 일본에서 지체되던 STP화는 착실하게 진행되고 있어, 향후에는 증권거래의 글로벌화에 대응하고 국제적인 증권거래에 관한 법제와 결제시스템의 STP화에 있어서의 조화를 포함한 인프라의 정비가 기대되고 있다.

[참고문헌]

- 中島真志·宿輪純一「증권결제시스템의 모든 것」(토요경제신보사, 2002년)
- 증권결제제도개혁추진포럼 2006에서의 각 강연록 및 자료(증권결제제도개혁

81) 일본에서의 대체결제기관은 국채는 일본은행, 국채 이외의 주식이나 CB, 일반채 등은 증권보관대체기구이다.

추진센터 홈페이지)
- 「결제조회시스템의 개요」(증권보관대체기구 홈페이지)
- 증권거래법연구회編 「증권의 사무자동화 이론과 실무」 별책상사법무 No.272

(山田 享/太田 善大)

4. 홈페이지에서의 투자가의 모집

Q **당사는 사채를 발행하여 자금조달을 하려고 하는데 경비를 절약하기 위해 당사의 홈 페이지에서 투자가를 모집하는 것을 검토하고 있습니다. 50명 이상의 투자가를 모집하면 재무국에 신고서를 제출해야 한다고 들었으므로 상한을 49명으로 명기하고 투자가를 모집하려고 하는데 이것이 문제가 됩니까?**

A 귀사의 홈 페이지에서 만일 「상한49명 한정」이라고 명기했다고 해도 증권거래법에서 말하는 「유가증권의 모집」에 해당될 가능성이 높다고 생각됩니다. 그 경우에는 원칙적으로 유가증권 신고서를 제출할 필요가 있습니다.

해 설

1. 유가증권의 모집이란?

유가증권취득의 권유가 1억엔 이상의 모집에 해당하는 경우에는 해당 유가증권의 발행자(발행회사)는 원칙적으로 내각총리대신(재무국)에 증권정보나 기업정보 등을 기재한 소정 형식의 유가증권신고서를 제출할 필요가 있다.

증권거래법은 투자자의 보호를 위해, 유가증권거래에 관한 규칙을 정하고 있는바 유가증권을 발행하여 소수의 자에게 취득시키려고 하는 경우와는 달라, 다수의 투자자를 권유상대로 하는 경우에는 발행회사의 사업내용이나 발행하는 증권의 내용 등이 투자자에게 충분히 전해지지 않을 우려가 있기 때문에 해당 유가증권을 취득한 투자자보호가 결여될 가능성도 부정할 수 없다.

거기서 증권거래법은 다수의 사람을 상대로서 유가증권 취득의 권유를 실시하는 경우에는 유가증권의 「모집」에 해당한다고 하고 해당 권유에 임하여 발행회사에 개시(disclosure) 의무를 부과하여 투자자의 보호를 도모하고 있다. 유가증권신고서도 개시서류의 일종에 해당한다.

귀사는 사채발행을 의도하고 있으나, 주식회사가 발행하는 사채는 증권거래법상 「유가증권」에 해당하기 때문에 사채발행자인 귀사가 신규로 「모집」을 실시하는 경우에는 유가증권신고서의 제출이 의무화된다. 여기서 말하는 「모집」이란 원칙적으로 50명 이상의 자에게 새롭게 발행되는 유가증권취득 신청의 권유를 실시하는 것, 즉 문서나 구두 그 외의 수단에 의해 투자가에게 유가증권을 취득하도록 유인하는 것을 말한다.

권유의 결과, 실제로 해당 유가증권을 취득한 인원수가 50명 미만이었다고 해도 실제로 권유를 한 상대방이 50명 이상이면, 「모집」에 해당한다. 예를 들어, 「당사의 사채를 취득하지 않겠습니까?」라고 권유한 상대방이 100명이었다면 실제로 그 사채를 취득한 인원수가 30명이었다고 해도 「모집」에 해당되어, 유가증권신고서를 제출할 필요가 생긴다.

2. 홈 페이지에서의 모집

그런데 홈 페이지는 그 성질상 널리 불특정 다수인에게 페이지 내용이 표시되고 접속가능한 상태이다. 귀사가 사채를 취득할 투자가를 모집할 때, 만일 「상한 49명 한정」이라고 홈 페이지상에서 명기했다고 해도, 그것으로 실제의 취득자를 50명 미만으로 한정할 수 있을지는 모르나, 홈 페이지에 접속 할 수 있는 인원수를 50명 미만으로 한정하는 것으로는 되지 않기 때문에, 귀사가 홈 페이지상에서 사채 투자자를 모집하는 것은 「모집」에 해당한다고 생각된다.

2-1. 금융청 지침

이 점에 관하여 금융청이 작성한 어떤 지침[82]은 신문, 잡지, 간판, 텔레비전 및 라디오 등에 의해 유가증권의 모집과 관련된 광고를 하는 것은「유가증권의 모집」행위에 해당한다는 취지를 규정하고 있다. 또 다른 지침[83]은 홈 페이지 등에 유가증권거래에 관한 광고·정보제공 등을 게재하는 행위에 대해서는 원칙적으로「권유」행위 중에「신문, 잡지, 텔레비전, 라디오 및 이것과 비슷한 것에 의한 유가증권투자에 관한 광고」에 해당한다고 취지를 정하고 있다. 이러한 지침의 규정에 따라 판단해도 귀사가 의도하고 있는 홈 페이지에서의 권유행위는「모집」에 해당할 가능성이 높다고 판단된다.

그 경우에는 재무국에 대한 유가증권신고서의 제출이 의무화되므로 경비를 절약하기 위해 홈 페이지에서 투자가를 모집하려고 생각한 귀사의 의도와는 달라질 수 있다. 또, 유가증권신고서 제출 후에 원칙적으로 15일의 대기기간을 경과하지 않으면 발행회사는 유가증권을 취득시킬 수 없기 때문에 신속한 자금조달의 관점에서도 제약을 받게 된다.

그리고 홈페이지상에서의 권유행위에서 예를 들어, 해당 홈페이지로의 접속자가 49명에 이른 단계에서 그 이후 해당 홈페이지로의 접속이 불가능하게 되도록 조치를 취하는 등 실제로 해당 홈페이지에 접속할 수 있는 인원수를 최대 49명으로 한정하는 것이 기술적으로 가능하다면, 홈페이지상에서의 해당 권유행위는「모집」에는 해당하지 않는다고 생각된다. 그러나 이 같이 홈 페이지에서 권유행위를 실시했을 경우 모집에 해당하지 않기 위해, 상술한 바와 같은 50명이상 접속할 수 없도록 조치를 확실히 강구한 것에 대하여 재무국에서 설명을 요구할 것을 각오할 필요가 있다.

2-2. 예외

이상, 50명 이상으로 권유하는 경우는「모집」에 해당한다고 설명했으

82) 금융청「기업내용 등의 개시에 관한 유의사항에 대해」A「기본지침」4-1
83) 금융청「증권회사 전용의 종합적인 감독지침」Ⅳ-六-二

나, 이것에는 예외가 있다. 권유대상자가 증권회사나 은행 등 법령으로 정의되는 적격기관투자가만이고, 적격기관투자가 이외의 자에게 양도될 우려가 적다고 인정되는 일정한 경우에는 비록 50명 이상의 자에게 취득신청의 권유를 실시하는 경우라 해도 모집에는 해당하지 않게 된다(이른바 프로私募). 적격기관투자가는 말하자면 프로의 투자가이기 때문에 발행회사에 개시(disclosure)의무를 부과하지 않아도 투자가보호가 부족하다고 여겨지지 않기 때문이다. 따라서 이 경우에는 유가증권신고서의 제출은 불필요해진다. 그러나 홈페이지에서 권유를 실시하는 경우 적격기관투자가만 접속시킨다는 것은, (만일 기술적으로 가능하다고 해도) 자금조달 방법으로서는 비현실적이라고 생각된다.

(大和 弘幸)

5. 홈페이지를 이용한 해외에서의 주주모집의 경우에 있어서의 유의점

Q **당사는 아직 설립된 지 얼마 되지 않는 벤처기업인데 홈 페이지에서 주주를 모집하려고 하고 있습니다. 최근 미국에 갔을 때 미국의 투자가 몇 명과 이야기하고 왔습니다. 반응이 좋았으므로 해외의 투자가에게 보이기 위해서 영어홈페이지도 만들 예정입니다. 어떤 점에 주의하면 좋을까요?**

A 홈 페이지에 의한 유가증권에 관한 광고·정보 제공에 대해 어느 나라의 증권거래법령이 적용되고 규제가 이루어지는가에 대해서는 명확한 규칙이 확립되어 있는 것은 아닙니다. 일본의 증권거래법에 의하면 이하에 설명하는 대로, 일본내 투자가와의 증권거래행위로 연결되지 않도록 조치를 홈페이지상에서 해놓았다면 일본의 증권거래법의 적용가능성은 낮다고 생각됩니다. 그러나 귀사의 홈페이지에

접속한 해외투자가가 거주하는 국가의 증권거래법령에 근거한 규제는 충분히 있을 수 있습니다. 따라서 이 같은 외국법령에 근거한 규제도 배려한 신중한 대응이 필요합니다.

해 설

1. 유가증권의 모집이란?

홈페이지에서 주주를 모집하는 경우, 주식회사의 주식은 증권거래법상의 유가증권에 해당하기 때문에, 해당 권유행위는 원칙적으로 유가증권의 「모집」에 해당하여 유가증권신고서의 제출이 의무 지워진다(Q6-4 참조). 이 점에 관하여 홈 페이지는 그 성질상 전세계의 투자자가 접속하여 내용을 확인할 수 있으므로, 이런 홈페이지를 작성하는 경우 어느 국가의 증권거래관련 법령이 적용되고 어떠한 규제에 당면할지가 문제가 된다.

그런데, 어떠한 형태로 외국이 관련된 증권거래행위에 관해 일본의 증권거래법이 어느 범위에서 어떻게 적용되는가에 대해서, 명시적으로 정하는 규정은 존재하지 않는다. 일반적으로는 속지주의 즉, 행위(예를 들어, 권유하는 행위)의 전부 또는 일부가 일본 내에서 행해졌을 경우에는 적용된다고 종래부터 생각되고 있다. 그러나 인터넷거래나 홈페이지에 의한 광고에 대해서는 어디서 행위를 했다고 할지(예를 들어, 서버가 설치된 장소에서 행위를 했다고 할지, 아니면 홈페이지에 접속할 수 있는 투자가의 거주지에서 「권유행위를 했다」고 할지), 명확하다고 말할 수 없다. 이 점에 관련하여 증권감독자국제기구의 보고서는 「인터넷상의 증권활동은 발행자에 의한 인터넷상의 모집·판매 활동이 규제당국의 법역에서 행해지거나 또는 발행자에 의한 국외에서의 활동이 규제당국 법역의 거주자 또는 시장에 중대한 효과를 미치는 경우에, 규제 당국은 그러한 활동에 관해 규제를 부과할 수 있다」고 하고 있다.[84] 이 보고서에 의하면, 행위지국뿐만 아니라 해당 행위의 효과가 미치는 장소의 증권거래법령이 적용

84) 증권감독자국제기구의 보고서 「인터넷상의 증권활동」(1998년)

될 가능성이 있다고 할 수 있다.

귀사의 홈페이지에서 주주를 모집하는 경우, 그 전제로서 모집 대상이 되는 투자가를 어느 범위로 할지 귀사에서 우선 확정해 둘 필요가 있다고 할 것이다. 투자가의 범위를 한정하지 않고 무한정으로 모집하는 것은 어느 국가의 어떠한 증권거래법제의 규제를 받게 될지 불명확하며, 위험가능성이 크다고 할 수 있다. 만일, 귀사의 해당 홈페이지에서 일본내의 투자가는 일체 권유의 대상으로 하고 있지 않다면, 우선 일본의 증권거래법이 적용되지 않도록 하는 조치를 취할 필요가 있다. 일본의 증권거래법이 적용되었을 경우, 홈 페이지상에서 주주를 모집하는 것은 원칙적으로 유가증권의 「모집」에 해당하여, 유가증권신고서의 제출이 의무지워져 경비나 사무작업면에서 귀사의 부담이 크기 때문이다. 이 경우, 「홈페이지는 영문으로 쓰여지는 이상, 일본 투자가용은 아니다」라고 할 수 없을 것이다. 취해야 할 조치로서는 예를 들어, 홈 페이지상에서 일본국내의 투자가가 권유 대상이 되지 않는다는 문언이 명기되어 있고, 일본내의 투자가 사이의 증권거래행위를 방지하기 위한 조치가 취해져 있는 경우, 귀사의 홈 페이지가 일본내의 투자가에게 주는 영향은 낮다고 생각되므로, 상술한 증권감독자국제기구의 보고서의 취지로 보면, 일본의 증권거래법의 적용가능성은 낮은 것이 아닐까 생각된다.

다만, 귀사는 일본법에 의해 설립된 주식회사인 것을 전제한다면 귀사 주식의 유동성이나 주주구성 등의 여러 가지 사정으로 보아 귀사의 해당 홈페이지에서의 주식의 모집이, 일본내의 투자가나 일본의 증권시장에 영향을 준다고 판단되었을 경우에는 상술의 보고서 취지에 비추어, 일본의 증권거래법이 적용될 여지는 부정할 수 없다고 생각된다. 그 경우에는 유가증권신고서의 제출 등의 규제가 있게 될 것이다.

2. 투자가에 대한 권유행위

다음으로 어느 국가에 거주하는 투자가에게 권유행위를 실시하는지 귀사에서 한정할 필요가 있다고 생각된다. 귀사의 목적은 널리 외국인 투자가에게 홈페이지상에서 광고함으로써 자본조달을 성공시키는데 있다고 생각된다.

그러나 홈페이지는 전세계 어디에서나 접속가능하고, 홈페이지에 의한 귀사의 권유행위의 효과가 전세계의 투자가에게 영향을 미친다고 할 수 있으므로, 상술한 증권감독자국제기구보고서의 취지에서 보면, 전세계의 증권거래 규제에 따르게 된다는 결론에 이를 수 있다.

이러한 위험을 피하기 위해서 특정 거주지의 투자가만을 해당 홈페이지에 의한 권유대상으로 하는 것을 홈페이지상에서 명기하고, 해당 특정 투자가만이 귀사와의 사이에 증권거래 행위를 할 수 있도록 조치를 취함으로서 적용될 수 있는 외국의 증권거래법령을 한정할 필요가 있다. 그 다음 해당 외국증권거래규제에 따라 홈 페이지의 내용을 작성할 필요가 있기 때문에 해당 외국의 증권거래법령의 조사는 불가결하다고 생각된다.

[참고문헌]

· 금융법위원회「금융관련법령의 초국경적 적용에 관한 중간논점정리－증권거래법을 중심으로－」(금융법위원회, 2002년)

(大和 弘幸)

6. 거래소 거래의 오발주

Q 당사는 얼마 전에 신규로 상장한 회사입니다. 상장일 당일에 어느 증권회사의 컴퓨터의 조작실수에 의해 당사의 주식에 대해 10엔에 50만주라는 믿을 수 없는 매도 주문이 나왔습니다. 당사의 주식 공모가격은 50만엔으로 최초가도 동 수준이었습니다. 또 기 발행한 주식 총수는 4,000주입니다.

① 당사는 50만주의 매도 주문에 응하기 위해서 주식을 새롭게 발행할 의무를 집니까? 만약, 매도주문에 응할만한 주식을 발행할 수 없는 경우는 어떠한 책임을 집니까?

② 상기의 매도주문에 의해 당사의 주가는 심하게 변동되었고, 몇 일후에는 최초가의 반값 이하의 낮은 수준으로 추락되었습니다. 이렇게 된 것은 그 증권회사의 책임이라고 생각하는데, 그 책임 추궁을 할 수 있습니까?

③ 상기의 매도주문에 의한 주가의 심한 변동으로 인한 매매의 결과, 어느 펀드가 20%의 의결권을 장악하게 되었습니다. 그 직후에 이 펀드로부터 향후의 제휴협의신청이 있어 상장하자마자 주주대책에 고심하고 있습니다. 이렇게 된 것은 그 증권회사의 책임이라고 생각하는데 책임추궁 할 수 있습니까?

A ①에 관해서는 50만주의 매도주문에 응하기 위해서 귀사가 새롭게 주식을 발행해야 할 의무는 없습니다.

②와 ③의 질문과 관련해서는 불법행위에 근거해 책임추궁하는 것은 곤란하다고 생각됩니다. 그러나 ②에 대해서는 증권거래소상장 때에 귀사가 이 증권회사에 상장을 위한 사무를 위임하는 등의 계약관계가 있으면, 해당 계약위반에 근거한 책임추궁은 해당 계약내용에 따라서는 가능하다고 생각됩니다.

해 설

1. 50만주라는 매도 주문에 응할 의무

①의 질문의 증권회사는 귀사 주식의 공모가격 및 발행한 주식총수에서 보면, 1주 10엔으로 50만주라는 비상식적인 매도주문을 냈다. 이것은 컴퓨터 조작실수에 의한 오발주라고 생각되는데, 이 오발주에 대해 이 증권회사에 중과실이 있다고 생각되므로, 민법상 이 매도 주문을 착오(民95. 한국민법109①본문)에 의해 무효라고 하는 것은 곤란하고(民95단서. 한국민법109①단서), 그 결과 매매계약은 유효하게 성립한다고 생각된다.

따라서 이 매매계약을 이행하기 위해서 이 증권회사는 매도인으로서 귀사의 주식 50만주를 준비하여 매수인에게 인도하여야 하나, 매매계약은 매도인과 매수인을 구속하는 것에 지나지 않기 때문에 귀사가 새롭게 주식을 발행할 의무는 지지 않는다. 이 증권회사는 귀사의 주식 50만주를 준비할 수 없는 것에 의해, 매수인에게 채무불이행에 의한 손해배상책임을 지게 되나, 그것은 매매계약에 근거하는 매도인으로서의 책임이며, 귀사가 그러한 책임을 부담하지는 않는다.

2. 오발주한 증권회사에 대한 책임추궁

②와 ③에 대해서는 민법의 불법행위에 근거하는 손해배상청구(民709, 715. 한국민법750)가 우선 생각되나, 결론적으로는 책임추궁은 곤란하다고 생각한다. 민법 제709조는 고의·과실행위에 의해 타인의 권리·법률 상 보호되는 이익을 침해한 자는 이로 인해 의해서 생긴, 즉 인과관계가 있는 손해를 배상하여야 한다고 규정하고 있다. 본 건에서는 인과관계 및 손해에 대해서 인정하는 것이 곤란하다고 생각된다.

2-1. 주가하락에 대한 책임추궁

②에 대해서, 확실히 오발주 직후의 주가하락은 오발주가 그 한 요인이 되었다고 할 수 있겠지만, 상장주식의 주가는 다양한 제요인에 의해

서 가격이 결정되므로 오발주 후 귀사의 주가가 심하게 변동되어, 몇 일 후에 공모가격의 반값 이하로 추락되고 있는 것과 오발주의 인과관계를 입증하는 것은 용이한 것이 아니다.

오발주한 사실이 공표되면, 그 가격에 대한 영향은 시장거래 중에 시간이 경과함에 따라 치유되어 적정한 시장가격에 수렴되어간다고 말할 수 있으므로, 일정기간 경과후의 주가와의 인과관계를 인정하는 것은 곤란하다고 생각된다. 만일, 인과관계가 인정되었다고 해도 공모가격의 반값으로 추락됨에 의해 귀사가 어떠한 손해를 입었는지도 입증할 필요가 있다.

귀사는 공모가격으로 자금조달을 한 것이어서, 그 후에 주가가 하락해도 귀사가 획득하는 자금조달액이 줄어 든 것은 아니기 때문에, 「자금조달을 할 수 없었다」=「손해를 입었다」라는 관계는 성립하지 않는다. 귀사의 주식을 보유하고 있는 것은 주주이며, 귀사가 아닌 것으로 귀사가 보유하는 주식이라는 재산권의 가치가 침해된 것도 아니다. 시가총액을 가지고 발행체의 전 가치라고 파악하여 해당 기업가치가 손상되었다고 해석해도, 상술했던 대로 오발주 사실의 공표 후에 일정기간 경과 후에 붙여진 주가는 확실히 시장이 적정가격으로 결정한 가격이라고 생각되므로, 기업가치가 부당하게 손상되고 있다는 것은 무리가 있다고 생각된다. 또는, 공표 후에 주가가 공모가격에서 반값 이하로 된 것에 의해 귀사의 이미지가 손상된 것을 손해라고 파악한다고 해도 그것을 금전적으로 평가하여 손해액을 입증하는 것은 어렵다고 생각된다.

한편 귀사가 이 증권회사에 상장에 관한 제절차를 의뢰하여 이 증권회사와의 사이에 주식 상장은 위한 사무위임계약이니, 그 외의 관련계약을 체결하고 있다면 상장일 당일에 오발주로 인해 주가를 하락시켜 귀사의 신용이나 이미지를 해치는 것은 해당 위임계약의 선관의무에 위반할 가능성이 있다. 계약 내용에 따라서는 해당 계약위반으로서 책임을 추궁할 수 있다고 할 수 있다.

2-2. 20%의 의결권을 장악한 것에 대한 책임추궁

다음 ③에 대해서는 ② 이상으로 불법행위에 근거한 책임추궁이 곤란하다고 생각된다. 상장기업인 이상, 원칙적으로 누구라도 귀사의 주식을 매수할 수 있고 귀사가 바라지 않는 형태로 갑자기 대주주가 출현할 가능성은 항상 있다. 또한, 그러한 대주주가 업무제휴를 귀사에 협의해 오는 일도 귀사가 상장기업이면 항상 일어날 수 있는 사태라고 할 수 있다. 오발주와 20% 펀드의 출현 및 업무제휴의 사이에는 인과관계가 없다고 생각된다. 또, 손해의 내용이 분명하지 않다.

상장기업인 이상, 「대주주로부터 업무제휴의 협의를 받지 않을 이익」은 불법행위로부터 보호되어야 하는 정당한 이익이라고는 반드시 할 수 없고 「손해」는 아니라고 생각된다.

3. 거래소 등의 대응에 대해서

2005년 12월 도쿄증권거래소에서 신규상장된 주식의 매매개시일에 최초가의 결정전 위탁주문집행에 있어서의 오발주 등이 원인이 되어, 발행회사의 발행 주식총수를 큰 폭으로 초과하는 거래가 성립되어버린 적이 있었다. 이러한 사태는 투자가에 대한 혼란을 불러일으키고, 나아가서는 증권시장의 신뢰성을 흔드는 것으로 연결될 수 있다. 사태를 주시한 일본증권업협회는 오발주재발방지를 위한 위험 관리체제의 정비 등을 검토하는 워킹을 설치하여 2006년 3월에 「오발주 재발방지를 위한 적절한 수발주관리 방법에 대하여(중간정리)」를 발표했다. 이 중간정리 보고서를 받은 후 예를 들어, 도쿄증권거래소에서는 과오가 있는 주문을 공표하거나 상장주식수의 30%을 넘는 주문을 받아들이지 않는 등의 내용을 포함시킨 업무규정 등의 개정을 실시하고 있다.

또, 고객으로부터 주문을 받는 각 증권회사도 오발주의 재발방지를 위해서, 시스템이나 관리의 강화를 실시하고 있다는 보도가 나오고 있다. 일본증권업협회는 협회원인 증권회사의 오발주 미연방지 및 오발주 발생시의 적절한 대응에 대해 검토하고 「협회원에 대한 주문관리 체제의 정비에 대해」를 자주규제를 위한 규칙으로서 제정하여, 2006년 10월부터 시행하고 있다. 금융청도 2006년 증권회사 등을 위한 감독방침에 대해, 증권회사에서의 매각의 신뢰성 향상이라는 관점에서 오발주 재발방지나 시스템 관리 자세의 적절성의 확보를 감독의 중점사항으로서 내걸고 있다.

더욱이 오발주를 통하여 약정이 성립되어 버린 거래의 효력에 관한 문제에 대해서는 향후 금융청이나 일본증권업협회, 증권거래소 기타 관계자 사이에 협의가 행해질 것으로 생각된다.

덧붙여 상기의 일본증권업협회의 중간정리 보고서에 관련해서 동 협회는 약정의 취소에 관한 법적 제문제의 검토를 일본증권경제연구소에 의뢰하여 동연구소에서 「오발주에 관한 법률문제 연구회」보고서가 2006년 8월에 발표되었다.

(大和 弘幸)

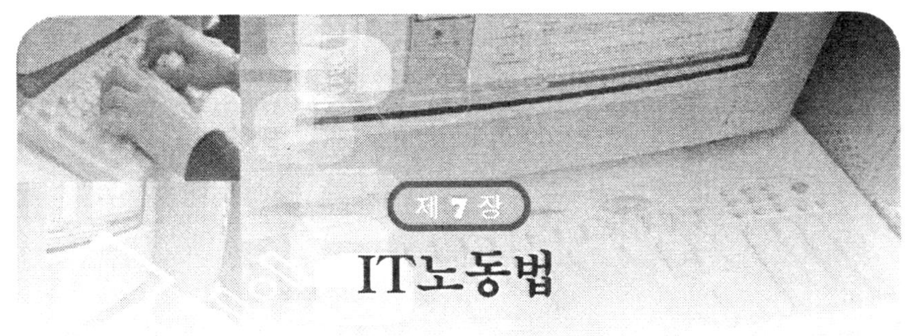

제 7 장

IT노동법

현대 사회는 사업을 할 때 컴퓨터를 사용하지 않고 정상적인 업무를 할 수 없게 되는 한편, 직원에게 대여한 컴퓨터의 정보에 대해 고용주의 자유로운 열람여부가 문제가 되는 특유한 경우가 생기고 있다. 본장에서는 이런 특유한 문제를 (1) 컴퓨터가 개재한 고용관계의 성립, 고용관리, 취업형태와 관계되는 문제, (2) 직원에 의한 컴퓨터의 사용방법과 관계되는 문제 및 (3) 직원이 사용하고 있는 컴퓨터내의 정보취급의 문제로 나누어 해설하고 있다.

1. 홈페이지와 전자메일을 이용한 채용

Q 내년부터 신규졸업자의 채용신청을 홈페이지상에서만 접수하고 채용에 따르는 노동조건의 제시는 전자메일로 하려고 합니다. 무엇이 문제가 됩니까?

A 신청을 홈페이지 상에서만 받아들이는 것은 원칙적으로 문제가 없으나 채용에 따르는 노동조건의 제시를 전자메일로 할 수 없습니다.

해 설

1. 홈페이지 상에서만 신청 접수하는 것

신규졸업자의 채용에 한정하지 않고, 직원의 모집, 채용방법에 대해 특별한 규제는 없으므로 회사에서 임의의 방법으로 실시하면 되고, 신청을 홈 페이지 상에서만 접수하는 것도 인정된다.

주의해야할 것은 차별적인 취급이다. 예를 들어, 어느 채용신청자에 대해서 홈페이지 상에 한해서만 채용신청을 접수한다는 것을 이유로 그 외의 방법의 채용신청을 거절했을 경우, 다른 채용신청자에게도 같은 취급을 해야 하며 채용신청자에 따라 자의적으로 채용방법을 변경하는 것은 피해야 한다.

2. 노동조건의 게시를 전자메일로 행하는 것

사용자는 채용시 즉 노동계약 체결시에 노동자에 대해서 임금, 노동시간 기타 노동조건을 명시하는 것이 법률상 요구되고 있다(勞基法15①. 한국근로기준법17).

동조는 임금 및 노동시간에 관한 사항 그 외의 후생노동성령에서 정하는 사항에 대해서 후생노동성령에서 정하는 방법에 따라 명시해야 한다고 정하고 있어 「후생노동성령에서 정하는 방법」으로 노동기준법 시행규칙은 「서면의 교부」에 의한다고 정하고 있다.[85] 따라서 서면이 아닌 전자메일로 노동조건 제시를 할 수 없다.

「민간사업자 등이 실시하는 서면보존 등에 있어서의 정보통신 기술의 이용에 관한 법률」(이하, e-문서법)은 제6조 제1항에서 「교부 등에 관한 다른 법령규정에 의해 서면에 의하여야 하는 것」에 대해서는 「해당 다른 법령의 규정에 관계없이 정령으로 정하는 것에 의해 해당 교부 등의 상대방의 승낙을 얻어서 서면교부 등에 대신하여 전자적 방법으로 주무성령에서 정하는 바에 의해 해당서면과 관련되는 전자적으로 기록되어 있는 사항을 교부할 수 있다」고 규정하고 있다. 동조에 의하면, 직원의 승낙을 얻으면 노동조건의 제시도 전자적인 방법, 즉 전자메일에 의해서도 고지할 수 있다고 생각된다.

그러나 동법 제6조 제1항은 전자적 방법에 의하여 대신할 수 있는 서면은 「해당교부 등과 관련된 서면 또는 그 원본, 등본, 초본 또는 사본이 법령의 규정에 의거 보존을 행하여야 하는 것이며, 주무성령에서 정하는 것에 한정한다」고 규정하고 있다.

노동기준법에서 노동조건의 제시를 서면에 의하도록 한 것은 서면화하는 것에 의거 노동조건에 대해 노사간에 서로 오해가 없도록 하는 취지임을 감안하면, 노동조건을 제시하는 서면은 보존을 목적으로 하여 서면에 의하도록 요구되는 것은 아니기 때문에, e-문서법 제6조 제1항의 적용은 없고, 전자메일에 의해 노동조건을 고지할 수 없다.

덧붙여 후생노동성령[86]에서 정하는 '제시가 의무화되는 사항'이란 이하의 13항목을 말하기 때문에 임금, 노동시간 등 이하 13항목의 제시에 대해서는 전자적 방법에 따르지 못하고, 서면에 의한 조건의 제시가 필요하게 된다(다만, ⑥ 내지는 ⑬은 별도의 규정이 없는 한 제시할 필요는 없다).

① 노동계약 기간에 관한 사항

② 취업장소, 종사해야 할 업무에 관한 사항

85) 노동기준법시행규칙 제5조 제3항

86) 노동기준법시행규칙 제5조 제1항

③ 시업(始業)·취업시각, 소정 노동시간을 초과하는 노동의 유무, 휴식시간, 휴일, 휴가, 노동자를 2조 이상으로 나누어 취업시키는 경우에 있어서 취업시 전환에 관한 사항
④ 임금의 결정, 계산, 지불방법, 임금의 마감 및 지불시기 및 승급에 관한 사항
⑤ 퇴직·해고 사유에 관한 사항
⑥ 퇴직수당 규정이 적용되는 노동자의 범위, 퇴직수당의 결정, 계산 및 지불방법 및 퇴직수당의 지불시기에 관한 사항
⑦ 임시로 지불되는 임금, 상여 이것에 준하는 것 및 최저임금액에 관한 사항
⑧ 노동자에게 부담시켜야 할 식비, 작업용품 그 외에 관한 사항
⑨ 안전, 위생에 관한 사항
⑩ 직업훈련에 관한 사항
⑪ 재해보상 및 업무외의 상병부조에 관한 사항
⑫ 표창, 제재에 관한 사항
⑬ 휴직에 관한 사항

(宮部 剛)

2. 그룹웨어에 의한 취업규칙의 주지

Q **지금까지 취업규칙을 사내벽에 붙여 게시하고 있었지만 향후에는 사원만이 접속 가능한 그룹웨어의 페이지에서 PDF 파일로 다운로드할 수 있는 형태로 변경하고 싶습니다. 무슨 문제가 있습니까?**

A 각 작업장에 PC를 설치하고 이 페이지를 열람할 수 있는 상태로 해 두는 경우는 원칙적으로 문제없습니다.

해 설

1. 취업규칙의 전자데이터화

취업규칙의 전자데이터에 의한 보존은 공개가 법률상 문제없으면 취업규칙갱신이나 개폐에 대응이 쉽고, 실무적으로는 지극히 유용하다고 할 수 있다.

우선, 취업규칙은 법률상 서면에 의한 작성·보존이 요구되지 않기 때문에 취업규칙을 데이터로 작성·보존하는 것은 문제가 없다.

다만 노동기준법은 취업규칙을 노동자에게 주지시켜야 한다고 규정하고 있기 때문에(회사에 의한 취업규칙의 주지의무)[87] 그룹웨어에서 PDF로 다운로드가능하다고 하는 것이 주지방법으로서 적당한지가 문제된다.

노동기준법에서 정하는 주지방법은 「보기 쉬운 장소에의 게시 및 설치」, 「서면교부」, 「그 외 후생노동성령으로 정하는 방법」이며, 전자데이터에 의한 보존에 대해 명확하게 규정하고 있지 않다.

그리고 「그 외 후생노동성령으로 정하는 방법」으로는 후생노동성령은 「자기테이프, 자기디스크 그 외 이것에 준하는 것에 기록하고 각 작업장에서 노동자가 해당기록의 내용을 상시 확인할 수 있는 기계를 설치하는 것」을 주지방법으로서 규정하고 있다.[88] 본 질문에서는 하드디스크에

---

87) 근로기준법 제106조 제1항

의 보존이 이에 해당하므로, 상기 「자기디스크」에 기록하고 있는 것이라고 할 수 있다. 따라서 작업장에서 노동자가 해당기록 내용을 상시 확인할 수 있는 기계, 즉 PC를 설치하고 있는 경우에는 적법한 주지방법이라고 할 수 있다.

다만, 기록내용을 상시 확인할 수 있어야 하기 때문에, PC에는 모든 직원이 로그인할 수 있는 설정으로 할 것이 필요하고 일부의 관리자만 로그인할 수 있는 설정으로 하고 있는 경우에는 주지방법으로서 부적당하다고 할 수 있다.

무엇보다 「상시」라고 해도 회사 측의 귀책사유가 아닌 서버의 다운 등 합리적인 이유로 파일접근이 불가능하게 된 경우이더라도, 상시성이 흠결한다고는 말할 수 없다고 생각된다.

주의점으로는 부정한 개변의 문제가 있다. 취업규칙을 부정하게 개변하지 못하게 하기 위하여, 동 페이지를 관리하는 관리자를 결정한 뒤, 패스워드를 설정하여 동 페이지의 내용변경에 대한 접속 권한을 관리자에게만 주어 정기적인 점검, 관리하는 체제를 정비해 두어야 하겠다.

또, 부정한 개변으로부터 지키기 위해서는 외부로부터의 부정접속을 차단할 수 있는 보안 대책이 필요하다. 즉, 인트라넷의 방화벽(fire wall)이 기능하고 있는 상태로 두는 것도 중요하다고 생각된다.

더욱더 신중을 기하는 관점에서 동 페이지로 누가, 언제 접속 했는지를 감시할 수 있는 적어도 IP주소를 특정할 수 있는 시스템의 도입이 추천된다.

다운로드를 가능하게 하는 파일 형식은 PDF인데 PDF는 그 표시 소프트웨어인 Acrobat Reader를 무료로 다운로드할 수 있기 때문에(2006년 2월 5일 현재), 직원이 사외로부터 접속하는 경우에도 각 직원의 컴퓨터의 사양, 소프트웨어에의 의존성이 낮고 타당하다고 할 수 있다.

(宮部 剛)

88) 노동기준법시행규칙 제52조의 2 제3호

3. 인터넷을 이용한 재택근무제도

Q 컴퓨터 소프트웨어의 개발을 주된 직무로 하는 직원에 대한 인터넷을 이용한 재택근무제도를 생각하고 있습니다. 이러한 재택근무의 경우, 노동시간은 어떻게 되는 것입니까? 또, 재택근무에 있어서 어떠한 법률상 주의점이 있습니까?

A 제도설계에 따라 노동시간의 산출방법도 다릅니다. 간주노동시간제 또는 재량노동제를 채용하면 취업규칙 또는 노사협정에서 정한 일정시간이 노동시간이 되지만, 그렇지 않은 한 실노동시간을 정확하게 파악·관리하는 것이 요구됩니다.

재택근무직원에 대하여 법률상 주의하여야 하는 문제점으로는 ① 심야업, 법정휴일 노동의 시간관리, ② 위생면의 관리의 두 가지가 있습니다.

해 설

1. 도급, 위임과 고용의 차이

재택근무제도를 생각할 때는 재택근무자와의 계약이 위임계약, 도급계약 또는 고용계약의 어느 쪽인가를 검토할 필요가 있다. 재택근무자와의 계약이 위임계약이나 도급계약이면 노동기준법 그 외의 노동법령의 적용이 없기 때문에 회사는 노동시간의 관리를 할 필요가 없다.

재택근무자와의 계약이 고용계약에 해당하는지, 위임계약에 해당하는지, 도급계약에 해당하는지는, 업무의뢰에 대한 근무자의 승낙여부의 자유, 지휘감독 관계, 보수의 노무의 대가성의 유무, 본인을 대신해 다른 자가 노무를 제공하는 것이 인정되는가의 여부 등에서 실질적으로 판단된다.

만일 재택근무자와의 계약이 위임계약 또는 도급계약이면, 전술한 바와 같이 재택근무자는 독립적인 수임자 또는 도급인이며, 회사는 노동법의 규제에 따를 필요가 없기 때문에 그 노동 시간을 문제 삼을 필요는 없다.

그럼, 재택근무자와의 계약이 고용계약이라고 판단되는 경우, 즉 재택근무자가 직원이라고 판단되는 경우에는 그 노동시간의 관리는 어떻게 해야 하나?

2. 사업장 외 노동시간제

2-1. 간주노동시간제

재택근무직원은 근무지를 자택으로 하기 때문에 회사는 해당근무자의 근무시간을 파악할 수 없다. 거기서, 이러한 경우에 대응하기 위해 노동기준법은 제38조의2 제1항(한국근로기준법58①본문) 본 질문에서 「노동자가 노동시간의 전부 또는 일부를 사업장외에서 업무에 종사했을 경우에 노동시간을 산정하기 어려울 때는 소정노동시간동안 노동한 것으로 간주한다」고 정하고 있다(사업장외 노동시간제).

그리고 동조동항 단서에서 「다만, 해당업무를 수행하기 위해 통상 소정노동시간을 초과하여 노동하는 것이 필요한 경우에는 해당업무에 관해서는 후생노동성령에서 정하는 바와 같이 해당업무수행에 통상 필요한 시간동안 노동한 것으로 간주한다」고 규정하고 있다.

또한 여기에서 말하는 「해당업무의 수행에 통상 필요한 시간」은 사업소의 노동자 과반수로 조직된 노동조합 또는 노동자의 과반수를 대표하는 자와 협정에서 정할 수 있다(노동기준법38의2②. 한국근로기준법58②).

즉, 만일 일반직원의 소정노동시간을 7시간으로 취업규칙에서 정하고 있었을 경우에 해당 사업장 외의 노동시간은 7시간으로 간주되고, 단지 그 업무를 실시하기 위해서 통상 7시간 이상의 시간을 필요로 하는 경우에는 그 시간이 노동시간이 되어 그 노동시간은 노사협정에 의해서 정할 수 있다고 하는 것이 된다.

2-2. 사용자의 구체적인 지휘감독관계가 미치는 경우

무엇보다, 사업장외 노동시간제는 단지 사업장외에서 업무에 종사하는 것만으로는 부족하고, 사용자의 구체적인 지휘감독관계가 미치지 않으며 노동시간을 산정하는 것이 곤란한 경우일 것이 필요하다.[89)]

예를 들어, 영업사원에게 휴대 전화를 갖게 한 뒤, 매일의 행동내용을 신고하게 하고 또 외근 중의 행동을 전화보고하도록 하여 내근자가 그 것을 체크하는 경우는 사용자의 구체적인 지휘감독관계가 미치고 있는 경우라고 할 수 있어 사업장외 노동시간제의 대상은 되지 않는다.[90)]

3. 재량노동제

사업장외 노동시간제 이외에는 어떠한 제도가 가능한가? 노동기준법 제38조의 3은 전문업무형 재량노동제를 규정하고 있다. 이것은 사업장의 노동자 과반수로 조직되는 조합 또는 노동자의 과반수를 대표하는 자와의 협정에 의해 동조 소정의 사항을 정하는 것으로 특정업종의 직원에게 동 협정에서 정한 시간동안 일한 것으로 간주한다는 제도이며, 그것은 상기 사업장외 노동시간제와 공통되는 점을 가지는 제도인데 반드시 사업장외의 노동에 한정되지 않는 점이 사업장외 노동시간제와는 다르다.

이 전문업무형 재량노동제가 적용가능한 업무는 현재 후생노동성령으로 한정되어 있어 소프트웨어의 개발의 경우 게임용 소프트웨어의 창작업무로 한정되고 있기 때문에[91)] 컴퓨터 소프트웨어의 종류에 따라서는 이 전문업무형 재량노동제를 채택할 수 없다는 것이 된다.

4. 사업장외 노동시간제, 전문업무형 재량노동제의 주의사항

4-1. 재택근무자의 할증임금

이러한 노동시간제는 시간외 노동의 할증임금에 관한 특칙이기 때문에, 만일 이러한 노동 시간제를 채택했을 경우여도 오후 10시부터 오전5시의 심야노동, 법정휴일노동에 대해서는 할증임금지불의무가 회사에 발

89) 1988년 1월 1일 발효

90) 오사카지방재판소 2002년 7월 19일 판결

91) 노동기준법시행규칙 제24조의 2의 2(1977년 노동성고시 제7호)

생한다. 노동시간의 파악작업을 간소화한다는 본제도 도입취지로 보면, 재택근무자 심야노동과 법정휴일노동을 금지함으로써 노동시간을 일일이 상세하게 파악할 필요가 없어진다고 말할 수 있겠다.

4-2. 재택근무자의 안전위생

재택근무자가 집에서 부상당했을 경우에는 업무재해가 적용되는 경우도 있으며 또 재택근무자에게도 노동안전위생법의 적용이 있다. 따라서 회사는 노동자에게 ① 쾌적한 작업환경을 정비하여 노동자의 안전과 건강을 확보하고,[92] ② 고용시에 안전위생교육을 하고,[93] 정기적인 건강진단[94]을 실시할 의무 등이 있기 때문에 계약체결 시에 작업장인 자택의 환경을 확인해 둘 필요가 있다.

또한 본건과 같이 디스플레이, 키보드에 의해 구성되는 VDT기구를 사용하는 업무에 대해서는 지침이 제시되어 있다.[95]

또, 전문직형 재량노동제에 의한 경우에는 사용자가 노동자의 건강 및 복지를 확보하기 위한 조치를 강구할 것을 노사협정으로 정하여야 한다.[96]

(宮部 剛)

92) 노동안전위생법 제3조(한국산업안전보건법 제1조)
93) 노동안전위생법 제59조 제1항(한국산업안전보건법 제13조)
94) 노동안전위생법 제66조 제1항(한국산업안전보건법 제43조)
95) 「VDT 작업에서의 노동위생관리를 위한 지침」(2002년 4월 5일 발효 제0405001호)
96) 노동기준법 제38조의3 제1항 제4호

4. 직원이 사용하는 컴퓨터의 조사

Q **당사의 직원이 회사가 대여하고 있는 컴퓨터를 사용해 익명메일을 사내에 송신하여, 다른 직원을 비방, 중상하고 있다는 의혹이 생겼습니다. 그래서 그 직원이 실제로 이러한 비방, 중상 행위를 행하였는지를 확인하기 위해서, 당사자의 전자메일을 본인의 허락없이 조사하려고 생각하는데 이것이 가능합니까?**

A 직원의 전자메일을 감시할 권한을 회사에 부여하는 규정을 취업규칙에 마련하든지 또는 노동계약의 체결시에 직원의 메일을 회사가 감시하는 것에 대하여 직원의 포괄적 동의를 얻어 두면 허락 없이 조사가 가능합니다. 또한 그러한 규정이나 합의가 없는 경우에도 긴급한 일정한 경우에 회사는 직원에게 무단으로 직원메일을 조사할 수 있습니다.

해 설

1. 회사가 직원메일을 체크하는 것의 문제점

메일이 타인을 비방이나 중상하는 내용이어도 해당 메일에 사적인 사실이 포함된다면 해당 메일은 프라이버시 보호의 대상이 된다.

그러나 이러한 메일이 무제한으로 보호되지 않는 것은 말할 것도 없다. 개인적 권리가 항상 회사의 이익에 우선하는 것은 아니고 해당메일이 회사의 업무를 저해하는 것이면 회사는 그 이익을 지킬 수 있도록 일정한 범위에서 해당 비방, 중상메일을 확인할 수 있도록 해야 한다.

그런데, 문제가 되고 있는 메일이 어느 것인지 확인하기 위해서는 메일을 하나하나 열람할 필요가 있다. 그 중에 비방, 중상메일과는 관계없는 사적사항을 포함한 메일이 존재할 가능성이 충분하기 때문에, 비방이나 중상하는 메일을 특정하는 과정에서 이것들도 열람하게 된다. 그 때문에 회사가 비방, 중상메일을 확인함에 있어서는 비방이나 중상하는 메일 이외의 사적인 메일에 대해 프라이버시를 배려할 필요가 있다.

2. 메일체크의 적법성 판단기준

2-1. 판례에 의한 적법성 판단기준

회사가 직원메일을 감시할 수 있는지에 대하여 어느 판례[97]는 감시의 목적, 수단 및 그 태양 등을 종합적으로 고려하여 감시당하는 측의 불이익을 비교한 후, 사회통념상 상당한 범위를 일탈한 감시가 이루어졌을 경우에 한해 프라이버시권의 침해가 된다고 판단하고 있다. 이 판례는 타당한 것이라고 할 수 있겠다.

이것을 본 질문에 적용하면 「감시의 목적」은 다른 직원을 비방이나 중상하는 메일을 송신함에 의해 사내질서가 흐트러지는 것을 막는 것에 있어, 회사의 정당한 이익에 근거하는 것이라고 할 수 있다.

다음으로 「감시의 수단」인데, 사전에 직원에게 고지한 뒤 직원입회 하에 메일내용을 확인하는 것이 바람직한 방법이다. 그러나 항상 직원에게 사전고지하거나 직원의 입회가 필요하다고 하면 검색의 대상이 되는 메일의 삭제나 개변에 의해 소기의 목적을 달성할 수 없는 경우가 있다. 따라서 직원에 대한 사전고지나 직원의 입회는 반드시 요구되지는 않는다고 생각해야 한다.

이 점을 취업규칙에 규정을 제정하든가 또는 노동계약 체결 시에 전자메일 감시에 대해 직원의 포괄적 동의를 얻어두면 직원이 가지는 프라이버시 보호에 대한 기대가 상당정도 저하되어, 「피감시자 측의 불이익」이 경감된다고 할 수 있으므로 직원의 사전승낙 및 입회 없이 해당 직원의 메일을 체크해도 괜찮다고 생각된다.

2-2. 취업규칙규정 및 직원의 포괄적 동의가 부족한 경우

무엇보다 본 질문에서는 취업규칙에 규정이 있는지 사전에 메일감시에 대해 직원이 포괄적인 동의를 하고 있었는지 불명하므로, 이 양쪽 모

97) 도쿄지방재판소 2001년 12월 3일 판결

두의 조치가 없는 경우에도 직원메일을 무단으로 체크할 수 있는가에 대해서 검토하는데, 양쪽 모두의 조치가 없는 경우에도 회사가 입는 불이익이 큰 경우에 회사는 그 불이익을 감수해야 할 이유는 없기 때문에 무단으로 직원메일을 체크할 수 있다고 생각해야한다.

구체적으로는 해당 비방이나 중상메일의 업무저해성이 매우 높고 또한 조사대상이 되는 직원이 비방, 중상메일을 송신하고 있을 개연성이 높을 경우에는 고도의 「감시의 목적」이 인정된다고 할 수 있기 때문에 사회통념상 상당한 절차를 거치고, 사회통념상 상당범위에서, 해당 직원의 허락없이 그 메일을 조사하는 것이 가능하다고 할 수 있다. 다만, 해당 직원의 패스워드 등을 무단으로 이용하는 등의 경우 부정접속방지법에 위반하게 된다.

여기에 「상당한 절차」로서는 중립적 입장을 취하는 자가 체크하는 것 등이 생각된다. 중립적 입장의 자란 사외의 자뿐만 아니라 회사의 시스템관리책임자도 일정한 중립성이 존재하기 때문에 포함된다고 할 것이다. 「상당한 범위」로서는 메일내용을 무조건 확인하는 것이 아니라, 메일 송신자, 수신자, 송수신 일시, 건명, 첨부파일의 유무로부터 우선 비방, 중상메일의 개연성이 높은 메일을 조사대상으로 하는 것 등을 생각할 수 있다.

3. 결 론

결론적으로 본 질문에서는 비방, 중상메일이 지극히 악질적이고 다른 직원의 업무를 저해함과 아울러, 조사대상이 된 직원이 동 메일을 송신하고 있을 개연성이 높은 경우에는 시스템관리책임자(혹은 사외의 중립적인 자)에 의해 해당 직원의 허락없이 동인의 컴퓨터를 조사하는 것이 가능하다고 할 수 있다.

다만, 메일이 프라이버시 보호를 받는 이상 비방, 중상메일이 아니라는 것을 분명히 알 수 있는 내용의 메일을 보는 것은 프라이버시 침해에 해당한다. 따라서 우선은 송신자, 수신자, 송수신 일자, 건명, 첨부파일의 유무를 검토해 사적 사실을 포함한 내용에는 가능한 접근하지 않는 조사방법이 필요할 것으로 해석된다.

이 점에 대해서는 기술한 바와 같이 취업규칙 등에 무단조사가 있을 수 있음을 규정해 둘 것, 또는 조사에 대한 직원의 포괄적 동의를 얻어 두는 것으로 직원의 프라이버시 보호에 대한 기대가 낮아지므로 회사가 조사가능한 범위와 기회가 보다 넓어진다고 생각된다.

(宮部 剛)

5. 직원이 사용하는 컴퓨터의 감시

Q **당사는 직원에게 업무용의 컴퓨터를 대여하고 있어 이 컴퓨터를 사용하여 개인적인 용무 메일을 송수신하는 것을 금지하고 있습니다. 이에 모든 직원에게 회사가 대여하고 있는 컴퓨터를 사용해 개인용무로 메일을 송수신하는지 여부를 조사하기 위하여 정기적으로 전직원의 컴퓨터를 모니터링해도 문제가 없을까요?**
또한, 모니터링의 결과 어느 직원이 회사의 컴퓨터를 사용해 개인적인 용무메일을 행하고 있는 것이 판명되었을 경우, 이 직원을 해고할 수 있습니까?

A 회사가 일방적으로 메일을 모니터링할 수 있음을 명시적으로 규정한 취업규칙규정이 없거나 또는 직원의 동의를 얻지 않고 전직원의 컴퓨터의 모니터링을 하는 것은 원칙적으로 프라이버시 침해에 해당합니다(Q7-4 참조).
또, 모니터링의 결과 어느 직원이 업무용 컴퓨터로 개인적인 용무메일을 행하고 있는 것이 판명되었다고 해도 그것만을 이유로 그 직원을 해고할 수는 없습니다.

해 설

1. 직원이 향유하는 프라이버시권

컴퓨터가 회사의 소유물이며 또 직원은 근무시간에 일하는 대가로 급여를 받고 있는 이상 근무시간 중에 개인적인 용무메일을 송신하고 있다면, 직원은 그 메일에 대해 프라이버시권을 향유할 수 없다는 회사의 주장도 이해할 수 있다.

그러나 근무시간 중에 행한 개인적인 용무메일이라 해도 해당메일이 사적인 정보를 포함하는 것이면, 이 메일의 내용에 대해 직원은 프라이버시권을 향유한다. 고용계약의 체결에 의해서 직원이 프라이버시권을 포기했다고는 생각되지 않는다.

2. 감시의 여부(프라이버시권 침해의 요건)

그러면, 회사가 정기적으로 전 직원의 메일내용을 확인하는 것은 직원의 프라이버시를 침해하게 되는 것인가?

직원은 회사로부터 대여된 컴퓨터라고 해도 메일에 대한 프라이버시 보호의 기대를 가진다.

또, 메일이 개인적인 용무메일에 해당하는지를 판단하기 위해서는 그 내용을 확인할 필요가 있기 때문에 회사가 항상 감시하게 되면 프라이버시 침해의 정도가 높은 것이라고 할 수 있다.

한편으로 회사에서는 직원이 회사에 불이익이 되는 메일을 송신하고 있는 경우에는 기업의 질서유지를 위해 그러한 메일을 중지할 수 있도록 조사를 할 일정한 권한이 인정된다. 실제로 다수의 기업이 감시를 실시하고 있는 상황이므로 이것을 일체 금지하는 것은 현실적이지 않다.

직원의 부당한 행위를 전제로 하는 점에서 본 질문과는 사안이 다르나 앞의 질문에서 인용한 판례98)의 기준(감시의 목적, 수단 및 그 태양 등을 종합 고려하여, 피감시자 측의 불이익을 비교한 후, 사회통념상 상당한 범위를 일탈한 감시가 이루어졌을 경우에 한해 프라이버시권의 침해가 된다)이 본 질문에도 마찬가지로 타당한 것이라고 생각된다.

---

98) 도쿄지방재판소 2001년 12월 3일 판결

따라서 본 질문의 정기적인 감시를 하는 것에 대해 취업규칙에 규정해 두는 방법 또는 직원으로부터 사전에 개별 또는 포괄적인 동의를 얻어두는 것이 적절한 방법이다.

또한 개인데이터 취급에 관한 직원의 감시에 대해서는 메일의 감시에만 한정되는 것은 아니나 경제산업성의 지침이 있어,[99] 감시를 규칙에서 규정하는 경우에 정해야 할 사항, 그 운용에 대해 이하와 같이 참고가 되는 기준을 제시하고 있다.

· 감시의 목적, 즉 취득하는 개인정보의 이용목적을 미리 특정하여 사내규정에 정하는 것과 함께 직원에게 명시할 것
· 감시의 실시에 관한 책임자와 그 권한을 정할 것
· 감시를 실시하는 경우에 미리 감시 실시에 대해 정한 사내규정안을 마련하여 사전에 사내에 철저히 할 것
· 감시의 실시상황에 대해서 적정하게 행해지고 있는지 감사 또는 확인을 실시할 것

3. 해고의 여부

회사의 취업규칙에 「업무용으로 대여된 컴퓨터로 근무시간 중에 개인적인 용무메일을 행한 것」을 해고사유로 정하고 있는 경우, 개인적인 용무메일을 행한 직원을 이 규정에 근거해 해고할 수 있는 것인가?

어느 사유가 해고사유로 취업규칙에 명확하게 규정되었다고 해도, 항상 그 사유에 근거한 해고가 유효한 것이 아니고 해당 해고사유에 의해서 해고하는 것에 객관적으로 합리적인 이유가 있어 사회통념상 상당하다고 인정되면 비로소 해고가 가능하게 된다.[100]

그러면 객관적으로 합리적인 이유가 있고 사회통념상 상당하다고 인정되는 해고사유는 어느 정도의 것을 말하는가? 근무시간 중에 개인적인 용무메일을 송부하는 것을 모두 금지했는데 1통이라도 개인적인 용

99) 개인정보의 보호에 관한 법률에 대해서 경제산업분야를 대상으로 하는 지침 (2004년 10월 22일 후생노동성경제산업성 고시 제4호)

100) 노동기준법 제18조의2(한국근로기준법23)

무메일을 송부하면 해고한다는 회사의 입장은 객관적으로 합리적인 이유가 있다고 사회통념상 인정될 것인가?

회사가 직원에게 컴퓨터를 대여해 회사의 메일주소로 전자메일의 송수신을 하는 것을 허용하고 있는 이상 일정한 사적인 메일의 송수신은 피할 수 없는 것이며 오히려 예정되어 있는 것이다.

따라서 개인적인 용무메일을 한 번이나 두 번 한 정도로 해고하는 것은 분명히 합리성이 부족하고 사회통념상으로도 인정받지 못할 것이다. 취업규칙에 사적인 메일 금지를 정하지 않은 경우인데 업무수행에 지장이 없고, 사용자에게 과도한 경제적 부담을 주지 않는 등 사회통념상 상당하다고 인정되는 한도에서 사용자의 PC 등을 이용해 사적인 메일을 송수신해도 직무전념의무에 위반하는 것은 아니라고 판단한 판례[101]가 있는데, 타당한 판단이라고 할 수 있다.

해고가 객관적으로 합리성이 인정되어 사회통념상으로도 상당하다고 여겨지기 위해서는 사적인 메일을 행한 것에 의해 업무를 저해하는 정도가 큰 경우여야 한다. 예를 들어, 고도의 기밀사항을 취급하는 업무에 회사로부터의 거듭되는 주의에도 불구하고, 개인적인 용무메일을 빈번히 송신해 기밀누설의 위험을 일으키게 했을 경우나, 그 이외의 업무에서도 일상적으로 대량의 사적인 메일송수신을 행하여 본래의 업무를 저해하는 정도가 심각한 경우에만 해고가 인정될 여지가 있다.

이와 같이, 회사가 대여한 컴퓨터를 사용해 사적인 메일을 행한 직원의 해고의 여부는 업무저해성을 포함한 다른 요소도 고려할 필요가 있기 때문에 사적인 용무메일을 행한 것만을 이유로 해고할 수는 없다고 할 것이다.

[참고문헌]

- 砂押似久子「노동판례 2002」29~39면(산노총합연구소, 2002년)

(宮部 剛)

101) 도쿄지방재판소 2003년 9월 22일

6. 대여 컴퓨터 열람에 기초한 제3자에 대한 책임

Q 당사는 그 취업규칙에서 「회사가 업무용으로 대여한 컴퓨터내의 정보는 회사의 자산이며 회사는 언제라도 이 컴퓨터 내의 정보를 열람할 수 있다」고 규정하고 있습니다. 이 규정에 근거해 당사는 회사가 대여한 각 직원컴퓨터 내의 정보를 정기적으로 열람하고 있는데, 그 중에 제3자로부터의 사적인 메일도 포함되어 있습니다. 당사는 이 제3자에게 어떤 책임을 집니까?

A 질문과 같은 취업규칙의 규정이 있는 경우는 회사가 업무용으로 대여한 컴퓨터를 열람한 결과 제3자로부터의 사적인 메일을 열람하였다고 해도, 회사가 제3자에게 책임이 추궁당할 가능성은 낮다고 생각됩니다.

해 설

1. 직원에 대한 책임

취업규칙에 「회사가 업무용으로 대여한 컴퓨터내의 정보는 회사의 자산이며 회사는 언제라도 이 컴퓨터내의 정보를 열람할 수 있다」고 하는 규정이 있는 경우 원칙적으로 회사는 직원컴퓨터 내의 메일 등을 열람하는 것이 허락된다(상세한 것에 대하여 Q7-4 및 Q7-5를 참조).

모든 행위에 대하여 직원의 프라이버시 침해가 문제가 될 수 있다. 프라이버시권이 어떻게 정의되는가에 대해서는 나중에 논하겠지만, 일반적으로 컴퓨터내의 전자메일에 대한 프라이버시 보호의 범위는 프라이버시 보호문제에 있어서 전형적으로 예시되는 전화수수에서의 프라이버시 보호의 범위와 비교하면 상당히 낮다고 생각되고 있다.

그리고 특히 본 질문의 회사와 같이 취업규칙에 대해 「회사가 업무용으로 대여한 컴퓨터내의 정보는 회사의 자산이며 회사는 언제라도 이 컴퓨터 내의 정보를 열람할 수 있다」고 규정하고 있는 회사에서는 직원이 자신이 사용하고 있는 컴퓨터내의 정보가 회사에 열람될 가능성이 있는 것을 인식하고 있다고 생각되기 때문에 관련 취업규칙이 정해져 있는 경우 회사가 컴퓨터내의 정보를 직원의 허락없이 열람했다고 해도 이 행위에 대해서 회사가 해당 직원으로부터 프라이버시 침해를 추궁당할 가능성은 낮다고 생각된다.

2. 제3자에 대한 책임

그러나 회사직원에게 사적인 메일을 보낸 제3자는 취업규칙의 적용대상이 아니고, 자신이 보낸 메일이 수신인 이외의 자에게 열람될 가능성이 있음을 인식하고 있지 않다고 생각하는 것이 오히려 자연스럽다. 그 때문에, 회사가 직원컴퓨터 내의 정보를 열람한 결과 제3자로부터 그 직원에게 보내진 개인메일을 읽어버렸을 경우에 그 제3자에 대해서 프라이버시 침해에 의한 불법행위책임을 지는가 여부에 대해서 검토를 해 둘 필요가 있다.

2-1. 사적인 서신에 의한 경우

프라이버시의 권리는 일반적으로 사적인 생활에 관해서 함부로 공개되지 않을 권리, 또한 자기에 관한 정보를 스스로 통제할 권리라고 정의된다. 본 질문에 관련된 판례로서 사적인 서신을 발신자의 승낙없이 공개한 사안에 대해서, 「사적인 서신은 특정한 상대에게만 사상이나 감정을 전하는 것을 목적으로 하고 있고, 원래 공개를 예정하고 있지 않은 것이므로 그 성질상 당연히 사생활에 속하는 것이며 그 내용이 어떠한 것이든, 일반인의 감수성을 기준으로 하면 공개되고 싶지 않은 것이라고 해석해야 할 것이다」고 한데다가, 발신자는 「편지를 함부로 공개당하지 않을 법적 보호를 받을 적합한 이익을 가지고 있어 그 승낙없이 공개하는 것은 인격권인 프라이버시를 침해하는 것이라고 하여야 한다」고 판단하고, 발신자가 그 승낙 없이 스스로의 사적인 서신을 공개한 수신자에게 손해배상청구를 인정한 사례가 있다(타카마츠고등재판소 1996년 4월

26일 판결(判タ 926호 207면)).

이 판례와 본 질문에서는 공개되는 대상이 편지인가 메일인가의 차이와 함께 수신자가 공개했는지 회사가 수신자의 컴퓨터를 열람했는지 하는 차이는 있으나, 편지와 메일 모두 「특정의 상대에게만 사상이나 감정을 전하는 것을 목적으로 하고 있고, 공개를 예정하지 않는 것」이라는 점이 유사하기 때문에, 메일을 보낸 제3자에게도 메일을 「함부로 공개당하지 않을 법적 보호에 상응한 이익을 가지고 있다」고 해석할 여지는 충분하다고 생각된다. 또한 본 질문에서는 메일은 공개된 것은 아니지만 회사의 행위에 의해 발신자를 보이고 싶지 않은 것이 보여졌다는 점을 발신자로서 보면, 공개된 것과 같은 정신적 고통이 있을지도 모른다. 그러나 결론적으로 본 질문에서 회사가 해당메일을 발신한 제3자에게 민사상의 불법행위 등의 책임을 질 가능성은 낮다고 생각된다. 그것은, 이하와 같은 이유에 의한다.

2-2. 메일에 의한 사적인 서신의 경우

우선, 편지와 메일의 성질의 차이를 들 수 있다. 편지는 봉함되면 그것이 수신자에게 도달될 때까지 기본적으로 제3자의 눈에 띌 가능성은 없고, 또 수신자에 의한 개봉 후에도 수신자가 적절히 보관하고 있으면 이것이 제3자의 눈에 띌 가능성은 지극히 낮다고 생각된다. 이것에 비해, 메일은 그것이 서버를 경유해 수신되는 것으로 편지에서 말하는 봉함을 사실상 할 수 없는 것을 생각하면, 메일에 의한 통신은 편지에 의한 통신과 비교하면 잠재적으로 제3자의 눈에 띌 가능성이 있는 통신수단이라고 할 수 있다.

또, 본 질문에서 수신자인 직원은 자기의 컴퓨터내의 정보가 회사에 열람되는 일이 있는 것을 알면서 사적인 메일송수신을 행하여, 이것을 자기의 컴퓨터 내에 보존하고 있었으므로 수신자인 직원자신이 제3자로부터 온 사적인 메일을 회사가 읽을 수 있는 상태에 두어, 회사가 열람 가능한 상태를 만들어, 회사가 읽는 것을 묵인하고 있었다고도 할 수 있다.

이러한 사정을 생각하면, 회사가 취업규칙에 근거하여 직원컴퓨터 내의 정보를 열람하는 과정에서 우연히 제3자가 그 직원에게 발신한 사적인 메일을 열었다고 해도 이것에 의해 바로 불법행위 등의 책임이 생길 가능성은 낮다고 생각된다. 그렇지만, 조금 전 말한 바와 같이 기본적으로 제3자가 발신한 메일도 「함부로 공개되지 않을 법적 보호에 상당하는 이익」을 가지고 있다고 생각할 여지가 있다. 따라서 단순히 메일을 사실상 여는 것에 그치지 않고, 이것을 전송해서 공개하는 등을 했을 경우는 프라이버시침해책임을 질 가능성이 있기 때문에 그 취급에 대해서는 세심한 주위를 기울일 필요가 있다.

[참고문헌]

- 「인트라넷에 의한 정보의 일원관리와 프라이버시 침해」
- 판례타임즈 926호 207~213면

(棚澤 高志)

7. 직원의 컴퓨터내의 정보의 이용

Q **당사는 직원에게 업무용 컴퓨터를 대여하고 있습니다. 또한, 당사는 직원의 동의를 얻어 정기적으로 그 컴퓨터내의 정보를 열람하고 있습니다. 이 경우 당사는 그 컴퓨터 내에 있는 이하와 같은 정보를 업무에 이용할 수 있습니까?**

① **고객에 관한 정보**

② **업계에 관한 정보**

③ **신상품에 관한 아이디어, 디자인**

A 직원컴퓨터 내의 상기 ①부터 ③까지의 정보는 그것이 회사업무에 관한 것인 한, 원칙적으로 모두 회사가 이용할 수 있다고 생각됩니다.

다만 ③에 대해서는 그 상품의 내용, 직원의 담당직무 등의 사정에 의해 해당 직원의 저작물이라고 인정되는 경우 등도 있으므로 보다 신중하게 판단하는 것이 무난하다고 할 수 있습니다.

해 설

이 회사는 직원에게 컴퓨터를 대여하여 컴퓨터 내의 정보를 열람하는 것에 대해 직원의 동의를 얻고 있다. 따라서 회사가 직원컴퓨터 내의 정보를 열람하는 것 자체는 특별한 문제는 없다고 생각된다(Q7-4 및 Q7-5 참조). 그렇다면 본 질문에서 문제가 되는 것은 회사의 열람뿐만 아니라 이 정보를 취득해 이용하는 것을 적법하다고 할 수 있을까 하는 것이 된다.

질문에서는 직원컴퓨터 내에 「고객에 관한 정보」, 「업계에 관한 정보」 및 「신상품에 관한 아이디어, 디자인」에 관한 정보가 존재한다는 것인데, 적어도 이러한 정보는 이것이 회사로부터 대여되고 있는 컴퓨터에 존재하는 정보 등이며, 회사의 열람가능성을 인식하고 있으므로 일반적으로 이 회사의 업무에 관한 정보라고 생각되기 때문에 그것을 전제로 생각하기로 한다.

1. 고객에 관한 정보, 업계에 관한 정보

우선 ①에 대해서 보면 모든 고객의 정보는 회사의 업무에 관해서 회사가 취득한 정보이므로, 원래 그 정보자체를 회사가 보유하고 있다고 생각된다. 따라서 이것을 회사가 이용하는 것에 대하여 아무런 문제가 없다.

다만, 고객정보에 대해서 해당직원이 정보의 선택이나 체계적인 구성 등을 행한 결과, 작성된 데이터에 창작성이 인정되는 경우는 데이터베이스로서 저작물성이 인정되는 일이 있다(著2①十의三. 한국저작권법2xi). 직원이 작성한 데이터베이스에 저작물성이 있는 경우는 그 저작권이 누구에게 귀속되는지가 문제가 된다. 이 점에 관한 일반적인 견해에 대해서는 Q3-13을 참조하고, 본 질문에서는 회사가 보유하는 정보를 그 회사의 직원이 정리하고 있는 경우이기 때문에 그 데이터의 작성에 있어 직접 또는 간접적으로 회사의 판단에 따른다고 인정될 가능성이 높으므로 그 저작권은 회사에 귀속할 가능성이 높다고 생각된다. ②에 대해서도 ①과 같이 생각할 수 있다.

2. 신상품에 관한 아이디어, 디자인

③의 「신상품에 관한 아이디어, 디자인」도 기본적으로는 ① 및 ②와 같다고 생각해도 좋다. 단지, 여기에 말하는 「신상품에 관한 아이디어·디자인」에 대해서는 회사의 업무와 관련성이 없는 경우도 있고, 만일 관련성이 있다고 해도 그것들에 저작물성이 인정되는 것도 적지 않다고 생각된다.

우선, 회사의 업무와 관련성이 없는 정보는 비록 회사가 대여한 컴퓨터 내에 보존되어 있는 것이어도 기본적으로는 개인이 보유하는 정보라고 이해하는 것이 상당하다고 생각된다. 따라서 회사가 해당직원의 허락 없이 이것을 사용했을 경우는 그것이 비록 저작물성을 가지지 않는 경우에도 불법행위가 될 가능성이 있다.

또, 이 「신상품에 관한 아이디어·디자인」에 저작물성이 인정되는 경우, 이 저작권이 회사에 귀속하는지 직원에게 귀속하는지가 문제가 되나(Q3-13 참조), ①과 ②를 비교하면 신중한 판단이 필요하다. 이 경우의 판단기준의 하나는 그 신상품에 관한 아이디어·디자인의 개발이 「법인 등의 발의」에 근거하는지 아닌지, 즉 저작물 작성의 의사가 직접 또는 간접적으로 사용자의 판단에 따르고 있는지의 여부이다. 「법인의 발의」에 대해서는 묵시의 발의가 인정되기도 한다고 생각되기 때문에, 이렇게 되면 「신상품」이 그 회사의 업무에 관련된 것으로 아이디어 또는 디자인의 작성자가 「신상품」을 담당하는 부서에 속하는 경우이면, 묵시의 발의가 인정될 가능성이 있다고 생각된다.

한편, 그 상품이 회사의 업무와 전혀 관련성이 없는 경우나 그 상품이 회사의 업무와 관련성이 있어도 그 아이디어 또는 디자인 작성자가 상품의 개발과 전혀 관계없는 부서에 소속하는 사람인 경우는 그 회사의 업무, 각 직원의 직무분담, 취업규칙 그 외의 사내 규칙 등 다양한 사정을 고려하여 「법인 등의 발의」에 근거하는 것인지를 판단할 필요가 있다.

이러한 사정을 기초로 판단한 결과 이 「신상품의 아이디어·디자인」이 「법인 등의 발의」에 근거한다고 할 수 있는 경우는 그 저작권은 회사에 귀속하기 때문에 이것을 회사가 이용해도 문제는 없다.

[참고문헌]

- 東海林保 「데이터베이스의 저작물성」, 牧野利秋·飯村敏明編 「(신재판실무체계22) 저작권관계소송법」(청림서원, 2004년)
- 金井重彦他編 「지적재산법중요판례」(학양출판사, 2005년) 182~195면
- 作花文雄 「상설저작권법(제3판)」(교세이, 2004년) 189~204, 114~116면
- 田村善之 「저작권법개설(제2판)」(유비각, 2001년) 376~390면
- 牧野利秋·飯村敏明編 「(신재판실무체계22) 저작권관계소송법」(청림서원, 2004

년) 237~246, 283~297면
- 金井重彦 「멀티미디어시대의 컴퓨터프로그램」(교세이, 1998년) 70~76면
- 최고재판소 1997년 7월 17일 판결(민사판례집 51권 6호 2714면)

(棚澤高志)

8. 성추행과 해고

Q **당사의 어떤 직원은 회사가 대여한 컴퓨터로 성적 표현이 있는 사이트나 성인사이트를 점심시간 중에 자주 보고 있다는 보고가 있었습니다. 다른 직원에게 보여주는 것은 아닌 듯 하지만 주위의 여성 직원이 고충을 신청하고 있습니다. 이 직원을 해고할 수 있습니까?**

A 이 직원의 지위나 행위의 빈도 등 구체적인 사정에 따르나 위의 질문의 경우에는 그 이유만으로 이 직원을 해고하면, 해고권의 남용으로서 해고가 무효가 될 가능성이 높다고 생각됩니다. 따라서 이 직원을 해고하는 것은 곤란하다고 생각됩니다.

해 설

1. 해당행위의 문제점

이 직원은 회사로부터 내여된 컴퓨터로 성적 표현이 있는 사이트나 성인사이트를 점심시간 중에 보고 있다. 회사로부터 내여된 컴퓨터를 사용하고 회사의 업무와 관계없는 사이트를 보고 있는 것 자체에도 문제가 될 수 있으나 점심시간중의 행위이며 이것이 회사의 업무에 지장을 미치지 않는 정도의 것이라고 하면, 이것을 해고의 이유로 하는 것은 곤란하다고 생각된다.

한편, 이 직원의 행위는 주위 여직원 눈에 비친 것을 인식한 후의 행

위라고 생각되고 이러한 행위는 주위의 여성 직원에 대한 성적 괴롭힘에 해당할 가능성이 높다고 할 수 있다.

2. 성적 괴롭힘

성적 괴롭힘은 일반적으로 성희롱의 의미로 이해되나 판례에서는「(상대)의 인격을 해치고 그 감정을 해쳐 (상대)에게 일하기 쉬운 직장환경 안에서 일하는 이익을 해치는 것」이나「상대방의 의사에 반하여 성적인 언동을 하여 그에 대한 대응으로 일하는데 일정한 불이익을 주거나 또는 그것을 반복하는 것에 의해 취업환경을 악화시키는 것」등이라고 정의한다.

질문의 경우에서는 성적 표현이 있는 사이트나 성인사이트를 여직원이 인식할 수 있는 상태로 보고 있어, 이것에 대해 여직원이 불쾌함을 느껴 그 고충을 신청하고 있는 것으로 여직원의「인격을 해치고 그 감정을 해쳐」이 여성 직원에게「일하기 편한(쾌적한) 직장환경 안에서 일할 이익을 해치는 것」에 해당된다고 할 수 있기 때문에, 이것이 성적 괴롭힘에 해당할 가능성은 농후하다.

3. 성적 괴롭힘에 의한 해고

문제는 직원이 다른 직원에 대한 성적 괴롭힘을 행했을 경우에 그 직원을 해고할 수 있는가 하는 것이다.

해고에 관해서는 판례에 의해 이른바「해고권남용의 법리」가 확립해 있다. 해고권 남용의 법리란, 사용자의 해고권행사에 대해서「그것이 객관적으로 합리적 이유가 부족하여 사회통념상 상당하다고 인정 할 수 없는 경우에는 권리남용으로 무효가 된다」고 하는 것이다(최고재판소 1975년 4월 25일 판결(민사판례집 29권 4호 456면. 또한 노동기준법 18의 2. 한국근로기준법23 참조)).

성적 괴롭힘을 이유로 하는 해고에도 이 법리는 해당되고 만일 이것이 취업규칙상의 해고사유에 해당한다고 해도 구체적인 사정에 따라 그 해고가 해고권남용에 해당할지가 판단된다. 성적 괴롭힘을 이유로 하는 해고에 관한 판례에 다음과 같은 것이 있다(도쿄지방재판소 2000년 8월 29일 판결(判時 1744호137면)).

3-1. 실제 판례

사안의 개요는 30명의 부하직원을 둔 관리직에 있던 원고가, 여러 부하 여직원들을 성적으로 괴롭혔다고 하여 일반해고된 것에 불만을 품고 회사를 피고로 하여 해고무효를 주장하고 고용계약상의 지위의 확인 등을 청구한 것이다.

법원은 구체적인 6명의 여성 직원에 대한 성적 괴롭힘 행위(복수의 여성 직원에게 개별적으로 집요하게 식사제의를 하는 행위, 「밤에만 상대해 주는 여자를 소개해 주면 관리직으로 해 준다」 「금방이라도 그녀를 안고 싶다」 「둘이서 숙소를 잡자」 등의 발언 또는 메일을 보내는 행위 등)를 인정해, 이러한 행위가 모두 상사로서 부하를 접할 수 있는 기회 또는 상사로서의 지위를 이용해 행해졌다고 해서 피고인 회사에 해고권남용이 있었다고 할 수 없다고 판단해 원고의 청구를 기각하였다.

이 사례는 원고가 다수의 부하에게 집요하게 성적 괴롭힘을 반복한 것 외에, 원고가 관리직이며 일찍이 성적 괴롭힘을 행한 직원에게 퇴직권고를 하는 등 성적 괴롭힘의 문제성을 잘 인식하고 있던 점, 회사로부터 원고가 성적 괴롭힘을 행하고 있다는 소문이 있는 것을 전해 듣고 주의를 받았음에도 불구하고, 그 후에도 상기와 같은 성적 괴롭힘을 행하여 반성의 태도를 보이지지 않았던 것 뿐만 아니라, 오히려 고발자 색출과 같은 행동을 취한 점 등의 사실도 인정되고 있어 이러한 사실도 감안하여 해고권남용에 해당하는지 판단하는 것이다.

3-2. 본 질문의 경우는

질문에 있는 직원의 행위는 앞에서 본대로 성적 괴롭힘에 해당하는 혐의가 농후하기는 하나 앞의 판례 등을 고려했을 때 질문에 있는 사실이 어느 정도의 빈도로 행해지는지, 불평을 제기하거나 혹은 불쾌감을 가지고 있는 여직원이 어느 정도 존재하는지, 성적 괴롭힘을 행한 직원의 회사에서의 지위와 그 직원에 대한 회사로부터의 지도, 권고 등의 유무, 해당행위 이외에 해고사유가 되는 사정이 있는가 등 여러 가지 사정을 감안하여 그 직원의 해고 유효성을 판단하여야 할 것이다.

적어도 질문에서 직원의 행위가 빈번히 행해지고 불평제기에 의해 회사가 해당 직원에게 반복해서 주의를 하고 있음에도 불구하고, 반성하는 일 없이 같은 행위를 반복하는 등 그 직원이 직장환경을 현저하게 해쳐 직원으로서의 적격성에 큰 문제가 있다고 할 수 있는 사정이 없는 한, 질문에 있는 사정만을 가지고 다른 경미한 처분을 거치지 않고 바로 그 직원을 해고했을 경우는 해고권 남용으로 여겨질 가능성이 높다고 생각된다.

[참고문헌]

- 管野 和夫 「노동법(제7판)」(히로후미당, 2006년)
- 竹田 稔 「프라이버시 침해와 민사책임(증보개정판)」(판례시보사, 1998년) 160~174면
- 林豊·山川隆一編 「(신재판실무체계16) 노동관계소송법[Ⅰ]」(청림서원, 2001년) 79~87면
- 판례시보 1744호 137면

(棚澤 高志)

IT세법

본장에서는 IT와 세무의 관계, 특히 소프트웨어 거래의 과세관계를 중심으로 해설한다.

국내거래로서는 소프트웨어의 개발, 이용, 제거의 사례를 채택하여 개발비용, 이용의 대가, 제거비용이 법인세법상 어떻게 취급되는가에 중점을 두어 설명한다.

국제 거래로서는 외국 법인에 지불되는 소프트웨어의 개발과 이용 대가가 일본에서 어떻게 과세되는가에 대해서 국내세법과 조세조약의 양면으로 검토한다.

제1절 소프트웨어의 위탁개발

1. 소프트웨어의 위탁개발비의 세무

Q 당사는 사내업무용 소프트웨어의 개발을 위해서 개발기간 6개월, 위탁비 3,000만엔(소비세별도)에 외부 개발업자에게 위탁하여 예정대로 완성품의 납입을 받았습니다. 위탁비 지불시기는 계약시, 중간시 및 소프트웨어검수 완료시의 3회로 나누어져 있어 당사는 각각 기일대로 지불했습니다. 이러한 위탁비는 세무상 어떻게 처리하면 좋을까요?

A 외부의 개발업자에게 지불한 위탁비는 소프트웨어(무형고정자산)로 자산계상하여 잔존가액을 제로로서 정액법에 의해 사업용으로 제공했을 때부터 5년에 걸쳐 감가상각하게 됩니다.
더욱이 중소기업투자촉진세제에 의해 그 분기의 법인세액수 20%상당액을 한도로서 취득가격의 7%상당액의 세액공제 또는 취득가격의 30%상당액의 특별상각의 택일이 인정될 수 있습니다.

해 설

1. 소프트웨어 취득에 관한 처리

소프트웨어는 법인세법상, 감가상각 자산으로 여겨지는 무형 고정자산으로 분류되고 있다(法法2二十三, 法令13八リ. 한국법인세법23②, 동법시행령24①ii).

그리고 3회로 나누어 지불한 위탁비는 감가상각자산의 구입대가로 생각되기 때문에 원칙적으로 모두 소프트웨어의 취득가격이 되어(法令54①

一イ), 매회의 지불 시점에서 손금의 액수에 계상할 수 있는 것은 아니다.[102)]

2. 소프트웨어의 감가상각

위탁비인 3,150만엔(소비세산입)이 본 소프트웨어의 취득가격이 되는데 이것을 사업용으로 제공했을 때에 손금 경리를 하면 일정 한도까지 감가상각비를 세무상 손금으로 할 수 있다. 상각 방법으로서는 정액법만이 가능하고(法令48①四. 한국법인세법 시행령26①i), 법정내용년수는 5년(耐令別表3「기타」), 잔존가액은 제로(耐令別表 10)로 되어있다.

무엇보다, 일정한 중소기업자가 1998년 6월 1일부터 2007년 3월 31일까지의 기간에 취득해 사업용으로 제공한 소프트웨어에 대해서는 청색신고법인이면 중소기업투자촉진세제가 적용되는 일이 있다(자세한 것은 다음 사항과 같다). 그 경우, 상기의 상각(보통상각)에 더하여 취득가격의 7%상당액의 세액공제 또는 취득가격의 30%상당액의 특별상각과의 선택 적용이 인정된다.

3. 중소기업투자세제의 개요(소프트웨어의 취득)

3-1. 의의

중소기업투자촉진세제란 일정한 중소기업자가 특정기계장치 등을 취득 또는 제작하여 국내 지정사업용으로 제공했을 경우에 그 사업용으로 제공한 사업년도에서 일정한 비율의 특별상각 또는 세액공제를 인정하는 것이다.

102) Q8-4에서 설명하고 있는 것처럼, 소프트웨어를 자사개발 했을 경우에 기업회계 상의 연구개발비에 해당하는 비용이 있을 때에는 그 금액을 소프트웨어의 취득가격에 산입하지 않을 수 있다. 한편, 본 질문과 같이 소프트웨어를 타사로부터 취득했을 경우에 지불한 위탁료는 연구개발을 위한 지출은 아니고 소프트웨어의 취득을 위한 지출이 되기 때문에, 연구개발비로는 되지 않는다. 결국 본 질문의 경우에는 위탁비 전액이 소프트웨어의 취득가격이 된다.

3-2. 소프트웨어를 취득했을 경우의 특별상각 또는 세액공제

이 제도의 적용대상법인은 중소기업자[103] 또는 농업협동조합 등인 청색신고법인(이하, 중소기업자 등)이나, 1998년 6월 1일부터 2008년 3월 31일까지의 사이(이하, 지정기간)에 일정한 기계, 소프트웨어, 선박 등(이하, 특정기계장치 등)을 취득 또는 제작을 해 일정한 사업[104] 용무(이하, 지정사업)에 제공했을 경우, 그 사업용으로 제공한 날을 포함한 사업년도에 대해 적용할 수 있다(措法42의6①).

이 제도의 대상이 되는 소프트웨어는 전자계산기에 대한 지령이며 1의 결과를 얻을 수 있도록 조합된 것 및 시스템 사용서 그 외의 서류로 여겨지고 있어 개발 연구용, 서버용 OS, 데이타베이스 관리소프트웨어 및 파이어 월(fire wall) 소프트웨어는 제외되는 것 외(措令27의6, 措規20의2의2②·③), 신품으로 취득하거나 또는 제작한 소프트웨어에 한정된다. 게다가 그 규모도 취득가격의 합계액이 70만엔 이상의 소프트웨어에 한정된다(措令27의6③, 措規 20의2의2⑥).

특별상각의 적용을 받는 경우의 상각 한도액은 보통상각한도액에 소프트웨어의 취득가격의 30%상당액의 특별상각한도액을 더한 금액이 된다(措法42의6①).

취득 또는 제작한 소프트웨어에 대해 특별상각의 적용을 받지 않는

---

103) 중소기업자란 자본금의 액수 혹은 출자금의 액수가 1억엔 이하의 법인 가운데, 하기의 ①과 같거나 혹은 ②의 법인이외의 법인, 또는 자본 혹은 출자를 가지지 않는 법인 중 상시 사용하는 직원 수가 1,000명 이하의 법인이다(措法42의4⑪五, 措令27의4⑯).
① 그 발행 제주식 또는 출자의 총수 또는 총액의 2분의 1이상이 동일한 대규모 법인 소유에 속하고 있는 법인(대규모 법인이란, 자본금의 액수 혹은 출자금의 액수가 1억엔을 넘는 법인 또는 자본 혹은 출자를 가지지 않는 법인 중에 상시 사용하는 직원의 수가 1,000명을 넘는 법인을 말하며 중소기업 투자육성주식회사를 제외)
② 그 발행 제주식 또는 출자의 총수 또는 총액의 3분의 2이상이 2개 이상의 대규모 법인 소유에 속하고 있는 법인

104) 지정사업은 제조업, 건설업, 농업, 임업, 어업, 수산 양식업, 광업, 도매업, 도로 화물 운송업, 창고업, 항만운송업, 가스업, 소매업, 요리점업 그 외의 음식점업(요정, 바, 카바레, 나이트 클럽 그 외 이것과 비슷한 사업을 제외하다), 일반 여객자동차 운송업, 해양운송업 및 연해운송업, 내항선박대여업, 여행업, 포장업, 통신업, 손해보험 대리업, 서비스업(물품 임대업 및 오락업을 제외하다), 영화업으로 되어 있다(措法42의6①, 措令27의6④, 措規 20의2의2⑦).

경우에는 소프트웨어의 취득가격의 7%상당액을 법인세액으로부터 공제할 수 있다.

다만, 그 금액이 그 사업년도의 법인세액수의 20%상당액을 넘는 경우에는 공제받는 금액은 그 20%상당액이 한도가 된다(措法42의6②).

(米津 航)

2. 소프트웨어개발용 자문료의 세무

Q 당사에서는 사내업무용 소프트웨어 개발을 위해서, 외부의 컨설팅 회사를 이용하기로 했습니다. 컨설팅 업무의 내용은 기본개념의 제안, 개발회사의 선정, 개발공정의 관리 등으로 컨설팅료는 총액 300만엔(소비세별도)입니다. 이러한 컨설팅료는 세무상 어떻게 처리하면 좋을까요?

A 이러한 컨설팅료는 명목의 여하를 불문하고 소프트웨어 구입의 대가로서의 성질을 가지고 있기 때문에, 소프트웨어의 취득가격으로서 계상해 사용년수를 5년으로 상각하여야 합니다.
다만, 중소기업투자촉진세제에 의해 그 분기의 법인세액수의 20% 상당액을 한도로 취득가격의 7%상당액의 세액공제 또는 취득가격의 30%상당액의 특별상각의 어느 쪽이든 선택하는 것이 인정되기도 합니다.

해 설

1. 컨설팅료의 성질

귀사가 지불한 컨설팅료는 소프트웨어 개발을 위한 기본 개념의 제안, 개발회사의 선정, 개발공정의 관리로 한정되고 있어 실질적으로는 감가상각 자산인 소프트웨어 구입 대가라고 생각된다. 구입대가 인정여부는 실질적으로 판단되므로, 그 명목이 「소프트웨어 구입대금」이 아니고, 「컨설팅료」나 「위탁료」 등으로 되어 있다고 해도 세무상 취급에 차이는 생기지 않는다.

구입한 소프트웨어에 대해서는 소프트웨어의 구입의 대가 그 외 해당 소프트웨어의 구입을 위해 필요로 하는 비용은 모두 취득가격에 포함되게 되어 있다(法令54①一).

2. 소프트웨어의 감가상각

컨설팅료인 315만엔(소비세포함)이 본 소프트웨어의 취득가격에 포함되는데 이것을 사업용으로 제공했을 때, 손금계산을 하면 일정 한도까지 감가상각비를 세무상 손금으로 할 수 있다. 상각 방법으로는 정액법만이 가능하고(法令48①四. 한국법인세법 시행령26① i), 법정내용 년수는 5년(耐令別表3 「그 외의 것」), 잔존가액은 제로(耐令別表 10)로 되어 있다.

무엇보다, 중소기업자 등이 1998년 6월 1일부터 2008년 3월 31일까지의 지정기간 내에 취득해 사업용으로 제공한 소프트웨어에 대해서는 청색신고 법인이면 중소기업투자촉진세제가 적용되는 일이 있다. 그 경우 상기의 상각(보통상각)에 가세하여 취득가격의 7%상당액의 세액공제 또는 취득가격의 30%상당액의 특별상각과의 선택 적용이 인정된다. 자세한 것은 앞의 질문 참조.

(米津 航)

3. 홈페이지 제작비용의 세무

Q 당사는 홈페이지를 만들기 위해서 외부업자에게 위탁했습니다. 그 제작비용은 세무상 어떻게 처리하면 좋을까요? 통상의 홈페이지 기능에 통신판매용의 기능이 추가되어 있는 경우에는 세무상 취급에 어떤 문제가 있습니까?

A 통상 홈페이지는 사용기간이 1년 미만이면 그 제작비는 통상의 광고선전비로서 손금 산입할 수 있습니다.
한편, 통신판매용의 기능이 부가되고 있는 경우에는 그것을 위한 프로그램 부분은 소프트웨어에 해당하기 때문에 감가상각자산으로서 5년에 상각하게 됩니다.

해 설

1. 홈페이지 제작위탁비의 성질

일반적으로 기업 홈페이지(웹 사이트)는 기업의 회사개요, 사업이나 제품군의 소개 등이 콘텐츠가 되고 있어 광고, 선전의 목적으로 이용된다. 따라서 그 제작을 위한 위탁비는 원칙적으로 광고, 선전비 등으로서 해당사업년도의 손금으로 세무상 처리하는 것이 가능하다.

다만, 그 홈 페이지의 사용기간이 1년 이상에 걸치는 경우는 순연 자산으로서 사용기간에 따라 손금을 계산한 다음 균등상각하게 된다(法法2二十三23, 法令14①九호, 法法32①, 法令64①二. 한국법인세법19, 27). 무엇보다 통상은 기업이 홈 페이지를 1년 이상 개설당시의 콘텐츠 그대로 방치하는 등은 거의 없는 경우이기 때문에, 한 번에 손금처리를 하는 것이 통상적이라고 생각된다.

또한 그 홈 페이지의 사용 기간이 1년 이상으로 순연 자산이 되는 경우에도, 위탁비가 20만엔 미만이면 손금 경리를 하여 그 전액을 해당 사업년도의 손금의 액수에 산입할 수 있다(法令134).

2. 소프트웨어를 포함하는 경우

홈페이지는 통상 텍스트, 화상, 동영상 등의 콘텐츠로 구성되어 있어 단순한 데이터 파일이며 소프트웨어라고는 할 수 없다.

그렇지만, 본질문과 같이 통신판매용 기능이 부가되어 있는 경우에는 납품된 홈페이지 가운데, 쿠키정보(제1장도 같이 참조)를 수집하고 그것을 참조해 고객 정보를 자동적으로 표시해 결제하는 통신판매를 위한 프로그램을 포함하고 있을 것이다.

이러한 프로그램은 세법상 소프트웨어에 해당해 감가상각 자산으로 5년의 법정내용 년수가 정해져 있다(法法2二十三, 法令13八リ, 내령1①三, 동별표3「기타」. 한국법인세법23②, 동법시행령24①ii).

이와 같이 전체 위탁비의 일부에 대해 세무상의 취급이 다른 것으로부터, 외부업자 사이에서는 위탁비용을 데이터 파일의 제작비용과 프로그램의 제작비용으로 구분한 금액을 명시한 계약을 체결해야 하는 것이다.

또한 1998년 6월 1일부터 2008년 3월 31일까지의 지정기간 내에 취득한 소프트웨어에 대해서는 일정한 경우 중소기업투자촉진세제에 의해 세액공제 또는 특별상각이 가능하다. 자세한 것은 Q8-4을 참조.

또, 위탁비 중에서 소프트웨어 상당액이 30만엔 미만이면 중소기업자등(措法42의4⑪, 措令27의4⑯. Q8-4을 참조)에 대해서는 합계로 300만엔을 상한으로서 30만엔 미만의 소액 감가상각자산을 손금계산한 금액에 대해 해당사업 년도에 손금 산입이 가능하다(중소기업자등의 소액감가상각자산 취득가격의 손금산입의 특례(措法67의5①)). 그 외의 법인에 대해서는, 소프트웨어 상당액이 10만엔 이상 20만엔 미만이면, 3년 균등상각(法令133의2)을, 10만엔 미만이면 전액손금 산입이 각각 가능하다(法令133).

(米津 航)

제 2 절 소프트웨어의 자사개발

4. 소프트웨어 자사개발의 세무

Q 당사는 주로 중소기업전용의 회계용 소프트웨어를 개발하여 판매하는 업무를 하고 있습니다. 이번에 2년만에 신사양의 제품개발에 성공했습니다. 기본설계, 상세설계, 프로그래밍, 테스트 등의 모든 개발업무는 자사의 직원이 하고 있기 때문에, 노무비, 경비는 모두 발생시점에서 비용으로 계상하고 있습니다. 이러한 취급이 세무상에도 인정되는 것입니까?

A 상기의 지출은 시험연구비에 해당한다고 인정되기 때문에 지출년도에 손금으로 하는 것은 세무상으로도 인정됩니다.

해 설

1. 소프트웨어의 취득가격

소프트웨어는 법인세법상 감가상각자산으로 되어 있다(法法2二十三, 法令13八リ. 한국법인세법23②, 동법시행령24①ii). 소프트웨어를 취득하는 태양은 크게 나뉘어 타사로부터 구입하는 경우와 자사개발의 경우가 있다.

어느 경우에도 법인세법시행령 제54조 제1항에는 이하와 같이 무엇을 취득가격으로 산입해야 할 것인가가 규정되어 있다.

1-1. 타사로부터 구입했을 경우의 취득가격

타사로부터 구입했을 경우에는 다음에 열거하는 금액의 합계액을 구입한 소프트웨어의 취득가격으로 하는 것으로 되어 있다(法令54①一).

> 구입의 대가+구입에 필요로 한 비용(인수운임, 하역비, 운송보험료, 구입수수료, 관세 등)+사업용으로 제공하기 위해서 직접 필요로 한 비용

이 경우, 그 소프트웨어의 도입에 필요한 설정작업 및 자사의 사양에 맞추기 위해서 행하는 부수적인 수정작업 등의 비용 액수도 취득가격에 산입한다(法基通7-3-15의 2).

1-2. 자사개발의 경우

자사에서 소프트웨어를 제작한 경우에는 다음에서 열거하는 금액의 합계액을 소프트웨어의 취득가격으로 한다(法令54①二, 法基通7-3-15의 2).

> 제작 등에 필요한 원 재료비, 노무비 및 경비+사업용으로 제공하기 위해서 직접 필요로 하는 비용

이 경우 원가의 집계, 배부 등에 합리적인 방법에 의해 계속해서 계산하고 있는 경우에는 이것이 세무상 인정된다.

2. 취득가격에 산입하지 않을 수 있는 비용

무엇보다 자사개발의 경우 개발단계의 모든 노무비나 경비 등이 소프트웨어의 취득가격이 되는 것은 아니고, 다음과 같은 비용은 취득가격에 산입하지 않을 수 있다(法基通7-3 15의 3).

(1) 제작계획의 변경 등에 의해 이른바 실수 때문에 불필요해진 것이 분명한 것에 관련된 비용
(2) 연구개발비(자사이용의 소프트웨어에 대해서는 그 이용에 의해 장래의 수익획득 또는 비용삭감이 되지 않음이 분명한 것에 한정)
(3) 제작 등을 위해서 필요로 한 간접비, 부수비용 등으로 그 합계액이 소액(그 제작원가의 약 3%이내의 금액)인 것

상기 법인세기본통칙7-3-15의 3(2)에 의하면 소프트웨어의 자사개발의

경우 제작비는 원칙적으로 모두 취득가격이 되나, 그것이 「연구개발비」에 해당하면 취득가격으로 하지 않아도 되게 된다. 그렇다면, 이 통칙이 무엇을 「연구개발비」라고 하는지가 문제가 되나, 이에 대해서는 기업회계 상의 연구개발비와 동일하게 이해되고 있어,[105] 자사개발로 시장판매 목적의 소프트웨어이면 최초로 제품화된 제품 마스터의 완성시점[106]까지의 비용을 모두 연구개발비에 포함한다.[107]

기업회계에서 말하는 연구개발비는 법인세법상

① 시험연구비(法令14①四. 새로운 제품의 제조 또는 새로운 기술의 발명에 관한 시험연구를 위해서 특별히 지출하는 비용)

② 개발비(法令14①五. 새로운 기술 혹은 새로운 경영조직의 채용, 자원의 개발, 시장의 개척 또는 새로운 사업의 개시를 위해서 특별히 지출하는 비용을 말한다)

로서 규정되어 있어 「순연자산」(법인이 지출하는 비용 중 지출의 효과가 그 지출일 이후 1년 이상에 이르는 것으로서 열거되어 있다)에 해당한다. 그 상각한도액은 「그 순연자산의 액」이라고 여겨지고 있기 때문에(法令64①一), 결국 전액을 한 번에 손금으로 하는 것도 가능하다(임의상각).

4. 소프트웨어 개발비의 비용계상

본 질문에서는 자사개발이므로 본래는 이러한 노무비 및 경비금액을 모두 소프트웨어의 취득가격에 산입하는 것이 원칙이다. 그런데, 이러한 노무비 및 경비는 동시에 회계 상의 연구개발비에도 해당한다고 생각되므로, 결국 소프트웨어의 취득가격에 산입할 필요는 없는 것이 된다.

회계상의 연구개발비(세무상은 시험연구비 또는 개발비)는 세무상은 순연

---

105) 小山真輝 편저 「법인세기본통칙축조해설(4정판)」(세무연구회, 2006년) 484-486면

106) 「최초로 제품화된 제품 마스터」의 완성시점은, 다음의 두 가지 점에 의해 판단한다(연구개발비 및 소프트웨어의 회계처리에 관한 실무지침 8).
① 제품성을 판단 가능한 정도의 프로토 타입이 완성되어있는 것
② 프로토 타입을 제작하지 않는 경우는 제품으로서 판매하기 위한 중요한 기능이 완성되어 있고 중요한 에러사항을 해소하고 있는 것

107) 연구개발비에는 인건비, 원재료비 고정자산의 감가상각비 및 간접비의 배부액 등, 연구개발을 위해서 소비된 모든 원가가 포함된다(연구개발비 등과 관련되는 회계기준 2).

자산으로서 취급되는데, 조금 앞에서 언급한 바와 같이, 전액 일괄상각이 가능하다.

5. 시험연구비의 세액공제제도

이 외에, 세무상의 시험연구비108)에 대해서는 산업경쟁력의 강화를 위한 정책목적에 의한 세액공제제도가 설치되어 있으므로(2006년 4월 1일부터 2008년 3월 31일까지 개시하는 사업년도에 대해 적용) 이하에서 간단히 설명한다.

5-1. 시험연구비 총액에 대한 세액공제

청색신고법인에 대해서는 시험연구비의 10%상당액109)의 법인세액이 공제된다. 중소기업자 등의 경우에는 일률적으로 시험연구비의 12%상당액의 법인세액이 공제된다. 다만, 그 금액이 그 사업년도의 법인세액의 20%상당액을 넘는 경우에는 공제를 받는 금액은 그 20%상당액이 한도가 된다(措法42의4①, ⑥).

5-2. 증가 시험연구비에 대한 세액공제

상기에 의한 세액공제에 더하여 당기의 시험연구비의 액수가 비교시

---

108) 세액공제가 인정되는 「시험연구비」는 조세특별조치법 제42조의 4 제11항 제1호 및 동시행령 제27조의4 제6항, 한국조세특례제한법 제10조에 정의되고 있어, 제품의 제조 또는 기술의 개량, 고안 혹은 발명과 관련되는 시험연구를 위해서 필요로 하는 비용이며,
① 그 시험연구를 실시하기 위해서 필요로 하는 원재료비, 인건비(전문적 지식을 가지고 해당 시험연구업무에만 종사하는 사람과 관련된 것에 한정한다) 및 경비
② 다른 사람에게 위탁해서 시험연구를 실시하는 법인의 해당 시험연구를 위해서 해당 위탁을 받은 사람에게 지불하는 비용
③ 광공업 기술연구조합법 제13조 제1항의 규정에 의해 부과되는 비용으로 되어 있다. 이에 대해, 법인세법시행령 제14조 제1항 제4호에서 순연자산의 하나로 정의되고 있는 「시험연구비」는 새로운 제품의 제조 또는 새로운 기술의 발명과 관련된 시험 연구를 위해서 특별히 지출하는 비용으로 여겨지고 있어 약간 범위가 차이가 난다.

109) 시험연구비 비율은 「(당기의 시험연구비)÷(당기를 포함한 4년간의 평균매상금액)」을 말한다(措法42의4⑪二). 이 시험연구비 비율이 10%미만일 때는 「(당기의 시험연구비)×(해당 시험연구비 비율×0.2＋0.08)」이 공제대상법인세액이다(措法42의4①).

험 연구비의 금액(직전의 3년분의 시험연구비의 평균액)을 넘고, 기준시험연구비의 금액(직전의 2년분의 시험연구비의 합계액)을 넘는 경우에는 비교시험연구비를 상회하는 시험연구비 액수의 5%상당액이 추가로 세액공제된다(措法42의4⑨,⑪ 九·十).

(米津 航)

5. 소용없게 된 소프트웨어 개발비의 세무

Q 당사는 대폭적인 비용삭감을 목표로 자사 전용의 업무용 소프트웨어 자체제작을 시작하여 대략 2년의 개발기간을 거쳐 그 개발에 성공했습니다. 이 자체제작 프로젝트에는 당사의 기술자 3명이 참가하고 있어, 각각 대략 전체 노동시간의 50%씩의 시간을 동 프로젝트를 위해서 사용하여 왔습니다. 당사는 상기 기술자 3명의 급여의 전액을 그 지불시에 손금으로 계산해 왔는데, 이러한 취급이 세무상으로도 인정되는 것입니까?
또한, 개발기간 도중에 계획의 변경이 있어 그 이전의 작업이 모두 소용없게 되어 버렸을 경우에는, 세무상 어떻게 취급하면 좋은가요?

A 소프트웨어 개발에 참가한 기술자의 급여에 대해서는 원칙적으로 소프트웨어 개발에 소요된 시간에 상당하는 분(50%상당분)의 금액을 소프트웨어의 취득가격에 포함하여야 하나, 소프트웨어의 개발에서 전혀 도움이 되지 않은 시간에 상당하는 분의 노무비는 연구개발비(순연자산)로 하여 임의상각하는 것이 세무상으로도 인정됩니다.

해 설

1. 개발기간에서의 자사 기술자의 급여취급

앞의 전문에도 있는 바와 같이 자사개발의 소프트웨어에 대해서는《제작 등에 필요로 한 원재료비, 노무비 및 경비+사업용으로 제공하기 위해서 직접 필요로 한 비용=취득가격》으로 하는 것으로 되어 있다(法令54①二, 法基通7-3-15의2).

따라서 기술자 3명 각각의 전 노동시간의 50%씩의 시간에 상당하는 급여는 그 지불시에 세무상 손금으로 하는 것은 인정되지 않고, 이 소프트웨어의 취득가격으로 하여야 한다. 그리고 자사 이용을 위한 업무용 소프트웨어이면 잔존가액 제로로서 5년에 상각하게 된다(耐令別表 3「기타」, 同10).

2. 개발도중에 계획 변경이 있어 이전작업이 소용없게 되었을 경우

본질문과 같이 개발도중에 계획 변경이 생겨 그 이전의 작업이 모두 소용없게 된 것 같은 경우에는 그러한 작업에 필요로 한 노무비나 경비는 후에 완성한 소프트웨어 취득에 대한 공헌이 전무하여 취득가격으로 하는 것이 적절하지는 않다. 이 경우 법인세기본통칙 7-3-15의 3에서는 자사이용 소프트웨어에 대해서 연구개발비로 그 이용에 의해 장래의 수익획득 또는 비용삭감 되지 않을 것이 분명한 것은 취득가격에 포함시키지 않을 수 있다고 한다(앞의 질문 참조).

이 점, 기업 회계에서 그 소프트웨어 이용에 의해 장래의 수익획득 또는 비용삭감이 확실하다고 인정받지 못한 경우 또는 확실한지 여부가 불명한 경우에는 연구개발비로 여겨져 소프트웨어의 취득가격에 포함하지 않는 것과는 약간 달리 취급되고 있다.[110][111]

---

110) 연구개발비 등과 관련되는 회계기준42

111) 연구개발비 및 소프트웨어의 회계처리에 관한 실무지침 11은「장래의 수익획득 또는 비용삭감이 확실하다고 인정되는 경우, 무형고정자산에 계상하여 확실하다고 인정받지 못한 경우 또는 확실한지 여부가 불명한 경우에는 비용처리한다」고 하고 있다. 이것에 비해, 법인세기본통칙 7-3-15의 3은「장래의 수익획득 또는 비용삭감되지 않는 것이 분명한 것」에 한해서, 비용계상을 인정하고 있을 뿐이다. 따라서 장래

3. 연구 개발비의 세법상의 취급

기업회계에서 말하는 연구개발비는 법인세법상, ① 시험연구비(法令14①三. 새로운 제품의 제조 또는 새로운 기술의 발명과 관련되는 시험연구를 위해서 특별히 지출하는 비용을 말한다)와 개발비(法令14①四. 새로운 기술 혹은 새로운 경영 조직의 채용, 자원의 개발, 시장개척 또는 새로운 사업 개시를 위해서 특별히 지출하는 비용을 말한다)로서 규정되어 있어 「순연자산」(법인이 지출하는 비용 중 지출의 효과가 그 지출일 이후 1년 이상에 이르는 것으로 열거되고 있음)에 해당한다. 그 상각한도액은 「그 순연자산의 금액」이라고 여겨지고 있기 때문에(法令64①一) 결국 전액을 일거에 손금으로 하는 것도 가능하다(임의상각).

4. 본 질문의 정리

본 질문에서는 계획변경이 없었던 경우에는 기술자 급여의 50%상당액이 소프트웨어의 취득가격이 된다.

한편 계획변경이 있어 그 이전의 작업이 소용없게 되었을 경우, 계획변경 이전의 급여에 대해서는 전액을 임의상각으로 하는 것이 가능하고, 계획변경 이후의 급여의 50%를 소프트웨어의 취득가격으로 하면 충분하다.

(米津 航)

의 수익획득 또는 비용삭감이 확실한지 여부가 불명한 경우에는 기업회계 상은 비용계상되는데 비해, 상기법인세기본통칙은 비용계상이 인정받지 못하게 되어 양쪽의 취급에 차이가 생긴다. 법인세법 제22조 제4항에 의하면 법인세의 계산은 「일반적으로 공정타당이라고 인정되는 회계처리의 기준」에 따르는 취지가 규정되고 있기 때문에, 법인세법은 연구개발비에 해당하는 비용을 자산계상하지 않는 것으로 하고 있는 기업회계 상의 취급을 그대로 인정하는 취지라고 생각하는 것이 합리적이다. 이와 같이 해석하면, 장래의 수익획득 또는 비용삭감이 여부가 불명한 경우에 한해서 비용계상을 인정하는 상기 통칙은 이 법인세법의 규정에 반하는 것은 아닌가하는 의문이 생긴다.

6. 소프트웨어의 일괄구입과 리스거래의 세무

Q 당사는 국내의 소프트웨어 회사로부터 사내업무용으로 고액의 소프트웨어 도입을 생각하고 있습니다. 일괄로 구입하는 방법과 임대회사를 이용하는 방법의 두 가지를 비교 검토하고 있는데, 그 세무상의 차이에 대해 가르쳐 주세요. 또, 정보기반강화세제의 적용으로 차이가 발생합니까?

A 귀사가 소프트웨어를 구입했을 경우 귀사는 해당 소프트웨어를 자산으로 계상하여야 하고, 세무상 당해년도에 있어 손금산입 가능한 비용은 감가상각비 및 해당 소프트웨어에 관한 차입금의 이자 등의 비용에 한정됩니다.

한편, 귀사가 소프트웨어를 임대회사로부터 임대했을 경우, 해당 임대가 일정한 요건을 충족하면 귀사는 해당 소프트웨어를 자산 계상할 필요가 없고, 당해년도에 있어 세무상의 임대요금 전액을 비용으로서 손금에 산입할 수 있습니다.

그리고 정보기반강화 세제의 적용은 소프트웨어를 구입하는가, 임대를 이용하는가에 의해 특례 적용을 받기 위한 대상설비(소프트웨어 등)의 금액요건, 특례의 내용이 다음과 같이 다릅니다.

해 설

1. 소프트웨어의 세무상 취급

1-1. 구입의 경우

소프트웨어는 세무상 무형고정자산으로서 취급된다(法法2二十三, 法令13八リ. 한국법인세법23②, 동법시행령24①ii).

<table>
<tr><th colspan="2"></th><th>구입하는 경우</th><th>임대이용하는 경우</th></tr>
<tr><td rowspan="3">대상설비금액요건</td><td>자본금 1억엔 이하의 법인</td><td>년간투자액의 합계가 300만엔 이상</td><td>년간 임대비용이 420만엔 이상</td></tr>
<tr><td>자본금 1억엔 초과 10억엔 이하의 법인</td><td>년간투자액의 합계가 3,000만엔 이상</td><td>적용없음</td></tr>
<tr><td>자본금 10억엔 초과의 법인</td><td>년간투자액의 합계가 1억엔 이상</td><td rowspan="2">임대비용의 총액의 42% 상당액의 10%의 세액공제 한정</td></tr>
<tr><td colspan="2">특례의 내용</td><td>통상의 감가상각에 기준취득가액 (취득가액의 70%)의 50% 증액 (특별상각) 또는 기준취득가액의 10% 세액공제(특별공제)의 선택</td></tr>
</table>

따라서 구입한 소프트웨어는 취득가격으로 자산으로서 계상되고, 취득가격을 해당 사업년도에 그대로 손금산입할 수 없다. 소프트웨어를 구입한 법인은 다른 무형고정자산과 같이 정액법에 근거해, 취득가격에서 잔존가액을 공제한 금액에 사용년수에 따른 상각율을 곱하여 감가상각비를 계산해, 이것을 각 사업년도에서의 손금으로 해서 계상하게 된다(法法31①, 法令48①一イ(1), 法令48①四. 한국법인세법 시행령26① i).

그리고 소프트웨어의 취득가격은 구입비, 운송료·구입 수수료 등 구입에 필요로 한 비용의 액수 및 도입을 위한 설정작업이나 자사의 사양에 맞추기 위한 수정작업의 비용 등, 사업용으로 제공하기 위해서 직접 필요로 한 비용의 액수의 합계 금액이 되어(法令54①), 잔존가액은 「제로」가 된다(耐令別表10). 사용년수는 이용목적에 의해서 3년(복사해서 판매하기 위한 원본, 연구개발용의 것) 또는 5년(그 이외의 것)으로 정해져 있다(耐令別表 3).

또한 차입이자 등이나 조세공과 등은 취득비에 포함할 수도 있고, 각 사업년도에 있어서의 기간비용으로 할 수도 있다(法基通7-3-1의 2, 7-3-3의 2(1)).

1-2. 임대의 경우

한편, 소프트웨어를 임대한 법인은 해당임대가 세무상 「임대차로 여겨지는 임대거래」(Q8(2-4) 참조)에 해당하면, 임대비용전액을 손금산입하는 것이 인정된다.

또한 해당임대가 「매매로 되는 임대거래」(法令136의3①)에 해당하는 경우는 세무상 전술의 소프트웨어 구입의 경우에 준한 취급이 이루어진다(法令135의 3①, 法基通12의 5-2-15, 12의 5-2-16).

2. 정보기반강화세제

정보기반강화세제는 정보보안을 확보하고 국제경쟁력을 강화하기 위해서, 2006년도 세제개정에 의해 2년간의 시한조치로 창설된 제도이다. 청색신고서를 제출하고 있는 법인이 2006년 4월 1일부터 2008년 3월 31일까지의 지정기간 내에 산업경쟁력의 향상에 이바지하는 일정한 정보보안 대책대응설비 등을 취득해 국내 사업용으로 제공했을 경우, 세액공제(10%) 또는 특별상각(50%)의 선택 적용이 인정된다(措法42의11).

정보기반강화세제의 적용요건 및 특례의 내용도 구입의 경우와 임대의 경우로 달라진다.112)

2-1. 정보보안 대책대응설비 등

대상이 되는 정보보안대책대응설비 등은 제조되고 나서 한번도 사용되지 않은 국제표준화기구 및 국제전기표준회의의 규격인 ISO/IEC15408 인증을 받은 이하의 것이다(措法 42의 11, 措規20의 5의 2).

① 서버용의 operating system(이것과 동시에 설치되는 서버도 포함한다)

② 데이타베이스 관리 소프트웨어(이것과 동시에 설치되는 응용프로그램

---

112) 또한, 정보기반강화세제는 「매매로 되는 임대거래」(法令136의3①)와는 관계없는 것으로, 취득인가 임대인가를 기준으로 적용된다. 따라서 법인세법상은 매매로 취급되는 임대거래여도 정보기반강화세제의 적용에 있어서는 매매로서 취득으로 취급되는 것이 아니고 임대로서 다루어지며 조세특별조치법시행령 제27조의11 제5항의 요건을 충족하는 임대인지 여부가 판단되게 된다.

도 포함한다)

③ 방화벽(fire wall)소프트웨어 · 방화벽(fire wall)장치(① 또는 ②와 동시에 설치되는 것에 한정한다)

2-2. 그 외의 요건

■ 구입의 경우

청색신고서를 제출하는 법인이 상기 정보보안대책대응설비 등을 구입했을 경우, 특례의 대상이 되는 것은 해당 법인의 정보보안대책대응설비 등에의 연간 투자액이 해당 법인의 자본금 또는 출자금의 액수에 따라서 결정할 수 있는 이하의 금액 이상의 경우이다(措法42의 11, 措令27의 11①).

자본금 또는 출자금의 액수	년간의 투자액
1억엔 이하의 법인	300만엔
1억엔 초과 10억엔 이하의 법인	3,000만엔
10억엔 초과의 법인	1억엔

■ 임대의 경우

한편, 청색신고서를 제출하는 법인이 상기 정보보안대책대응설비 등을 임대했을 경우, 해당 법인의 자본금 또는 출자금의 액수가 1억엔을 초과하는 경우는 이 특례의 대상이 되지 않는다. 대상이 되는 것은 이하의 모든 요건을 충족했을 경우에 한한다(措法42의 11, 措令27의 11 ⑤·⑥).

자본금 또는 출자의 액수 ………… 1억엔 이하
임대기간 중의 임대비용 ………… 총액420만엔 이상
임대계약 기간 ………………………… 4년 이상이고 사용년수를 초과하지 않는 것

2-3. 특례의 내용

■ 구입의 경우

정보보안대책대응설비 등을 구입한 법인이 특례적용을 받는 경우, 해

당 정보보안 대책대응설비 등의 기준취득가격(취득가격의 70%)의 50%을 통상의 감가상각(보통감가상각)에 추가하여 특별상각으로서 감가상각하는지, 해당 정보보안대책대응설비 등의 기준취득가격의 10%의 세액공제(특별세액공제)를 하는지(다만, 해당 법인의 법인세액의 20%상당액을 한도) 선택할 수 있다(措法42의 11 ①·②). 어느 쪽을 선택하는 편이 해당 법인에게 유리한지의 여부는 법인마다 다르나, 특별상각은 보통상각을 앞당길 뿐이지만 특별세액공제는 초년도에 세액공제를 받은 다음, 이듬해 이후도 보통상각의 손금산입이 가능하기 때문에 일반적으로는 특별세액공제를 선택하는 편이 유리한 경우가 많다고 생각된다.

또한 해당 법인이 특별세액공제를 받는 경우 해당 법인이 해당 정보보안대책대응설비 등을 취득했는지 임대했는지와 관계없이, 특별세액공제 중 해당 사업년도에서 다 공제할 수 없었던 금액(세액공제한도 초과액)이 있으면 이것을 1년간 이월할 수 있다(措法42의 11④·⑤).

■ 임대의 경우

한편, 정보보안대책대응설비 등을 임대한 법인이 특례의 적용을 받는 경우, 해당 정보보안대책대응설비 등의 임대비용 총액의 42%에 10%을 더한 액수의 세액공제(특별 세액공제)를 하는 것(다만, 당해법인 법인세액수의 20%상당액을 한도로)만이 할 수 있다(措法42의 11③).

특별세액공제 중 해당 사업년도에 다 공제할 수 없었던 금액(세액공제한도초과액)을 1년간 이월할 수 있는 것은 구입의 경우와 같다(措法42의 11④·⑤).

3. 요 약

소프트웨어를 구입하는지, 임대하는지에 따라 세무상의 취급은 상술한 바와 같이 크게 다르기 때문에 귀사에 있어도 구체적인 사정에 근거해, 어느 쪽이 자사에게 유리한지 잘 검토할 필요가 있다.

(矢向 孝子)

7. 세법상 임대차로 여겨지는 리스거래의 요건

Q **당사는 국내의 소프트웨어 회사로부터 사내업무용으로 고액의 소프트웨어를 도입하는 것에 대해, 리스거래 형태를 생각하고 있습니다. 리스거래의 조건에 따라서는 세무상, 임대차 거래라고 인정되지 못하고 매매거래로서 취급된다고 들었는데, 해당 임대가 세무상 임대차 거래로 취급되기 위해서는 어떠한 점에 주의하면 좋은가요?**

A 귀사의 리스거래가 중도해약 불능으로 전액 지불을 완납한 경우 세무상으로도 임대차거래라고 인정되기 위해서는 이하의 요건을 충족시킬 필요가 있습니다(중도해약 가능한 경우나, 지불완납이 아닌 경우는 이하의 요건과 관계없이 임대차거래라고 인정됩니다).

① 리스기간 종료시 또는 리스기간 중에 해당 소프트웨어가 무상 또는 명목적인 대가의 액수로 해당 임차인에 양도되지 않을 것

② 해당 임차인에게 리스기간의 종료시 또는 임대기간 중에 해당 소프트웨어를 현저히 유리한 가액으로 매입할 권리가 주어지지 않을 것

③ 해당 소프트웨어가 그 사용가능기간 중에 해당 임차인에 의해서만 사용된다고 전망되지 않고, 소프트웨어의 식별이 곤란하다고 인정되지 않았을 것

④ 소프트웨어리스거래의 기간이 다음의 어느 것 중의 임대기간일 것

(a) 해당 소프트웨어의 사용년수와 임대기간이 합치하고 있는지, 리스기간이 해당 소프트웨어의 사용년수 이상이고 해당 사용년수의 100분의 120 이하의 것

(b) 리스기간이 하드웨어의 사용년수를 기준으로 하드웨어와 일체로 설정되어 거래되고 있는 것

■ 해 설

1. 임대거래

- 임대차거래 (넓은 의미)
  - 임대차거래 (좁은 의미)
  - 임대거래
    - 매매로 인정되는 리스거래
    - 금전의 임차로 인정되는 거래
    - 임대차로 인정되는 리스거래

위의 그림과 같이, 자산의 임대차거래는 세무상, (좁은 의미) 임대차거래와 임대거래로 분류된다. 세무상 「임대거래」로 다루어지는 것은 이하의 2개의 요건을 모두 충족하는 거래만으로, 그 이외의 임대차거래는 세무상 (좁은 의미) 임대차거래로 분류된다(法令136의 3③, 法基通12의 5-1-1에서 12의 5-1-3).

① 계약기간 중의 중도해약을 할 수 없을 것 또는 이것에 준할 것(중도해약 불능의 요건)

② 임차인이 임대자산의 경제적 이익을 실질적으로 향수할 수 있고 해당자산의 사용에 따라 생기는 비용을 실질적으로 부담할 것으로 되어 있는 거래(지불완납 요건)

상기 중 어느 쪽인가의 요건을 채우지 않는 경우 세무상의 리스거래에는 해당하지 않고, 세무상(좁은 의미) 임대차거래로서 취급되어 예외없이 임차료를 지출시의 손금으로 해서 계상할 수 있다.

게다가 세무상의 리스거래 가운데 일정한 요건을 충족할 것이《매매로 되는 리스거래》(법령136의3②) 또는《금전의 대차로 되는 리스거래》(法令136의3②)로 취급되어, 각각 해당 자산의 매매가 행해진 경우, 해당 자산을 담보로 금전의 소비대차를 했을 경우에 준한 세무상의 취급이 된다. 한편, 그 어느 것에도 해당하지 않는 리스거래는 원칙적으로 세무상으로도 임대차거래로 다루어진다.

본 질문에서는 세무상《매매로 되는 리스거래》나 세무상《임대차로 여겨지는 리스거래》인가 하는 것이 문제가 되기 때문에, 이하에서는《매매로 되는 리스거래》와《임대차로 되는 리스거래》의 판단 기준에 대해 살펴봄과 아울러, 그 판단 기준이 소프트웨어 거래에 어떻게 적용되는지에 대해서 검토한다.

2. 매매로 되는 리스거래

세무상 리스거래에 해당하는 임대차 거래 가운데, 이하의 네 가지 요건 중 하나에 해당하는 것이《매매로 되는 리스거래》에 해당한다(法令136의3①, 法基通12의5-2-1 내지 12의 5-2-17). 반대로 말하면《임대차로 되는 리스거래》에 해당하기 위해서는 이하의 네 가지 요건 모두에 해당하지 않아야 한다.

① 리스기간 종료시 또는 리스기간의 중도에 리스자산이 무상 또는 명목적인 대가의 액수로 해당 임차인에 양도되는 경우(法令136의3①一).

② 해당 임차인에 대해 리스기간 종료시 또는 임대기간 중도에 리스자산을 현저히 유리한 가액으로 매입할 권리가 주어지고 있는 경우(法令136의3①二).

③ 리스자산의 종류, 용도, 설치의 상황 등에서 리스자산이 그 사용가능기간 중 해당임차인에 의해서만 사용된다고 전망되는 경우 또는 리스자산의 식별이 곤란하다고 인정되는 경우(法令136의3①三).

④ 리스기간이 리스자산의 사용년수에 비교해 상당한 차이가 있는 경우(해당 임대인 또는 해당 임차인의 법인세 또는 소득세의 부담을 현저하게 경감하게 된다고 인정되는 것에 한정한다. 法令136의3①四).

또한 상기 네 가지 요건 중 하나에 해당하는 리스거래는 세무상 매매로 취급되기 때문에, 임차인은 임차료를 지출시의 손금으로 해서 계상하지 못하고 대상자산을 감가상각자산으로 해서 계상하여야 한다.

3. 소프트웨어 리스거래

상기의《매매로 되는 리스거래》의 판단 기준은 유형자산의 임대차를 전제로 하고 있다. 그런데 소프트웨어는 무형자산이기 때문에 소프트웨어의 식별, 전용성의 판정, 사용 상태의 확인은 곤란하고, 리스기간 종료 시의 소프트웨어 반환·폐기·소거의 방법 등도 불명확하다.

그러한 소프트웨어의 특성을 고려해서 소프트웨어리스거래와 관련되는 세무상 취급에 대해서는 2000년에 사단법인 리스사업협회로부터 국세청에 행해진 질의에 대한 국세청의 회답이 국세청의 홈페이지상에 공표되고 있다(「소프트웨어리스거래와 관련되는 세무상 취급에 관한 질의응답」(2000년 12월 게재)).

3-1. 「소프트웨어리스거래와 관련된 세무상 취급에 관한 질의응답」의 내용

이 질의응답에 대해서는 소프트웨어리스거래의 기간이 다음 중 어느 리스기간이면 해당 소프트웨어리스거래는 법인세법시행령 제136조의3 제1항의《매매로 여겨지는 리스거래》에 해당하지 않고,《임대차로 되는 리스거래》에 해당한다고 할 것이다.

(a) 해당 소프트웨어의 사용년수와 리스기간이 합치하고 있는 것(예시 : 5년의 것) 또는 해당 소프트웨어의 사용년수 이상이거나 해당 사용년수의 100분의 120이하의 것(예시 : 5년 이상 6년 이하의 것)

(b) 리스기간이 하드웨어의 사용년수를 기준으로서 하드웨어와 일체로 설정되어 거래되고 있는 것(예시 : 하드웨어의 사용년수 6년의 경우, 4년(6년×70%)이상 6년(5년×120%) 이하의 것)[113]

이러한 요건은 통상의 리스세제 리스기간의 요건(法令 136의3①四, 法基

113) 이 4년 이상 6년 이하라는 년수는 사용년수의 보다 긴 하드웨어의 사용년수 6년에, 법인세기본통칙 12의 5-2-7(1)에 준해 100분의 70을 곱해 사용년수보다 짧은 소프트웨어의 사용년수 5년에 동 통칙 12의 5-2-7(2)에 준해 100분의 120을 곱해 산출되고 있다고 생각된다.

通 12의 5-2-7)에 준한 내용이 되고 있다. 그리고 「리스기간이 하드웨어의 내용연수를 기준으로 하드웨어와 일체로 설정되어 거래되고 있는 것」이란 하드웨어와 일체로 사용되는 것이고, 리스거래의 상황 등으로 볼 때 리스기간 종료시에 반환 · 사용종료 등 또는 재리스가 하드웨어와 동시 부수적으로 행해지는 것을 의미하는 것으로 되어 있다.

실무는 이상의 (a)와 (b)의 두 가지 요건을 전제로 소프트웨어리스거래의 세무상 취급에 대해서 판단하고 있는 것 같다.

3-2. 소프트웨어리스거래가 《매매로 되는 리스거래》 인지 《임대차로 되는 리스거래》 인지의 판단기준

그러나 상기의 질의응답에 의해 「매매로 되는 소프트웨어리스거래」의 판단 기준이 상기(a)와 (b)의 두 가지 요건으로 좁혀졌다고 판단하는 것은 경솔한 생각이다. 소프트웨어리스거래에 대한 세무상 취급은 어디까지나 법률과 법률의 위임을 받은 정령에 근거해 판단될 필요가 있다. 상기 질의응답은 법령해석의 지침에 지나지 않는다.

그리고 상기 질의응답을 잘 읽으면 동 질의응답이 전제로 하고 있는 소프트웨어리스거래가 이하 내용의 거래인 것을 알 수 있다.

(c) 리스회사가 메이커 등(저작자, 판매자 등)과의 사이에 「소프트웨어 이용권(무형고정자산) 설정계약」에 근거해 이용권을 취득하고 그 소프트웨어 이용권을 리스계약에 근거해 이용자에게 재허락하는 임대차거래

(d) 이용자가 이용하기 위해서 개발한 소프트웨어의 이용권 또는 이용자가 사용하기 위해서 제조업자 등이 개발한 소프트웨어(이른바 범용소프트웨어를 포함한다)의 이용권을 대상으로 하는 임대차거래

(e) 해당 리스계약의 종료시 또는 중도해약시에 임차인이 해당 소프트웨어의 이용을 종료하는 취지를 기재한 서면이 리스회사에 교부되어 반환·폐기하는 임대차거래

그리고 (a) 내지 (e)의 다섯 가지 요건을 법인세법시행령 제136조의 3 제1항의 4가지 요건과 비교하면, (a) 및 (b)의 요건은 동 제4호의 요건에,

(c) 및 (d)은 동 제3호의 요건에, (e)는 동 제1호 및 제2호의 요건에 각각 대응하고 있다고 생각된다. 동 질의응답은 전제로 하는 소프트웨어리스 거래를 정의하는데 있어서 그 대상이 되는 「소프트웨어리스거래」를 법인세법시행령 제136조의3 제1항 제1호 내지 제3호의 요건에 해당하지 않는 거래로 한정함과 함께, 더욱이 동항 제4호의 요건에 해당하지 않기 위한 조건을 논의하고 있다.

이것에서도 알 수 있듯이 상기 질의응답은 법인세법시행령 제136조의 3 제1항 제4호의 리스기간의 요건에 대한 해석에 지나지 않고, 소프트웨어리스거래여도 법인세법시행령 제136조의 3 제1항 각 호 요건의 적용이 제외되고 있는 것은 아님에 유의할 필요가 있다.

4. 정 리

귀사가 도입예정인 소프트웨어리스거래가 세무상의 「리스거래」에 해당할지 확인할 필요가 있다. 귀사가 도입예정인 소프트웨어의 리스계약이 중도해약 불능의 요건과 전액완불의 요건의 하나를 충족하지 않으면 해당 리스거래는 세무상 「리스거래」에 해당하지 않고, 세무상(좁은 의미) 임대차 거래로서 다루어진다. 또, 이 두 가지 요건을 충족하는 경우에도 이하의 네 가지 요건을 모두 충족하는 경우에는 세무상《임대차로 되는 리스거래》에 해당하여 임차료 전액을 지출시의 손금으로 계상할 수 있다.

① 리스기간 종료시 또는 리스기간 중에 해당 소프트웨어가 무상 또는 명목적인 대가의 액수로 해당 임차인에 양도되지 않는 것

② 해당 임차인에 대해 리스기간의 종료시 또는 리스기간 중에 해당 소프트웨어를 현저히 유리한 가액으로 매입할 권리가 주어지지 않은 것

③ 해당 소프트웨어가 그 사용가능기간 중 해당 임차인에 의해서만 사용된다고 여겨지지 않고, 소프트웨어의 식별이 곤란하다고 인정받지 못한 것

④ 소프트웨어리스거래의 기간이 다음의 몇 가지의 리스기간인 것

(a) 해당 소프트웨어의 사용년수와 리스기간이 합치하고 있는지,

리스기간이 해당 소프트웨어의 사용년수 이상이고 해당 사용년수의 100분의 120 이하의 것

(b) 리스기간이 하드웨어의 사용년수를 기준으로서 하드웨어와 일체로 설정되어 거래되고 있는 것

[참고문헌]

· 小山真輝 편저 「법인세기본통칙 축조해설(4정판)」(세무연구회, 2006년)

(矢向 孝子)

8. 소프트웨어의 제거

Q **당사는 동업종의 타사와 자본 제휴함에 있어서 회계시스템의 통합을 생각하고 있습니다. 통합후의 회계시스템은 현재의 시스템과는 전혀 호환성이 없기 때문에 통합 후에는 현 시스템 전용의 소프트웨어를 사용할 일은 없습니다. 이러한 경우에 현 시스템 전용 소프트웨어의 세무상의 처리에 대해서는 어떻게 생각하면 좋은가요?**

A 귀사의 현 시스템 전용의 소프트웨어는 향후는 이용하지 않게 되는 것이 분명하기 때문에, 귀사는 해당 소프트웨어를 제거 처리하고 장부 가격을 손금 산입할 수 있습니다.

해 설

1. 소프트웨어의 매각

소프트웨어에 대해서 데이터의 기록매체나 시스템 사용서 등의 물리적인 제기, 폐기, 소멸 등을 하지 않는 경우에도 해당 소프트웨어를 향후의 사업용으로 제공하지 않으리라는 것이 명백한 사실이 있을 때에는

세무상 해당 소프트웨어의 장부가격(처분예상 가액이 있는 경우에는 이것을 공제한 잔액)을 손금의 액수에 산입하는 것이 인정되고 있다(法基通7-7-2의 2). 이것은 소프트웨어의 이용을 폐지했을 경우여도 소프트웨어는 무형자산이며 반드시 물리적인 제거를 동반한다고는 할 수 없고, 또 만일의 경우 백업을 위해서나 판매한 상품의 견본으로서 해당 소프트웨어를 보존해 두는 경우가 있기 때문이다.

그리고 상기법인세 기본통칙에서는 「향후 사업용으로 제공하지 않는 것이 명확한 사실」로서 이하와 같은 경우를 들 수 있다.

① 자사 이용의 소프트웨어

그 소프트웨어에 의한 데이터 처리대상이 되는 업무가 폐지되어 해당 소프트웨어를 이용하지 않게 된 것이 분명한 경우 또는 하드웨어나 관리시스템의 변경 등에 의해서 다른 소프트웨어를 이용하게 되어, 종래의 소프트웨어를 이용하지 않게 된 것이 분명한 경우

② 복사해서 판매하기 위한 원본이 되는 소프트웨어

신제품의 출현, 버전 업 등에 의해 향후 판매하지 않을 것이 사내회람, 판매유통업자에 대한 통지문서 등으로 분명한 경우

상기 제거에 의한 손금의 계상은 해당 사실이 발생한 날이 속하는 사업년도에 할 필요가 있다. 제거손해는 반드시 사용이나 판매를 중지한 날이 속하는 사업년도에 계상해서는 안되고, 해당 소프트웨어를 이후 사용하지 않는 것이 밝혀진 날 또는 이후 해당 소프트웨어를 복사해 판매하지 않는 것이 밝혀진 날이 속하는 사업년도에 계상할 필요가 있음에 주의가 필요하다.

2. 소프트웨어 삭제할 때 유의점

또, 소프트웨어는 눈에 보이지 않는 형태로 존재하기 때문에 제거의 판단이 어렵고, 해당 소프트웨어가 이후 사업용으로 제공되지 않는 것을 증명할 수 있도록 준비해 두는 것이 필요하다.

구체적으로는 해당 소프트웨어의 사용폐지의 사실, 소프트웨어로서의

본래의 사용가치를 잃은 사실을 소명할 수 있도록, 제거에 이르는 경위·사후 처리가 기재된 자료(제거를 결정할 때의 사내회람 그 외의 사내문서), 해당 소프트웨어의 사용가치가 없어진 것, 해당 소프트웨어가 그 후 사업용으로 제공되고 있는 소프트웨어와는 무관하다고 하는 것을 알 수 있는 자료(해당 소프트웨어의 사용서, 시스템 이관 때의 사양비교표 등)를 작성, 보존해 두는 것이 생각된다.

3. 정리

귀사의 현 회계시스템 전용 소프트웨어는 자사 이용의 소프트웨어에 해당한다. 그리고 귀사는 동업종 타사와의 회계시스템 통합을 예정하고 있어, 통합 후의 회계시스템과 현재의 회계시스템은 전혀 호환성이 없고 통합 후, 현 회계시스템 전용의 소프트웨어 이용의 가능성은 없다는 것이기 때문에, 「관리시스템의 변경 등에 의해 다른 소프트웨어를 이용하게 되어, 종래의 소프트웨어를 이용하지 않게 된 것이 분명한 경우」에 해당한다고 생각된다. 따라서 귀사는 회계시스템의 통합을 한 사업년도에 해당 소프트웨어를 제거 처리하고 장부가격을 손금 산입할 수 있다.

그리고 증거를 남긴다는 관점에서는 회계시스템의 통합에 관한 합의서·사내문서, 제거를 결정한 사내회람, 통합전의 시스템과 통합 후의 시스템 양쪽 모두의 사용서, 제거하는 소프트웨어와 시스템 통합 후에 사용되는 소프트웨어 양쪽 모두의 사용서, 호환성의 점검데이터 등을 보존해 두는 것이 필요하다고 생각된다.

[참고문헌]

· 小山 真輝 편저 「법인세기본통칙 축조해설(4정판)」(세무연구회, 2006년)

(矢向 孝子)

제 3 절 국제소프트웨어개발거래의 세무

9. 중국법인에 의한 소프트웨어개발의 세무

Q 당사는 소프트웨어의 개발업무에 종사하고 있는데 그 개발비를 삭감하기 위해서 개발업무의 일부를 중화인민공화국의 법인에 위탁하기로 했습니다. 해당 중국법인은 일본에 지점 등의 거점은 없고, 개발업무를 주로 중국 국내에서 행하는데 중국인 기술자가 정기적으로 일본을 방문해 일본에서 당사의 기술자와 공동으로 협의를 행합니다. 당사가 해당 중국법인에 지불하는 개발위탁료에 대해 원천징수가 필요합니까?

A 원천징수의 필요는 없으나 개발위탁료의 지불전에 「조세조약에 관한 신고서」를 제출할 필요가 있습니다.

해 설

1. 국제적인 과세문제의 검토방법

1-1. 원천징수제도

소득세의 원천징수제도는 납세의무자로부터 직접 조세를 징수하는 것이 곤란한 경우, 능률적이고 확실히 조세를 징수할 필요가 있는 경우 등에 조세의 징수를 확보하기 위해서 채용되고 있는 제도이다. 원천징수제도에서는 특정소득의 지불자(원천징수의무자)는 본래의 납세의무자가 지불할 때에 소정의 소득세액을 공제하고 징수해 일정한 기한 내에 국가에 납부하는 것이 의무 지워진다. 이와 같이, 원천징수의무자는 본래의 납세의무자의 입장에서 보면 국가를 위한 조세의 징수기관이며, 국가의 입장에서 보면 본래의 납세의무자를 대신해 조세를 납부하는 자라는 이중의 성격을 갖고 있다.[114] 특히, 원천징수제도의 관계에서는 본래의 납세의무자는 지불자가 원천징수를 실시하는 것을 수인할 의무를 지는 것일 뿐, 국가에 직접적인 징수 납부의무를 지는 것은 어디까지나 지불자인 점에 주의할 필요가 있다.

이러한 원천징수제도에 관한 일반적인 설명은 내국법인의 외국법인에 대한 소득 지불이 원천징수의 대상이 되는 경우에도 동일하다. 즉, 이 경우 소득세의 원천징수는 본래의 납세 의무자인 외국법인에 대신하여 지불자인 내국법인이 소득세를 징수해 국가에 납부하는 구조를 의미하기 때문에, 해당소득에 대해 외국법인이 일본에서 소득세의 납세의무를 지는 것이 전제가 되어 있다. 그리고 이러한 외국법인의 소득세 납세의무의 문제를 보다 잘 이해하기 위해서는, 결국 외국법인이 취득하는 소득이 일본에서 어떻게 과세되는가 하는 문제 전반을 해명할 필요가 있다.

1-2. 국내세법 하에서의 외국법인의 소득과세

내국법인의 경우와 대비하면서 국내세법 하에서 외국법인이 취득하는 소득에 대해 일본에서 어떻게 과세되는지를 극히 간단하게 설명하면 다음과 같다.

내국법인은 각 사업년도의 모든 소득에 대해서 법인세를 징수당하고(法法4①, 5. 한국법인세법3), 배당, 이자 등의 일부소득에 대해서는 소득세를 원천징수당한다(所法5②, 174. 한국소득세법127). 이러한 원천징수세는 법인세의 선불이라고 생각되기 때문에 법인세액으로부터 공제되는 구조를 취하고 있다(法法68. 한국법인세법73).

이에 대해, 외국법인은 모든 소득이 아니고 일본 내에 원천이 있는 소득(이것을 「국내원천 소득」[115]이라고 부른다)에 대해서만 일본에서 과세된다

---

114) 金子宏 「조세법(제11판)」(弘文堂, 2006년) 716면

115) 소득세법 제161조와 법인세법 제138조(한국법인세법93)는 소득의 종류와 소득의 원천지에 관한 원칙을 정하는 것에 의해, 이하의 도표대로 국내 원천 소득을 정의하고 있다. 이 두 가지의 조문을 대비하면 소득세법 제161조 제8호(개인의 국내에서의 인적역무 제공의 대가인 급여 등)에 상당하는 조항이 법인세법에 존재하지 않기 때문에 일부 호수가 다른 점 및 소득세법 제161조 제1호가 세분화되어 제1호의 2와

(法法4②, 9, 138, 所法5④, 161. 한국법인세법13, 한국소득세법1). 게다가, 외국법인이 일본 내에 지점 등의 거점(이것들을 일반적으로 「항구적 시설(Permanent Establishment)」[116]이라고 부르며 PE로 약칭한다)을 가지고 있는지 여부, 어떤 종류의 국내원천소득을 얻었는가에 따라 과세의 방식이 원천징수, 법인세 과세, 원천징수와 법인세 과세의 편성의 어느 쪽인가로 나뉜다. 특히 주의해야 할 것은 외국법인이 일본 내에 PE를 가지지 않는

제1호의 3이 별도로 규정되고 있는 점을 제외하면, 양자의 정의하는 곳은 동일하다. 아래와 같은 국내 원천소득은 일반적으로 소득세법의 호수를 사용해 1호 소득, 2호 소득 등으로 불린다.

소득의 종류와 원천지	소법 161	법법 138
국내의 사업・자산으로부터의 소득	제1호	제1호
국내에서 사업을 행하는 임의조합 등으로부터의 이익 분배	제1호의 2	제1호
국내에 있는 토지 등의 양도의 대가	제1호의 3	제1호
국내에서의 인적역무 제공사업의 대가	제2호	제2호
국내에 있는 부동산 등의 임대료	제3호	제3호
일본의 국채, 내국법인의 사채, 국내예금의 예금 등의 이자	제4호	제4호
내국법인으로부터의 배당 등	제5호	제5호
국내에서 업무를 실시하는 자에 대한 국내업무에 관한 대부금의 이자	제6호	제6호
국내에서 업무를 실시하는 자로부터의 국내업무에 관한 지적재산 등의 사용료, 양도대가 등	제7호	제7호
국내에서 행한 인적 역무의 제공에 기인한 급여 등	제8호	제8호
국내에서 행한 사업의 광고선전을 위한 상금	제9호	제9호
국내에 있는 영업소 등을 통해서 체결한 생명보험계약에 근거한 연금	제10호	제10호
일정의 금융유사상품으로부터의 이익	제11호	제11호
국내에서 사업을 행한 자와의 익명조합계약에 근거한 이익의 분배	제12호	제12호

116) 국내세법은 이하와 같이 세 종류의 항구적 시설(PE)을 구별해 규정하고 있다(所法164①, 法法141. 한국소득세법120). 이러한 PE의 유무와 종류에 따라 외국법인이 과세되는 국내원천소득의 범위와 과세의 방식이 차이가 난다.

1호 PE (지점 PE)	지점, 공장 그 외 사업을 실시하는 장소로서 정령으로 정하는 것
2호 PE (건설 PE)	건설, 거부, 조합 그 외의 작업 등에서 1년 넘게 행한 것
3호 PE (대리인 PE)	자기를 위해서 계약을 체결할 권한을 가진 자 그 외 이것에 준하는 자로 정령에서 정하는 것

경우에는 해당 외국법인이 얻는 국내 원천소득에 대해 원천징수 과세가 이루어지면 그것만으로 과세관계가 종료하는 경우가 많은 것과 내국법인에서 내국법인에 대한 소득지불이 원천징수의 대상이 되는 경우가 한정되고 있는데 비해, 외국법인이 원천징수에 복종하는 국내원천소득의 범위가 넓은 것의 두 가지 점이다.

이와 같이, 내국법인의 외국법인에 대한 소득지불이 원천징수대상이 될지는 외국 법인이 일본에서 어떻게 과세되는가 하는 문제의 한 측면이라고 파악해야 하므로, 본래의 납세의무자인 외국법인 자신의 관심사항인 것은 말할 것도 없다.

한편, 내국법인이라고 해도 외국법인에 대한 소득지불이 원천징수의 대상이 되는 경우에는 외국법인으로부터 소득세를 징수해 국가에 대해서 직접 납부할 의무를 지므로 원천징수의 문제에 무관심할 수 없다. 만일 징수납부를 게을리하면 납세의 고지, 독촉, 체납처분(國通法 36, 37, 40)을 받는 것은 원천징수의무자인 내국법인이며 내국법인은 외국법인에게 내국법인이 국가에 납부한 원천소득세의 구상을 요구할 수밖에 없는 것에 유의해야 한다.

1-3. 조세조약에 의한 수정

국제적인 경제활동의 진전에 따라 국제거래에 대해 어떻게 과세할 지가 더욱 더 중요한 문제가 되고 있다. 특히 대외적인 경제활동에 있어서 방해가 되는 국제적인 이중과세를 어떻게 배제할지, 함께 일국의 국경을 초월하는 탈세나 조세회피행위에 어떻게 대처해야 하는가가 중요시되고 있다. 이러한 문제의 해결을 도모하기 위해서는 국내법에 의한 각각 국가의 대응만으로는 반드시 충분한 것은 아니기 때문에, 각국은 다른 국가들과의 사이에 조세조약을 체결하고 있고 일본도 현재 50개국 이상의 국가들과 조세조약을 체결하고 있다.

이러한 조세조약은 주로 국제적인 이중과세의 발생을 방지한다는 관점에서 국내세법과는 다른 규정을 두는 경우가 적지 않다. 조세조약이 국내세법과 다른 소득의 원천지 규정을 마련하거나 일정한 소득에 대한 감면규정을 두거나 하는 것이 그 예이다. 이러한 조세조약의 규정은 일반적으로 국내세법에 우선한다고 생각되기 때문에, 조약적용이 있는 경우에는 국내세법 하에서 정해지는 과세관계에 대해 조세조약이 어떠한 영향을 미칠지를 아울러 검토하여야 한다.

본 질문에서는 일본에 항구적 시설을 가지지 않는 중국법인의 일본에서의 과세관계가 문제가 되기 때문에, 국내세법에 더해 일중조세조약을 검토할 필요가 있다.

2. 본 질문의 검토

2-1. 국내세법규정

국내세법 하에서는 국내에 있어 인적역무의 제공을 주된 내용으로 하는 사업으로서 정령으로 정하는 것을 행하는 외국법인이 받는 해당 인적역무의 제공사업의 대가는 이른바 2호 소득으로 분류된다(所法161二, 法法138二. 한국소득세법119vi전단, 한국법인세법93vi). 그리고 이 정령으로 정하는 사업에는 「과학기술, 경영관리 그 외의 분야에 관한 전문적 지식 또는 특별한 기능을 가진 자의 해당 지식 또는 기능을 활용해서 행하는 역무의 제공을 주된 내용으로 하는 사업」이 포함되어 있다(所令282三, 法令179三. 한국소득세법시행령179⑥ii, 한국법인세법132⑥iv). 따라서 외국법인이 이러한 인적역무의 제공사업을 일본 내에서 행했을 경우에는 모든 사업의 대가는 2호 소득으로서 국내원천소득에 해당한다.

일본내에 PE를 가지지 않는 외국법인이 내국법인으로부터 받는 상기와 같은 2호 소득에 대해서는 20%의 세율에 의한 소득세의 원천징수 대상이다(所法178, 161二, 179一, 212①, 213一). 더욱이 2호 소득을 얻는 외국법인은 법인세의 과세대상이기도 하다(法法141四, ロ, 138二. 한국법인세법92, 93). 구체적으로 해당 외국법인은 상기 2호 소득을 얻게 된 날 이후 2개월 이내에, 일정한 사항을 기재한 신고서 등을 관할세무서장에 제출한(法法149) 다음, 사업년도의 종료일부터 2개월 이내에 확정신고서를 제출하여 법인세를 납부할 의무를 진다(法法145, 74, 77). 이 때, 해당 외국법인은 원천징수된 소득세에 대해서 소득세액 공제를 받을 수 있다(法法144, 68).

본 질문의 중국법인이 귀사에 제공하는 소프트웨어의 개발업무는 과학기술분야에 관한 전문 지식 또는 특별한 기능을 가지는 자의 해당 지식 또는 기능을 활용해 실시하는 역무의 제공을 주된 내용으로 하는 사업에 해당한다. 따라서 그러한 개발업무의 대가가 2호 소득으로서 국내원천소득에 해당할지는 해당 업무가 일본 내에서 행해지는지 여부에 의해 판단된다.

본 질문에서는 중국법인의 개발업무의 중심은 중국국내에서 행해지나, 그 일부는 일본에서도 행해진다. 2호 소득으로서 국내원천소득이 되는 것은 국내에서의 인적역무 제공에 관한 부분뿐이기 때문에, 이와 같이 중국법인의 인적역무 제공사업이 외국과 일본의 쌍방으로 걸쳐 행해지는 경우에는 그 대가에 대해 어떻게 일본에서 과세되는가가 문제가 된다. 이 문제에 대해서는 반드시 충분한 논의가 이루어지고 있는 것은 아닌듯 하지만 개인의 근무 등이 국내 및 국외의 쌍방에 걸쳐서 행해진 경우에, 8호 소득인 국내원천소득을 어떻게 계산할지에 대해서 정하는 소득세기본통칙 161-28에 준해서 판단하는 것이 가능하다고 생각한다. 이러한 생각에 따르면 국외작업분과 국내작업분의 기간 안분에 의해, 개발위탁료 전체 중 국내원천소득에 해당하는 부분을 계산하게 된다. 즉, 귀사가 중국법인에 지불하는 개발위탁료 가운데 국내작업분에 안분계산되는 부분이 2호 소득에 해당한다.

그렇다면, 국내 세법 하에서는 귀사가 중국법인에게 개발위탁료를 지불할 때에 국내원천 소득에 해당하는 부분을 계산하여 그 부분에 대해 20%의 세율에 의한 원천징수를 행하여야 한다. 게다가 국내세법 아래에서 중국법인은 해당 국내원천소득에 대해 법인세도 과세된다.

2-2. 일중조세조약의 규정

이에 대해, 일중조세조약에서는 인적역무 제공사업에 관한 대가는 「기업의 이득」에 포함되고, 게다가 항구적 시설에 귀속하지 않는 기업의 이득에 대해서 중국법인의 일본에서의 과세는 면제된다(동조약 7. 한중조세조약17).

조세조약 규정이 국내세법의 규정과 다른 경우에는 조약규정이 우선하는 것이 원칙이기 때문에, 일중조세조약의 적용결과 중국법인은 국내세법 아래에서 부과되어야할 소득세 및 법인세의 과세가 면제된다.

덧붙여 중국법인이 「인적역무의 제공 사업의 대가」에 대해 원천징수세의 면제를 받기 위해서는 원천징수 의무자인 귀사를 통해서 「조세조약에 관한 신고서」를 제출하는 것이 필요하다(실시특례법3의2②, 실시특례법시행성령4). 이에 대해, 중국법인은 법인세에 대해서는 아무런 절차로 필요로 하지 않고 당연하게 일중조세조약에 의한 면제혜택을 받을 수 있다.

이상대로, 일중조세조약의 적용결과 귀사가 중국법인에 대해 개발업무의 위탁료 지불을 하기 전에 「조세조약에 관한 신고서」의 제출이 이루어지면, 귀사는 위탁료 전액에 대하여 원천징수를 할 필요는 없다.

[참고문헌]

· 仲谷栄一郎·井上康一 梅辻雅春·籃原慈 「외국기업과의 거래와 세무(제3판)」(상사법무, 2003년)

(井上 康一)

10. 인도법인에 의한 소프트웨어개발의 세무

Q 당사는 소프트웨어의 개발업무에 종사하고 있는데 그 개발비 삭감을 위해서 개발업무의 일부를 인도법인에 위탁하기로 했습니다. 해당 인도법인은 일본에 지점 등의 거점은 없고 수탁한 개발업무를 오로지 인도에서 행합니다. 당사가 해당 인도법인에 지불하는 개발위탁료에 대해 원천징수가 필요합니까?

A 개발위탁료 전체에 대해 원천징수할 필요가 있는데, 개정일인조세조약에서는 개발위탁료의 지불 전에 「조세조약에 관한 신고서」가 제출되면 원천징수 세율은 10%로 경감됩니다.

해 설

1. 검토의 방법

앞의 질문에서 설명한 것처럼 내국법인의 외국법인에 대한 소득지불이 원천징수의 대상이 될지의 문제는 본래의 납세의무자인 외국법인이 일본에서 어떻게 과세되는가의 문제의 한 측면이라고 파악해야 한다. 본 질문에서는 일본에 항구적 시설을 가지지 않는 인도법인이 내국법인에 실시하는 소프트웨어의 개발업무대가의 일본에서의 과세관계가 문제가 되기 때문에 국내세법에 더하여 일인조세조약을 검토할 필요가 있다.

덧붙여 일인조세조약은 2006년 2월 24일에 조약개정 의정서가 조인되어 개정조약 적용은 원천징수세에 대해서는 2006년 7월 1일 이후, 원천징수되지 않는 소득에 대한 조세에 대해서는 2007년 1월 1일 이후에 개시하는 각 과세년도의 소득에서 각각 적용되게 되어있다. 따라서 본서에서는 개정일인 조세조약에 근거하여 해설한다.

2. 본 질문의 검토

2-1. 국내세법의 규정

앞의 질문에서 설명한 바와 같이 국내세법 아래에서는 국내에 있어 인적 역무의 제공을 주된 내용으로 하는 사업에서, 정령으로 정하는 것을 실시하는 외국법인이 받는 해당 인적 역무 제공사업의 대가는 이른바 2호 소득에 해당한다(所法161二, 法法138二. 한국소득세법 119vi전단, 한국법인세법93vi). 이 정령에서 정하는 사업 속에는 「과학기술, 경영관리 그 외의 분야에 관한 전문적 지식 또는 특별한 기능을 가지는 사람의 해당 지식 또는 기능을 활용해 행하는 역무의 제공을 주된 내용으로 하는 사업」이 포함되어 있다(所令282三, 法令179三. 한국소득세법시행령171⑥ii2, 한국법인세법132⑥iv).

그리고 2호 소득으로서의 국내원천소득에 해당할지 여부는 국내세법 아래에서는 인적 역무의 제공사업이 일본 내에서 행해졌는지에 의해 판단된다. 이 때문에 국내세법에 의하면 외국법인이 내국법인에게 국외에서 행한 인적 역무의 제공사업에 들인 대가는 국내원천소득에 해당하지 않는다.

본 질문의 인도법인이 실시하는 인적역무의 제공사업 대가 자체는 그 소득성질상은 소득세법 시행령 제282조 제3호(한국소득세법시행령171⑥ii) 및 법인세법시행령 제179조 제3호(한국법인세법132⑥xiv)에서 정하는 사업 대가에는 포함되지만, 그 인적 역무 제공지는 오로지 일본 외이다. 따라서 국내세법 하에서는 일본 내에 항구적 시설을 가지지 않는 인도법인이 내국법인으로부터 받는 상기와 같은 소프트웨어 개발사업의 대가는 국내원천소득에 해당하지 않는다.

결론적으로 국내세법에 따르는 한 본 질문의 인도법인은 소프트웨어 개발사업의 개발 위탁료에 대해 일본에서 과세를 되지 않는다.

2-2. 일인조세조약의 규정

이에 대해 일인조세조약은 다른 조세조약과는 현저하게 다른 이하와 같은 규정을 두고 있다. 우선 동 조약은 「기술상의 역무에 대한 요금」을 「사용료」의 정의에 포함하는 것이 아니라, 양자를 동등하게 취급하고 있다. 즉 동조약 제12조 제4항(한일조세조약 제13조 제4항)은 「기술상의 역무에 대한 요금」을 「기술자 그 외의 인원에 의해서 제공되는 역무를 포함한 경영적 또는 기술적 성질의 역무 또는 컨설턴트역무대가로서의 모든 지불금」이라고 정의한 데다가, 동조약 제12조 제6항(한일조세조약 제13조 제6항)은 「사용료」와 같이 그 원천지의 규정을 채무자의 소재지에 의해서 결정되는 이른바 채무자주의의 원칙을 채용하고 있다.

이 때문에, 일인조세조약의 적용에 의해 인도법인이 내국법인으로부터 받는 인적역무제공 사업 대가의 원천지는 그 역무제공지인 인도가 아니고 채무자인 내국법인 소재지인 일본이 된다. 이와 같이 조세조약에 국내세법과 다른 원천지규정이 있는 경우에는 조세조약이 우선하여 조약의 규정에 따라 원천지가 결정된다(所法162, 法法139).

이러한 인적 역무 제공사업의 대가에 대해, 동조약은 상기대가의 원천지국(본 질문의 경우는 일본)에 대해서도 해당 원천지국의 법령에 따라서 조세를 부과할 수 있다고 규정한데다가 그 한도세율이 10%인 취지를 정하고 있다(동조약 12. 한인조세조약3②).

상기와 같이 특이한 일인조세조약의 적용이 있는 결과 본질문의 인도법인이 내국법인으로부터 받는 개발위탁료는 이하와 같이 일본에서 과세되게 된다고 생각된다.117)

첫째로, 인도법인이 귀사로부터 받는 소프트웨어개발사업의 개발위탁료는 2호 소득으로서 국내세법에 의하면 20% 세율에 의하여 원천징수된나(所法178, 161二, 179一, 212①, 213一, 所令282). 이 원천징수세율은 일인조세조약 제12조 제2항의 적용에 의해, 「조세조약에 관한 신고서」 제출을 조건으로서 10%로 경감된다(실시특례법 3의 2①, 실시특례법시행성령 2).

두번째로, 상기의 소득세 과세에 더하여 인도법인이 받는 소프트웨어개발사업의 개발위탁료에 대해서는 2호 소득으로서 법인세의 과세대상

117) 井上康一·仲谷栄一郎 「조세조약과 국내세법의 교착(22)」 국제상사법무 32권 4호(국제상사법연구소, 2004년) 522면 이하

이기도 한다(法法141四ロ, 138二. 한국법인세법13, 93). 구체적으로는 해당 인도법인은 상기 소득을 가지게 된 날 이후 2개월 이내에, 일정한 사항을 기재한 신고서 등을 관할세무서장에게 제출한(法法149) 다음, 사업년도 종료일로부터 2개월 이내에 확정신고서를 제출해 법인세를 납부할 의무를 진다(法法145①, 74, 77). 이 때, 인도 법인은 원천징수된 소득세에 대해서 소득세액 공제를 받을 수 있다(法法144, 68). 더욱이, 일인조세조약상의 한도세율은 법인세의 신고과세 경우에도 적용되므로 해당 인도법인에 부과되는 법인세액은 상기개발위탁료의 10%를 상한으로 하게 된다(실시특례법 4).[118]

또한 본질문에서 인도법인이 원천징수세에 대해 일인조세조약이 정하는 10% 한도세율의 적용을 받기 위해서는 원천징수의무자인 귀사를 통해서 「조세조약에 관한 신고서」를 제출할 필요가 있다(실시특례법시행성령 2). 이에 대해 인도법인은 법인세에 대해서는 「조세조약에 관한 신고서」를 제출하는 일 없이 당연히 일인조세조약상의 경감조치적용을 받을 수 있다.

2-3. 정리

이상과 같이 일인조세조약의 적용결과, 귀사가 인도법인에게 개발업무의 위탁료 지불을 할 때에, 귀사는 원천징수를 하여야 한다. 위탁료 지불전에 「조세조약에 관한 신고서」의 제출이 이루어지면 원천징수 세율은 10%로 경감된다.

(井上 康一)

---

118) 원천징수가 총소득에 대한 과세인데 비해, 법인세가 순소득에 대한 과세인 것으로 하면, 본질문의 인도법인이 소프트웨어 개발업무의 위탁료 이외의 국내원천소득을 가지지 않는 것이면, 원천징수 세액이 항상 법인세액을 상회하게 된다고 생각된다. 그 결과, 해당 인도법인은 법인세 신고를 통해서 소득세액의 전부 또는 일부를 환급 받을 수 있다.

제 4 절 국제소프트웨어이용거래의 세무

11. 독일법인으로부터의 자사용 소프트웨어 취득의 세무

Q 독일의 소프트웨어 기업에서 CD-ROM 형태로 당사제품 금형설계용의 소프트웨어를 50만 유로에 취득했습니다. 동 소프트웨어는 처음부터 당사의 내부 업무용으로 기간을 정하지 않고 사용할 수 있는 것으로서, 당사가 변형하는 것도 제3자에게 사용을 허락하는 것도 불가능합니다. 상기의 소프트웨어 취득대가의 지불시에 원천징수를 해야 할 필요가 있습니까? 또 이 대가에 소비세가 붙습니까?

A 소프트웨어 복제물의 구입대가로 생각되기 때문에, 원천징수할 필요는 없다고 해석됩니다. 또 CD-ROM을 구입할 때 소비세가 과세됩니다.

해 설

1. 검토방법

1-1. 외국법인에 대한 소득과세

Q8-6에서 설명한 바와 같이, 내국법인의 외국법인에 대한 소득지불이 원천징수의 대상이 되는가는 외국법인에 대한 일본의 소득과세가 어떻게 이루어졌는가하는 문제의 한 측면으로 보아야 한다. 본 질문에서는 독일법인이 국내법인에 제공한 소프트웨어의 취득대가의 일본에서의 과세관계가 문제되었기 때문에, 국내세법과 함께 일독조세조약에 대해서도 검토를 할 필요가 있다.

1-2. 외국법인에 대한 소비세과세

일본 소비세의 과세대상은 ① 국내에서 사업자가 행한 과세자산의 양도등과 ② 보세지역에서 들어오는 외국화물이다(消法4①·②. 한국부가가치세법1). 소비세 납세의무자는 국내에서 과세자산의 양도 등을 한 경우에는 그 사업자가 되고(消法5①, 9. 한국부가가치세법2), 이 경우에 사업자는 법인 및 사업을 하는 개인이며, 일본국내에 사무소 등을 가지고 있지 않은 외국법인이거나 비거주자도 포함된다.[119]

한편, 수입거래에 대해서는, 외국화물을 보세지역에서 가져오는 자가 납세의무자가 되는데(消法5②), 수입자가 과세사업자인지 여부는 묻지 않는다.[120]

또한, 일독조세조약은 소비세에는 적용되지 않으므로, 이 문제는 소비세법 해석에 의해 결정된다.

2. 본 질문의 검토

2-1. 소득과세(국내세법)

국내세법은 모든 7호 소득의 하나로서, 국내에서 업무를 하는 자부터 적용되는데 [저작권(출판권 및 저작인접권 그 외 이것에 준하는 것을 포함한다)의 사용료 또는 그 양도에 의한 대가]로서 당해업무에 관한 것을 열거하고 있다(消法161七ロ, 法法138七ロ 참조. 한국소득세법119xi가목, 한국법인세법93ix가목). 따라서 외국법인이 내국법인으로부터 얻는 저작권 등의 사용료 또는 양도대가로서, 국내업무에 관한 것은 7호 소득으로서의 국내원천소득에 해당한다. 그래서 일본국내에 항구적 시설을 가지지 않은 외국법인이 가득한 7호 소득에 대해서는 20%의 세율로 원천징수 되는데(消法212①, 213①一), 법인세의 과세는 아니다(法法138 七ロ, 141四). 이로써, 상기 외국법인은 소득세의 원천징수만으로 일본에서의 과세관계가 완결

---

119) 木村剛志編 [실무가를 위한 소비세 회답집 (5정판)](세무연구회, 2006년) 9면

120) 木村, 전게 17면

된다.

문제는 저작권 등의 사용료 정의가 세법자체에 없으므로, 본 질문에서 지불되는 소프트웨어의 취득대가가 모든 사용료에 포함되는지 여부가 꼭 분명한 것은 아닌 점이다.

본 질문에서 귀사는 CD-ROM이라고 하는 형태의 소프트웨어의 복제물을 취득하여, 어떠한 변형을 가하지 않고, 자사 전용의 반영구적으로 사용할 수 있는 행위가 허가되었을 뿐이다. 확실히 귀사가 동 소프트웨어를 컴퓨터에서 사용하는 경우에는 컴퓨터본체의 내부기억장치에 축척하는 행위가 필요한데, 모든 행위까지 저작권 안에 포함되는 [복제권]의 행사로 보는 [복제권]의 행사가 있는 이상, 이 사용의 대가는 모든 저작권 등의 사용료에 포함된다고 하기에는 너무나 획일적이며, 타당하다고는 생각되지 않는다.[121]

만일 이러한 생각이 더 나아가면, 내국법인이 외국법인에서 구입하는 패키지 소프트웨어의 대가도 저작권 등의 사용료에 포함되어, 현재의 과세실무에도 맞지 않는 결과가 된다.[122]

그러므로 국내세법의 해석으로서 컴퓨터상에서 소프트웨어의 복제물을 단순히 사용하는 행위 자체는 복제권에는 이르지 않고 이 같은 사용행위의 대가는 저작권 등의 사용료에 해당하지 않는다고 이해해야 한다고 생각된다. 그래서 이같이 해석하면 본 질문의 독일법인이 얻는 50만유로라고 하는 대가는 상품의 매매 대가와 같이 사업소득(1호소득)에 해당하게 된다. 당해 독일법인은 일본국내에 항구적 시설을 가지고 있지 않기 때문에, 모든 1호 소득에 대해 일본에서 부과되지 않는다(消法178, 161一, 法法141四, 138一. 한국소득세법 120, 121 한국법인세법19).

---

121) 仲谷榮一郎 · 井上康一 · 梅辻雅春 · 藍原滋 [외국기업과의 거래와 세무(제3판)](상사법무, 2006년) 251면

122) 예를 들면, 松上秀晴編 [원천국제과세의 실무(개정신판)](오오무라 세무협회, 2001년) 355~356면은 패키지 소프트웨어의 구입대가가 수입상품의 구입대가로서의 성격밖에 가지고 있지 않기 때문에, 저작권 등의 사용료에는 해당하지 않는다는 입장을 분명히 하고 있다.

2-2. 소득과세(일독조세조약)

일독조세조약은 사용료에 대해서는 원천지국에서 과세가능할 것(동조약12②. 한국조세조약2②), 사용료의 원천지는 사용지가 아니라 채무자의 소재지로서 결정할 것(동조약12조⑤. 한국조세조약12⑤)을 정함과 동시에, 사용료의 정의 중에 [………저작물………의 저작권………의 사용 또는 사용의 권리 대가………로서 받아들이는 모든 종류의 지불금]을 포함하고 있다. 일독조세조약 자체에는 이 점에 대해 그 이상의 상세한 정의는 없기 때문에, 동 조약상 이 저작권의 사용료 범위를 어떻게 정하는가가 문제된다. 이 문제에 대해서는 조약에 규정이 없는 이상 국내세법에 따라 해석해야 한다는 견해(동 조약3②참조. 한독조세조약3②)와, OECD모델조약 및 동 조약의 주석서[123]를 해석기준으로 참고하여야 한다고 하는 견해가 대립하고 있는 것 같다.

2000년에 열린 OECD주석서의 개정결과, 소프트웨어 관련거래에 관한 [이용료]의 범위를 꽤 한정하는 방식이 채용되었기 때문에 현실 조세조약의 해석을 위해 동 주석서를 참작하면, 조약상의 [이용료]가 국내세법에서 정의하는 [이용료]보다도 좁아질 가능성이 있다.[124] 그러나, 본문의 소프트웨어 취득의 대가에 관한 한, 국내세법으로 해석하는 경우에도 저작권 등의 이용료에 해당하지 않는 것은 전기2-1와 같기 때문에, 일독조세조약의 적용에 의해서도 [이용료]에 해당하지 않는다고 하는 결론은 변경되지 않는다.

이상에 의해, 본 질문에서 귀사가 독일법인에 대해 지불하는 대가는

---

123) OECD모델 조약은 이 정식명칭을 OECD model Tax Convention on Income and on Capital이라고 하고, OECD(경제개발 협력기구) 가맹국 간에 채택한 조세조약의 모델이다. OECD이사회는 가맹국의 조세조약체결 및 개정에 대해서는 모델조약에 적합한 것으로 할 것을 권고하고 있기 때문에, 조세조약의 체결교섭은 비약적으로 추진하고 있으며 또 국가가 체결하는 조세조약의 일반적인 구조는 특별히 유보되고 있는 점을 제외하고는 OECD모델 조약에 준거한 것으로 되어 있다. OECD주석서는 OECD모델조세조약의 축조해설로 동주석서는 현실의 조세조약 규정을 해석할 때, 말하자면 유권적으로 닮은 성격을 가진 자로서 각국이 그것을 존중하고 있다.

124) 仲谷榮一郎·井上康一·梅辻雅春·藍原滋 [외국기업과의 거래와 세무(제3판)](상사법무, 2006년) 243면

소프트웨어의 복제물의 구입대가로 생각되기 때문에, 1호 소득에 해당하고 원천징수는 불필요하다고 생각된다. 이 결론은 국내세법의 해석에서 나온 것으로, 일독조세조약의 적용에 의한 것은 아니기 때문에 [조세조약에 관한 도출서]를 제출할 필요는 없다.

2-3. 소비세과세

먼저 1-2에서 설명한대로, 수입거래에 대해서는 보세지역에서 가져오는 외국화물 자체가 과세대상이 되기(消法5②)때문에, 귀사가 CD-ROM을 받을 때에 소비세가 부과된다. 50만유로라는 취득의 대가에는 소프트웨어 이용의 대가가 포함되어 있다고 생각되나, 이 대가 부분의 지불도 CD-ROM의 수입거래의 조건이 되어있기 때문에, 관세의 과세가치에 포함됨과 동시에 소비세의 과세대상이 된다고 생각된다(消基通 5-6-3).

또한, 본건의 CD-ROM은 [레코드, 테이프 그 외의 기록용 모체 레이저 독출 시스템용의 디스크/음성 및 화상이외의 기록용의 것]에 해당한다고 생각되기 때문에, 관세는 부과되지 않는다.

(井上 康一)

12. 캐나다법인으로부터의 기간한정 소프트웨어라이센스의 세무

Q 당사는 캐나다의 소프트웨어회사로부터 소프트웨어를 도입하여, 사내 업무용으로 이용하고 있습니다. 이 캐나다법인과의 계약은 3년간의 기간한정 라이센스로서 당사는 3년의 계약기간 중 6개월 단위로 사용료를 지불하고 있습니다. 소프트웨어의 제공자체는 CD-ROM의 형태로 행해졌으나, CD-ROM자체는 무상입니다. 라이센스기간 만료시에 당사는 캐나다법인에게 CD-ROM을 반환해야만 합니까? 기간 중에 당해 소프트웨어를 업그레이드시켰을 경우에는 추가의 지불을 요하지 않고, 새로운 CD-ROM이 송부되어 옵니다. 상기 캐나다법인은 일본에 지점 등의 거점을 가지고 있지 않으나, 당사 이외의 일본기업과의 사이에서 동종의 거래를 수년 전부터 행하고 있습니다.
상기 소프트웨어의 라이센스료의 지불 시에 원천징수를 할 필요가 있습니까? 또 이 라이센스료에 소비세가 있습니까?

A 현재의 과세실무에 따르면 원천징수가 필요하다(국내 세법에서는 20%의 세율에 의하나, 일가조세 조약의 적용에 의해 10%로 경감된다)는 결론이 날 가능성이 있습니다. 그러나 이 같은 생각은 특히 OECD 주석서에 비추어 볼 때 의문점이 있습니다. 또, 본질문의 거래는 소비세법상 해외로부터의 소프트웨어 차입으로 생각되어지기 때문에 모든 국외거래에 해당하여 소비세의 과세대상은 되지 않습니다.

해 설

1. 검토방법

1-1. 외국법인에 대한 소득과세

Q8-6에서 설명한바와 같이 내국법인의 외국법인에 대한 소득 지불이 원천징수의 대상이 되는가의 여부는 외국법인에 대한 일본의 소득과세가 어떻게 행해지는가 하는 문제의 일면으로 보아야 한다.

본 질문에서는 캐나다법인이 내국법인에 제공한 소프트웨어에 관련된 대가의 일본에서의 과세관계가 문제가 되었기 때문에, 국내세법과 함께 일가조세조약에 대해서도 검토할 필요가 있다.

1-2. 외국법인에 대한 소비세과세

앞의 질문에서 설명한대로, 일본의 소비세 부과대상은 ① 국내에서 사업자가 행한 과세자산의 양도 등, ② 보세지역에서 가져온 외국화물이다(消法4①·②. 한국부가가치세법1). 소비세의 납세의무자는 국내에서 과세자산의 양도 등을 행한 경우에는 그 사업자로 인정되고(消法5①, 9. 한국부가가치세법2), 그 중에서는 일본 국내에 사무소를 가지지 않은 외국법인도 포함된다. 한편 수출입거래에 대해서는 외국화물을 보세지역에서 가져온 자가 납세의무자가 되어(消法5②), 수입자가 과세사업자인지 여부는 문제되지 않는다.

또한, 일가조세조약은 소비세에는 적용되지 않으므로, 이 문제는 결국 소비세법의 해석에 의해 결정된다.

2. 본질문의 검토

2-1. 소득과세(국내세법)

앞의 질문에서 설명한 바와 같이, 국내세법은 모든 7호 소득의 하나로서, 국내사용의 저작권 등의 사용료를 들 수 있다(消法161七ロ, 法法138七ロ. 한국소득세법119xi가목, 한국법인세법93ix가목).

일본국내에 항구적 시설을 가지지 않은 외국법인이 가득한 7호 소득에 대해서는 법인세의 과세가 없기(法法138七ロ, 141四) 때문에, 20%의 세율에 의한 원천징수만으로 일본에서의 과세관계가 안결된다(所法212①, 213①一).

문제는 저작권 등의 사용료 정의가 세법 자체에 없기 때문에, 본 질문에서 지불되는 소프트웨어의 기간 한정 라이센스 대가가 7호 소득에 포함되는지가 불분명한 점이다. 본 질문에서는 특히 대가가 일괄 지불이 아닌 소프트웨어의 사용기간에 따라 지불되는 점 및 기간 만료시에는 CD-ROM을 반환하여야 하는(따라서 귀사가 CD-ROM자체의 소유권을 취득할 수가 없다) 점에서 앞의 질문과는 다르다.

이 같은 성격을 가진 본 질문의 기간한정 라이센스는 상품의 수출입 거래와는 현저하게 다르기 때문에, 기간한정 라이센스의 대가를 사용료에 포함시키는 경우가 있음은 부정할 수 없다. 소프트웨어관련 거래의 대가가 사용료에 해당하지 않는 경우를 예외적으로 보는 현재의 과세실무[125]에서 보면, 본 질문의 귀사가 캐나다법인에게 지불하는 기간한정 라이센스의 대가는 7호 소득에 해당하는 것으로 될 가능성이 있다. 이와 같이 되면, 국내세법 하에서는 귀사가 캐나다법인에 대하여 기간한정 라이센스의 대가를 지불할 때에 20%의 세율에 의한 원천징수를 할 필요가 있다.

그러나 본 질문의 기간한정 라이센스의 대가가 소프트웨어의 복제물 사용의 대가이며, 저작권이라는 권리 안에 저작물의 복제물을 사용하는 권리가 포함되어 있지 않은 것을 생각하면, 모든 대가를 저작권의 사용료에 포함시켜 생각하는 것은 의문점이 있다.[126] 이 같이 이해하면, 본 질문의 캐나다법인이 얻는 기간한정 라이센스의 대가는 7호 소득에는 포함되지 않고, 사업소득 (1호 소득)에 해당하는 것이 된다. 당해 캐나다 법인은 일본 국내에 항구적 시설을 가지고 있지 않기 때문에, 모든 1호

125) 예를 들면, 富永賢一[소프트웨어 제품의 구입대가에 대한 원천징수의 가부] 세무통신 No2630(세무연구회) 51면은 [저작복제물의 판매계약]에 해당하면 그 대가가 7호 소득이 아니라, 1호 소득으로 취급된다고 하는 것을 전제로 한 다음, [저작복제물의 판매계약]으로 인정되는 요건의 하나로서, 대가지불이 사용의 다과(사용회수, 사용기간, 사용에 의한 수익 등)에 응한 것이 아님을 들고 있다. 본 질문의 소프트웨어 사용을 위해 기간한정의 라이센스 대가는 사용기간에 따라 지불되는 것이므로, 상기요건을 만족시키지 않는다. 이 때문에, 상기 富永논문의 견해에 의하면 본문과 같은 기간한정 라이센스에 관한 계약을 [저작복제물의 판매계약]으로 생각할 수 없고, 이 대가는 1호 소득이 아닌 7호 소득으로서 취급되어야 한다고 추정되고 있다.

126) 仲谷榮一郎·井上康一·梅辻雅春·藍原滋 [외국기업과의 거래와 세무(제3판)](상사법무, 2003년) 254~255면

소득에 대해 일본에서 과세되지 않으며, 따라서 귀사가 원천징수를 할 필요는 없다.

2-2. 소득과세(일가조세조약)

일가조세조약은 사용료에 대해서 원천지국에서 과세 가능할 것(동조약 12②. 한가조세조약 12②), 한정세율이 10%일 것(동조약 12②. 한가조세조약2②), 사용료의 원천지는 사용지가 아니라 채무자의 소재지로 결정할 것(동조약 12⑤. 한가조세조약12⑤)을 정함과 동시에, 사용료의 정의 속에 [………저작물………의 저작권………의 사용 또는 사용 권리의 대가로서 수령하는 모든 종류의 지급금]을 정하고 있다. 일가조세조약 자체에는 이 점에 대해 그 이상의 상세한 규정은 없기 때문에, 동 조약상 이 저작권의 사용료 범위를 어떻게 정하는가가 문제가 된다.

앞의 질문에서 지적한 바와 같이 이 문제에 대해서는 조약의 규정이 없는 이상, 국내세법에 기하여 해석하여야 한다고 하는 견해(동조약3②참조. 한가조세조약3②)와, OECD모델조약 및 동조약의 주석서를 참고해야한다고 하는 견해가 대립하고 있다. 특히 2000년 OECD주석서가 개정된 결과, 소프트웨어 관련 거래에 관한 [이용료]의 범위를 꽤 한정하는 것으로 분명히 하였기 때문에, 현재 조세조약을 해석할 때, 동 주석서를 참고하면, 조약상의 [이용료]의 범위가 국내세법의 [이용료]보다 좁아질 가능성이 있다. 구체적으로는 개정 OEDC주석서 하에서는 소프트웨어의 본래의 사용에 당연히 필요한 권리의 부여는 세무 상으로는 저작권의 사용으로 보지 않고, 이 같은 사용을 위한 대가는 [사용료]에 포함되지 않는다.[127)]

이 같은 OECD주석서가 일가조세조약의 해석상에도 참작 가능하다고 한다면, 본 질문과 같은 기간한정 라이센스의 대가는 소프트웨어의 본래 이용을 위한 대가이기 때문에, 동 조약상 [사용료]에는 해당되지 않고, [기업의 이득](동조약7. 한가조세조약7)에 포함되는 것이 된다.

---

127) 仲谷榮一郎·井上康一·梅辻雅春·藍原滋 외국기업과의 거래와 세무(제3판)](상사법무, 2006) 243~245면

이상과 같이, 본 질문에서 일가조세조약의 적용상 [이용료]의 정의는 처음부터 국내세법에 의해 정해져 있었고, 또 본 질문의 대가가 [이용료]에 포함된다고 해석하면, 모든 대가는 원천징수에 포함되어, 동조약의 적용보다 세율은 10%로 경감된다(실시특례법3의2①). 모든 경감세율의 적용을 받기 위해서는 라이센스료의 지불 전에 [조세조약에 관한 제출서]의 제출이 필요하다(실시특례법 시행성령 2). 원래 국내세법의 해석상에서도 본 질문의 대가는 [이용료]에 해당하지 않는다는 입장에 서면, 일본에 항구적 시설을 가지지 않은 캐나다법인이 얻는 당해 대가는 일본에서의 과세를 면제받게 되고, 이 같은 결론은 일가조세조약의 적용에 의해 변경되지 않는다.

한편, 일가조세조약의 해석에서 OECD주석서가 참고로 되어야 한다는 입장에 서면, 본 질문에서 귀사가 캐나다 법인에게 지불하는 기간한정 라이센스의 대가는 국내세법 하에서 7호 소득에 해당하는지 여부를 불문하고, 동조약의 적용에 의해 일본에서의 과세를 면제받게 된다(실시특별법3의2①). 또, 일가조세조약의 적용에 의해 처음으로 원천징수세의 면제를 받기 위해서는 [조세조약에 관한 제출서]의 제출이 필요하다(실시특별법 시행령성2).

2-3. 소비세과세

본 질문의 해설 1-2에서 설명한 바와 같이, 소비세의 과세대상거래는 ①국내에서 사업자가 행한 과세자산의 양도 등, ②보세지역에서 가져온 외국화물이다(消法4①·②. 한국부가가치세법1).

우선, 본 질문에서의 사용기간이 한정된 소프트웨어 거래가 소비세법상, 상기①의 국내거래에 해당하는지 여부가 문제가 된다. 소비세법상, 국내거래에 해당하는지의 판정에 대해서는 자산의 양도, 자산의 대여 및 역무의 제공에 응해 각각 행하게 된다(消法4③). 그리고 저작권 등의 양도 또는 대여가 국내거래에 해당하는가는 저작권 등의 양도 또는 대여를 행하는 자의 주소지에 의해 판정하는 것으로 되어 있다(法令6①六). 소비세법상, 자산의 대여는 [자산에 관한 권리의 설정 그 외의 자에게 자산을 사용시키는 일체의 행위를 포함한다](消法2②)로 되어있고, 또 저작권의 대여에는 저작물을 이용시키는 행위가 포함되어 있다(消基通 5-4-2(2)). 따라서 본 질문에서의 소프트웨어의 기간한정 사용라이센스도 저작권 등의 대여에 포함되는 것으로 생각된다. 본건 대여거래는 국외거래에 해당하고, 소비세의 과세대상은 되지 않는다.128)

한편, 상기 ②에 대해서는 보세지역에서 가져온 외국화물 자체가 과세대상이 되나(消法5②), 본 질문에서 귀사가 수입하는 CD-ROM은 전부 무상으로 되어 있다. 게다가 귀사는 캐나다법인과의 계약에 근거하여, 소프트웨어를 사용하기 위해서 기간한정 라이센스의 대가를 지불하는데, 이 대가의 지불자체는 사용기간에 응해 행해지는 것으로, CD-ROM의 수입거래의 조건이 되는 것은 아니라고 생각된다. 그렇다면, 귀사가 수입하는 CD-ROM은 소비세의 과세대상이 되지 않는다고 생각된다(消基通 5-6-3).

이상에 의해, 본 질문의 경우는 소비세의 과세대상 외의 거래가 된다고 생각된다.

(井上 康一)

128) 木村剛志編 [실무가를 위한 소비세 회답집(오정판)](세무연구회, 2006년) 202면

13. 미국법인으로부터의 소프트웨어·라이센스의 세무

Q 당사는 미국의 소프트웨어 기업(일본에 지점 등의 거점은 없음)으로부터 소프트웨어의 라이센스를 받아, 일본국내에서 소프트웨어를 복제하고, CD-ROM의 형태로 일반 사용자에게 판매하고 있습니다. 당사는 판매개수에 따라 당해 미국법인에 로열티를 지불하고 있습니다. 라이센스의 대상이 되는 소프트웨어는 미국법인에서 당사로 인터넷을 경유하여 송신되고 있습니다.
상기 로열티의 지불시에 원천징수할 필요가 있습니까? 또, 이 로열티에 대해서 소비세는 과세됩니까?

A 미국법인이 일미조세조약의 특전을 받을 수 있는 경우에는 원천징수의 필요는 없습니다. 단, 로열티 지불 전에 〔조세조약에 관한 제출서〕 및 〔특전조항에 관한 대표〕 등을 제출할 필요가 있습니다. 또 본 질문의 거래는 소비세법상 해외로부터 소프트웨어를 받고 있다고 생각되기 때문에 모든 국외거래에 해당하여 소비세 부과대상이 되지 않습니다.

해 설

1. 검토의 방법

1-1. 외국법인에 대한 소득과세

Q8-9에서 설명한 대로, 내국법인의 외국법인에 대한 소득의 지불이 원천징수의 대상이 되는지는 외국법인에 대한 일본의 소득과세가 어떻게 행해지는가 하는 문제의 일면으로 보아야 한다. 본 질문에서는 미국법인이 내국법인에게 허락한 소프트웨어 라이센스의 대가인 로열티의 일본에서의 과세관계가 문제가 되었기 때문에, 국내세법과 함께 일미조세조약에 대해서도 검토할 필요가 있다.

일본과 미국사이에는 2003년 11월 6일부터 신일미조세조약의 조인이 행해졌는데, 이 신조약은 원천징수세에 대해서는 2004년 7월 1일부터, 그 이외에 대해서는 2005년 1월 1일부터 각각 적용되고 있다. 신일미조세조약은 종래의 조세조약에 비교하여 배당, 이자, 사용료 등에 관한 원천지국 과세를 대폭으로 경감하여, 제삼국의 거주자가 일미양국의 거주자를 가장하여 동조약의 적용을 받으려 하려는 경우가 고려되었다. 이것을 방지하기 위해서, 신일미조세조약에서는 동조약상의 특전의 향수를 제한하는 포괄적인 특전제한 조항을 두었다(동조약22). 이 때문에, 신일미조세조약의 적용의 유무를 검토할 때에는 대상이 되는 외국법인이 미국의 [거주자]인 것을 확인하는 것만으로는 부족하고, 특전제한조항에 대해서도 검토를 할 필요가 있다. 본문에서 검토할 때에는 미국법인이 신일미조세 조약상의 특전을 받을 것을 제안한다.

1-2. 외국법인에 대한 소비세과세

Q8-11에서 설명한 바와 같이, 일본의 소비세 과세대상은, ① 국내에서 사업자가 행한 과세자산의 양도 등, ② 보세지역에서 가져온 외국화물이다(消法4①·②. 한국부가가치세법1). 소비세의 납세의무자는 국내에서 과세자산의 양도 등을 한 경우에는 그 사업자로 되어(消法 5①, 9. 한국부가가치세법2), 그 중에서는 일본 국내에 사무소 등을 가지지 않은 외국법인도 포함된다. 한편, 수입거래에 대해서는, 외국화물을 보세지역에서 가져온 자가 납세의무자가 되어(消法5②), 수입자가 과세사업자인지 여부는 문제가 되지 않는다.

또한, 일미조세조약은 소비세에는 적용되지 않으므로, 이 문제는 처음부터 소비세법의 해석에 의해 결정된다.

2. 본 질문의 검토

2-1. 소득과세(국내세법)

Q8-11에서 설명한 바와 같이, 국내세법은 또는 7호 소득의 하나로서, 국내사용의 저작권 등의 사용료를 들고 있다(所法161七ロ, 法法138七ロ. 한

국소득세법119xi가목, 한국법인세법 93ix가목). 일본국내에 항구적 시설을 가지지 않은 외국법인이 얻은 7호 소득에 대해서는 법인세의 과세가 아니기 때문에(法法138七ロ, 141四), 20%의 세율에 의한 원천징수만으로 일본에서의 과세가 완결된다(所法212①, 213①一).

본 질문의 경우, 귀사는 미국법인에서 제공받은 소프트웨어를 일본국내에 복제해서 그 복제물을 국내에서 판매하고 있으므로, 귀사가 일본국내에서 저작권의 지분권인 복제권을 행사하고 있는 것이 분명하고, 그 복제권의 행사대가로서 로열티를 지불하고 있는 것은 의문의 여지가 없다. 따라서, 국내세법 아래에서는 귀사가 미국법인에 대하여 로열티를 지불할 때, 20%의 세율에 의해 원천징수를 할 필요가 있다.

2-2. 소득과세(신일미조세조약)

신일미조세조약은 이용료의 정의 중에 [………저작물………의 저작물………의 이용 또는 이용권리의 대가………로서 수령하고 있는 모든 종류의 지불금 등]을 포함하고(동조약12②. 한미조세조약14(4)(a)), 거주지국에서만 과세가 가능하다는 원칙을 표명하고 있다(동조약12①. 한미조세조약14). 따라서 귀사가 미국법인에게 지불하는 로열티는 동조약의 적용에 의해 일본에서의 과세를 면제받는다.

단, 미국법인이 면세의 특전을 받기 위해서는 로열티의 지불 전에, 귀사를 통하여 [조세조약에 관한 제출서] 및 [특전조항에 관한 별표](확인서류를 포함)를 제출할 필요가 있다(실시특례법3의2②, 실시특례법시행성령2, 9의5).

2-3. 소비세과세

먼저 1-2에서 설명한 바와 같이, 소비세의 과세대상거래는 ① 국내에서 사업자가 행한 과세자산의 양도 등, ② 보세지역에서 가져온 외국화물이다(消法①·②).

우선, 본 질문에서 소프트웨어의 라이센스계약이 소비세법상, 상기①의 국내거래에 해당하는지 여부가 문제된다. 앞의 질문에서 설명한 것과 같이, 소비세법상, 저작권 등의 양도 또는 대여를 하는 자의 주소지에 의해 판정하는 것으로 되어 있다(消令6①六). 소비세법상, 자산의 대여는 넓게 정의되어 있고(消法2②), 더욱이 저작권의 대여에는 저작물을 이용시키는 행위가 포함되어 있다(消基通 5-4-2(2)). 따라서 본 질문의 소프트웨어 라이센스도 앞의 질문의 경우와 같이 모든 대여를 행하는 자의 주소지는 미국이므로, 본건 대여거래는 국외거래에 해당하고 과세의 대상이 되지 않는다.

또한, 상기②에 대해서는 보세지역에서 가져온 외국화물 자체가 과세대상이 되나(消法5②), 본 질문에서는 수입되는 외국화물 자체가 없다.

이상으로, 본 질문의 경우는 소비세의 과세대상외의 거래로 생각된다.

(井上 康一)

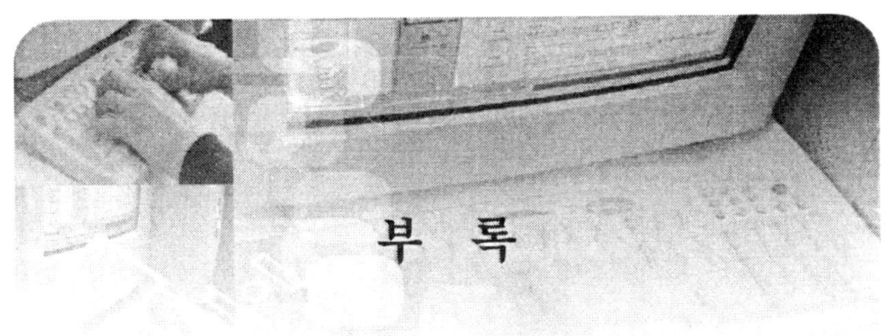

1. 일본개인정보보호법(일부개정 2003.7.16. 법률 제119호)
2. 한국정보통신망이용촉진 및 정보보호 등에 관한 법률
   (일부개정 2007.5.25. 법률 제8486호)
3. 일본전자상거래에 관한 준칙(일부개정 2006.2.)
4. 한국전자거래기본법(일부개정 2007.5.17. 법률 제8466호)
5. 한국전자상거래등에서의 소비자보호에 관한 법률
   (일부개정 2007.8.3. 법률 제8635호)
6. 일본전자서명 및 인증업무에 관한 법률(2006.6.7. 법률 제56호)
7. 한국전자서명법(일부개정 2005.12.30. 법률 제7813호)
8. 일본소비자계약법(2006.3.31. 법률 제10호)
9. 한국약관규제에 관한 법률(일부개정 2007.8.3. 법률 제8632호)

1. 일본개인정보보호법

[제정 2003.5.30. 법률 제57호; 최종 개정 2003.7.16. 법률 제119호]

제1장 총 칙

제1조 [목적] 이 법률은 고도정보통신사회의 진전에 수반해 개인정보의 이용이 현저하게 확대하고 있음을 감안하여 개인정보의 적정한 취급에 관해 기본이념 및 정부의 기본방침의 작성 그 외의 개인정보의 보호에 관한 시책의 기본이 되는 사항을 정해 국가 및 지방공공단체의 책무등을 분명히 함과 동시에, 개인정보를 취급하는 사업자가 준수해야 할 의무 등을 정함으로써 개인정보의 유용성에 배려하면서 개인의 권리 이익을 보호하는 것을 목적으로 한다.

제2조 [정의] ① 이 법률에서 「개인정보」란 생존하는 개인에 관한 정보이며 해당 정보에 포함되는 성명, 생년월일 그 외의 기술등에 의해 특정의 개인을 식별할 수 있는 것(다른 정보와 용이하게 조합할 수 있고 그것에 의해 특정의 개인을 식별할 수 있는 것을 포함한다)을 말한다.

② 이 법률에서 「개인정보 데이터베이스등」이란 개인정보를 포함하는 정보의 집합물로서 다음을 말한다.

1. 특정의 개인정보를 전자계산기를 이용해 검색할 수 있도록 체계적으로 구성한 것
2. 전호에서 열거하는 것 외에 특정의 개인정보를 용이하게 검색할 수 있도록 체계적으로 구성한 것으로서 정령으로 정하는 것

③ 이 법률에서 「개인정보 취급 사업자」란 개인정보 데이터베이스 등을 사업용으로 제공하는 자를 말한다. 다만, 다음의 자를 제외한다.

1. 국가기관
2. 지방공공단체
3. 독립 행정법인등 (독립 행정법인등이 보유하는 개인정보의 보호에 관한 법률 (2003년 법률 제59호)

제2조 제1항에서 규정하는 독립행정법인등을 말한다. 이하 같다.)

4. 지방 독립 행정법인(지방 독립 행정법인법 (2003년 법률 제118호) 제2조제1항에 규정하는 지방 독립 행정법인을 말한다. 이하 같다)
5. 그 취급하는 개인정보의 양 및 이용 방법에 의할때 개인의 권리 이익을 해칠 우려가 적은 것으로서 정령으로 정하는 자

④ 이 법률에서 「개인데이터」란 개인정보 데이터베이스등을 구성하는 개인정보를 말한다.

⑤ 이 법률에서 「보유개인데이터」란 개인정보 취급 사업자가 개시, 내용의 정정, 추가 또는 삭제, 이용의 정지, 소거 및 제3자에 대한 제공의 정지를 행할 수 있는 권한을 가지는 개인 데이터이며, 그 존부가 명확하게 됨으로써 공익 그 외의 이익을 해치는 것으로서 정령으로 정하는 것 또는 1년 이내의 정령으로 정하는 기간 이내에 소거하게 되는 것 이외의 것을 말한다.

6. 이 법률에서 개인정보에 대해 「본인」이란 개인정보에 의해서 식별되는 특정의 개인을 말한다.

제3조 [기본이념] 개인정보는 개인의 인격 존중의 이념아래 신중하게 취급되어야 함을 고려하여 그 적정한 취급이 도모되어야 한다.

제2장 국가 및 지방공공단체의 책무등

제4조 [국가의 책무] 국가는 이 법률의 취지에 따라 개인정보의 적정한 취급을 확보하기 위해서 필요한 시책을 종합적으로 책정하고 이를 실시할 책무를 진다.

제5조 [지방공공단체의 책무] 지방공공단체는 이 법률의 취지에 따라 그 지방공공단체 지역의 특성에 따르고 개인정보의 적정한 취급을 확보하기 위해서 필요한 시책을 책정하여 이를 실시하는 책무를 가진다.

제6조 [법제상의 조치등] 정부는 개인정보의 성질 및 이용방법을 감안하여, 개인의 권리 이익을 한층 더 보호하기 위해 특히 그 적정한 취급의 엄격한 실시를 확보할 필요가 있는 개인정보에 대해서 보호를 위한 특별 조치를 강구할 수 있도록 필요한 법제상의 조치 기타 조치를 강구한다.

제3장 개인정보의 보호에 관한 시책 등

제1절 개인정보의 보호에 관한 기본방침

제7조 ① 정부는 개인정보의 보호에 관한 시책의 종합적이고 일체적인 추진을 도모하기 위해 개인정보의 보호에 관한 기본방침(이하 「기본방침」이라고 한다)을 정하여야 한다.

② 기본방침은 다음의 사항에 대해 정한다.

1. 개인정보의 보호에 관한 시책의 추진에 관한 기본적인 방향
2. 국가가 강구해야 할 개인정보의 보호를 위한 조치에 관한 사항
3. 지방공공단체가 강구해야 할 개인

정보의 보호를 위한 조치에 관한 기본적인 사항
4. 독립 행정법인등이 강구해야 할 개인정보의 보호를 위한 조치에 관한 기본적인 사항
5. 지방독립행정법인이 강구해야 할 개인정보의 보호를 위한 조치에 관한 기본적인 사항
6. 개인정보취급사업자 및 제40조제1항에 규정하는 인정개인정보보호단체가 강구해야 할 개인정보의 보호를 위한 조치에 관한 기본적인 사항
7. 개인정보 취급에 관한 불평의 원활한 처리에 관한 사항
8. 그 외 개인정보의 보호에 관한 시책의 추진에 관한 중요 사항

③ 내각총리대신은 국민생활심의회의 의견을 듣고 기본방침안을 작성하여 내각회의의 결정을 요구하여야 한다.
④ 내각총리대신은 전항의 규정에 의한 내각회의의 결정이 있을 때에는 지체 없이 기본방침을 공표하여야 한다.
⑤ 전 2항의 규정은 기본방침의 변경에 대하여 준용한다.

제2절 국가의 시책

제8조 [지방공공단체등에 대한 지원] 국가는 지방공공단체가 책정하거나 실시하는 개인정보의 보호에 관한 시책 및 국민 또는 사업자등이 개인정보의 적정한 취급의 확보에 관하여 행하는 활동을 지원하기 위하여 정보의 제공, 사업자등이 강구해야 할 조치의 적절하고 유효한 실시를 도모하기 위한 지침의 책정 그 외의 필요한 조치를 강구한다.

제9조 [불평처리를 위한 조치] 국가는 개인정보 취급에 관계되어 사업자와 본인과의 사이에 생긴 불평의 적절하고 신속한 처리를 도모하기 위해서 필요한 조치를 강구한다.

제10조 [개인정보의 적정한 취급을 확보하기 위한 조치] 국가는 지방공공단체와의 적절한 역할 분담을 통해서 다음 장에 규정하는 개인정보 취급 사업자에 의한 개인정보의 적정한 취급을 확보하기 위해서 필요한 조치를 강구한다.

제3절 지방공공단체의 시책

제11조 [지방공공단체등이 보유하는 개인정보의 보호] ① 지방공공단체는 그 보유하는 개인정보의 성질, 해당 개인정보를 보유하는 목적 등을 감안하여, 그 보유하는 개인정보의 적정한 취급이 확보되도록 필요한 조치를 강구하여야 한다.
② 지방공공단체는 그 설립과 관련되는 지방독립행정법인에 대해서 그 성격 및 업무내용에 따라 그 보유하는 개인정보의 적정한 취급이 확보되도록 필요한 조치를 강구하여야 한다.

제12조 [지역내의 사업자등에 대한 지원] 지방공공단체는 개인정보의 적정한 취급을 확보하기 위하여 그 지역 내의 사업자 및 주민에 대한 지원에 필요한 조치를 강의하여야 한다.

제13조 [불평처리의 알선등] 지방공공단체는 개인정보 취급에 관하여 사업자와 본인과의 사이에 생긴 불평이 적절하고 신속히 처리되도록 하기 위

하여 불평처리의 알선 기타 필요한 조치를 강구하여야 한다.

제4절 국가 및 지방공공단체의 협력

제14조 국가 및 지방공공단체는 개인정보의 보호에 관한 시책을 강구하기 위하여 상호협력한다.

제4장 개인정보취급사업자의 의무 등

제1절 개인정보취급사업자의 의무

제15조 [이용 목적의 특정] ① 개인정보 취급 사업자는 개인정보를 취급함에 있어서는 그 이용의 목적(이하 「이용 목적」이라고 한다)을 가능한 한 특정하여야 한다.

② 개인정보 취급 사업자는 이용 목적을 변경하는 경우에는 변경전의 이용 목적과 상당한 관련성을 가진다고 합리적으로 인정되는 범위를 초과해서는 안 된다.

제16조 [이용 목적에 의한 제한] ① 개인정보 취급 사업자는 사전에 본인의 동의를 얻지 않고 전조 규정에 의해 특정된 이용 목적의 달성에 필요한 범위를 초과하여 개인정보를 취급하여서는 안된다.

② 개인정보 취급 사업자는 합병 기타 사유에 의해 다른 개인정보 취급 사업자로부터 사업을 승계함에 수반하여 개인정보를 취득했을 경우에는 사전에 본인의 동의를 얻지 않고 승계 전에 있어서의 해당 개인정보의 이용 목적의 달성에 필요한 범위를 초과하여 해당 개인정보를 취급하여서는 안된다.

③ 전 2항의 규정은 다음의 경우에는 적용하지 아니한다.

1. 법령에 근거하는 경우
2. 사람의 생명, 신체 또는 재산의 보호를 위해서 필요가 있는 경우로서 본인의 동의를 얻는 것이 곤란한 경우
3. 공중위생의 향상 또는 아동의 건전한 육성의 추진을 위해서 특히 필요가 있는 경우로서 본인의 동의를 얻는 것이 곤란한 경우
4. 국가의 기관 또는 지방공공단체 또는 그 위탁을 받은 자가 법령의 정하는 사무를 수행함에 있어 협력할 필요가 있는 경우로서 본인의 동의를 얻는 것이 해당 사무의 수행에 지장을 미칠 우려가 있을 경우

제17조 [적정한 취득] 개인정보 취급 사업자는 허위 기타 부정의 수단에 의해 개인정보를 취득하여서는 안된다.

제18조 [취득 시 이용 목적의 통지등] ① 개인정보 취급 사업자는 개인정보를 취득했을 경우는 사전에 그 이용 목적을 공표하고 있는 경우를 제외하고 신속하게 그 이용 목적을 본인에게 통지하거나 공표하여야 한다.

② 개인정보 취급 사업자는 전항의 규정에 관계없이 본인과의 사이에 계약을 체결함에 따라 계약서 기타 서면(전자적 방식, 자기적 방식 그 외 사람의 지각에 의해서는 인식할 수 없는 방식으로 만들어지는 기록을 포함한다. 이하 이 항에서와 같다)에 기

재된 해당 본인의 개인정보를 취득하는 경우 그 외 본인으로부터 직접 서면에 기재된 해당 본인의 개인정보를 취득하는 경우는 사전에 본인에 대해 그 이용 목적을 명시해야 한다. 다만, 사람의 생명, 신체 또는 재산의 보호를 위해서 긴급하게 필요가 있는 경우는 그러하지 아니하다.

③ 개인정보 취급 사업자는 이용 목적을 변경했을 경우에는 변경된 이용 목적에 대해서 본인에게 통지하거나 공표하여야 한다.

④ 전 3항의 규정은 다음의 경우에는 적용하지 아니한다.

1. 이용 목적을 본인에게 통지하거나 공표함에 의하여 본인 또는 제3자의 생명, 신체, 재산 기타 권리 이익을 해칠 우려가 있는 경우
2. 이용 목적을 본인에게 통지하거나 공표함에 의하여 해당 개인정보 취급 사업자의 권리 또는 정당한 이익을 해칠 우려가 있는 경우
3. 국가의 기관 또는 지방공공단체가 법령이 정하는 사무를 수행하는데 있어서 협력할 필요가 있는 경우이며, 이용 목적을 본인에게 통지하거나 공표하는 것으로써 해당 사무의 수행에 지장을 미칠 우려가 있는 경우
4. 취득의 상황에서 보아 이용 목적이 분명하다고 인정되는 경우

제19조 [데이터 내용의 정확성의 확보] 개인정보 취급 사업자는 이용 목적의 달성에 필요한 범위 내에서 개인 데이터를 정확하고 최신의 내용에 유지하도록 노력하지 않으면 안 된다.

제20조 [안전 관리 조치] 개인정보 취급 사업자는 그 취급하는 개인 데이터의 누설, 멸실 또는 손해의 방지 기타 개인 데이터의 안전 관리를 위해서 필요하고 적절한 조치를 강구하여야 한다.

제21조 [종업원의 감독] 개인정보 취급 사업자는 그 종업원에게 개인 데이타를 취급하게 함에 있어서는 해당 개인 데이터의 안전 관리가 도모되도록 해당 종업원에 대한 필요하고 적절한 감독을 행하여야 한다.

제22조 [수탁기관의 감독] 개인정보 취급 사업자는 개인데이터 취급의 전부 또는 일부를 위탁하는 경우에는 그 취급이 위탁된 개인데이터의 안전 관리가 도모되도록 위탁을 받은 자에 대한 필요하고 적절한 감독을 행하여야 한다.

제23조 [제3자제공의 제한] ① 개인정보 취급 사업자는 다음의 경우를 제외하고, 사전에 본인의 동의를 얻지 않고 개인 데이터를 제3자에게 제공하여서는 안 된다.

1. 법령에 근거하는 경우
2. 사람의 생명, 신체 또는 재산의 보호를 위해서 필요가 있는 경우로서 본인의 동의를 얻는 것이 곤란한 경우
3. 공중위생의 향상 또는 아동의 건전한 육성의 추진을 위해서 특히 필요가 있는 경우로서 본인의 동의를 얻는 것이 곤란한 경우
4. 국가의 기관 또는 지방공공단체 또는 그 위탁을 받은 자가 법령이 정하는 사무를 수행하는 것에 대해 협력할 필요가 있는 경우로서

본인의 동의를 얻는 것이 해당 사무의 수행에 지장을 미칠 우려가 있는 경우

② 개인정보 취급 사업자는 제3자에게 제공되는 개인 데이터에 대해서 본인의 요구에 따라 해당 본인이 식별되는 개인 데이터의 제3자에 대한 제공을 정지하는 것으로 하고 있는 경우이며, 다음의 사항에 대하여 사전에 본인에게 통지하거나 본인이 용이하게 알 수 있는 상태에 두고 있을 때에는 전항의 규정에 관계없이 해당 개인 데이터를 제3자에게 제공할 수 있다.

1. 제3자에 대한 제공을 이용 목적으로 할 것
2. 제3자에게 제공되는 개인 데이터의 항목
3. 제3자에 대한 제공의 수단 또는 방법
4. 본인의 요구에 따라 해당 본인이 식별되는 개인 데이터의 제3자에게의 제공을 정지할 것

③ 개인정보 취급 사업자는 전항 제2호 또는 제3호의 사항을 변경하는 경우는 변경하는 내용에 대해서 사전에 본인에게 통지하거나 본인이 용이하게 알 수 있는 상태에 두어야 한다.

④ 다음의 경우에 해당 개인 데이터의 제공을 받는 사는 전 3항의 규정의 적용에 대해서는 제3자에 해당하지 않는 것으로 한다.

1. 정보 취급 사입자가 이용 목적의 담성에 필요한 범위 내에서 개인 데이터 취급의 전부 또는 일부를 위탁하는 경우
2 합병 그 외의 사유에 의한 사업의 승계에 수반하여 개인 데이터가 제공되는 경우
3. 개인 데이터를 특정의 자와의 사이에 공동으로 이용하는 경우이며, 그 취지 및 공동으로 이용되는 개인 데이터의 항목, 공동으로 이용하는 자의 범위, 이용하는 자의 이용 목적 및 해당 개인 데이터의 관리에 대하여 책임을 지는 자의 성명 또는 명칭에 대하여 사전에 본인에게 통지하거나 본인이 용이하게 알 수 있는 상태에 두고 있는 경우

⑤ 개인정보 취급 사업자는 전항 제 3호에서 규정하는 이용하는 자의 이용 목적 또는 개인 데이터의 관리에 대하고 책임을 지는 자의 성명 또는 명칭을 변경하는 경우에는 변경하는 내용에 대해서 사전에 본인에게 통지하거나 본인이 용이하게 알 수 있는 상태에 두어야 한다.

제24조 [보유 개인 데이터에 관한 사항의 공표등] ① 개인정보 취급 사업자는 보유 개인 데이터에 관해 다음의 사항에 대하여 본인이 알 수 있는 상태(본인의 요구에 따라 지체 없게 회답하는 경우를 포함한다)에 두어야 한다.

1. 해당 개인정보 취급 사업자의 이름 또는 명칭
2. 모든 보유 개인 데이터의 이용 목적(제18조 제4항 제1호 내지 제3호까지 해당하는 경우를 제외한다)
3. 다음 항 다음 조 제1항, 제26조 제1항 또는 제27 제1항 또는 제2항의 규정에 의한 요구에 응하는 설차(제30조 제2항의 규정에 의해

그 수수료의 액수를 정했을 때에는 그 수수료의 액수를 포함한다)

4. 전 3호에서 열거하는 경우 외에 보유 개인 데이터의 적정한 취급의 확보에 관계되어 필요한 사항으로서 정령으로 정하는 것

② 개인정보 취급 사업자는 본인으로부터 해당 본인이 식별되는 보유 개인 데이터의 이용 목적의 통지가 요구되었을 때에는 본인에 대해, 지체 없이 이를 통지하여야 한다. 다만, 다음의 각 호에 해당하는 경우에는 그러하지 아니하다.

1. 전항의 규정에 의해 해당 본인이 식별되는 보유 개인 데이터의 이용 목적이 분명한 경우
2. 제18조 제4항 제1호 내지 제 3 호에 해당하는 경우
3. 개인정보 취급 사업자는 전항의 규정에 근거하여 요구된 보유 개인 데이터의 이용 목적을 통지하지 않는 취지의 결정을 했을 경우에는 본인에 대해 지체 없이 그 취지를 통지하여야 한다.

제25조 [개시] ① 개인정보 취급 사업자는 본인으로부터 해당 본인이 식별되는 보유 개인 데이터의 개시(해당 본인이 식별되는 보유 개인 데이터가 존재하지 않을 때에 그 취지를 알리는 것을 포함한다. 이하 같다)가 요구되었을 때에는 본인에 대해 정령으로 정하는 방법에 의해 지체 없이 해당 보유 개인 데이터를 개시하여야 한다. 다만, 개시에 의하여 다음의 각 호에 해당하는 경우에는 그 전부 또는 일부를 개시하지 않을 수 있다.

1. 본인 또는 제3자의 생명, 신체, 재산 그 외의 권리 이익을 해칠 우려가 있는 경우
2. 해당 개인정보 취급 사업자의 업무의 적정한 실시에 현저한 지장을 미칠 우려가 있는 경우
3. 다른 법령에 위반하게 되는 경우

② 개인정보 취급 사업자는 전항의 규정에 근거해 요구된 보유 개인 데이터의 전부 또는 일부에 대하여 개시하지 않는 결정을 한 경우 본인에 대하여 지체 없이 그 취지를 통지해야 한다.

③ 다른 법령의 규정에 의하여 본인에 대해 제1항 본문에 규정하는 방법에 상당하는 방법에 의해 해당 본인이 식별되는 보유 개인 데이터의 전부 또는 일부를 개시하는 것으로 되는 경우에는 해당 전부 또는 일부의 보유 개인 데이터에 대해서는 동항의 규정은 적용하지 아니한다.

제26조 [정정등] ① 개인정보 취급 사업자는 본인으로부터 해당 본인이 식별되는 보유 개인 데이터의 내용이 사실이 아니라는 이유에 의해서 해당 보유 개인 데이터의 내용의 정정, 추가 또는 삭제(이하 이 조에 대해 「정정등」이라고 한다)가 요구되었을 경우에는 그 내용의 정정등에 관해서 다른 법령의 규정에 의해 특별한 절차가 정해져 있는 경우를 제외하고 이용 목적의 달성에 필요한 범위 내에 있고, 지체 없이 필요한 조사를 행하여 그 결과에 기초하여 해당 보유 개인 데이터의 내용의 정정등을 행하여야 한다.

② 개인정보 취급 사업자는 전항의 규정에 기초하여 요구된 보유 개인

데이터의 내용의 전부 또는 일부에 대하여 정정등을 행했을 때 또는 정정 등을 행하지 않는 결정을 했을 때에는 본인에 대해 지체 없이 그 취지(정정등을 실시했을 때에는 그 내용을 포함한다)를 통지해야 한다.

제27조 [이용 정지등] ① 개인정보 취급 사업자는 본인으로부터 해당 본인이 식별되는 보유 개인 데이터가 제16조의 규정에 위반해서 취급되고 있다고 하는 이유 또는 제17의 규정에 위반하여 취득된 것이라는 이유에 의해서 해당 보유 개인 데이터의 이용의 정시 또는 소거(이하 이 조에 대해 「이용 정지등」이라고 한다)가 요구되었을 경우이며, 그 요구에 이유가 있음이 판명되었을 때에는 위반을 시정하기 위해서 필요한 한도에서 지체 없이 해당 보유 개인 데이터의 이용 정지등을 행하여야 한다. 다만, 해당 보유 개인 데이터의 이용 정지등에 고액의 비용을 필요로 하는 경우 그 외의 이용 정지등을 행하는 것이 곤란한 경우로서 본인의 권리 이익을 보호하기 위하여 필요한 이에 대신하는 조치를 취할 때에는 그러하지 아니하다.

② 개인정보 취급 사업자는 본인으로부터 해당 본인이 식별되는 보유 개인 데이터가 제23조 제1항의 규정에 위반하여 제3자에게 제공되고 있다는 이유에 의해서 해당 보유 개인 데이터의 제3자에 대한 제공의 정지가 요구되었을 경우이며, 그 요구에 이유가 있는 것이 판명되었을 때에는 지체 없이 해당 보유 개인 데이터의 제3자에 대한 제공을 정지해야 한다. 다만, 해당 보유 개인 데이터의 제3자에 대한 제공의 정지에 고액의 비용을 필요로 하는 경우 그 외의 제3자에 대한 제공을 정지하는 것이 곤란한 경우로서 본인의 권리 이익을 보호하기 위하여 필요한 이에 대신하는 조치를 취할 때에는 그러하지 아니하다.

③ 개인정보 취급 사업자는 제1항의 규정에 근거해 요구된 보유 개인 데이터의 전부 혹은 일부에 대하여 이용 정지등을 행했을 때 또는 이용 정지등을 행하지 않는 결정을 했을 때 또는 전항의 규정에 근거해 요구된 보유 개인 데이터의 전부 또는 일부에 대하여 제3자에게의 제공을 정지했을 때 또는 제3자에게의 제공을 정지하지 않는 결정을 했을 때에는 본인에 대해 지체 없이 그 취지를 통지하여야 한다.

제28조 [이유의 설명] 개인정보 취급 사업자는 제24조 제3항, 제25조 제2항, 제26조 제2항 또는 전조 제3항의 규정에 의해 본인으로부터 요구된 조치의 전부 또는 일부에 대하여 그 조치를 취하지 않는 취지를 통지하는 경우 또는 그 조치와 다른 조치를 취하는 취지를 통지하는 경우에는 본인에 대해 그 이유를 설명하도록 노력하지여야 한다.

제29조 [개시등의 요구에 응하는 절차] ① 개인정보 취급 사업자는 제24조 제2항, 제25조 제1항, 제26조 제1항 또는 제27조 제1항 혹은 제2항의 규정에 의한 요구(이하 이 조에 대해 「개시등의 요구」라고 한다)에 관하여 정령으로 정하는 바에 의하여 그 요

구를 받아들이는 방법을 정할 수 있다. 이 경우에 본인은 해당 방법에 따라서 개시 등의 요구를 행하여야 한다.
② 개인정보 취급 사업자는 본인에 대해 개시등의 요구에 관하여 그 대상이 되는 보유 개인 데이터를 특정할 만하는 사항의 제시를 요구할 수 있다. 이 경우에, 개인정보 취급 사업자는 본인이 용이하고 적확하게 개시 등의 요구를 할 수 있도록 해당 보유 개인 데이터의 특정에 이바지하는 정보의 제공 기타 본인의 편리를 고려한 적절한 조치를 취하여야 한다.
③ 개시등의 요구는 정령으로 정하는 바에 의해 대리인에 의할 수 있다.
④ 개인정보 취급 사업자는 전 3항의 규정에 근거하여 개시등의 요구에 응하는 절차를 정함에 있어서는 본인에게 과중한 부담을 지우지 않도록 배려하여야 한다.

제30조 [수수료] ① 개인정보 취급 사업자는 제24조 제2항의 규정에 의한 이용 목적의 통지 또는 제25조 제1항의 규정에 의한 개시가 요구되었을 때에는 해당 조치의 실시에 관해 수수료를 징수할 수 있다.
② 개인정보 취급 사업자는 전항의 규정에 의해 수수료를 징수하는 경우는 실비를 감안하고 합리적이라고 인정되는 범위 내에서 그 수수료의 액수를 정하여야 한다.

제31조 [개인정보 취급 사업자에 의한 불평의 처리] ① 개인정보 취급 사업자는 개인정보 취급에 관한 불평의 적절하고 신속한 처리에 노력하여야 한다.
② 개인정보 취급 사업자는 전항의 목적을 달성하기 위해서 필요한 체제의 정비에 노력하여야 한다.

제32조 [보고의무] 주무 대신은 이 절 규정의 시행에 필요한 한도에서 개인정보 취급 사업자에 대해 개인정보 취급에 관한 보고를 하게 할 수 있다.

제33조 [조언] 주무 대신은 이 절의 규정의 시행에 필요한 한도에서 개인정보 취급 사업자에 대해 개인정보 취급에 관하여 필요한 조언을 할 수 있다.

제34조 [권고 및 명령] ① 주무 대신은 개인정보 취급 사업자가 제16조 내지 제18조, 제20조 내지 제27조 또는 제30조 제2항의 규정에 위반했을 경우에 개인의 권리 이익을 보호하기 위해 필요하다고 인정할 때는 해당 개인정보 취급 사업자에 대해 해당 위반행위의 중지 기타 위반을 시정하기 위해서 필요한 조치를 취할 것을 권고할 수 있다.
② 주무 대신은 전항의 규정에 의한 권고를 받은 개인정보 취급 사업자가 정당한 이유가 없이 그 권고와 관련되는 조치를 취하지 않았던 경우에 대해 개인의 중대한 권리 이익의 침해가 절박하다고 인정할 때에는 해당 개인정보 취급 사업자에 대해 그 권고와 관련되는 조치를 취할 것을 명할 수 있다.
③ 주무 대신은 전 2항의 규정에 불구하고 개인정보 취급 사업자가 제16조, 제17조, 제20에서 제22조까지 또는 제23조 제1항의 규정에 위반했을 경우에 개인의 중대한 권리 이익을

해치는 사실이 있어 긴급하게 조치를 취할 필요가 있다고 인정할 때는 해당 개인정보 취급 사업자에 대해, 해당 위반행위의 중지 기타 위반을 시정하기 위해서 필요한 조치를 취할 것을 명할 수 있다.

제35조 [주무대신의 권한행사의 제한] ① 주무 대신은 전 3조의 규정에 의해 개인정보 취급 사업자에 대해 보고의 징수, 조언, 권고 또는 명령을 행하는 데 있어서는 표현의 자유, 학문의 자유, 종교의 자유 및 정치 활동의 자유를 방해해서는 안 된다.

② 전항의 규정의 취지에 비추어, 주무대신은 개인정보 취급 사업자가 제50조 제1항 각 호에 열거하는 자(해당 각 호에서 정하는 목적으로 개인정보를 취급하는 경우에 한정한다)에 대해서 개인정보를 제공하는 행위에 대해서는 그 권한을 행사하지 않는 것으로 한다.

제36조 [주무대신] ① 이 절의 규정에 있어서의 주무대신은 다음과 같다. 다만, 내각총리대신은 이 절의 규정의 원활한 실시를 위해 필요가 있다고 인정하는 경우는 개인정보 취급 사업자가 실시하는 개인정보 취급 중 특정의 것에 대해서 특정 대신 또는 국가 공안 위원회(이하 「대신등」이라고 한다)를 주무대신으로 지정할 수 있다.

1. 개인 정보 취급 사업자가 행하는 개인정보 취급 중 고용 관리에 관한 것에 대해서는 후생 노동대신(선원의 고용 관리에 관한 것에 대해서는 국토교통대신) 및 해당 개인정보 취급 사업자가 행하는 사업을 소관하는 대신등
2. 개인정보 취급 사업자가 행하는 개인정보 취급 중 전호에 열거하는 것 이외의 것에 대해서는 해당 개인정보 취급 사업자가 행하는 사업을 소관하는 대신등

② 내각총리대신은 전항 단서의 규정에 의해 주무대신을 지정했을 때에는 그 취지를 공시해야 한다.

③ 각 주무대신은 이 절의 규정의 시행에 있어서는 서로 긴밀히 연락해하고 협력하여야 한다.

제2절 민간단체에 의한 개인정보의 보호의 추진

제37조 [인정] ① 개인정보 취급 사업자의 개인정보의 적정한 취급의 확보를 목적으로 하고 다음에 열거하는 업무를 행하려고 하는 법인(법인이 아닌 단체에서 대표자 또는 관리인의 규정이 있는 것을 포함한다. 다음 조 제3호 나목에서도 동일하다)은 주무대신의 인정을 받을 수 있다.

1. 업무의 대상이 되는 개인정보 취급 사업자(이하 「대상 사업자」라고 한다)의 개인정보 취급에 관한 제42조의 규정에 의한 불평의 처리
2. 개인정보의 적정한 취급의 확보에 기여하는 사항에 대한 대상 사업자에 대한 정보의 제공
3. 전2호에서 열거하는 것 외, 대상 사업자의 개인정보의 적정한 취급의 확보에 관하여 필요한 업무

② 전항의 인정을 받으려고 하는 자는 정령으로 정하는 바에 의해 주무대신에게 신청하여야 한다.

③ 주무대신은 제1항의 인정을 하였을 경우에는 그 취지를 공시해야 한다.

제38조 [결격 조항] 다음의 각 호에 해당하는 자는 전조 제1항의 인정을 받을 수 없다.

1. 이 법률의 규정에 의해 형에 처해져 그 집행을 끝마쳐, 또는 집행을 받는 것이 없어진 날로부터 2년을 경과하지 않는 자
2. 제 48조제1항의 규정에 의해 인정을 삭제되어 그 취소일부터 2년을 경과하지 않는 자
3. 그 업무를 실시하는 임원(법인이 아닌 단체에서 대표자 또는 관리인의 규정이 있는 것의 대표자 또는 관리인을 포함한다. 이하 이 조에 대해 같다.) 중에, 다음의 어느 쪽인가에 해당하는 사람이 있는 것이 금고이상의 형에 처해져 또는 이 법률의 규정에 의해 형에 처해져 그 집행을 끝마쳐, 또는 집행을 받는 것이 없어진 날로부터 2년을 경과하지 않는 자로 제 48조제1항의 규정에 의해 인정을 삭제된 법인에 대하고, 그 취소의 히쿠마 30일 이내에 그 임원인 사람으로 그 취소일부터 2년을 경과하지 않는 자

제39조 [인정의 기준] 주무대신은 제37조 제1항의 인정의 신청이 다음 각 호에 적합하다고 인정할 수 없다면, 그 인정을 하여서는 안 된다.

1. 제37조 제1항 각 호에 열거하는 업무를 적정하고 확실히 행하는데 필요한 업무의 실시의 방법이 정해져 있을 것
2. 제37조 제1항 각 호에 열거하는 업무를 적정하고 확실히 행함에 있어 충분한 지식 및 능력 및 경리적 기초를 가질 것
3. 제37조 제1항 각 호에 열거하는 업무 이외의 업무를 행하고 있는 경우에는 그 업무를 행함에 의하여 동항 각 호에서 열거하는 업무가 불공정하게 될 우려가 없을 것

제40조 [폐지의 신고] ① 제37조 제1항의 인정을 받은 자(이하 「인정 개인 정보 보호 단체」라고 한다)는 그 인정과 관련되는 업무(이하 「인정 업무」라고 한다)를 폐지하려고 하는 경우에는 정령으로 정하는 바에 의해 사전에 그 취지를 주무대신에 신고하여야 한다.

② 주무대신은 전항의 규정에 의한 신고가 있을 때에는 그 취지를 공시해야 한다.

제41조 [대상 사업자] ① 인정개인정보보호단체는 해당 인정 개인 정보 보호 단체의 구성원인 개인정보 취급 사업자 또는 인정 업무의 대상이 되는 것에 대하여 동의를 얻은 개인정보 취급 사업자를 대상 사업자로 하여야 한다.

② 인정 개인 정보 보호 단체는 대상 사업자의 이름 또는 명칭을 공표해야 한다.

제42조 [불평의 처리] ① 인정개인정보보호단체는 본인 등으로부터 대상 사업자의 개인정보 취급에 관한 불평에 대해 해결신청이 있을 때에는 그 상담에 따라 신청인에 필요한 조언을 하여 그 불평과 관련되는 사정을 조사하고, 해당 대상 사업자에 대하여, 그 불평의 내용을 통지하여 그

신속한 해결을 요구하여야 한다.

② 인정 개인 정보 보호 단체는 전항의 신청과 관련되는 불평의 해결에 대하여 필요하다고 인정할 때에는 해당 대상 사업자에 대해 문서 또는 구두에 의한 설명을 요구하거나 자료의 제출을 요구할 수 있다.

③ 대상 사업자는 인정 개인 정보 보호 단체로부터 전항의 규정에 의한 요구가 있을 때에는 정당한 이유가 없이 이를 거절하여서는 안된다.

제43조 [개인정보보호지침] ① 인정개인정보보호단체는 대상 사업자의 개인정보의 적정한 취급의 확보를 위해서 이용 목적의 특정, 안전 관리를 위한 조치, 본인의 요구에 응하는 절차 그 외의 사항에 관하여 이 법률의 규정의 취지에 따른 지침(이하 「개인 정보 보호 지침」이라고 한다)을 작성하여 공표하여야 한다.

② 인정 개인 정보 보호 단체는 전항의 규정에 의해 개인정보보호지침을 공표했을 때에는 대상 사업자에 대하여 해당 개인정보보호지침을 준수하도록 하기 위해 필요한 지도, 권고 기타 조치를 취하도록 노력하여야 한다.

제44조 [목적외 이용의 금지] 인정개인정보보호단체는 인정업무의 실시에 있어서 파악한 정보를 인정업무용으로 제공하는 목적 이외에 이용하여서는 안 된다.

제45조 [명칭의 사용 제한] 인정개인정보보호단체가 아닌 자는 인정개인정보보호 단체라는 명칭 또는 이와 혼동하기 쉬운 명칭을 사용하여서는 안 된다.

제46조 [보고의 징수] 주무대신은 이 절 규정의 시행에 필요한 한도에서 인정 개인 정보보호단체에 대하여 인정업무에 관하여 보고를 하도록 할 수 있다.

제47조 [명령] 주무대신은 이 절 규정의 시행에 필요한 한도에서 인정개인정보보호 단체에 대하여 인정업무의 실시방법의 개선, 개인정보보호지침의 변경 기타 필요한 조치를 취할 것을 명할 수 있다.

제48조 [인정의 취소] ① 주무대신은 인정개인정보보호단체가 다음의 각 호의 1에 해당할 경우에는 그 인정을 취소할 수 있다.

1. 제38조 제1호 또는 제3호에 해당하게 된 경우
2. 제39조 각호의 1에 적합하지 않게 된 경우
3. 제44조의 규정에 위반한 경우
4. 전조의 명령에 따르지 않은 경우
5. 부정한 수단에 의하여 제37조 제1항의 인정을 받은 경우

② 주무대신은 전항의 규정에 의해 인정을 취소했을 때는 그 취지를 공시하여야 한다.

제49조 [주무대신] ① 이 절의 규정에 있어서의 주무 대신은 다음과 같다. 다만, 내각총리대신은 이 절 규정의 원활한 실시를 위해 필요하다고 인정하는 경우는 제37조 제1항의 인정을 받으려고 하는 자 중 특정의 것에 대해서, 특정 대신등을 주무대신으로 지정할 수 있다.

1. 설립에 대해 허가 또는 인가를 받고 있는 인정개인정보보호단체(제37조 제1항의 인정을 받으려고 하는 자를 포함한다. 다음호에서도

같다)에 대해서는 그 설립의 허가 또는 인가를 한 대신 등

2. 전호에 열거하는 것 이외의 인정 개인 정보 보호 단체에 대해서는 해당 인정개인정보보호단체의 대상 사업자가 실시하는 사업을 소관하는 대신등

② 내각총리대신은 전항 단서의 규정에 의해 주무 대신을 지정했을 때에는 그 취지를 공시하여야 한다.

제5장 잡칙

제50조 [적용 제외] ① 개인정보취급사업자 중 다음의 각 호에서 열거하는 자에 대해서는 그 개인정보를 취급하는 목적의 전부 또는 일부가 각각 해당 각 호에 규정하는 목적일 경우에는 전장의 규정은 적용하지 않는다.

1. 방송 기관, 신문사, 통신사 기타 보도 기관(보도를 업으로서 실시하는 개인을 포함한다)의 보도용으로 제공하는 목적
2. 저술을 업으로서 실시하는 자의 저술용으로 제공하는 목적
3. 대학 기타 학술 연구를 목적으로 하는 기관 또는 단체 또는 그에 속하는 자의 학술연구용으로 제공하는 목적
4. 종교단체의 종교활동(이에 부수 하는 활동을 포함한다)용으로 제공하는 목적
5. 정치단체의 정치활동(이에 부수 하는 활동을 포함한다)용으로 제공하는 목적

② 전항 제1호에 규정하는 「보도」란, 불특정 또한 다수의 자에 대해서 객관적 사실을 사실로서 알리는 것(이것에 근거해 의견 또는 견해를 말하는 것을 포함한다)을 말한다.

③ 제1항 각호에서 열거하는 개인정보취급사업자는 개인 데이터의 안전관리를 위해서 필요하고 적절한 조치, 개인정보 취급에 관한 불평의 처리 기타 개인정보의 적정한 취급을 확보하기 위해서 필요한 조치를 스스로 강구해 한편, 해당 조치의 내용을 공표하도록 노력하여야 한다.

제51조 [지방공공단체가 처리하는 사무] 이 법률에 규정하는 주무대신의 권한에 속하는 사무는 정령으로 정하는 바에 의해 지방공공단체의 장 기타 집행기관이 행하는 것으로 할 수 있다.

제52조 [권한 또는 사무의 위임] 이 법률에 의해 주무대신의 권한 또는 사무에 속하는 사항은 정령으로 정하는 바에 의해 그 소속의 직원에게 위임할 수 있다.

제53조 [시행상황의 공표] ① 내각총리대신은 관계하는 행정 기관(법률의 규정에 근거하여 내각에 설치되는 기관(내각부를 제외하다) 및 내각의 소관하에 설치되는 기관, 내각부, 궁내청, 내각부 설치법(1999년 법률 제89호) 제49조 제1항 및 제2항에 규정하는 기관 및 국가 행정조직법(1948년 법률 제120호) 제3조 제2항에 규정하는 기관을 말한다. 다음 조에서도 같다.)의 장에 대해, 이 법률의 시행의 상황에 대하고 보고를 요구할 수 있다.

② 내각총리대신은 매년 전항의 보고를 정리하여 그 개요를 공표하여야 한다.

제54조 [연락 및 협력] 내각총리대신 및 이 법률의 시행에 관계하는 행정기관의 장은 서로 긴밀히 연락하고 협력하여야 한다.

제55조 [정령에의 위임] 이 법률에서 규정하는 사항외에 이 법률의 실시를 위하여 필요한 사항은 정령으로 정한다.

제6장 벌칙

제56조 제34조 제2항 또는 제3항의 규정에 의한 명령에 위반한 자는 6월 이하의 징역 또는 30만엔 이하의 벌금에 처한다.

제57조 제32조 또는 제46조의 규정에 의한 보고를 하지 않거나 허위의 보고를 한 자는 30만엔 이하의 벌금에 처한다.

제58조 ① 법인(법인이 아닌 단체에서 대표자 또는 관리인의 규정이 있는 것을 포함한다. 이하 이 항에 대해 같다)의 대표자 또는 법인 또는 사람의 대리인, 사용인 기타 종업원이 그 법인 또는 사람의 업무에 관해서 전 2조의 위반행위를 했을 경우에는 행위자를 처벌하는 것 외에 그 법인 또는 사람에 대해서도 각 본조의 벌금형을 과 한다.

② 법인이 아닌 단체에 대하여 전항의 규정의 적용이 있는 경우에는 그 대표자 또는 관리인이 그 소송행위에 대해 법인이 아닌 단체를 대표하는 것 외에 법인을 피고인 또는 피의자로 하는 경우의 형사소송에 관한 법률의 규정을 준용한다.

제59조 다음의 각 호의 1에 해당하는 자는 10만엔 이하의 과태료에 처한다.

① 제 40조 제1항의 규정에 의한 신고를 하지 않거나 허위의 신고를 한 자

② 제 45조의 규정에 위반한 자

부 칙

제1조 [시행일] 이 법률은 공포일부터 시행한다. 다만, 제4장 내지 제6장 및 부칙 제2조 내지 제6조의 규정은 공포일부터 기산해 2년을 초과하지 않는 범위 내에서 정령으로 정하는 날로부터 시행한다.

제2조 [본인의 동의에 관한 경과 조치] 이 법률의 시행 전에 본인의 개인정보 취급에 관한 동의가 있는 경우에 그 동의가 제15조제1항의 규정에 의해 특정되는 이용목적 이외의 목적으로 개인정보를 취급하는 것을 인정하는 취지의 동의에 상당하는 것일 때에는 제16조제1항 또는 제2항의 동의가 있었던 것으로 간주한다.

제3조 이 법률의 시행 전에 된 본인의 개인정보 취급에 관한 동의가 있는 경우에 그 동의가 제23조 제1항의 규정에 의한 개인데이터의 제3자에 대한 제공을 인정하는 취지의 동의에 상당하는 것일 때에는 동항의 동의가 있었던 것으로 간주한다.

제4조 [통지에 관한 경과조치] 제23조제2항의 규정에 의해 본인에게 통

지하거나 본인이 용이하게 알 수 있는 상태에 두어야 하는 사항에 상당하는 사항에 대하여 이 법률의 시행 전에 본인에게 통지되고 있을 때에는 해당 통지는 동항의 규정에 의해 행해진 것으로 간주한다.

제5조 제23조 제4항 제３호의 규정에 의해 본인에게 통지하거나 본인이 용이하게 알 수 있는 상태에 두어야 하는 사항에 상당하는 사항에 대해서 이 법률의 시행 전에 본인에게 통지되고 있을 때에는 해당 통지는 동호의 규정에 의해 행해진 것으로 간주한다.

제6조 [명칭의 사용제한에 관한 경과조치] 이 법률의 시행 시에 실제로 인정개인정보 보호단체라는 명칭 또는 이와 혼동하기 쉬운 명칭을 이용하고 있는 자에 대해서는 제45조의 규정은 동조 규정의 시행 후 6월간은 적용하지 않는다.

부 칙
(2003.5.30. 법률 제61호)

제1조 [시행일] 이 법률은 행정 기관이 보유하는 개인정보의 보호에 관한 법률의 시행일부터 시행한다.

제4조 [기타 경과조치의 정령에의 위임] 전2조에서 정하는 것 외에 이 법률의 시행에 관하여 필요한 경과조치는 정령으로 정한다.

부 칙
(2003.7.16. 법률 제119호)
(시행일)

제1조 이 법률은 지방독립행정법인법(2003년 법률 제118호)의 시행일부터 시행한다. 다만, 다음의 각 호로 내거는 규정은 해당 각 호에 정하는 날로부터 시행한다.

1. 제6조의 규정

개인정보보호에 관한 법률의 시행일 또는 이 법률의 시행일 중 늦은 날

제6조 [기타 경과조치의 정령에의 위임] 이 부칙에 규정하는 외에 이 법률의 시행에 수반해 필요한 경과 조치는 정령으로 정한다.

2. 한국정보통신망 이용촉진 및 정보보호 등에 관한 법률

[일부개정 2007.5.25 법률 제8486호, 시행일 2008.5.26]

제1장 총칙

제1조 [목적] 이 법은 정보통신망의 이용을 촉진하고 정보통신서비스를 이용하는 자의 개인정보를 보호함과 아울러 정보통신망을 건전하고 안전하게 이용할 수 있는 환경을 조성함으로써 국민생활의 향상과 공공복리의 증진에 이바지함을 목적으로 한다.

제2조 [정의] ① 이 법에서 사용하는 용어의 정의는 다음과 같다. <개정 2004.1.29, 2007.1.26>

1. "정보통신망"이라 함은 「전기통신기본법」 제2조제2호의 규정에 따른 전기통신설비를 이용하거나 전기통신설비와 컴퓨터 및 컴퓨터의 이용기술을 활용하여 정보를 수집·가공·저장·검색·송신 또는 수신하는 정보통신체제를 말한다.
2. "정보통신서비스"라 함은 「전기통신기본법」 제2조제7호의 규정에 따른 전기통신역무와 이를 이용하여 정보를 제공하거나 정보의 제공을 매개하는 것을 말한다.
3. "정보통신서비스제공자"라 함은 「전기통신사업법」 제2조제1항제1호의 규정에 따른 전기통신사업자와 영리를 목적으로 전기통신사업자의 전기통신역무를 이용하여 정보를 제공하거나 정보의 제공을 매개하는 자를 말한다.
4. "이용자"라 함은 정보통신서비스제공자가 제공하는 정보통신서비스를 이용하는 자를 말한다.
5. "전자문서"라 함은 컴퓨터 등 정보처리능력을 가진 장치에 의하여 전자적인 형태로 작성되어 송·수신 또는 저장된 문서형식의 자료로서 표준화된 것을 말한다.
6. "개인정보"라 함은 생존하는 개인에 관한 정보로서 성명·주민등록번호 등에 의하여 당해 개인을 알아볼 수 있는 부호·문자·음성·음향 및 영상 등의 정보(당해 정보만으로는 특정 개인을 알아볼 수 없는 경우에도 다른 정보와 용이하게 결합하여 알아볼 수 있는 것을 포함한다)를 말한다.
7. "침해사고"라 함은 해킹, 컴퓨터바이러스, 논리폭탄, 메일폭탄, 서비스거부 또는 고출력 전자기파 등에 의하여 정보통신망 또는 이와 관련된 정보시스템을 공격하는 행위로 인하여 발생한 사태를 말한다.
8. "정보보호산업"이라 함은 정보보호제품을 개발·생산 또는 유통하거나 정보보호에 관한 컨설팅 등과 관련된 산업을 말한다.

9. "게시판"이라 함은 그 명칭과 관계 없이 정보통신망을 이용하여 일반에게 공개할 목적으로 부호·문자·음성·음향·화상·동영상 등의 정보를 이용자가 게재할 수 있는 컴퓨터 프로그램 또는 기술적 장치를 말한다.

② 이 법에서 사용하는 용어의 정의는 제1항에서 정하는 것을 제외하고는 「정보화촉진기본법」이 정하는 바에 따른다. <개정 2007.1.26>

제3조 [정보통신서비스제공자 및 이용자의 책무] ① 정보통신서비스제공자는 이용자의 개인정보를 보호하고 건전하고 안전한 정보통신서비스를 제공함으로써 이용자의 권익보호와 정보이용능력의 향상에 이바지하여야 한다.

② 이용자는 건전한 정보사회가 정착되도록 노력하여야 한다.

③ 정부는 정보통신서비스제공자단체 또는 이용자단체의 개인정보보호 및 정보통신망에서의 청소년보호 등을 위한 활동을 지원할 수 있다.

제4조 [정보통신망이용촉진및정보보호등에 관한 시책의 강구] ① 정보통신부장관은 정보통신망의 이용촉진 및 안정적 관리·운영과 이용자의 개인정보의 보호 등(이하 "정보통신망이용촉진및정보보호등"이라 한다)을 통하여 정보사회의 기반을 조성하기 위한 시책을 마련하여야 한다.

② 제1항의 규정에 의한 시책에는 다음 각호의 사항이 포함되어야 한다. <개정 2004.12.30>

1. 정보통신망에 관련된 기술의 개발·보급
2. 정보통신망의 표준화
3. 정보내용물 및 제11조의 규정에 의한 정보통신망응용서비스의 개발 등 정보통신망의 이용활성화
4. 정보통신망을 이용한 정보의 공동활용 촉진
5. 인터넷이용의 활성화
6. 정보통신망을 통하여 수집·처리·보관·이용되는 개인정보의 보호 및 그와 관련된 기술의 개발·보급
7. 정보통신망에서의 청소년보호
8. 정보통신망의 안전성 및 신뢰성 제고
9. 그 밖에 정보통신망이용촉진및정보보호등을 위하여 필요한 사항

③ 정보통신부장관은 제1항의 규정에 의한 시책을 수립함에 있어 「정보화촉진기본법」 제5조의 규정에 의한 정보화촉진기본계획과 연계되도록 하여야 한다. <개정 2007.1.26>

제5조 [다른 법률과의 관계] 정보통신망이용촉진및정보보호등에 관하여는 다른 법률에 특별한 규정이 있는 경우를 제외하고는 이 법이 정하는 바에 의한다.

제2장 정보통신망의 이용촉진

제6조 [기술개발의 추진 등] ① 정보통신부장관은 정보통신망과 관련된 기술 및 기기의 개발을 효율적으로 추진하기 위하여 대통령령이 정하는 바에 따라 관련 연구기관으로 하여금 연구개발·기술협력·기술이전 또는 기술지도 등의 사업을 하게 할 수 있다.

② 정부는 제1항의 규정에 의하여 연

구개발 등의 사업을 실시하는 연구기관에 대하여는 그 사업에 소요되는 비용의 전부 또는 일부를 지원할 수 있다.

③ 제2항의 규정에 의한 비용의 지급 및 관리 등에 관하여 필요한 사항은 대통령령으로 정한다.

제7조 [기술등에관한정보의 관리 및 보급] ① 정보통신부장관은 정보통신망과 관련된 기술 및 기기에 관한 정보(이하 이 조에서 "기술등에관한정보"라 한다)를 체계적이고 종합적으로 관리하여야 한다.

② 정보통신부장관은 기술등에관한정보를 체계적이고 종합적으로 관리하기 위하여 필요한 경우에는 관계 행정기관 및 국·공립 연구기관 등에 대하여 기술등에관한정보와 관련된 자료를 요구할 수 있다. 이 경우 요구를 받은 기관의 장은 특별한 사유가 없는 한 이에 응하여야 한다.

③ 정보통신부장관은 기술등에관한정보를 신속하고 편리하게 이용할 수 있도록 그 보급을 위한 사업을 실시하여야 한다.

④ 제3항의 규정에 의하여 보급의 대상이 되는 정보통신망과 관련된 기술 및 기기의 범위에 관하여 필요한 사항은 대통령령으로 정한다.

제8조 [정보통신망의 표준화 및 인증] ① 정보통신부장관은 정보통신망의 이용촉진을 위하여 정보통신망에 관한 표준을 정하고 이를 고시하며, 그 사용을 정보통신서비스제공자 또는 정보통신망과 관련된 제품을 제조 또는 공급하는 자에게 권고할 수 있다. 다만, 「산업표준화법」 제12조에 따른 한국산업표준이 제정되어 있는 사항에 대하여는 그 표준에 따른다. <개정 2007.1.26, 2007.5.25>

② 제1항의 규정에 의하여 고시된 표준에 적합한 정보통신과 관련된 제품을 제조 또는 공급하는 자는 제9조제1항의 규정에 의한 인증기관의 인증을 받아 그 제품이 표준에 적합한 것임을 나타내는 표시를 할 수 있다.

③ 제1항 단서의 규정에 해당하는 경우로서 「산업표준화법」 제15조에 따라 인증을 받은 때에는 제2항의 규정에 의한 인증을 받은 것으로 본다. <개정 2007.1.26, 2007.5.25>

④ 제2항의 규정에 의하여 인증을 받은 자가 아니면 그 제품이 표준에 적합한 것임을 나타내는 표시를 하거나 이와 유사한 표시를 하여서는 아니되며, 이와 유사한 표시를 한 제품을 판매하거나 판매할 목적으로 진열하여서는 아니된다.

⑤ 정보통신부장관은 제4항의 규정을 위반하여 제품을 판매하거나 판매할 목적으로 진열한 자에 대하여 그 제품을 수거·반품하게 하거나 인증을 받아 그 표시를 하도록 하는 등 필요한 시정조치를 명할 수 있다. <신설 2007.1.26>

⑥ 제1항 내지 제3항의 규정에 따른 표준화의 대상·방법·절차와 인증표시, 제5항의 규정에 따른 수거·반품이나 시정 등에 관하여 필요한 사항은 정보통신부령으로 정한다. <개정 2007.1.26>

제9조 [인증기관의 지정 등] ① 정보통신부장관은 정보통신망과 관련된 제품을 제조 또는 공급하는 자의 제

품이 제8조제1항 본문의 규정에 의하여 고시된 표준에 적합한 제품임을 인증하는 기관(이하 "인증기관"이라 한다)을 지정할 수 있다.

② 정보통신부장관은 인증기관이 다음 각호의 1에 해당하는 때에는 그 지정을 취소하거나 6월 이내의 상당한 기간을 정하여 업무의 정지를 명할 수 있다. 다만, 제1호의 규정에 해당하는 때에는 그 지정을 취소하여야 한다.

1. 속임수 그 밖의 방법으로 지정을 받은 때
2. 정당한 이유없이 1년 이상 계속하여 인증업무를 하지 아니한 때
3. 제3항의 규정에 의한 지정기준에 미달한 때

③ 제1항 및 제2항의 규정에 의한 인증기관의 지정기준·절차, 지정취소·업무정지의 기준 등에 관하여 필요한 사항은 정보통신부령으로 정한다.

제10조 [정보내용물의 개발지원] 정부는 국가경쟁력을 확보하거나 공익을 증진하기 위하여 정보통신망을 통하여 유통되는 정보내용물을 개발하는 자에게 재정 및 기술 등 필요한 지원을 할 수 있다.

제11조 [정보통신망응용서비스의 개발촉진 등] ① 정부는 국가기관·지방자치단체 및 공공기관이 정보통신망을 활용하여 업무를 효율화·자동화·고도화하는 응용서비스(이하 "정보통신망응용서비스"라 한다)를 개발·운영하는 경우 당해 기관에 재정 및 기술 등 필요한 지원을 할 수 있다.

② 정부는 민간부문에 의한 정보통신망응용서비스의 개발을 촉진하기 위하여 재정 및 기술 등 필요한 지원을 할 수 있으며, 정보통신망응용서비스의 개발에 필요한 기술인력의 양성을 위하여 다음 각호의 시책을 마련하여야 한다.

1. 각급 학교 그 밖의 교육기관에서 시행하는 인터넷 교육의 지원
2. 국민에 대한 인터넷 교육의 확대
3. 정보통신망 기술인력양성사업의 지원
4. 정보통신망 전문기술인력양성기관의 설립·지원
5. 정보통신망이용 교육프로그램의 개발 및 보급지원
6. 정보통신망 관련 기술자격제도의 정착 및 전문기술인력 수급지원
7. 그 밖에 정보통신망 관련 기술인력의 양성에 관하여 필요한 사항

제12조 [정보의 공동활용체제 구축] ① 정부는 정보통신망의 효율적인 활용을 위하여 정보통신망 상호간의 연계운영 및 표준화 등 정보의 공동활용체제 구축을 권장할 수 있다.

② 정부는 제1항의 규정에 의한 정보의 공동활용체제를 구축하는 자에 대하여 재정 및 기술 등 필요한 지원을 할 수 있다.

③ 제1항 및 제2항의 규정에 의한 권장 및 지원에 관하여 필요한 사항은 대통령령으로 정한다.

제13조 [정보통신망의 이용촉진 등에 관한 사업] ① 정보통신부장관은 공공·지역·산업·생활 및 사회적 복지 등 각 분야의 정보통신망의 이용촉진과 정보격차의 해소를 위하여 관련 기술·기기 및 응용서비스의 효율적인 활용·보급을 촉진하기 위한 사업을

대통령령이 정하는 바에 의하여 실시할 수 있다.

② 정부는 제1항의 규정에 의한 사업에 참여하는 자에 대하여 재정 및 기술 등 필요한 지원을 할 수 있다.

제14조 [인터넷이용의 확산] 정부는 인터넷이용이 확산될 수 있도록 공공 및 민간의 인터넷이용시설의 효율적 활용을 유도하고 인터넷관련 교육 및 홍보 등 인터넷이용기반을 확충하며, 지역별·성별·연령별 인터넷이용격차를 해소하기 위한 시책을 수립·추진하여야 한다.

제15조 [인터넷서비스의 품질개선] ① 정보통신부장관은 인터넷서비스 이용자의 권익 보호와 인터넷서비스의 품질향상 및 안정적 제공을 보장하기 위한 시책을 마련하여야 한다.

② 정보통신부장관은 제1항의 규정에 의한 시책을 추진하기 위하여 필요한 경우 정보통신서비스제공자단체 및 이용자단체 등의 의견을 수렴하여 인터넷서비스품질의 측정·평가에 관한 기준을 정하여 고시할 수 있다.

③ 정보통신서비스제공자는 제2항의 규정에 의한 기준에 따라 자율적으로 인터넷서비스의 품질현황을 평가하여 그 결과를 이용자에게 알려줄 수 있다.

제16조 삭제 <2004.1.29>

제17조 삭제 <2004.1.29>

제3장 전자문서중계자를 통한 전자문서의 활용

제18조 [전자문서중계자에 의한 문서의 처리 등] ① 국가기관 또는 지방자치단체의 장이 전자문서중계설비를 관리하는 자(이하 "전자문서중계자"라 한다)를 통하여 법령에서 규정한 허가·인가·승인·등록·신고·신청 등(이하 이 조에서 "허가등"이라 한다)을 전자문서로 처리하고자 하는 경우에는 대통령령이 정하는 바에 의하여 대상업무와 전자문서중계자 등 필요한 사항을 정하고 이를 고시하여야 한다.

② 제1항의 규정에 의하여 처리되는 전자문서와 그 문서상의 명의인을 표시한 문자 및 전자서명법 제2조제3호의 규정에 의한 공인전자서명은 각각 당해 법령이 정한 문서와 당해 문서상의 서명날인으로 본다. <개정 2001.12.31>

③ 제1항의 규정에 의하여 허가등을 전자문서로 처리한 경우에는 당해 법령에서 정한 절차에 의하여 처리한 것으로 본다.

④ 전자문서중계자의 지정요건 및 절차에 관하여 필요한 사항은 대통령령으로 정한다.

제19조 [전자문서의 송·수신시기] ① 전자문서는 작성자외의 자 또는 작성자의 대리인외의 자가 관리하는 컴퓨터에 입력된 때에 송신된 것으로 본다.

② 전자문서는 다음 각호의 1에 해당하는 때에 수신된 것으로 본다.

1. 수신자가 전자문서를 수신할 컴퓨터를 지정한 경우에는 지정한 컴퓨터에 입력된 때. 다만, 지정한 컴퓨터가 아닌 컴퓨터에 입력된 경우에는 수신자가 이를 출력한 때를 말한다.

2. 수신자가 전자문서를 수신할 컴퓨터를 지정하지 아니한 경우에는 수신자가 관리하는 컴퓨터에 입력된 때

제20조 [전자문서 내용의 추정 등] ① 전자문서의 내용에 대하여 당사자 또는 이해관계자사이에 다툼이 있는 때에는 전자문서중계자의 컴퓨터의 화일에 기록된 전자문서의 내용대로 작성된 것으로 추정한다.

② 전자문서중계자는 「공공기록물 관리에 관한 법률」 제19조의 규정에 따라 전자문서를 보관하여야 한다. <개정 2007.1.26>

제21조 [전자문서 등의 공개제한] 전자문서중계자는 전자문서중계설비에 의하여 처리되는 전자문서 또는 관련 기록을 적법한 절차에 의하지 아니하거나 전자문서 발신자 및 수신자의 동의없이 공개하여서는 아니된다.

제4장 개인정보의 보호

제1절 개인정보의 수집·이용 및 제공 등 〈개정 2007.1.26〉

제22조 [개인정보의 수집·이용 동의 등] ① 정보통신서비스제공자는 이용자의 개인정보를 이용하려고 수집하는 때에는 다음 각 호의 모든 사항에 대하여 이용자에게 알리고 동의를 얻어야 한다. 다음 각 호의 어느 하나의 사항을 변경하려는 때에도 또한 같다.

1. 개인정보의 수집·이용 목적
2. 수집하는 개인정보의 항목
3. 개인정보의 보유 및 이용 기간

② 정보통신서비스제공자는 다음 각 호의 어느 하나에 해당하는 경우에는 제1항의 규정에 따른 동의 없이 이용자의 개인정보를 수집·이용할 수 있다.

1. 정보통신서비스의 제공에 관한 계약의 이행을 위하여 필요한 개인정보로서 경제적·기술적인 사유로 통상의 동의를 받는 것이 현저히 곤란한 경우
2. 정보통신서비스의 제공에 따른 요금정산을 위하여 필요한 경우
3. 이 법 또는 다른 법률에 특별한 규정이 있는 경우

[전문개정 2007.1.26]

제23조 [개인정보의 수집의 제한 등] ① 정보통신서비스제공자는 사상·신념·과거의 병력 등 개인의 권리·이익이나 사생활을 현저하게 침해할 우려가 있는 개인정보를 수집하여서는 아니된다. 다만, 제22조제1항의 규정에 따른 이용자의 동의를 얻거나 다른 법률에 따라 특별히 수집대상 개인정보로 허용된 경우에는 그러하지 아니하다. <개정 2007.1.26>

② 정보통신서비스제공자는 이용자의 개인정보를 수집하는 경우 정보통신서비스의 제공을 위하여 필요한 최소한의 정보를 수집하여야 하며, 필요한 최소한의 정보외의 개인정보를 제공하지 아니한다는 이유로 그 서비스의 제공을 거부하여서는 아니된다. <개정 2007.1.26>

제2절 삭제 〈2007.1.26〉

제24조 [개인정보의 이용 제한] 정보통신서비스제공자는 제22조 및 제

23조제1항 단서의 규정에 따라 수집한 개인정보를 이용자로부터 동의받은 목적 또는 제22조제2항 각 호에서 정한 목적과 다른 목적으로 이용하여서는 아니 된다.
[전문개정 2007.1.26]

제24조의2 [개인정보의 제공 동의 등] ① 정보통신서비스제공자는 이용자의 개인정보를 제3자에게 제공하려는 경우 제22조제2항제2호 및 제3호의 규정에 해당하는 경우를 제외하고는 다음 각 호의 모든 사항에 대하여 이용자에게 알리고 동의를 얻어야 한다. 다음 각 호의 어느 하나의 사항이 변경되는 경우에도 또한 같다.
1. 개인정보를 제공받는 자
2. 개인정보를 제공받는 자의 개인정보 이용 목적
3. 제공하는 개인정보의 항목
4. 개인정보를 제공받는 자의 개인정보 보유 및 이용 기간

② 제1항의 규정에 따라 정보통신서비스제공자로부터 이용자의 개인정보를 제공받은 자는 그 이용자의 동의가 있거나 다른 법률에 특별한 규정이 있는 경우를 제외하고는 개인정보를 제3자에게 제공하거나 제공받은 목적 외의 용도로 이용하여서는 아니 된다.
[본조신설 2007.1.26]

제25조 [개인정보의 취급위탁〈개정 2007.1.26〉] ①정보통신서비스제공자와 그로부터 제24조의2제1항의 규정에 따라 이용자의 개인정보를 제공받은 자(이하 "정보통신서비스제공자등"이라 한다)는 제3자에게 이용자의 개인정보를 수집·보관·처리·이용·제공·관리·파기 등(이하 "취급"이라 한다)을 할 수 있도록 업무를 위탁(이하 "개인정보취급위탁"이라 한다)하는 경우에는 다음 각 호의 사항 모두에 대하여 이용자에게 알리고 동의를 얻어야 한다. 다음 각 호의 어느 하나의 사항이 변경되는 경우에도 또한 같다. <개정 2007.1.26>
1. 개인정보취급위탁을 받는 자(이하 "수탁자"라 한다)
2. 개인정보취급위탁을 하는 업무의 내용

② 정보통신서비스제공자등은 정보통신서비스의 제공에 관한 계약의 이행을 위하여 필요한 경우로서 제1항 각 호의 사항 모두를 제27조의2제1항의 규정에 따라 공개하거나 전자우편 등 대통령령이 정하는 방법에 따라 이용자에게 통지한 경우에는 개인정보취급위탁에 따른 제1항의 고지 및 동의 절차를 거치지 아니할 수 있다. 제1항 각 호의 어느 하나의 사항이 변경되는 경우에도 또한 같다. <신설 2007.1.26>

③ 정보통신서비스제공자등은 개인정보취급위탁을 하는 경우에는 수탁자가 이용자의 개인정보를 취급할 수 있는 목적을 미리 정하여야 하며, 수탁자는 이 목적을 벗어나서 이용자의 개인정보를 취급하여서는 아니 된다. <신설 2007.1.26>

④ 정보통신서비스제공자등은 수탁자에 대하여 이 장의 규정을 위반하지 아니하도록 관리·감독하여야 한다. <신설 2004.1.29, 2007.1.26>

⑤ 수탁자가 개인정보취급위탁을 받은 업무와 관련하여 이 장의 규정을

위반하여 이용자에게 손해를 발생시킨 경우에는 그 수탁자를 손해배상책임에 있어서 정보통신서비스제공자등의 소속직원으로 본다. <개정 2004.1.29, 2007.1.26>

제26조 [영업의 양수 등에 따른 개인정보의 이전 〈개정 2007.1.26〉] ① 정보통신서비스제공자등이 영업의 전부 또는 일부의 양도·합병 등으로 그 이용자의 개인정보를 타인에게 이전하는 경우에는 미리 다음 각 호의 사항 모두를 인터넷 홈페이지 게시, 전자우편 등 대통령령이 정하는 방법에 따라 이용자에게 통지하여야 한다. <개정 2007.1.26>

1. 개인정보를 이전하려는 사실
2. 개인정보의 이전을 받는 자(이하 "영업양수자등"이라 한다)의 성명(법인의 경우에는 법인의 명칭을 말한다. 이하 이 조에서 같다)·주소·전화번호 그 밖의 연락처
3. 이용자가 개인정보의 이전을 원하지 아니하는 경우 그 동의를 철회할 수 있는 방법 및 절차

② 영업양수자등은 개인정보의 이전을 받은 경우에는 지체 없이 그 사실을 인터넷 홈페이지 게시, 전자우편 등 대통령령이 정하는 방법에 따라 이용자에게 통지하여야 한다. 다만, 정보통신서비스제공자등이 제1항의 규정에 따라 그 이전사실을 이미 통지한 경우에는 그러하지 아니하다. <개정 2007.1.26>

③ 영업양수자등은 정보통신서비스제공자등이 이용자의 개인정보를 이용하거나 제공할 수 있는 당초의 목적 범위 안에서만 개인정보를 이용하거나 제공할 수 있다. 다만, 이용자의 별도의 동의를 얻은 경우에는 그러하지 아니하다. <신설 2007.1.26>

제26조의2 [동의획득방법] 제22조제1항·제23조제1항 단서·제24조의2제1항 및 제2항·제25조제1항·제26조제3항 단서 또는 제54조제2항의 규정에 따른 동의(이하 "개인정보수집·이용·제공 등의 동의"라 한다)를 얻는 방법은 개인정보의 수집매체, 업종의 특성 및 이용자의 수 등을 참작하여 대통령령으로 정한다.

[본조신설 2007.1.26]

제2절 개인정보의 관리 및 파기 등 〈신설 2007.1.26〉

제27조 [개인정보관리책임자의 지정] ① 정보통신서비스제공자등은 이용자의 개인정보를 보호하고 개인정보와 관련한 이용자의 고충을 처리하기 위하여 개인정보관리책임자를 지정하여야 한다. 다만, 종업원 수·이용자 수 등이 정보통신부령이 정하는 기준에 해당하는 정보통신서비스제공자등의 경우에는 지정하지 아니할 수 있다. <개정 2004.1.29, 2006.10.4>

② 제1항 단서의 규정에 따른 정보통신서비스제공자등이 개인정보관리책임자를 지정하지 아니하는 경우에는 그 사업주 또는 대표자가 개인정보관리책임자가 된다. <신설 2006.10.4>

③ 개인정보관리책임자의 자격요건 그 밖의 지정에 관하여 필요한 사항은 정보통신부령으로 정한다. <개정 2006.10.4>

제27조의2 [개인정보취급방침의 공

개] ① 정보통신서비스제공자등은 이용자의 개인정보를 취급하는 경우에는 개인정보취급방침을 정하여 이를 이용자가 언제든지 쉽게 확인할 수 있도록 정보통신부령이 정하는 방법에 따라 공개하여야 한다.

② 제1항의 규정에 따른 개인정보취급방침에는 다음 각 호의 사항이 모두 포함되어야 한다.

1. 개인정보의 수집·이용 목적, 수집하는 개인정보의 항목 및 수집방법
2. 개인정보를 제3자에게 제공하는 경우 제공받는 자의 성명(법인의 경우에는 법인의 명칭을 말한다), 제공받는 자의 이용 목적 및 제공하는 개인정보의 항목
3. 개인정보의 보유 및 이용 기간, 개인정보의 파기절차 및 방법(제29조 단서의 규정에 따라 개인정보를 보존하려는 경우에는 그 보존근거 및 보존하는 개인정보 항목을 포함한다)
4. 개인정보취급위탁을 하는 업무의 내용 및 수탁자(해당되는 경우에 한한다)
5. 이용자 및 법정대리인의 권리와 그 행사방법
6. 인터넷 접속정보파일 등 개인정보를 자동으로 수집하는 장치의 설치·운영 및 그 거부에 관한 사항
7. 개인정보관리책임자의 성명 또는 개인정보보호 업무 및 관련 고충사항을 처리하는 부서의 명칭과 그 전화번호 등 연락처

③ 정보통신서비스제공자등은 제1항의 규정에 따른 개인정보취급방침을 변경하는 경우에는 그 이유 및 변경내용을 정보통신부령이 정하는 방법에 따라 지체 없이 공지하고, 이용자가 언제든지 변경된 사항을 쉽게 알아 볼 수 있도록 조치하여야 한다.

[본조신설 2007.1.26]

제28조 [개인정보의 보호조치] ① 정보통신서비스제공자등은 이용자의 개인정보를 취급함에 있어서 개인정보가 분실·도난·누출·변조 또는 훼손되지 아니하도록 정보통신부령이 정하는 바에 따라 안전성 확보에 필요한 기술적·관리적 조치를 하여야 한다.

② 정보통신서비스제공자등은 이용자의 개인정보를 취급하는 자를 최소한으로 제한하여야 한다.

[전문개정 2007.1.26]

제28조의2 [개인정보의 누설 금지] 이용자의 개인정보를 취급하거나 취급하였던 자는 직무상 알게 된 개인정보를 훼손·침해 또는 누설하여서는 아니 된다.

[본조신설 2007.1.26]

제29조 [개인정보의 파기] 정보통신서비스제공자등은 다음 각 호의 어느 하나에 해당하는 경우에는 당해 개인정보를 지체 없이 파기하여야 한다. 다만, 다른 법률에 따라 개인정보를 보존하여야 하는 경우에는 그러하지 아니하다.

1. 제22조제1항·제23조제1항 단서 또는 제24조의2제1항 및 제2항의 규정에 따라 동의를 얻은 개인정보의 수집·이용 목적 또는 제22조제2항 각 호에서 정한 해당 목적을 달성한 경우

2. 제22조제1항·제23조제1항 단서 또는 제24조의2제1항 및 제2항의 규정에 따라 동의를 얻은 개인정보의 보유 및 이용 기간이 종료한 경우
3. 제22조제2항의 규정에 따라 이용자의 동의를 얻지 않고 수집·이용한 때에는 제27조의2제2항제3호의 규정에 따른 개인정보의 보유 및 이용 기간이 종료한 경우
4. 사업을 폐지하는 경우

[전문개정 2007.1.26]

제3절 이용자의 권리

제30조 [이용자의 권리 등] ① 이용자는 정보통신서비스제공자등에 대하여 언제든지 개인정보수집·이용·제공 등의 동의를 철회할 수 있다. <개정 2007.1.26>

② 이용자는 정보통신서비스제공자등에 대하여 본인에 관한 다음 각 호의 어느 하나의 사항에 대한 열람 또는 제공을 요구할 수 있고 오류가 있는 경우에는 그 정정을 요구할 수 있다. <개정 2007.1.26>

1. 정보통신서비스제공자등이 보유하고 있는 이용자의 개인정보
2. 정보통신서비스제공자등이 이용자의 개인정보를 이용하거나 제3자에게 제공한 내역
3. 정보통신서비스제공자등에게 개인정보수집·이용·제공 등의 동의를 한 내역

③ 정보통신서비스제공자등은 이용자가 제1항의 규정에 의하여 동의를 철회한 경우에는 지체없이 수집된 개인정보를 파기하는 등 필요한 조치를 취하여야 한다.

④ 정보통신서비스제공자등은 제2항의 규정에 따라 열람 또는 제공을 요구받은 경우에는 지체없이 필요한 조치를 취하여야 한다. <개정 2004.1.29, 2007.1.26>

⑤ 정보통신서비스제공자등은 제2항의 규정에 따라 오류의 정정을 요구받은 경우에는 지체 없이 그 오류를 정정하거나 정정하지 못하는 사유를 이용자에게 통지하는 등 필요한 조치를 취하여야 하고, 필요한 조치를 취할 때까지는 당해 개인정보를 제공 또는 이용하여서는 아니 된다. 다만, 다른 법률에 따라 개인정보의 제공을 요청받은 경우에는 그러하지 아니하다. <개정 2007.1.26>

⑥ 정보통신서비스제공자등은 제1항의 규정에 따른 동의의 철회 또는 제2항의 규정에 따른 개인정보의 열람·제공 또는 오류의 정정을 요구하는 방법을 개인정보의 수집 방법보다 쉽게 하여야 한다. <개정 2007.1.26>

⑦ 제1항 내지 제6항의 규정은 영업양수자등에 이를 준용한다. 이 경우 "정보통신서비스제공자등"은 "영업양수자등"으로 본다.

제31조 [법정대리인의 권리] ① 정보통신서비스제공자등이 만 14세 미만의 아동으로부터 개인정보수집·이용·제공 등의 동의를 얻고자 하는 경우에는 그 법정대리인의 동의를 얻어야 한다. 이 경우 정보통신서비스제공자는 그 아동에게 법정대리인의 동의를 얻기 위하여 필요한 법정대리인의 성명 등 최소한의 정보를 요구할

수 있다. <개정 2007.1.26>

② 법정대리인은 당해 아동의 개인정보에 대하여 제30조제1항 및 제2항의 규정에 따른 이용자의 권리를 행사할 수 있다. <개정 2007.1.26>

③ 제30조제3항 내지 제5항의 규정은 제2항의 규정에 의하여 법정대리인이 동의를 철회하거나 열람 또는 오류정정의 요구에 관하여 이를 준용한다.

제32조 [손해배상] 이용자는 정보통신서비스제공자등이 이 장의 규정을 위반한 행위로 손해를 입은 경우에는 그 정보통신서비스제공자등에 대하여 손해배상을 청구할 수 있다. 이 경우 당해 정보통신서비스제공자등은 고의 또는 과실이 없음을 입증하지 아니하면 책임을 면할 수 없다.

제4절 개인정보분쟁조정위원회

제33조 [개인정보분쟁조정위원회의 설치 및 구성] ① 개인정보에 관한 분쟁을 조정하기 위하여 개인정보분쟁조정위원회(이하 "분쟁조정위원회"라 한다)를 둔다.

② 분쟁조정위원회는 위원장 1인을 포함한 15인 이내의 위원으로 구성하며, 그 중 1인은 상임으로 한다.

③ 위원은 다음 각호의 1의 자 중에서 대통령령이 정하는 바에 의하여 정보통신부장관이 임명 또는 위촉한다. 이 경우 다음 각호의 1의 자가 1인 이상 포함되어야 한다. <개정 2005.12.29>

1. 대학이나 공인된 연구기관에서 부교수급 이상 또는 이에 상당하는 직에 있거나 있었던 자로서 개인정보보호관련 분야를 전공한 자
2. 4급 이상 공무원(고위공무원단에 속하는 일반직공무원을 포함한다) 또는 이에 상당하는 공공기관의 직에 있거나 있었던 자로서 개인정보보호업무에 관한 경험이 있는 자
3. 판사·검사 또는 변호사의 자격이 있는 자
4. 정보통신서비스이용자단체의 임원의 직에 있거나 있었던 자
5. 정보통신서비스제공자 또는 정보통신서비스제공자단체의 임원의 직에 있거나 있었던 자
6. 비영리민간단체지원법 제2조의 규정에 의한 비영리민간단체에서 추천한 자

④ 위원의 임기는 3년으로 하고, 연임할 수 있다.

⑤ 위원장은 위원중에서 정보통신부장관이 임명한다.

⑥ 분쟁조정위원회의 업무를 지원하기 위하여 제52조의 규정에 의한 한국정보보호진흥원(이하 제46조의2·제47조·제47조의2·제48조의2 및 제48조의3, 제49조의2에서 "보호진흥원"이라 한다)내에 사무국을 둔다. <개정 2004.1.29, 2005.12.30>

제33조의2 [조정부] ① 분쟁의 조정업무를 효율적으로 수행하기 위하여 분쟁조정위원회에 5인 이하의 위원으로 구성되는 조정부를 두되, 그 중 1인은 변호사의 자격이 있는 자로 한다.

② 분쟁조정위원회는 필요한 경우 일부 분쟁에 대하여 제1항의 규정에 의한 조정부에 일임하여 조정하게 할 수 있다.

③ 제1항의 규정에 의한 조정부의 구성 및 운영에 관하여 필요한 사항은

정보통신부령으로 정한다.
[본조신설 2004.1.29]

제34조 [위원의 신분보장] 위원은 자격정지 이상의 형의 선고를 받거나 심신상의 장애로 직무를 수행할 수 없는 경우를 제외하고는 그의 의사에 반하여 면직 또는 해촉되지 아니한다.

제35조 [위원의 제척·기피·회피] ① 위원은 다음 각호의 1에 해당하는 경우에는 당해 분쟁조정청구사건(이하 이 조에서 “사건”이라 한다)의 심의·의결에서 제척된다.

1. 위원 또는 그 배우자나 배우자이었던 자가 당해 사건의 당사자가 되거나 당해 사건에 관하여 공동권리자 또는 의무자의 관계에 있는 경우
2. 위원이 당해 사건의 당사자와 친족관계에 있거나 있었던 경우
3. 위원이 당해 사건에 관하여 증언이나 감정을 한 경우
4. 위원이 당해 사건에 관하여 당사자의 대리인 또는 임직원으로서 관여하거나 관여하였던 경우

② 당사자는 위원에게 심의·의결의 공정을 기대하기 어려운 사정이 있는 경우에는 분쟁조정위원회에 기피신청을 할 수 있다. 이 경우 분쟁조정위원회는 기피신청이 타당하다고 인정하는 때에는 기피의 결정을 한다.

③ 위원이 제1항 또는 제2항의 사유에 해당하는 경우에는 스스로 그 사건의 심의·의결에서 회피할 수 있다.

제36조 [분쟁의 조정] ① 개인정보와 관련한 분쟁의 조정을 원하는 자는 분쟁조정위원회에 분쟁의 조정을 신청할 수 있다.

② 제1항의 규정에 의한 분쟁의 조정신청을 받은 분쟁조정위원회는 신청을 받은 날부터 60일 이내에 이를 심사하여 조정안을 작성하여야 한다. 다만, 부득이한 사정이 있는 경우에는 분쟁조정위원회의 의결로 그 기간을 연장할 수 있다.

③ 제2항 단서의 규정에 의하여 기간을 연장한 경우에는 기간연장의 사유 그 밖의 기간연장에 대한 사항을 신청인에게 통보하여야 한다.

제37조 [자료요청 등] ① 분쟁조정위원회는 분쟁조정을 위하여 필요한 자료의 제공을 분쟁당사자에게 요청할 수 있다. 이 경우 당해 분쟁당사자는 정당한 사유가 없는 한 이에 응하여야 한다.

② 분쟁조정위원회는 필요하다고 인정하는 경우에는 분쟁당사자 또는 참고인으로 하여금 분쟁조정위원회에 출석하게 하여 그 의견을 들을 수 있다.

제38조 [조정의 효력] ① 분쟁조정위원회는 제36조제2항의 규정에 의하여 조정안을 작성한 때에는 지체없이 이를 각 당사자에게 제시하여야 한다.

② 제1항의 규정에 의하여 조정안을 제시받은 당사자는 그 제시를 받은 날부터 15일 이내에 그 수락여부를 분쟁조정위원회에 통보하여야 한다.

③ 당사자가 조정안을 수락한 때에는 분쟁조정위원회는 즉시 조정서를 작성하여야 하며, 위원장 및 각 당사자는 이에 기명날인하여야 한다.

④ 당사자가 제3항의 규정에 의하여 조정안을 수락하고 조정서에 기명날인한 때에는 당사자간에 조정서와 동일한 내용의 합의가 성립된 것으로 본다.

제39조 [조정의 거부 및 중지] ① 분쟁조정위원회는 분쟁의 성질상 분쟁조정위원회에서 조정함이 적합하지 아니하다고 인정하거나 부정한 목적으로 신청되었다고 인정하는 경우에는 당해 조정을 거부할 수 있다. 이 경우 조정거부의 사유 등을 신청인에게 통보하여야 한다.

② 분쟁조정위원회는 신청된 조정사건에 대한 처리절차를 진행중에 일방 당사자가 소를 제기한 때에는 그 조정의 처리를 중지하고 이를 당사자에게 통보하여야 한다.

제40조 [조정절차 등] 제36조 내지 제39조에서 정한 것 외에 분쟁의 조정방법·조정절차 및 조정업무의 처리 등에 관하여 필요한 사항은 대통령령으로 정한다.

제5장 정보통신망에서의 이용자 보호 등 <개정 2007.1.26>

제41조 [청소년 보호를 위한 시책의 마련 등] ① 정보통신부장관은 정보통신망을 통하여 유통되는 음란·폭력정보 등 청소년에게 유해한 정보(이하 "청소년유해정보"라 한다)로부터 청소년을 보호하기 위하여 다음 각호의 시책을 마련하여야 한다. <개정 2004.12.30>

1. 내용선별소프트웨어의 개발 및 보급
2. 청소년 보호를 위한 기술의 개발 및 보급
3. 청소년 보호를 위한 교육 및 홍보
4. 기타 청소년 보호를 위하여 대통령령이 정하는 사항

② 정보통신부장관은 제1항의 규정에 의한 시책을 추진함에 있어 제44조의8의 규정에 따른 정보통신윤리위원회, 정보통신서비스제공자단체, 이용자단체, 그 밖의 관련 전문기관의 청소년보호를 위한 활동을 지원할 수 있다. <개정 2007.1.26>

제42조 [청소년유해매체물의 표시] 전기통신사업자의 전기통신역무를 이용하여 일반에게 공개를 목적으로 정보를 제공하는 자(이하 "정보제공자"라 한다)중 청소년보호법 제7조제4호의 규정에 의한 매체물로서 동법 제2조제3호의 규정에 의한 청소년유해매체물을 제공하고자 하는 자는 대통령령이 정하는 표시방법에 따라 당해 정보가 청소년유해매체물임을 표시하여야 한다.

제42조의2 [청소년유해매체물의 광고금지] 누구든지 청소년보호법 제7조제4호의 규정에 의한 매체물로서 동법 제2조제3호의 규정에 의한 청소년유해매체물을 광고하는 내용의 정보를 정보통신망을 이용하여 부호·문자·음성·음향·화상 또는 영상 등의 형태로 동법 제2조제1호의 규정에 의한 청소년에게 전송하거나 청소년 접근을 제한하는 조치없이 공개적으로 전시하여서는 아니된다.
[전문개정 2004.12.30]

제42조의3 [청소년보호책임자의 지정 등] ① 정보통신서비스제공자중 일일평균이용자의 수, 매출액 등이 대통령령이 정하는 기준에 해당하는 자는 정보통신망상의 청소년유해정보로부터 청소년을 보호하기 위하여 청소

년보호책임자를 지정하여야 한다.
② 청소년보호책임자는 당해 사업자의 임원 또는 청소년보호와 관련된 업무를 담당하는 부서의 장에 해당하는 지위에 있는 자중에서 지정한다.
③ 청소년보호책임자는 정보통신망상의 청소년유해정보의 차단 및 관리, 청소년유해정보로부터의 청소년보호계획 수립 등 청소년보호업무를 수행하여야 한다.
④ 제1항의 규정에 의한 청소년보호책임자의 지정에 관하여 필요한 사항은 대통령령으로 정한다.
[본조신설 2004.12.30]

제43조 [영상 또는 음향정보제공사업자의 보관의무] ① 청소년보호법 제7조제4호의 규정에 의한 매체물로서 동법 제2조제3호의 규정에 의한 청소년유해매체물을 이용자의 컴퓨터에 저장 또는 기록되지 아니하는 방식으로 제공하는 것을 영업으로 하는 정보제공자중 대통령령이 정하는 자는 당해 정보를 보관하여야 한다.
② 제1항의 규정에 의한 정보제공자가 당해 정보를 보관하여야 할 기간은 대통령령으로 정한다.

제44조 [정보통신망에서의 권리보호] ① 이용자는 사생활의 침해 또는 명예훼손 등 타인의 권리를 침해하는 정보를 정보통신망에 유통시켜서는 아니 된다.
② 정보통신서비스제공자는 자신이 운영·관리하는 정보통신망에 제1항의 규정에 따른 정보가 유통되지 아니하도록 노력하여야 한다.
③ 정보통신부장관은 정보통신망에 유통되는 정보로 인한 사생활의 침해 또는 명예훼손 등 타인에 대한 권리침해를 방지하기 위하여 기술개발·교육·홍보 등에 대한 시책을 마련하고 이를 정보통신서비스제공자에게 권고할 수 있다.
[전문개정 2007.1.26]

제44조의2 [정보의 삭제요청 등] ① 정보통신망을 통하여 일반에게 공개를 목적으로 제공된 정보로 인하여 사생활의 침해 또는 명예훼손 등 타인의 권리가 침해된 경우 그 침해를 받은 자는 해당 정보를 취급한 정보통신서비스제공자에게 침해사실을 소명하여 당해 정보의 삭제 또는 반박내용의 게재(이하 "삭제등"이라 한다)를 요청할 수 있다.
② 정보통신서비스제공자는 제1항의 규정에 따른 당해 정보의 삭제등의 요청을 받은 때에는 지체 없이 삭제, 임시조치 등의 필요한 조치를 취하고 이를 즉시 신청인 및 정보 게재자에게 통지하여야 한다. 이 경우 정보통신서비스제공자는 필요한 조치를 한 사실을 해당 게시판에 공시하는 등의 방법으로 이용자가 알 수 있도록 하여야 한다.
③ 정보통신서비스제공자는 자신이 운영·관리하는 정보통신망에 제42조의 규정에 따른 표시방법을 준수하지 아니하는 청소년유해매체물이 게재되어 있거나 제42조의2의 규정에 따른 청소년 접근을 제한하는 조치 없이 청소년유해매체물을 광고하는 내용이 전시되어 있는 경우에는 지체 없이 이를 삭제하여야 한다.
④ 정보통신서비스제공자는 제1항의 규정에 따른 정보의 삭제요청에도 불

구하고 권리의 침해 여부를 판단하기 어렵거나 이해당사자 간에 다툼이 예상되는 경우에는 해당 정보에 대한 접근을 임시적으로 차단하는 조치(이하 "임시조치"라 한다)를 할 수 있다. 이 경우 임시조치의 기간은 30일 이내로 한다.

⑤ 정보통신서비스제공자는 필요한 조치에 관하여 그 내용·절차 등을 포함하여 미리 약관에 명시하여야 한다.

⑥ 정보통신서비스제공자는 자신이 운영·관리하는 정보통신망에 유통되는 정보에 대하여 제2항의 규정에 따른 필요한 조치를 한 경우에는 이로 인한 배상책임을 줄이거나 면제받을 수 있다.

[본조신설 2007.1.26]

제44조의3 [임의의 임시조치] ① 정보통신서비스제공자는 자신이 운영·관리하는 정보통신망에 유통되는 정보가 사생활의 침해 또는 명예훼손 등 타인의 권리를 침해한다고 인정되는 경우에는 임의로 임시조치를 할 수 있다.

② 제1항의 규정에 따른 임시조치에 관하여 제44조의2제2항 후단·제4항 후단 및 제5항의 규정을 준용한다.

[본조신설 2007.1.26]

제44조의4 [자율규제] 정보통신서비스제공자단체는 이용자를 보호하고 안전하며 신뢰할 수 있는 정보통신서비스의 제공을 위하여 정보통신서비스제공자 행동강령을 정하여 시행할 수 있다.

[본조신설 2007.1.26]

제44조의5 [게시판이용자의 본인확인] ① 다음 각 호의 어느 하나에 해당하는 자가 게시판을 설치·운영하려는 경우에는 그 게시판이용자의 본인 확인을 위한 방법 및 절차의 마련 등 대통령령이 정하는 필요한 조치(이하 "본인확인조치"라 한다)를 하여야 한다.

1. 국가기관, 지방자치단체, 「정부투자기관 관리기본법」 제2조의 규정에 따른 정부투자기관, 「정부산하기관 관리기본법」의 적용을 받는 정부산하기관, 「지방공기업법」에 따른 지방공사 및 지방공단(이하 "공공기관등"이라 한다)
2. 정보통신서비스제공자로서 제공하는 정보통신서비스의 유형별 일일 평균 이용자수 10만명 이상으로서 대통령령이 정하는 기준에 해당되는 자

② 정보통신부장관은 제1항제2호의 규정에 따른 기준에 해당되는 정보통신서비스제공자가 본인확인조치를 하지 않은 경우 본인확인조치를 하도록 명령할 수 있다.

③ 정부는 제1항의 규정에 따른 본인확인을 위하여 안전하고 신뢰할 수 있는 시스템을 개발하기 위한 시책을 마련하여야 한다.

④ 공공기관등 및 정보통신서비스제공자가 선량한 관리자의 주의로써 제1항의 규정에 따른 본인확인조치를 한 경우에는 이용자의 명의가 제3자에 의하여 부정사용됨에 따라 발생한 손해에 대한 배상책임을 줄이거나 면제받을 수 있다.

[본조신설 2007.1.26]

제44조의6 [이용자에 대한 정보제공 청구] ① 특정한 이용자에 의한 정

보의 게재나 유통으로 인하여 자신의 사생활의 침해 또는 명예훼손 등 권리를 침해당하였다고 주장하는 자는 민·형사상의 소제기를 위하여 침해사실을 소명하여 제44조의10의 규정에 따른 명예훼손분쟁조정부에 해당 정보통신서비스제공자가 보유하고 있는 해당 이용자 정보(민·형사상의 소제기를 위한 성명, 주소 등 대통령령이 정하는 최소한의 정보를 말한다)의 제공을 청구할 수 있다.

② 명예훼손분쟁조정부는 제1항의 규정에 따른 청구를 받았을 때는 해당 이용자와 연락할 수 없는 등의 특별한 사정이 있는 경우가 아니라면 해당 이용자의 의견을 들어 정보제공 여부를 결정하여야 한다.

③ 제1항의 규정에 따라 해당 이용자의 정보를 제공받은 자는 해당 이용자의 정보를 민·형사상의 소제기를 위한 목적 외로 사용하여서는 아니 된다.

④ 그 밖의 이용자정보제공청구의 내용과 절차에 관하여 필요한 사항은 대통령령으로 정한다.

[본조신설 2007.1.26]

제44조의7 [불법정보의 유통금지 등]

① 누구든지 정보통신망을 통하여 다음 각 호의 어느 하나에 해당하는 정보를 유통하여서는 아니 된다.

1. 음란한 부호·문언·음향·화상 또는 영상을 배포·판매·임대하거나 공연히 전시하는 내용의 정보
2. 사람을 비방할 목적으로 공연히 사실 또는 허위의 사실을 적시하여 타인의 명예를 훼손하는 내용의 정보
3. 공포심이나 불안감을 유발하는 부호·문언·음향·화상 또는 영상을 반복적으로 상대방에게 도달하게 하는 내용의 정보
4. 정당한 사유없이 정보통신시스템, 데이터 또는 프로그램 등을 훼손·멸실·변경·위조하거나 그 운용을 방해하는 내용의 정보
5. 「청소년보호법」에 따른 청소년유해매체물로서 상대방의 연령확인, 표시의무 등 법령에 따른 의무를 이행하지 아니하고 영리를 목적으로 제공하는 내용의 정보
6. 법령에 따라 금지되는 사행행위에 해당하는 내용의 정보
7. 법령에 따라 분류된 비밀 등 국가기밀을 누설하는 내용의 정보
8. 「국가보안법」에서 금지하는 행위를 수행하는 내용의 정보
9. 그 밖에 범죄를 목적으로 하거나 교사 또는 방조하는 내용의 정보

② 정보통신부장관은 제1항제1호 내지 제6호의 규정에 따른 정보에 대하여는 제44조의8의 규정에 따른 정보통신윤리위원회의 심의를 거쳐 정보통신서비스제공자 또는 게시판 관리·운영자로 하여금 그 취급을 거부·정지 또는 제한하도록 명할 수 있다. 다만, 제1항제2호 및 제3호의 규정에 따른 정보의 경우에는 그러한 정보로 인하여 피해를 받은 자의 명시한 의사에 반하여 이를 명할 수 없다.

③ 정보통신부장관은 제1항제7호 내지 제9호의 규정에 따른 정보에 대하여는 관계 중앙행정기관의 장의 요청이 있는 경우에 한하여 요청을 받은 날부터 7일 이내에 정보통신윤리위원

회의 심의를 거친 후 제44조의9제1항 제3호의 규정에 따른 시정요구에도 불구하고 정보통신서비스제공자 또는 게시판 관리·운영자가 이에 응하지 아니하는 경우에는 그 취급의 거부·정지 또는 제한을 명하여야 한다.

④ 정보통신부장관은 제2항 및 제3항의 규정에 따른 명령의 대상이 되는 정보통신서비스제공자, 게시판 관리·운영자 또는 해당 이용자에게 사전에 의견제출의 기회를 주어야 한다. 다만, 다음 각 호의 어느 하나에 해당하는 경우에는 그러하지 아니하다.

1. 공공의 안전 또는 복리를 위하여 긴급히 처분을 할 필요가 있는 경우
2. 의견청취가 현저히 곤란하거나 명백히 불필요한 경우로서 대통령령이 정하는 경우
3. 의견제출의 기회를 포기한다는 뜻을 명백히 표시한 경우

[본조신설 2007.1.26]

제44조의8 [정보통신윤리위원회의 설치 및 구성] ① 건전한 정보문화를 창달하고 정보통신의 올바른 이용환경을 조성하기 위하여 정보통신윤리위원회(이하 "윤리위원회"라 한다)를 둔다.

② 윤리위원회는 위원장 1인을 포함한 11인 이상 15인 이하의 위원으로 구성한다.

③ 윤리위원회에는 위원장 1인을 포함하여 5인의 상임위원을 둔다.

④ 윤리위원회의 위원장·및 비상임위원은 학계·법조계·이용자단체 및 정보통신 관련 업계 등에 종사하는 자 중에서 각계의 추천을 받아 정보통신부장관이 위촉한다. 이 경우 정보통신부장관은 이용자단체에 종사하는 자와 법조계에 종사하는 자가 각각 위원 총수의 5분의 1 이상이 되도록 위원을 위촉하여야 한다.

⑤ 위원장은 윤리위원회를 대표하고 그 업무를 총괄하며 윤리위원회를 소집하고 그 의장이 된다.

⑥ 위원의 임기는 3년으로 하고, 연임할 수 있다.

⑦ 위원은 임기 중 직무상 외부의 어떠한 지시나 간섭도 받지 아니한다.

⑧ 상임위원은 윤리위원회 규칙이 정하는 경우를 제외하고는 영리를 목적으로 다른 직무를 겸할 수 없다.

⑨ 위원의 신분보장에 관하여는 제34조의 규정을 준용한다.

⑩ 윤리위원회의 사무를 보조하기 위하여 윤리위원회에 사무국을 둔다.

[본조신설 2007.1.26]

제44조의9 [윤리위원회의 직무 등] ① 윤리위원회는 다음 각 호의 직무를 행한다.

1. 정보통신윤리에 대한 기본강령의 제시
2. 제44조의7제2항 및 제3항의 규정에 따라 정보통신부장관이 요청하는 불법정보에 관한 심의
3. 정보통신망을 통하여 일반에게 공개되어 유통되는 정보 중 이 법 및 대통령령이 정하는 정보의 심의 및 시정요구
4. 정보통신망을 통하여 유통되는 정보 중 사생활의 침해 또는 명예훼손 등 타인의 권리를 침해하는 정보와 관련된 분쟁의 조정
5. 불건전정보의 유통방지를 위한 정책연구 및 기술개발

6. 불법·청소년유해정보 신고센터의 운영
7. 건전한 정보문화 창달을 위하여 필요한 활동
8. 건전한 정보의 유통 활성화와 관련하여 정보통신부장관이 위탁하는 사항

② 윤리위원회는 제1항제2호 및 제3호의 규정에 따른 직무를 수행하기 위하여 심의위원회를 둘 수 있다. 이 경우 심의위원회는 1인 이상의 상임위원이 포함되도록 하여야 한다.

③ 윤리위원회는 제1항제2호 및 제3호의 규정에 따른 직무를 수행함에 있어서 필요한 경우에는 정보통신서비스제공자에게 관련 자료의 제출을 요구할 수 있다.

④ 윤리위원회의 조직과 운영에 관하여 필요한 사항은 대통령령으로 정한다.

⑤ 정부는 예산의 범위 안에서 윤리위원회의 운영에 필요한 경비를 지원할 수 있다.

⑥ 윤리위원회는 제1항제1호의 규정에 따른 정보통신윤리에 대한 기본강령을 성실히 준수하는 자를 모범 정보통신서비스제공자로 지정할 수 있다.

[본조신설 2007.1.26]

제44조의10 [명예훼손분쟁조정부] ① 윤리위원회는 제44조의9제1항제4호의 분쟁조정업무를 효율적으로 수행하기 위하여 5인 이하의 위원으로 구성된 명예훼손분쟁조정부를 두되, 그 중 1인 이상은 변호사의 자격이 있는 자로 한다.

② 명예훼손분쟁조정부 위원은 윤리위원회의 위원장이 윤리위원회의 동의를 얻어 위촉한다.

③ 명예훼손분쟁조정부의 분쟁조정절차 등에 관하여는 제33조의2제2항, 제35조 내지 제39조의 규정을 각각 준용한다. 이 경우 "분쟁조정위원회"는 "윤리위원회"로, "개인정보와 관련한 분쟁"은 "제44조의9제1항제4호의 규정에 따른 분쟁"으로 본다.

④ 명예훼손분쟁조정부의 설치·운영 및 분쟁조정 등에 관하여 그 밖의 필요한 사항은 대통령령으로 정한다.

[본조신설 2007.1.26]

제6장 정보통신망의 안정성 확보 등

제45조 [정보통신망의 안정성 확보 등] ① 정보통신서비스제공자는 정보통신서비스의 제공에 사용되는 정보통신망의 안정성 및 정보의 신뢰성을 확보하기 위한 보호조치를 마련하여야 한다.

② 정보통신부장관은 제1항의 규정에 따른 보호조치의 구체적 내용을 정한 정보보호조치 및 안전진단 방법·절차·수수료에 관한 지침(이하 "정보보호지침"이라 한다)을 정하여 고시하고 정보통신서비스제공자에게 그 준수를 권고할 수 있다. <개정 2004.1.29, 2007.1.26>

③ 정보보호지침에는 다음 각 호의 사항이 포함되어야 한다. <신설 2004.1.29, 2007.1.26>

1. 정당한 권한없는 자의 정보통신망에의 접근과 침입을 방지하거나 대응하기 위한 정보보호시스템의 설치·운영 등 기술적·물리적 보호조치

2. 정보의 불법 유출·변조·삭제 등을 방지하기 위한 기술적 보호조치
3. 정보통신망의 지속적인 이용이 가능한 상태를 확보하기 위한 기술적·물리적 보호조치
4. 정보통신망의 안정 및 정보보호를 위한 인력·조직·경비의 확보 및 관련 계획수립 등 관리적 보호조치
5. 삭제 <2007.1.26>

④ 삭제 <2007.1.26>

제45조의2 삭제 <2007.1.26>

제46조 [집적된 정보통신시설의 보호] ① 타인의 정보통신서비스제공을 위하여 집적된 정보통신시설을 운영·관리하는 사업자(이하 "집적정보통신시설사업자"라 한다)는 정보통신시설의 안정적 운영을 위하여 정보통신부령이 정하는 바에 의한 보호조치를 취하여야 한다. <개정 2004.1.29>

② 집적정보통신시설사업자는 집적된 정보통신시설의 멸실, 훼손 그 밖의 운영장애로 인하여 발생한 피해의 보상을 위하여 정보통신부령이 정하는 바에 따라 보험에 가입하여야 한다. <개정 2004.1.29>

③ 삭제 <2004.1.29>

제46조의2 [집적정보통신시설사업자의 긴급대응] ① 집적정보통신시설사업자는 다음 각호의 1에 해당하는 경우에는 이용약관이 정하는 바에 따라 당해 서비스의 전부 또는 일부의 제공을 중단할 수 있다.

1. 집적정보통신시설을 이용하는 자(이하 "시설이용자"라 한다)의 정보시스템에 발생한 이상현상으로 인하여 다른 시설이용자 또는 집적된 정보통신시설의 정보통신망에 심각한 장애를 발생시킬 우려가 있다고 판단되는 경우
2. 외부에서 발생한 침해사고로 인하여 집적된 정보통신시설에 심각한 장애가 발생할 우려가 있다고 판단되는 경우
3. 중대한 침해사고가 발생함에 따라 정보통신부장관 또는 보호진흥원이 요청하는 경우

② 집적정보통신시설사업자는 제1항의 규정에 의하여 당해 서비스의 제공을 중단하는 때에는 중단사유·발생일시·기간·내용 등을 명시하여 시설이용자에게 즉시 통보하여야 한다.

③ 집적정보통신시설사업자는 중단사유가 해소된 때에는 즉시 당해 서비스의 제공을 재개하여야 한다.

[본조신설 2004.1.29]

제46조의3 [정보보호 안전진단] ① 다음 각 호의 어느 하나에 해당하는 자는 15인 이상의 정보보호기술인력을 보유하고, 최근 3년 이내에 정보보호컨설팅을 수행한 실적이 있는 법인으로서 정보통신부장관이 안전진단을 수행할 수 있다고 인정받은 자(이하 "안전진단수행기관"이라 한다)로부터 자신의 정보통신망 또는 집적정보통신시설에 대하여 매년 정보보호지침에 따른 정보보호 안전진단을 받아야 한다. <개정 2007.1.26>

1. 「전기통신사업법」 제2조제1항제1호의 규정에 따른 전기통신사업자로서 전국적으로 정보통신망서비스를 제공하는 자(이하 "주요정보통신서비스제공자"라 한다)
2. 집적정보통신시설사업자
3. 정보통신서비스제공자로서 매출액·

이용자 수 등 정보통신부령이 정하는 기준에 해당하는 자

② 제1항의 규정에 따라 정보보호 안전진단을 받는 사업자는 관련정보의 제공 및 시설·장소에의 출입허용 등 안전진단수행기관의 정보보호 안전진단 업무에 협력하고, 정보통신부령이 정하는 바에 따라 정보보호 안전진단의 결과를 정보통신부장관에게 제출하여야 한다. <개정 2006.3.24, 2007.1.26>

③ 제1항의 규정에 따라 정보보호 안전진단을 받아야 하는 사업자가 「정보통신기반 보호법」 제9조의 규정에 따라 취약점 분석·평가를 받거나 제47조의 규정에 따른 정보보호관리체계의 인증을 받은 때에는 그 분석·평가를 받거나 인증을 받은 당해 연도에 있어서는 제1항의 규정에 따른 정보보호 안전진단을 받은 것으로 본다. <개정 2007.1.26>

④ 안전진단수행기관이 제1항의 규정에 따른 정보보호 안전진단을 받은 사업자에게 안전진단의 결과에 따라 정보보호조치의 개선을 권고할 수 있다. <개정 2006.3.24, 2007.1.26>

⑤ 제4항의 규정에 따라 안전진단수행기관이 정보보호조치의 개선을 권고한 때에는 그 권고내용 및 처리결과를 정보통신부장관에게 통보하여야 한다. <개정 2006.3.24>

⑥ 정보통신부장관은 제2항의 규정에 따라 제출된 정보보호 안전진단의 결과와 제5항의 규정에 따른 통보내용에 의거하여 필요한 경우 정보보호 안전진단을 받은 사업자에게 정보보호조치에 관한 개선명령을 할 수 있다. <개정 2007.1.26>

⑦ 제1항의 규정에 따른 정보보호 안전진단의 방법·절차·수수료, 안전진단수행기관의 인정절차, 정보보호기술인력의 자격기준 및 정보보호컨설팅 수행실적 그 밖에 필요한 사항은 정보통신부령으로 정한다. <개정 2006.3.24>

⑧ 정보통신부장관은 제1항제3호의 요건에 해당하는지의 여부를 확인하기 위하여 필요한 경우에는 관계 행정기관, 관련 자료보유기관 또는 정보통신서비스제공자에 대하여 필요한 자료의 제공 또는 사실의 확인을 요청할 수 있다. <신설 2007.1.26>

[본조신설 2004.1.29]

제47조 [정보보호관리체계의 인증] ① 정보통신망의 안정성 및 신뢰성 확보를 위하여 기술적·물리적 보호조치를 포함한 종합적 관리체계(이하 "정보보호관리체계"라 한다)를 수립·운영하고 있는 자는 정보보호관리체계가 제2항의 규정에 따라 정보통신부장관이 고시한 기준에 적합한지에 관하여 보호진흥원 또는 정보통신부장관이 지정하는 기관(이하 "정보보호관리체계인증기관"이라 한다)으로부터 인증을 받을 수 있다. <개정 2007.1.26>

② 정보통신부장관은 제1항의 규정에 의한 인증에 관한 정보보호관리 기준 등 필요한 기준을 정하여 고시할 수 있다.

③ 제1항의 규정에 의하여 정보보호관리체계의 인증을 받은 자는 정보통신부령이 정하는 바에 의하여 인증의 내용을 표시하거나 홍보할 수 있다.

④ 제1항의 규정에 의한 인증의 방법·절차 그 밖에 필요한 사항은 정보통신부령으로 정한다. <개정 2007.1.26>
⑤ 제1항의 규정에 따른 정보보호관리체계인증기관의 지정기준·절차·지정의 유효기간 등에 관하여 필요한 사항은 대통령령으로 정한다. <신설 2007.1.26>

제47조의2 [정보보호관리체계인증기관의 지정취소 등] ① 정보통신부장관은 제47조의 규정에 따라 정보보호관리체계인증기관으로 지정받은 법인 또는 단체가 다음 각 호의 어느 하나에 해당하는 때에는 그 지정을 취소하거나 1년 이내에 기간을 정하여 당해 업무의 전부 또는 일부의 정지를 명할 수 있다. 다만, 제1호 또는 제2호의 규정에 해당하는 때에는 그 지정을 취소하여야 한다.

1. 거짓 그 밖의 부정한 방법으로 정보보호관리체계인증기관으로 지정을 받은 때
2. 업무정지기간 중에 인증을 행한 때
3. 정당한 사유 없이 인증을 행하지 아니한 때
4. 제47조제4항의 규정을 위반하여 인증을 행한 때
5. 제47조제5항의 규정에 따른 지정기준에 적합하지 아니하게 된 때

② 제1항의 규정에 따른 지정취소 및 업무정지 등에 관하여 필요한 사항은 정보통신부령으로 정한다.
[본조신설 2007.1.26]
[종전 제47조의2는 제47조의3으로 이동 <2007.1.26>]

제47조의3 [이용자의 정보보호] ① 정보통신부장관은 이용자의 정보보호에 필요한 기준을 정하여 이용자에게 이를 권고하고, 침해사고의 예방 및 확산방지를 위하여 취약점 점검, 기술지원 등 필요한 조치를 할 수 있다.
② 주요정보통신서비스제공자는 정보통신망에 중대한 침해사고가 발생하여 자신의 서비스를 이용하는 이용자의 정보시스템 또는 정보통신망 등에 심각한 장애가 발생할 가능성이 있는 경우에는 이용약관이 정하는 바에 따라 당해 이용자에게 보호조치를 취하도록 요청하고, 이를 이행하지 아니하는 경우에는 당해 정보통신망으로의 접속을 일시적으로 제한할 수 있다.
③ 소프트웨어산업진흥법 제2조의 규정에 의한 소프트웨어사업자는 보안에 관한 취약점 보완프로그램을 제작한 때에는 이를 보호진흥원에 통지하고, 당해 소프트웨어 사용자에게는 제작한 날부터 1월 이내에 2회 이상 이를 알려야 한다.
④ 제2항의 규정에 의한 보호조치의 요청 등에 관하여 이용약관으로 정하여야 하는 구체적인 사항은 정보통신부령으로 정한다.
[본조신설 2004.1.29]
[제47조의2에서 이동 <2007.1.26>]

제48조 [정보통신망 침해행위 등의 금지] ① 누구든지 정당한 접근권한 없이 또는 허용된 접근권한을 초과하여 정보통신망에 침입하여서는 아니된다.
② 누구든지 정당한 사유없이 정보통신시스템, 데이터 또는 프로그램 등을 훼손·멸실·변경·위조 또는 그 운용을 방해할 수 있는 프로그램(이하 "악성프로그램"이라 한다)을 전달 또

는 유포하여서는 아니된다.

③ 누구든지 정보통신망의 안정적 운영을 방해할 목적으로 대량의 신호 또는 데이터를 보내거나 부정한 명령을 처리하도록 하는 등의 방법으로 정보통신망에 장애를 발생하게 하여서는 아니된다.

제48조의2 [침해사고의 대응 등] ① 정보통신부장관은 침해사고에 적절히 대응하기 위하여 다음 각호의 업무를 수행하고 필요한 경우 업무의 전부 또는 일부를 보호진흥원으로 하여금 수행하게 할 수 있다.

1. 침해사고에 관한 정보의 수집·전파
2. 침해사고의 예보·경보
3. 침해사고에 대한 긴급조치
4. 그 밖에 대통령령이 정한 침해사고 대응조치

② 다음 각호의 1에 해당하는 자는 정보통신부령이 정하는 바에 의하여 침해사고의 유형별 통계, 당해 정보통신망의 소통량통계 및 접속경로별 이용통계 등 침해사고 관련정보를 정보통신부장관 또는 보호진흥원에 제공하여야 한다.

1. 주요정보통신서비스제공자
2. 집적정보통신시설사업자
3. 그 밖에 정보통신망을 운영하는 자로서 대통령령이 정하는 자

③ 보호진흥원은 제2항의 규정에 의한 정보를 분석하여 정보통신부장관에게 보고하여야 한다.

④ 정보통신부장관은 제2항의 규정에 의하여 사업자가 정당한 사유없이 정보의 제공을 거부하거나 거짓정보를 제공한 경우에는 당해 사업자에게 상당한 기간을 정하여 시정을 명할 수 있다.

⑤ 정보통신부장관 또는 보호진흥원은 제2항의 규정에 의하여 제공받은 정보에 대하여는 침해사고의 대응을 위하여 필요한 범위에 한하여 정당하게 사용하여야 한다.

⑥ 정보통신부장관 또는 보호진흥원은 침해사고의 대응을 위하여 필요한 경우 제2항 각호의 1에 해당하는 자에게 인력지원을 요청할 수 있다.

[본조신설 2004.1.29]

제48조의3 [침해사고의 신고 등] ① 다음 각 호의 어느 하나에 해당하는 자는 침해사고가 발생한 때에는 즉시 그 사실을 정보통신부장관 또는 보호진흥원에 신고하여야 한다. 이 경우 「정보통신기반 보호법」 제13조제1항의 규정에 따른 통지가 있는 때에는 전단의 규정에 의한 신고로 본다. <개정 2007.1.26>

1. 정보통신서비스제공자
2. 집적정보통신시설사업자
3. 삭제 <2007.1.26>

② 정보통신부장관 또는 보호진흥원은 제1항의 규정에 의하여 침해사고의 신고를 받거나 침해사고를 인지한 경우에는 제48조의2제1항 각호의 규정에 의한 필요한 조치를 취하여야 한다.

[본조신설 2004.1.29]

제48조의4 [침해사고의 원인분석 등] ① 정보통신서비스제공자 등 정보통신망을 운영하는 자는 침해사고가 발생한 때에는 침해사고의 원인을 분석하고 피해의 확산을 방지하여야 한다.

② 정보통신부장관은 정보통신서비스제공자의 정보통신망에 중대한 침해

사고가 발생한 때에는 피해확산방지·사고대응·복구 및 재발방지를 위하여 정보보호에 전문성을 갖춘 민·관합동조사단을 구성하여 당해 침해사고의 원인분석을 할 수 있다.

③ 정보통신부장관은 제2항의 규정에 의한 침해사고의 원인분석을 위하여 필요하다고 인정하는 때에는 정보통신서비스제공자 및 집적정보통신시설 사업자에게 정보통신망의 접속기록 등 관련자료의 보전을 명할 수 있다.

④ 정보통신부장관은 침해사고의 원인분석을 위하여 필요한 때에는 정보통신서비스제공자 및 집적정보통신시설사업자에게 침해사고관련 자료의 제출을 요구할 수 있으며, 제2항의 규정에 의한 민·관합동조사단으로 하여금 관계인의 사업장에 출입하여 침해사고원인을 조사하게 할 수 있다. 다만, 「통신비밀보호법」 제2조제11호의 규정에 의한 통신사실확인자료에 해당하는 자료의 제출은 동법이 정하는 바에 따른다. <개정 2007.1.26>

⑤ 정보통신부장관 또는 민·관합동조사단은 제4항의 규정에 의하여 제출받은 자료 및 조사를 통하여 알게 된 정보를 침해사고의 원인분석 및 대책마련외에는 이를 사용하지 못하며 원인분석이 종료된 후에는 즉시 파기하여야 한다.

⑥ 제2항의 규정에 의한 민·관합동조사단의 구성과 제4항의 규정에 의하여 제출된 침해사고관련 자료의 보호 등에 관하여 필요한 사항은 정보통신부령으로 정한다.

[본조신설 2004.1.29]

제49조 [비밀 등의 보호] 누구든지 정보통신망에 의하여 처리·보관 또는 전송되는 타인의 정보를 훼손하거나 타인의 비밀을 침해·도용 또는 누설하여서는 아니된다.

제49조의2 [속이는 행위에 의한 개인정보의 수집금지 등] ① 누구든지 정보통신망을 통하여 속이는 행위로 다른 사람의 정보를 수집하거나, 제공하도록 유인하여서는 아니 된다.

② 정보통신서비스제공자는 제1항의 규정을 위반한 사실을 발견한 때에는 즉시 정보통신부장관 또는 보호진흥원에 신고하여야 한다.

③ 정보통신부장관 또는 보호진흥원은 제2항의 규정에 따른 신고를 받거나 제1항의 규정을 위반한 사실을 알게 된 경우에는 다음 각 호의 필요한 조치를 취하여야 한다.

1. 위반 사실에 관한 정보의 수집·전파
2. 유사 피해에 대한 예보·경보
3. 정보통신서비스제공자에 대한 접속경로의 차단요청 등 피해확산 방지를 위한 긴급조치

[본조신설 2005.12.30]

제50조 [영리목적의 광고성 정보전송의 제한] ① 누구든지 전자우편 그 밖에 대통령령이 정하는 매체를 이용하여 수신자의 명시적인 수신거부의 사에 반하는 영리목적의 광고성 정보를 전송하여서는 아니된다.

② 수신자의 전화·모사전송기기에 영리목적의 광고성 정보를 전송하고자 하는 자는 당해 수신자의 사전 동의를 얻어야 한다. 다만, 다음 각호의 1에 해당하는 경우에는 그러하지 아니하다. <개정 2007.1.26>

1. 재화 및 용역의 거래관계를 통하여 수신자로부터 직접 연락처를 수집한 자가 그가 취급하는 재화 및 용역에 대한 영리목적의 광고성 정보를 전송하고자 하는 경우
2. 「전자상거래 등에서의 소비자보호에 관한 법률」 제13조제1항의 규정에 의한 광고 및 「방문판매 등에 관한 법률」 제6조제3항의 규정에 의한 전화권유의 경우

③ 오후 9시부터 그 다음날 오전 8시까지의 시간에 수신자의 전화·모사전송기기에 영리목적의 광고성 정보를 전송하고자 하는 자는 제2항의 규정에 불구하고 당해 수신자로부터 별도의 사전 동의를 얻어야 한다.

④ 영리목적의 광고성 정보를 전자우편 그 밖에 대통령령이 정하는 매체를 이용하여 전송하는 자는 대통령령이 정하는 바에 따라 다음 각호의 사항을 광고성 정보에 명시하여야 한다.
1. 전송정보의 유형 및 주요내용
2. 전송자의 명칭 및 연락처
3. 전자우편주소를 수집한 출처(전자우편으로 전송하는 경우에 한한다)
4. 수신거부의 의사표시를 쉽게 할 수 있는 조치 및 방법에 관한 사항

⑤ 영리목적의 광고성 정보를 수신자의 전화·모사전송기기에 전송하는 자는 대통령령이 정하는 바에 따라 다음 각호의 사항을 광고성 정보에 명시하여야 한다.
1. 전송자의 명칭 및 연락처
2. 수신동의의 철회 의사표시를 쉽게 할 수 있는 조치 및 방법에 관한 사항

⑥ 영리를 목적으로 광고를 전송하는 자는 다음 각 호의 어느 하나에 해당하는 기술적 조치를 하여서는 아니된다. <개정 2005.12.30>
1. 광고성 정보 수신자의 수신거부 또는 수신동의의 철회를 회피·방해하는 조치
2. 숫자·부호 또는 문자를 조합하여 전화번호·전자우편주소 등 수신자의 연락처를 자동으로 생성하는 조치
3. 영리목적의 광고성 정보 전송을 목적으로 전자우편주소를 자동으로 등록하는 조치
4. 광고성 정보 전송자의 신원 또는 광고 전송 출처를 은폐하기 위한 각종 조치

⑦ 영리목적으로 광고성 정보를 전송하는 자는 수신자가 수신거부 또는 수신동의의 철회를 할 때 발생하는 전화요금 등 금전적 비용을 수신자가 부담하지 아니하도록 대통령령이 정하는 바에 따라 필요한 조치를 하여야 한다.

[전문개정 2004.12.30]

제50조의2 [전자우편주소의 무단 수집행위 등 금지] ① 누구든지 인터넷 홈페이지 운영자 또는 관리자의 사전동의 없이 인터넷 홈페이지에서 자동으로 전자우편주소를 수집하는 프로그램 그 밖의 기술적 장치를 이용하여 전자우편주소를 수집하여서는 아니된다. <개정 2004.12.30>

② 누구든지 제1항의 규정을 위반하여 수집된 전자우편주소를 판매·유통하여서는 아니된다.

③ 누구든지 제1항 및 제2항의 규정에 의하여 수집·판매 및 유통이 금지된 전자우편주소임을 알고 이를 정보

전송에 이용하여서는 아니된다.
[본조신설 2002.12.18]

제50조의3 [영리목적의 광고성 정보 전송의 위탁 등] ① 영리목적의 광고성 정보의 전송을 타인에게 위탁한 자는 당해 업무를 위탁받은 자가 제50조 및 제50조의2의 규정을 위반하지 아니하도록 관리·감독하여야 한다.

② 제1항의 규정에 의하여 영리목적의 광고성 정보 전송을 위탁받은 자는 당해 업무와 관련한 법을 위반하여 발생한 손해의 배상책임에 있어 정보 전송을 위탁한 자의 소속 직원으로 본다.
[본조신설 2002.12.18]

제50조의4 [정보전송 역무 제공 등의 제한] ① 정보통신서비스제공자는 다음 각 호의 어느 하나에 해당하는 경우에 해당 역무의 제공을 거부하는 조치를 할 수 있다. <개정 2004.12.30, 2005.12.30>

1. 광고성 정보의 전송 또는 수신으로 인하여 역무의 제공에 장애가 일어나거나 일어날 우려가 있는 경우
2. 이용자가 광고성 정보의 수신을 원하지 아니하는 경우
3. 이용계약을 통하여 당해 정보통신서비스제공자가 이용자에게 제공하는 서비스가 불법 광고성 정보 전송에 이용되고 있는 경우

② 정보통신서비스제공자가 제1항의 규정에 의한 거부조치를 하고자 할 때에는 해당 역무 제공의 거부에 관한 사항을 그 역무의 이용자와 체결하는 정보통신서비스이용계약의 내용에 포함하여야 한다.

③ 정보통신서비스제공자는 제1항의 규정에 따라 거부조치를 하고자 할 때에 그 역무를 제공받는 이용자 등 이해관계인에게 그 사실을 통지하여야 한다. 다만, 미리 통지하는 것이 곤란한 경우에는 거부조치 후 지체없이 통지한다. <개정 2005.12.30>
[본조신설 2002.12.18]

제50조의5 [영리목적의 광고성 프로그램 등의 설치] 정보통신서비스제공자는 영리목적의 광고성 정보가 보이도록 하거나 개인정보를 수집하는 프로그램을 이용자의 컴퓨터 그 밖에 대통령령이 정하는 정보처리장치에 설치하고자 할 때에 이용자의 동의를 얻어야 한다. 이 경우 해당 프로그램의 용도와 삭제할 수 있는 방법을 고지하여야 한다. <개정 2004.1.29>
[본조신설 2002.12.18]

제50조의6 [영리목적의 광고성 정보 전송차단 소프트웨어 보급 등 〈개정 2007.1.26〉] ① 정보통신부장관은 수신자가 제50조의 규정을 위반하여 전송되는 영리목적의 광고성 정보를 편리하게 차단하거나 신고할 수 있는 소프트웨어나 컴퓨터프로그램을 개발하여 보급할 수 있다.

② 정보통신부장관은 제1항의 규정에 의한 전송차단·신고 소프트웨어나 컴퓨터프로그램의 개발과 보급을 촉진하기 위하여 관련 공공기관·법인·단체 등에 대하여 필요한 지원을 할 수 있다.

③ 정보통신부장관은 정보통신서비스제공자의 전기통신역무가 제50조의 규정을 위반하여 발송되는 영리목적의 광고성 정보전송에 이용되는 경우

수신자보호를 위하여 기술개발·교육·홍보 등 필요한 조치를 할 것을 정보통신서비스제공자에게 권고할 수 있다. <신설 2007.1.26>

④ 제1항의 규정에 의한 개발·보급의 방법 및 제2항의 규정에 의한 지원에 관하여 필요한 사항은 정보통신부령으로 정한다. <개정 2007.1.26>

[본조신설 2004.1.29]

제50조의7 [영리목적의 광고성 정보 게시의 제한] ① 누구든지 인터넷 홈페이지 운영자 또는 관리자의 명시적인 거부 의사에 반하여 영리목적의 광고성 정보를 인터넷 홈페이지에 게시하여서는 아니된다.

② 인터넷 홈페이지 운영자 또는 관리자는 제1항의 규정을 위반하여 게시된 영리목적의 광고성 정보에 대하여 삭제하는 등의 조치를 할 수 있다.

[본조신설 2004.12.30]

제50조의8 [불법행위를 위한 광고성 정보 전송 금지] 누구든지 정보통신망을 이용하여 이 법 또는 다른 법률에서 금지하는 재화 또는 서비스에 대한 광고성 정보를 전송하여서는 아니 된다.

[본조신설 2005.12.30]

제51조 [중요정보의 국외유출제한 등] ① 정보통신부장관은 국내의 산업·경제 및 과학기술 등에 관한 중요정보가 정보통신망을 통하여 국외로 유출되는 것을 방지하기 위하여 정보통신서비스제공자 또는 이용자에 대하여 필요한 조치를 강구하게 할 수 있다.

② 제1항의 규정에 따른 중요정보의 범위는 다음 각 호와 같다. <개정 2007.1.26>

1. 국가안전보장과 관련된 보안정보 및 주요정책에 관한 정보
2. 국내에서 개발된 첨단과학 기술 또는 기기의 내용에 관한 정보

③ 정보통신부장관은 제2항 각 호의 규정에 따른 정보를 취급하는 정보통신서비스제공자에게 다음 각 호의 조치를 강구하게 할 수 있다. <신설 2007.1.26>

1. 정보통신망의 부당한 이용을 방지할 수 있는 제도적·기술적 장치의 설정
2. 정보의 불법파괴 또는 조작을 방지할 수 있는 제도적·기술적 조치
3. 정보통신서비스제공자가 취급 중 알게 된 중요정보의 누출을 방지할 수 있는 조치

제52조 [한국정보보호진흥원] ① 정부는 정보의 안전한 유통을 위한 정보보호에 필요한 시책을 효율적으로 추진하기 위하여 한국정보보호진흥원(이하 "보호진흥원"이라 한다)을 설립한다.

② 보호진흥원은 법인으로 한다.

③ 보호진흥원은 다음 각호의 사업을 행한다. <개정 2004.1.29, 2004.12.30, 2007.1.26>

1. 정보보호를 위한 정책 및 제도의 조사·연구
2. 정보화 역기능 분석 및 대책 연구
3. 정보보호에 관한 홍보 및 교육·훈련
4. 정보보호시스템의 연구·개발 및 시험·평가
5. 정보보호시스템의 성능과 신뢰도에 관한 기준 제정 및 표준화 지원

5의2. 정보통신서비스제공자등에 대한 정보보호 안전진단의 지원
6. 정보보호를 위한 암호기술 개발
7. 개인정보보호를 위한 대책의 연구 및 보호기술의 개발·보급의 지원
8. 분쟁조정위원회의 운영지원 및 개인정보침해신고센터의 운영
8의2. 불법전송광고와 관련된 고충의 상담·처리
9. 정보시스템 침해사고 처리 및 대응체계 운영
9의2. 침해사고의 원인분석 지원
10. 「전자서명법」 제25조제1항의 규정에 의한 전자서명 인증관리
11. 제1호 내지 제10호의 사업에 부수되는 사업
12. 그 밖에 이 법 또는 다른 법령에 의하여 보호진흥원의 업무로 정하거나 위탁한 사업 또는 정보통신부장관으로부터 위탁받은 사업

④ 정부는 보호진흥원의 사업수행에 필요한 경비를 충당하기 위하여 출연할 수 있다.

⑤ 보호진흥원에 관하여 이 법에서 정하지 아니한 사항에 대하여는 「민법」의 재단법인에 관한 규정을 준용한다. <개정 2007.1.26>

⑥ 보호진흥원이 아닌 자는 한국정보보호진흥원의 명칭을 사용하지 못한다.

⑦ 보호진흥원의 운영 및 업무수행에 관하여 필요한 사항은 대통령령으로 정한다.

제7장 국제협력

제53조 [국제협력] 정부는 다음 각 호의 사항을 추진함에 있어 다른 국가 또는 국제기구와 상호협력하여야 한다.

1. 삭제 <2004.1.29>
2. 개인정보의 국가간 이전 및 개인정보의 보호에 관련된 업무
3. 정보통신망에서의 청소년보호를 위한 업무
4. 정보통신망의 안전성을 침해하는 행위를 방지하기 위한 업무
5. 그 밖의 정보통신서비스의 건전하고 안전한 이용에 관한 업무

제54조 [국외이전 개인정보의 보호 〈개정 2004.1.29〉] ① 정보통신서비스제공자등은 이용자의 개인정보에 관하여 이 법의 규정을 위반하는 사항을 내용으로 하는 국제계약을 체결하여서는 아니된다. <개정 2004.1.29>

② 정보통신서비스제공자등은 이용자의 개인정보를 국외로 이전하고자 하는 때에는 이용자의 동의를 얻어야 한다. <신설 2004.1.29>

③ 정보통신서비스제공자등은 제2항의 규정에 따른 동의를 얻고자 하는 경우에는 미리 다음 각 호의 사항 모두를 이용자에게 고지하여야 한다. <개정 2007.1.26>

1. 이전되는 개인정보 항목
2. 개인정보가 이전되는 국가·이전일시 및 이전방법
3. 개인정보를 이전받는 자의 성명(법인의 경우에는 그 명칭 및 정보관리책임자의 연락처를 말한다)
4. 개인정보를 이전받는 자의 개인정보 이용 목적 및 보유·이용 기간

④ 정보통신서비스제공자등은 제2항의 규정에 의한 동의를 얻어 개인정

보를 국외로 이전하는 경우 정보통신부령이 정하는 바에 따라 보호조치를 취하여야 한다. <신설 2004.1.29>

제8장 보칙

제55조 [자료제출 등] ① 정보통신부장관은 다음 각 호의 어느 하나에 해당하는 경우에는 정보통신서비스제공자등(이하 이 조에서 제58조의 규정에 따라 준용되는 경우에 해당되는 자를 포함한다)에게 관계 물품·서류 등을 제출하게 할 수 있다. <개정 2007.1.26>

1. 이 법에 위반되는 사항을 발견하거나 혐의가 있음을 인지한 경우
2. 이 법의 위반에 대한 신고를 받거나 민원이 접수된 경우
3. 그 밖에 이용자 보호를 위하여 필요한 경우로서 대통령령이 정하는 경우

② 정보통신부장관은 이 법을 위반하여 영리목적 광고성 정보를 전송한 자에 대하여 다음 각 호의 조치를 취하기 위하여 정보통신서비스제공자등에게 해당 광고성 정보 전송자의 성명·주소·주민등록번호·이용기간 등에 대한 자료의 열람이나 제출을 요청할 수 있다. <신설 2005.12.30>

1. 제4항의 규정에 따른 시정조치
2. 제67조의 규정에 따른 과태료 부과
3. 그 밖에 이에 준하는 조치

③ 정보통신부장관은 정보통신서비스제공자등이 제1항 및 제2항의 규정에 의한 자료를 제출하지 아니하거나 이 법의 규정을 위반한 사실이 있다고 인정되는 경우에는 소속공무원으로 하여금 정보통신서비스제공자등의 사업장에 출입하여 업무상황·장부 또는 서류 등을 검사하게 할 수 있다. <개정 2005.12.30>

④ 정보통신부장관은 이 법에 위반한 정보통신서비스제공자등에 대하여 필요한 시정조치를 명할 수 있다. <개정 2005.12.30>

⑤ 정보통신부장관은 제4항의 규정에 따라 필요한 시정조치를 명한 경우에는 그 사실을 공개할 수 있다. 이 경우 공개의 방법·기준 및 절차 등에 관하여 필요한 사항은 정보통신부령으로 정한다. <신설 2007.1.26>

⑥ 정보통신부장관이 제1항 및 제2항의 규정에 따라 자료 등의 제출 또는 열람을 요구할 때에는 요구사유, 법적근거, 제출시한 또는 열람일시, 제출 또는 열람하여야 할 자료의 내용 등을 명시하여 서면(전자문서를 포함한다)으로 통지하여야 한다. <신설 2007.1.26>

⑦ 제3항의 규정에 따른 검사를 하는 경우에는 검사개시 7일 전까지 검사일시, 검사이유 및 검사내용 등에 대한 검사계획을 해당 정보통신서비스제공자등에게 통지하여야 한다. 다만 긴급을 요하거나 사전통지의 경우 증거인멸 등으로 검사목적을 달성할 수 없다고 인정하는 경우에는 그러하지 아니하다. <신설 2005.12.30, 2007.1.26>

⑧ 제3항의 규정에 의하여 검사를 하는 공무원은 그 권한을 표시하는 증표를 지니고 이를 관계인에게 내보여야 하며, 출입시 성명·출입시간·출입목적 등이 표시된 문서를 관계인에게

교부하여야 한다. <개정 2005.12.30, 2007.1.26>

⑨ 정보통신부장관은 제1항 내지 제3항의 규정에 따라 자료 등을 제출받거나 열람 또는 검사한 경우에는 그 결과(조사결과 시정조치명령 등의 처분을 하고자 하는 경우에는 그 처분의 내용을 포함한다)를 해당 정보통신서비스제공자등에 대하여 서면으로 통지하여야 한다. <신설 2007.1.26>

⑩ 정보통신부장관은 제1항 내지 제4항의 규정에 의한 자료제출 요구 및 검사 등을 위하여 보호진흥원의 장에게 기술적 자문 그 밖에 필요한 지원을 요청할 수 있다. <개정 2005.12.30, 2007.1.26>

⑪ 제1항 내지 제3항의 규정에 따른 자료 등의 제출요구·열람 및 검사 등은 이 법의 시행을 위하여 필요한 최소한의 범위 안에서 행해져야 하며 다른 목적을 위하여 남용되어서는 아니 된다. <신설 2007.1.26>

제55조의2 [자료 등의 보호 및 폐기] ① 정보통신부장관은 정보통신서비스제공자등으로부터 제55조의 규정에 따라 제출 또는 수집된 서류·자료 등에 대한 보호요구를 받은 때에는 이를 제3자에게 제공하거나 공중에 공개하여서는 아니 된다.

② 정보통신부장관은 정보통신망을 통하여 자료의 제출 등을 받은 경우 또는 수집한 자료 등을 전자화한 경우에는 개인정보·영업비밀 등이 유출되지 아니하도록 제도적·기술적 보안조치를 강구하여야 한다.

③ 정보통신부장관은 다른 법률에 특별한 규정이 있는 경우를 제외하고 다음 각 호의 어느 하나에 해당하는 사유가 발생한 때에는 제55조의 규정에 따라 제출 또는 수집된 서류·자료 등을 즉시 폐기하여야 한다. 제56조의 규정에 따라 정보통신부장관의 권한의 전부 또는 일부를 위임 또는 위탁받은 자도 또한 같다.

1. 제55조의 규정에 따른 자료제출요구·출입검사·시정명령 등의 목적이 달성된 때
2. 제55조제4항의 규정에 따른 시정조치명령에 불복하여 행정심판의 청구 또는 행정소송의 제기가 있는 경우에는 해당 행정쟁송절차가 완료된 때
3. 제67조제2항의 규정에 따른 과태료 처분이 있고 이에 대한 이의제기가 없는 경우에는 같은 조 제4항의 규정에 따른 이의제기기간이 만료된 때
4. 제67조제2항의 규정에 따른 과태료 처분에 대하여 이의제기가 있는 경우에는 해당 관할 법원에 의한 비송사건절차가 완료된 때

[본조신설 2007.1.26]

제56조 [권한의 위임·위탁] ① 이 법에 의한 정보통신부장관의 권한의 일부를 대통령령이 정하는 바에 의하여 그 소속기관의 장 또는 「전기통신기본법」 제37조의 규정에 따른 통신위원회에 위임할 수 있다. <개정 2007.1.26>

② 정보통신부장관은 제13조의 규정에 따른 정보통신망의 이용촉진등에 관한 사업을 대통령령이 정하는 바에 따라 「정보화촉진 기본법」 제10조의 규정에 따른 한국정보사회진흥원에 위탁할 수 있다. <개정 2006.10.4, 2007.1.26>

③ 정보통신부장관은 제55조제1항 및 제2항의 규정에 의한 자료제출요구 및 검사에 관한 업무를 대통령령이 정하는 바에 따라 보호진흥원에 위탁할 수 있다. <신설 2002.12.18>

④ 제55조제6항은 제3항의 규정에 의한 보호진흥원의 직원에게 이를 준용한다. <신설 2002.12.18, 2005.12.30>

제57조 [비밀유지 등] 다음 각 호의 어느 하나에 해당하는 업무에 종사하는 자 또는 종사하였던 자는 그 직무상 알게된 비밀을 타인에게 누설하거나 직무상 목적외에 이를 사용하여서는 아니된다. 다만, 다른 법률에 특별한 규정이 있는 경우에는 그러하지 아니하다. <개정 2004.12.30, 2007.1.26>

1. 제33조의 규정에 의한 분쟁조정위원회의 분쟁조정 업무
2. 제47조의 규정에 의한 정보보호관리체계 인증 업무
3. 제52조제3항제4호의 규정에 의한 정보보호시스템의 평가 업무
4. 제46조의3의 규정에 의한 정보보호 안전진단 업무
5. 제44조의10의 규정에 따른 명예훼손분쟁조정부의 분쟁조정 업무

제58조 [정보통신서비스제공자외의 자에 대한 준용] ① 제22조 내지 제32조의 규정은 정보통신서비스제공자외의 자로서 재화 또는 용역을 제공하는 자중 대통령령이 정하는 자가 자신이 제공하는 재화 또는 용역을 제공받는 자의 개인정보를 수집·이용 또는 제공하는 경우에 이를 준용한다. 이 경우 "정보통신서비스제공자" 또는 "정보통신서비스제공자등"은 "재화 또는 용역을 제공하는 자"로, "이용자"는 "재화 또는 용역을 제공받는 자"로 본다.

② 제22조 내지 제24조의2 및 제26조 내지 제31조의 규정은 제25조제1항의 규정에 따른 수탁자에 관하여 이를 준용한다. <개정 2007.1.26>

제59조 [한국정보통신산업협회] ① 정보통신서비스제공자 및 정보통신망과 관련된 사업을 영위하는 자는 정보통신망이용촉진및정보보호등을 위하여 대통령령이 정하는 바에 의하여 정보통신부장관의 인가를 받아 한국정보통신산업협회(이하 "협회"라 한다)를 설립할 수 있다.

② 협회는 법인으로 한다.

③ 협회에 관하여 이 법에서 정한 것을 제외하고는 「민법」중 사단법인에 관한 규정을 준용한다. <개정 2007.1.26>

④ 정부는 협회의 사업수행을 위하여 필요한 경우에는 예산의 범위안에서 보조금을 지급할 수 있다.

⑤ 협회의 사업 및 감독 등에 관하여 필요한 사항은 대통령령으로 정한다.

제59조의2 [한국정보보호산업협회의 설립] ① 정보보호에 관련된 사업을 영위하는 자는 정보보호산업의 건전한 발전 및 국가산업전반의 정보보호 수준의 제고를 위하여 정보통신부장관의 인가를 받아 한국정보보호산업협회를 설립할 수 있다.

② 한국정보보호산업협회는 법인으로 한다.

③ 한국정보보호산업협회의 인가절차·사업 및 감독 등에 관하여 필요한 사항은 대통령령으로 정한다.

④ 한국정보보호산업협회에 관하여 이 법에서 정한 것을 제외하고는 「민

법」중 사단법인에 관한 규정을 준용한다. <개정 2007.1.26>
[본조신설 2004.1.29]

제60조 [벌칙적용에 있어서의 공무원 의제] 정보통신부장관이 제56조제2항 및 제3항의 규정에 의하여 위탁한 업무에 종사하는 한국정보사회진흥원 및 보호진흥원의 임원 및 직원은 「형법」 제129조 내지 제132조의 적용에 있어서는 이를 공무원으로 본다. <개정 2002.12.18, 2006.10.4, 2007.1.26>

제9장 벌칙

제61조 [벌칙] ① 사람을 비방할 목적으로 정보통신망을 통하여 공연히 사실을 적시하여 타인의 명예를 훼손한 자는 3년 이하의 징역이나 금고 또는 2천만원 이하의 벌금에 처한다.
② 사람을 비방할 목적으로 정보통신망을 통하여 공연히 허위의 사실을 적시하여 타인의 명예를 훼손한 자는 7년 이하의 징역, 10년 이하의 자격정지 또는 5천만원 이하의 벌금에 처한다.
③ 제1항 및 제2항의 죄는 피해자의 명시한 의사에 반하여 공소를 제기할 수 없다.

제62조 [벌칙] 다음 각 호의 어느 하나에 해당하는 자는 5년 이하의 징역 또는 5천만원 이하의 벌금에 처한다. <개정 2002.12.18, 2007.1.26>

1. 제24조·제24조의2제1항 및 제2항 또는 제26조제3항(제58조의 규정에 따라 준용되는 경우를 포함한다)의 규정을 위반하여 개인정보를 이용하거나 제3자에게 제공한 자 및 그 사정을 알고 영리 또는 부정한 목적으로 개인정보를 제공받은 자
2. 삭제 <2007.1.26>
3. 제28조의2(제58조의 규정에 따라 준용되는 경우를 포함한다)의 규정을 위반하여 이용자의 개인정보를 훼손·침해 또는 누설한 자
4. 제48조제2항의 규정을 위반하여 악성프로그램을 전달 또는 유포한 자
5. 제48조제3항의 규정을 위반하여 정보통신망에 장애를 발생하게 한 자
6. 제49조의 규정을 위반하여 타인의 정보를 훼손하거나 타인의 비밀을 침해·도용 또는 누설한 자

제63조 [벌칙] ① 다음 각 호의 어느 하나에 해당하는 자는 3년 이하의 징역 또는 3천만원 이하의 벌금에 처한다. <개정 2005.12.30>

1. 제48조제1항의 규정을 위반하여 정보통신망에 침입한 자
2. 제57조의 규정을 위반하여 직무상 알게 된 비밀을 타인에게 누설하거나 직무상 목적외에 이를 사용한 자
3. 제49조의2제1항의 규정을 위반하여 타인의 개인정보를 수집한 자

② 제1항제1호의 미수범은 처벌한다. <신설 2004.1.29>

제64조 [벌칙] 다음 각 호의 어느 하나에 해당하는 자는 2년 이하의 징역 또는 1천만원 이하의 벌금에 처한다. <개정 2004.1.29, 2004.12.30, 2005.12.30, 2007.1.26>

1. 제42조의 규정을 위반하여 청소년유해매체물임을 표시하지 아니하

고 영리를 목적으로 제공한 자
2. 제42조의2의 규정을 위반하여 청소년유해매체물을 광고하는 내용의 정보를 청소년에게 전송하거나 청소년 접근을 제한하는 조치없이 공개적으로 전시한 자
3. 제44조의6제3항의 규정을 위반하여 이용자의 정보를 민·형사상의 소제기 이외의 목적으로 사용한 자
4. 제44조의7제2항 및 제3항의 규정을 위반하여 정보통신부장관의 명령을 이행하지 아니한 자
5. 제48조의4제3항의 규정에 의한 명령을 위반하여 관련자료를 보전하지 아니한 자
6. 제49조의2제1항의 규정을 위반하여 개인정보의 제공을 유인한 자

[전문개정 2002.12.18]

제65조 [벌칙] ① 다음 각 호의 어느 하나에 해당하는 자는 1년 이하의 징역 또는 1천만원 이하의 벌금에 처한다. <개정 2005.12.30, 2007.1.26>
1. 제8조제4항의 규정을 위반하여 표시·판매 또는 판매할 목적으로 진열한 자
2. 제44조의7제1항제1호의 규정을 위반하여 음란한 부호·문언·음향·화상 또는 영상을 배포·판매·임대하거나 공연히 전시한 자
3. 제44조의7제1항제3호의 규정을 위반하여 공포심이나 불안감을 유발하는 부호·문언·음향·화상 또는 영상을 반복적으로 상대방에게 도달하게 한 자
4. 제50조제6항의 규정을 위반하여 기술적 조치를 한 자
5. 제50조의2의 규정을 위반하여 전자우편주소를 수집·판매·유통 또는 정보전송에 이용한 자
6. 제50조의8의 규정을 위반하여 광고성 정보를 전송한 자

② 제1항제3호의 죄는 피해자의 명시한 의사에 반하여 공소를 제기할 수 없다.

제65조의2 삭제 <2005.12.30>

제66조 [양벌규정] 법인의 대표자나 법인 또는 개인의 대리인·사용인 그 밖의 종업원이 그 법인 또는 개인의 업무에 관하여 제62조 내지 제64조 또는 제65조제1항의 위반행위를 한 때에는 행위자를 벌하는 외에 그 법인 또는 개인에 대하여도 각 해당 조의 벌금형을 과한다. <개정 2002.12.18, 2007.1.26>

제67조 [과태료] ① 다음 각 호의 어느 하나에 해당하는 자와 이를 하게 한 자는 3천만원 이하의 과태료에 처한다. <신설 2004.1.29, 2004.12.30, 2005.12.30, 2007.1.26>
1. 제44조의5제2항의 규정에 따른 정보통신부장관의 명령을 이행하지 아니한 자
2. 제50조제1항 내지 제3항의 규정을 위반하여 영리목적의 광고성 정보를 전송한 자
3. 제50조제4항 또는 제5항의 규정을 위반하여 광고성 정보에 명시하지 아니하거나 거짓으로 명시한 자
4. 삭제 <2004.12.30>
5. 제50조제7항의 규정을 위반하여 비용을 수신자에게 부담하도록 한 자
6. 제50조의5의 규정을 위반하여 이용자의 동의를 얻지 아니하고 프로그램을 설치한 자

7. 제50조의7제1항의 규정을 위반하여 인터넷 홈페이지에 영리목적의 광고성 정보를 게시한 자

② 다음 각 호의 어느 하나에 해당하는 자는 1천만원 이하의 과태료에 처한다. <개정 2002.12.18, 2004.1.29, 2004.12.30, 2005.12.30, 2006.10.4, 2007.1.26>

1. 제20조제2항의 규정을 위반하여 전자문서를 보관하지 아니한 자
2. 제21조의 규정을 위반하여 전자문서를 공개한 자
3. 제22조제1항(제58조의 규정에 의하여 준용되는 경우에 해당되는 자를 포함한다)의 규정을 위반하여 개인정보를 수집한 자
4. 제23조제1항(제58조의 규정에 따라 준용되는 경우에 해당되는 자를 포함한다)의 규정을 위반하여 개인정보를 수집한 자
5. 제23조제2항(제58조의 규정에 따라 준용되는 경우를 포함한다)의 규정을 위반하여 서비스의 제공을 거부한 자
6. 제25조제1항(제58조의 규정에 따라 준용되는 경우를 포함한다)의 규정을 위반하여 이용자의 동의없이 개인정보취급위탁을 한 자

6의2. 제25조제2항(제58조의 규정에 따라 준용되는 경우를 포함한다)의 규정을 위반하여 이용자에게 공개하거나 통지하지 아니한 자

7. 제26조제1항 및 제2항(제58조의 규정에 의하여 준용되는 경우에 해당되는 자를 포함한다)의 규정을 위반하여 동의를 하지 아니한 자
8. 제27조제1항(제58조의 규정에 의하여 준용되는 경우에 해당되는 자를 포함한다)의 규정을 위반하여 개인정보관리책임자를 지정하지 아니한 자

8의2. 제28조제1항의 규정을 위반하여 기술적·관리적 조치를 하지 아니한 자

8의3. 제27조의2제1항(제58조의 규정에 따라 준용되는 경우를 포함한다)의 규정을 위반하여 개인정보취급방침을 공개하지 아니한 자

9. 제29조 본문(제58조의 규정에 의하여 준용되는 경우에 해당되는 자를 포함한다)의 규정을 위반하여 개인정보를 파기하지 아니한 자
10. 제30조제3항·제4항 및 제6항(제30조제7항·제31조제3항 및 제58조의 규정에 따라 준용되는 경우에 해당되는 자를 포함한다)의 규정을 위반하여 필요한 조치를 취하지 아니한 자

10의2. 제30조제5항(제30조제7항·제31조제3항 및 제58조의 규정에 따라 준용되는 경우에 해당되는 자를 포함한다)의 규정을 위반하여 필요한 조치를 취하지 아니하고 개인정보를 이용 또는 제공한 자

11. 제31조제1항(제58조의 규정에 의하여 준용되는 경우에 해당되는 자를 포함한다)의 규정을 위반하여 아동의 개인정보를 수집한 자

11의2. 제42조의3제1항의 규정을 위반하여 청소년보호책임자를 지정하지 아니한 자

12. 제43조의 규정을 위반하여 정보를 보관하지 아니한 자
13. 제46조제2항의 규정을 위반하여

보험에 가입하지 아니한 자

13의2. 제46조의3제1항의 규정을 위반하여 정보보호 안전진단을 받지 아니한 자

13의3. 제46조의3제2항의 규정을 위반하여 정보보호 안전진단의 결과를 제출하지 아니하거나 거짓으로 제출한 자

13의4. 제46조의3제6항의 규정에 의한 개선명령을 이행하지 아니한 자

13의5. 제47조의2제3항의 규정을 위반하여 소프트웨어사용자에게 알리지 아니한 자

13의6. 제48조의2제4항의 규정에 의한 시정명령을 이행하지 아니한 자

13의7. 제48조의4제4항의 규정을 위반하여 사업장 출입 및 조사를 방해하거나 거부 또는 기피한 자

13의8. 제46조의3제5항의 규정에 의한 권고내용 또는 처리결과를 허위로 통보한 자

14. 삭제 <2004.1.29>

15. 삭제 <2004.1.29>

15의2. 삭제 <2004.1.29>

15의3. 삭제 <2004.1.29>

15의4. 삭제 <2004.1.29>

15의5. 삭제 <2004.1.29>

16. 제52조제6항의 규정을 위반한 자

17. 제55조제1항의 규정에 의한 관계물품·서류 등을 제출하지 아니하거나 허위로 제출한 자

18. 제55조제2항의 규정에 따른 자료의 열람 및 제출 요청에 응하지 아니한 자

19. 제55조제3항의 규정에 따른 출입·검사를 거부·방해 또는 기피한 자

20. 삭제 <2007.1.26>

③ 제1항 또는 제2항의 규정에 의한 과태료는 대통령령이 정하는 바에 의하여 정보통신부장관이 부과·징수한다. <개정 2004.1.29>

④ 제3항의 규정에 의한 과태료부과에 불복이 있는 자는 그 처분의 고지를 받은 날부터 30일 이내에 정보통신부장관에게 이의를 제기할 수 있다. <개정 2004.1.29>

⑤ 제3항의 규정에 따라 과태료 처분을 받은 자가 제4항의 규정에 따라 이의를 제기한 때에는 정보통신부장관은 지체없이 관할법원에 그 사실을 통보하여야 하며, 그 통보를 받은 관할법원은 「비송사건절차법」에 따른 과태료의 재판을 한다. <개정 2004.1.29, 2007.1.26>

⑥ 제4항의 규정에 의한 기간내에 이의를 제기하지 아니하고 과태료를 납부하지 아니한 때에는 국세체납처분의 예에 의하여 이를 징수한다. <개정 2004.1.29>

부 칙
〈제6360호, 2001.1.16〉

제1조 [시행일] 이 법은 2001년 7월 1일부터 시행한다.

제2조 [한국정보보호센터의 설립근거와 명칭의 변경에 따른 경과조치] ① 이 법 시행당시 정보화촉진기본법 제14조의2의 규정에 의하여 설립된 한국정보보호센터는 이 법 제52조의 규정에 의한 한국정보보호진흥원으로 본다.

② 이 법 시행당시 한국정보보호센터

가 행한 행위 그 밖의 법률관계에 있어서 한국정보보호센터는 이를 보호진흥원으로 본다.
③ 이 법 시행당시 등기부 그 밖의 공부상 한국정보보호센터의 명의는 이를 한국정보보호진흥원으로 본다.

제3조 [한국정보통신진흥협회의 명칭변경에 따른 경과조치] ① 이 법 시행당시 한국정보통신진흥협회는 이를 한국정보통신산업협회로 본다.
② 이 법 시행당시 한국정보통신진흥협회가 행한 행위 그 밖의 법률관계에 있어서 한국정보통신진흥협회는 이를 협회로 본다.
③ 이 법 시행당시 등기부 그 밖의 공부상 한국정보통신진흥협회의 명의는 이를 한국정보통신산업협회로 본다.

제4조 [벌칙의 적용에 관한 경과조치] 이 법 시행전의 행위에 관한 벌칙의 적용에 있어서는 종전의 규정에 의한다.

제5조 [다른 법률의 개정] ① 전기통신기본법중 다음과 같이 개정한다.
제48조의2를 삭제한다.
② 정보화촉진기본법중 다음과 같이 개정한다.
제14조의2를 삭제한다.
③ 전기통신사업법중 다음과 같이 개정한다.
제15조제1항제6호, 제28조제1항제7호·제2항제5호, 제65조제1항제1호 및 제68조제2항중 "정보통신망이용촉진등에관한법률"을 각각 "정보통신망이용촉진및정보보호등에관한법률"로 한다.
④ 전자서명법중 다음과 같이 개정한다.
제8조제1항중 "정보화촉진기본법 제14조의2의 규정에 의한 한국정보보호센터(이하 "보호센터"라 한다)로부터"를 "정보통신망이용촉진및정보보호등에관한법률 제52조의 규정에 의한 한국정보보호진흥원(이하 "보호진흥원"이라 한다)으로부터"로 한다.
제10조제4항 및 제21조제3항중 "보호센터"를 각각 "보호진흥원"으로 한다.
제16조제1항제5호중 "보호센터가"를 "보호진흥원이"로 한다.
제16조제3항중 "보호센터로"를 "보호진흥원으로"로 한다.
제21조제4항 및 제21조제5항중 "보호센터는"을 각각 "보호진흥원은"으로 한다.
제25조제1항중 "보호센터는"을 "보호진흥원은"으로 하고, 동조제2항중 ""보호센터"로"를 ""보호진흥원"으로"로 한다.
⑤ 사회간접자본시설에대한민간투자법중 다음과 같이 개정한다.
제2조제1호 너목을 다음과 같이 한다.
너. 정보통신망이용촉진및정보보호등에관한법률 제2조제1항제1호의규정에 의한 정보통신망
제2조제13호 서목을 다음과 같이 한다.
서. 정보통신망이용촉진및정보보호등에관한법률

제6조 [다른 법령과의 관계] 이 법 시행당시 다른 법령에서 종전의 정보통신망이용촉진등에관한법률 또는 그 규정을 인용하고 있는 경우 이 법에 그에 해당하는 규정이 있는 때에는 이 법 또는 이 법의 해당규정을 인용한 것으로 본다.

부칙(전자서명법)
〈제6585호, 2001.12.31〉

제1조 [시행일] 이 법은 2002년 4월 1일부터 시행한다.

제2조 및 **제3조** 생략

제4조 [다른 법률의 개정] ① 정보통신망이용촉진및정보보호등에관한법률중 다음과 같이 개정한다.

제18조제2항의 "전자서명(작성자를 알아볼 수 있고 문서의 변경여부를 확인할 수 있는 것을 말한다)"을 "전자서명법 제2조제3호의 규정에 의한 공인전자서명"으로 한다.

② 생략

부 칙
〈제6797호, 2002.12.18〉

① **[시행일]** 이 법은 공포후 1월이 경과한 날부터 시행한다. 다만, 제50조제2항·제5항, 제56조제3항·제4항, 제60조 및 제67조제1항(제15호의2 및 제15호의5의 규정에 한한다)의 개정규정은 공포후 6월이 경과한 날부터 시행한다.

② **[과태료의 적용에 관한 경과조치]** 이 법 시행전의 위반행위에 대한 과태료의 적용에 있어서는 종전의 규정에 의한다.

부 칙
〈제7139호, 2004.1.29〉

① **[시행일]** 이 법은 공포한 날부터 시행한다. 다만, 제28조·제45조제4항·제46조의3·제47조의2제4항 및 제48조의4제6항의 개정규정은 공포후 6월이 경과한 날부터 시행한다.

② **[과태료의 적용에 관한 경과조치]** 이 법 시행전의 위반행위에 대한 과태료의 적용에 있어서는 종전의 규정에 의한다.

부칙(인터넷주소자원에관한법률)
〈제7142호, 2004.1.29〉

제1조 [시행일] 이 법은 공포후 6월이 경과한 날부터 시행한다.

제2조 및 **제3조** 생략

제4조 [다른 법률의 개정] 정보통신망이용촉진및정보보호등에관한법률중 다음과 같이 개정한다.

제16조·제17조 및 제53조제1호를 각각 삭제한다.

부 칙
〈제7262호, 2004.12.30〉

이 법은 공포후 3월이 경과한 날부터 시행한다.

부칙(국가공무원법)
〈제7796호, 2005.12.29〉

제1조 [시행일] 이 법은 2006년 7월 1일부터 시행한다.

제2조 내지 **제5조** 생략

제6조 [다른 법률의 개정] ① 내지 <54>생략

<55>정보통신망이용촉진및정보보호등에관한법률 일부를 다음과 같이 한다.

제33조제3항제2호중 "4급 이상 공무원"을 "4급 이상 공무원(고위공무원단에 속하는 일반직공무원을 포함한다)"으로 한다.

<56> 내지 <68>생략

부 칙
〈제7812호, 2005.12.30〉

이 법은 공포 후 3개월이 경과한 날부터 시행한다.

부 칙
〈제7917호, 2006.3.24〉

① **[시행일]** 이 법은 공포 후 3개월이 경과한 날부터 시행한다.

② **[정보보호 안전진단에 관한 경과조치]** 이 법 시행 전에 「정보통신기반 보호법」 제17조의 규정에 의한 정보보호컨설팅전문업체가 정보보호 안전진단 업무를 시작한 경우에는 제46조의3제1항의 개정규정에 불구하고 종전의 규정에 따라 정보보호 안전진단 업무를 계속하여 수행할 수 있다.

부 칙
〈제8030호, 2006.10.4〉

이 법은 공포 후 3개월이 경과한 날부터 시행한다.

부칙(정보화촉진기본법)
〈제8031호, 2006.10.4〉

제1조 [시행일] 이 법은 공포한 날부터 시행한다. <단서 생략>

제2조 내지 **제4조** 생략

제5조 [다른 법률의 개정] ① 정보통신망 이용촉진 및 정보보호 등에 관한 법률 일부를 다음과 같이 개정한다.

제56조제2항 중 "한국전산원"을 "한국정보사회진흥원"으로 한다.

제60조 중 "한국전산원"을 "한국정보사회진흥원"으로 한다.

② 및 ③생략

제6조 생략

부 칙
〈제8289호, 2007.1.26〉

제1조 [시행일] 이 법은 공포 후 6개월이 경과한 날부터 시행한다.

제2조 [불법통신의 금지 등에 관한 경과조치] 이 법 시행 전에 「전기통신사업법」 제53조의 규정에 따라 정보통신부장관이 행한 전기통신 취급에 대한 거부·정지 또는 제한의 명령은 이를 이 법 제44조의7의 개정규정에 따라 행한 것으로 본다.

제3조 [정보통신윤리위원회 설치근거 변경에 따른 경과조치] ① 이 법 시행 당시 종전의 「전기통신사업법」 제53조의2의 규정에 따라 설치된 정보통신윤리위원회는 이 법 제44조의8의 개정규정에 따라 설치된 정보통신윤리위원회로 본다.

② 이 법 시행 전에 종전의 규정에 따른 정보통신윤리위원회가 행한 행위 또는 정보통신윤리위원회에 대하여 행한 행위 그 밖의 법률관계는 이

법 제44조의8의 개정규정에 따른 정보통신윤리위원회가 행한 행위 또는 정보통신윤리위원회에 대하여 행한 행위 그 밖의 법률관계로 본다.

제4조 [개인정보수집·이용·제공 등에 관한 경과조치] ① 이 법 시행 당시 종전의 제22조·제23조·제24조 또는 제54조의 규정에 따라 개인정보 수집·이용·제공 등에 대한 이용자의 동의를 얻은 경우에는 제22조·제23조·제24조·제24조의2 또는 제54조의 개정규정에 따라 적법하게 동의를 얻은 것으로 본다.

② 이 법 시행 당시 종전의 제25조의 규정에 따라 적법하게 개인정보취급위탁을 한 경우에는 제25조제1항의 개정규정에 따라 적법하게 동의를 얻은 것으로 본다.

③ 이 법 시행 당시 종전의 제26조의 규정에 따라 정보통신서비스제공자등의 권리·의무를 승계한 자가 이용자의 동의를 얻어 개인정보를 이용하거나 제공한 행위는 제26조제3항의 개정규정에 따라 적법하게 동의를 얻은 것으로 본다.

제5조 [벌칙의 적용에 관한 경과조치] 이 법 시행 전의 행위에 관한 벌칙의 적용에 있어서는 종전의 규정에 따른다.

제6조 [다른 법률의 개정] 전기통신사업법 일부를 다음과 같이 개정한다.

제53조 및 제53조의2를 각각 삭제한다.

제71조제8호중 "제53조제2항 또는 제55조의 규정에 의한"을 "제55조의 규정에 따른"으로 한다.

부칙(산업표준화법)
<제8486호, 2007.5.25>

제1조 [시행일] 이 법은 공포 후 1년이 경과한 날부터 시행한다.

제2조부터 제8조까지 생략

제9조 [다른 법률의 개정] ①부터 ⑭까지 생략

⑮ 정보통신망 이용촉진 및 정보보호 등에 관한 법률 일부를 다음과 같이 개정한다.

제8조제1항 단서중 "「산업표준화법」 제10조의 규정에 따른 한국산업규격이 제정되어 있는 사항에 대하여는 그 규격"을 "「산업표준화법」 제12조에 따른 한국산업표준이 제정되어 있는 사항에 대하여는 그 표준"으로 하고, 같은 조 제3항중 "「산업표준화법」 제11조 내지 제13조의 규정에 따라 한국산업규격표시의 인증"을 "「산업표준화법」 제15조에 따라 인증"으로 한다.

<16>부터 <22>까지 생략

제10조 생략

3. 일본전자상거래에 관한 준칙

[일본경제산업성 일부개정 2006.2]

Ⅰ. 온라인거래

1. 계약방법에 관한 문제

(1) 계약의 성립시기(전자승낙통지의 도달)

【논점】
전자계약의 성립시기인 승낙통지가 도달한 시점(전자계약법 제4조)이라 함은 구체적으로 언제인가?

1. 입장
   (1) 전자메일의 경우
      ① 승낙통지의 수신자(신청자)의 메일 서버 내의 메일함에 기록된 경우
      ② 읽을 수 있는 상태로 기록된 경우
   (2) 웹 화면의 경우
2. 설명
   (1) 전자계약의 성립시기(승낙통지의 도달)
   (2) 「도달」의 의의
   (3) 「읽을 수 있는 상태」의 의의
   (4) 웹 화면의 경우

(2) 웹 사이트 이용규약의 유효성

【논점】
인터넷 통신판매, 인터넷 경매, 인터넷상에서의 거래중개·정보제공 서비스 등 다양한 인터넷 거래를 행하는 웹 사이트에는 이용규약, 이용조건, 이용계약 등의 거래 조건을 기재한 문서(이하 총칭하여 「사이트 이용규약」이라 한다.)가 기재되어 있는 것이 일반적인데, 사이트 이용규약은 이용자에 대하여 법적 구속력을 가지는가?

1. 입장
2. 설명
   (1) 문제의 소재

(2) 사이트 이용규약이 이용자와 사이트 운영자 사이의 계약으로서 인정되는 요건

① 거래, 기타 계약관계의 존재

② 이용자가 사이트 이용규약에 동의한 다음 거래를 신청할 것

③ 장문난독(長文難讀)의 사이트 이용규약의 유효성

(3) 사이트 이용규약의 변경과 그 효력

① 단발적인 거래에 대한 조건을 규정하는 사이트 이용규약의 변경

② 계속적인 거래에 대한 조건을 규정하는 사이트 이용규약의 변경

③ 사이트 이용규약이 변경된 경우의 거래시점에서의 기재내용 입증

(4) 소비자 계약법 등에 의한 내용규제

① 사업자의 책임을 제한하는 조항에 대한 규제

② 소비자에 대한 과대한 손해배상액 예정의 무효

③ 기타 소비자의 이익을 일방적으로 해하는 조항의 무효

④ 보통거래약관에 대한 내용규제

(3) 명의도용에 의한 의사표시의 명의도용을 당한 본인에의 귀속효과

【논점】
이른바 「명의도용」이 이루어진 경우, 명의도용을 당한 본인이 책임을 지는 경우가 있는가?

1. 입장

(1) 인터넷 통신판매에 있어서의 결제를 둘러싼 문제

① 본인과 판매자 사이의 매매계약은 성립하는가?

② 본인은 결제기관에 대해 지불의무가 있는가?

(2) 인터넷뱅킹에 있어서의 자금이체 문제

2. 설명

(1) 문제의 소재

(2) 인터넷 통신판매에 있어서의 문제

① 명의를 도용당한 자와 판매점(판매자) 사이의 법률관계

② 명의를 도용당한 자와 결제기관 사이의 법률관계

(3) 인터넷 뱅킹에 있어서의 문제

① 사전합의가 없는 경우

② 사전합의가 있는 경우

(4) 명의도용이 발생한 경우의 인증기관의 책임

> **【논점】**
> 전자서명의 인증기관에 의한 본인확인이 불충분하여 명의도용이 발생한 경우, 인증기관은 증명서를 신뢰하여 손해를 입은 자에 대하여 어떠한 책임을 지는가?
>
> (예) 본인확인이 충분히 이루어지지 않은 상태에서 전자서명의 인증기관이 명의인(본인)을 가장한 제3자에게 전자증명서를 발행하였다. 증명서를 받은 거래의 상대방이 제3자를 본인으로 신뢰하였으나, 본인과의 사이에서 거래의 효과가 인정되지 않은 결과 손해를 받은 경우 인증기관은 어떠한 책임을 지는가?

1. 입장
   (1) 본인확인이 불충분한 경우
      ① 원칙 : 불법행위책임
      ② 예외 : 계약책임
   (2) 인증기관이 규정하는 면책조항의 효력
   (1) 불법행위책임
   (2) 계약책임
   (3) 면책조항의 유효성

(5) 미성년자에 의한 의사표시

> **【논점】**
> 전자계약의 일방 당사자가 미성년인 경우, 그 미성년자는 원칙적으로 의사표시를 취소하고 계약의 효력을 부정할 수 있지만(민법 제4조), 연령확인화면에서의 대응에 따라서는 민법 제20조의 「사술(詐術)」의 적용에 의하여 취소할 수 없는 경우가 있지는 않는가?
>
> (예) 미성년자가 인터넷 통신판매에 있어서 자신이 성년인 것처럼 거짓 생년월일을 입력한 다음 상품을 구입한 경우라 하더라도 계약을 취소하고 대금지불을 거부할 수 있는가?

1. 입장
2. 설명
   (1) 원칙
   (2) 취소권의 제한

(6) 관할합의조항의 유효성

> **【논점】**
> 서면에 의하지 않은 온라인 계약에서의 관할합의조항은 유효하다고 할 수 있는가?

1. 입장
2. 설명

(7) 중재합의조항의 유효성

> **【논점】**
> 서면에 의하지 않은 온라인 계약에서의 중재합의조항은 유효하다고 할 수 있는가?

1. 입장
2. 설명

2. 새로운 거래의 발전에 따른 문제

(1) 사이버 몰 운영자의 책임

> **【논점】**
> 사이버점포와의 거래에서 손해를 입은 구매자에 대하여 사이버 몰 운영자가 책임을 지는 경우가 있는가?
>
> (예) 소비자가 사이버 몰에 출점(出店)한 사이버점포에서 상품을 구입하였는데 상품에 결함이 있었음에도 불구하고 당해 점포는 행방불명이 되어 연락을 취할 수 없다. 사이버 몰 운영자에 대하여 손해배상을 청구할 수 있을까?

1. 입장
   (1) 원칙
   (2) 예외
2. 설명
   (1) 문제의 소재
   (2) 상법 제23조의 유추규정
   (3) 사이버 몰 운영자가 책임을 질 가능성

(2) 인터넷 경매

① 경매사업자의 이용자에 대한 책임

【논점】
인터넷 경매 이용자(출품자·낙찰자) 사이에 상품 不到着, 대금미지불 등의 트러블이 발생한 경우, 경매사업자가 손해를 입은 자에 대하여 책임을 지는 경우가 있는가?
또한 그 밖의 경우에 경매사업자는 이용자에 대하여 어떠한 책임을 지는가?

1. 입장
2. 설명
 (1) 문제의 소재
 (2) 경매사업자와 이용자의 법적관계
 (3) 경매사업자가 단순히 개인 간의 매매중개 시스템을 제공할 뿐 각각의 거래에 직접 관여하지 않는 경우의 사업자 책임
 (4) 경매사업자가 경매시스템을 이용한 개인 간 거래에 실질적으로 관여하는 경우의 사업자 책임
  ① 경매사업자가 이용자의 출품행위를 적극적으로 도와 이에 따르는 출품수수료 또는 낙찰보수를 출품자로부터 수령하는 경우
  ② 특정 판매자를 어떠한 형태로든 추천하는 경우
  ③ 경매사업자 자체가 판매자가 되는 경우
 (5) 시스템의 유지·관리 등에 관한 책임 등 이용자 간 분쟁 이외의 문제에 관한 경매사업자의 책임

② 경매이용자(출품자 · 낙찰자)간의 법률관계

【논점】
경매이용자(출품자·낙찰자)는 서로 어떠한 법적관계에 있는가? 매매에 있어서 출품물과 출품정보에 어떠한 차이가 있거나 출품자와 낙찰자의 상품에 대한 인식에 차이가 있는 등의 경우에 낙찰자(또는 출품자)는 계약의 무효를 주장하거나 내용변경을 주장할 수 있는가?

1. 입장
 (1) 매매계약을 없던 것으로 할 수 있는 경우
 (2) 구매자가 낙찰상품을 다른 상품과 교환할 수 있는 경우
 (3) 구매자가 판매자에 대하여 어떠한 금전배상을 요구할 수 있는 경우
2. 설명
 (1) 문제의 소재
 (2) 매매계약을 없던 것으로 할 수 있는 경우
  ① 계약의 무효를 주장할 수 있는 경우
  ② 매매계약을 취소시킬 수 있는 경우

③ 매매계약을 해제할 수 있는 경우

(3) 다른 상품으로 교환할 수 있는 경우

(4) 수리를 받을 수 있는 경우

(5) 손해배상을 받을 수 있는 경우

③ 인터넷 경매 상의 매매계약의 성립시기

> **【논점】**
> 인터넷 경매에 있어서 매매계약의 성립시기는 언제인가?

1. 입장
2. 설명

(1) 문제의 소재

(2) 인터넷 경매에 있어서의 계약 성립 시기

④ 「No Claim, No Return」 특약의 효력

> **【논점】**
> 인터넷 경매, 기타 개인 간 거래에 있어서 판매자가 출품 아이템에 관하여 「No Claim, No Return을 부탁드립니다.」등이라고 기재하고, 구매자는 이에 동의한 후 입찰·낙찰하는 경우가 있다. 이러한 경우에 낙찰자나 구입자는 상품에 대해 클레임이나 반품을 할 수 있는가?

1. 입장
2. 설명

⑤ 인터넷 경매와 특정상거래법

> **【논점】**
> 인터넷 경매를 통하여 개인이 상품을 판매하는 경우에 대해서도 특정상거래법 제11조(필요적 광고표시사항의 표시)·제12조(과대광고의 금지) 규정은 적용되는가?

1. 입장
2. 설명

(1) 모든 카테고리·상품에 대하여

① 과거 1개월 동안 200점 이상 또는 어떤 한 시점에 있어서 100점 이상의 상품을 신규 출품하고 있는 경우

② 낙찰액의 합계가 과거 1개월 동안 100만 엔 이상인 경우

③ 낙찰액의 합계가 과거 1년간 1,000만 엔 이상인 경우

(2) 특정 카테고리·상품에 대하여

> **【논점】**
> 인터넷 경매를 통하여 개인이 상품을 판매하는 경우에 대해서도 경품표시법 제4조(부당한 표시의 금지)는 적용되는가?

1. 입장
2. 설명

⑦ 인터넷 경매와 전자계약법

> **【논점】**
> 인터넷 경매에서의 출품자와 낙찰자 사이의 매매계약에 대하여 전자계약법 제3조(전자소비자계약에 관한 착오무효의 특례)는 적용되는가?

1. 입장
2. 설명

⑧ 인터넷 경매와 고물영업법

> **【논점】**
> 인터넷 경매사업자는 경매운영에 있어서 고물상 또는 고물시장주로서의 허가를 받아야 하는가?

1. 입장
2. 설명
   (1) 고물상·고물시장주의 허가의 필요여부
   (2) 개정 고물영업법의 개요

(3) 인터넷상에서 이루어지는 현상기획의 취급

> **【논점】**
> 인터넷 홈페이지 상에서 이루어지는 소비자에 대한 현상기획은 거래에 부수하여 제공되는 경품류를 규제하고 있는 경품표시법의 규제대상이 되는가?

1. 입장
   (1) 인터넷상의 오픈현상에 대하여
   (2) 인터넷 서비스 제공자 등에 의한 오픈 현상에 대하여
2. 설명
   (1) 문제의 소재
   (2) 현상기획과 관련된 규제의 개요

(3) 인터넷상의 오픈 현상에 대하여
(4) 인터넷 서비스 제공자 등에 의한 오픈 현상에 대하여

3. 소비자보호

(1) 소비자의 조작실수에 의한 착오

【논점】
BtoC 전자계약에서는 사업자 측이 소비자의 신청내용 등의 의사를 확인하는 조치를 취하지 않은 경우에는 원칙적으로 조작실수에 의한 계약은 무효가 된다(전자계약법 제3조). 반대로 사업자 측이 확인조치를 하였다면 소비자에게 중대한 과실이 있는 경우 계약 성립을 주장할 수 있는데, 이 「확인조치」라 함은 어떠한 것인가?

1. 입장
   (1) 소비자의 조작실수의 구제
   (2) 사업자가 취하는 「확인조치」
   (3) 소비자의 의사 표명
2. 설명
   (1) 착오무효의 특례조치
   (2) 전자계약법 제3조의 「확인을 구하는 조치」
   (3) 전자계약법 제3조의 「의사의 표명」

(2) 웹상의 광고표시 적정화

① 경품표시법에 의한 규제

【논점】
웹상의 광고에 대하여 경품표시법 제4조의 부당표시로서 금지되는 것은 어떠한 경우인가?

1. 입장
2. 설명
   (1) 경품표시법 제4조의 부당표시
      ① 인터넷을 이용하여 행해지는 상품·서비스의 거래에 있어서의 표시
      ② 인터넷 정보제공 서비스의 거래에 있어서의 표시
      ② 인터넷 접속 서비스의 거래에 있어서의 표시
   (2) 가이드라인의 공표

② 특정상거래법에 의한 규제

> **【논점】**
> 웹상의 광고에 대하여 특정상거래법 제11조, 제12조는 어떻게 적용되는가?

1. 입장
   (1) 표시의무
   (2) 과대광고의 금지
2. 설명
   (1) 특정상거래법의 광고규제
   (2) 표시의무
   (3) 과대광고의 금지

Ⅱ. 정보재 거래

1. 라이센스 계약

(1) 계약의 성립과 이용자의 반품 가능여부

① 정보재가 매체를 통하여 제공되는 경우

> **【논점】**
> 매체형 패키지 소프트웨어를 판매점으로부터 구입하는 경우, 대금 지불 후에 비로소 라이센스 계약내용을 볼 수 있는 경우가 많고, 라이센스 계약내용에 동의하지 않는 경우에 반품 · 환불받을 수 있는가가 문제된다. 또한, i) 슈링크랩(shrink wrap) 계약 또는 ii) 클릭온(click on) 계약 중 어느 하나의 방법에 의하여 라이센스 계약의 체결이 요구되는 경우가 많은데, 과연 어떠한 경우에 반품·환불이 가능한가?

1. 입장
   (1) 판매점과 이용자 사이의 계약이 제공계약이라고 해석되는 경우
   (2) 판매점과 이용자 사이의 계약이 정보재 복제물의 매매계약이라고 해석되는 경우
2. 설명
   (1) 문제의 소재
   (2) 판매점과 이용자 사이의 계약 내용
   (3) 라이센스계약의 성립요건 및 성립시기
   (4) 라이센스계약의 조건에 동의하지 않는 경우의 제공계약 해제의 가능여부
   (5) 반품불가의 특약이 명시되어 있는 경우

② 정보재가 온라인으로 제공되는 경우

【논점】
온라인 계약화면을 통하여 라이센서의 서버로부터 정보재를 유상으로 다운로드 한 경우, 라이센스 계약에 동의할 수 없음을 이유로 하여 반품·환불받을 수 있는 경우는 있는가?

1. 입장
   (1) 온라인 계약 시에 라이센스계약내용이 명시되어 있는 경우
   (2) 온라인 계약 시에 라이센스 계약체결의 필요성이 명시되어 있지 않은 경우
2. 설명
   (1) 문제의 소재
   (2) 라이센스계약체결의 필요성이 사전에 명시되지 않은 경우
   (3) 라이센스계약체결의 필요성이 사전에 명시되어 있는 경우

(2) 중요사항 부제공(不提供)의 효과

【논점】
정보재의 제공에 있어서 이용자가 대금을 지불할 때 라이센서 또는 판매점은 어떠한 정보를 제공할 필요가 있는가? 또한 그러한 정보를 제공하지 않은 경우에는 어떻게 되는가?

(예) 소비자가 판매점에서 대금을 지불하고 프로그램의 인도를 받았지만, 프로그램을 이용할 수 있는 OS환경의 정보를 판매점으로부터 제공받지 못하여 실제로 프로그램을 이용하지 못하였다. 이 경우, 반품 · 환불은 가능한가?

1. 입장
   (1) 중요사항이 제공되지 않은 경우
   (2) 구체적인 중요사항의 내용
   (3) 정보제공의 구체적 방법
2. 설명
   (1) 문제의 소재
   (2) 계약체결단계에서의 정보제공의무
   (3) 정보제공의무위반의 효과
   (4) 정보제공의무의 내용
   (5) 정보제공의 구체적 방법

(3) 계약 내의 부당조항

> **【논점】**
> 라이센스 계약의 조항 중 부당하다는 이유로 무효라고 해석되는 것에는 어떠한 것이 있는가?

1. 입장
   (1) 공서양속에 반하는 계약조항
   (2) 소비자계약법에 위반하는 계약조항
   (3) 경쟁제한적인 계약조항
   (4) 저작권법상의 권리제한규정이 있는 부분에 대하여 이용자의 이용제한을 부과하고 있는 계약조항
2. 설명
   (1) 민법 제90조에서 규정하는 공서양속에 반하는 계약조항
   (2) 소비자게야법에 위반하는 계약조항
   (3) 경쟁제한적인 계약조항
   (4) 저작권법상의 권리제한부분에 대하여 이용자의 이용을 제한하는 계약조항

(4) 소프트웨어의 이용허락이 미치는 인적 범위

> 【논점】
> 소프트웨어 라이센스 계약에 있어서 특정 이용자(라이센시)에 한정하여 이용이 허락되고 있는 경우에 소프트웨어 라이센스 계약에 기초한 소프트웨어의 이용허락은 당해 기업의 종업원, 기타 어떠한 자가 어떠한 형태로 이용하는 경우에까지 미치게 되는가?
> 구체적으로는 소프트웨어 라이센스 계약을 체결한 이용자(라이센시)와 일정한 관계를 가지고 있으며 일정 업무에 종사하고 있는 아래에서 설명하는 자가 당해 이용자의 업무와 관련하여 당해 소프트웨어를 이용한 경우에 이용허락은 이들에 대하여 미친다고 할 수 있는가?
>
> (예)
> 1. 이용자(라이센시)가 제3자를 위탁자, 당해 이용자를 수탁자로 하는 소프트웨어 개발계약을 체결한 다음, 이용자의 종업원을 당해 제3자의 시설에 상주시켜 개발업무에 종사하게 한 경우의 당해 이용자의 종업원
> 2. 이용자(라이센시)(기업)내에서 당해 이용자의 업무에 종사하는 파견사원
> 3. 제3자로부터 소프트웨어 개발을 1차 도급으로 수탁한 이용자(라이센시)가 당해 이용자를 재위탁사, 소프트웨어 라이센서를 소프트웨어 라이센서(재수닥자)로 하여 당해 소프트웨어 개발을 재위탁한 다음, 당해 소프트웨어 라이센서의 종업원을 당해 이용자(기업)내에 상주시켜 재위탁과

관련된 소프트웨어 개발업무에 종사시킨 경우의 당해 상주하고 있는 소프트웨어 라이센서의 종업원
4. 이용자(라이센시)의 거래처 종업원

1. 입장
2. 설명
   (1) 문제의 소재
   (2) 소프트웨어 라이센스 계약에 있어서의 이용허락이 미치는 인적 범위에 관한 기본적인 입장
   (3) 검토
      ① 이용자(라이센시)와 직접적 고용관계가 있는 자가 소프트웨어를 이용하는 경우
      ② 이용자(라이센시)와 직접적 고용관계는 없지만 이용자(라이센서)의 지휘감독 아래에서 소프트웨어를 이용하는 경우
      ③ 이용자(라이센시)와 직접적 고용관계는 없지만 당해 이용자의 업무에 종사하는 자가 소프트웨어를 이용하는 경우
      ④ 이용자(라이센시)와 직접적 고용관계가 없는 자가 그 자가 속한 기업의 업무목적으로 소프트웨어를 이용하는 경우

(5) 계약종료 시 이용자가 부담하는 의무 내용

【논점】
라이센스 계약의 해제 등에 의하여 라이센스 계약이 종료된 경우에는, 이용자는 구체적으로 어떠한 의무를 부담하게 되는가?

(예) 이용자가 라이센스 계약을 해제한 후에도 이용자가 정보재를 가지고 있다면 아무런 책임을 묻지 않는가?

1. 입장
   (1) 라이센스 계약해제의 이용자 의무(원상회복)
   (2) 라이센스 계약 불성립의 경우 등의 이용자 의무(부당이득반환의무)
   (3) 라이센스 계약 만료시의 이용자 의무(계약에 의함)
2. 설명
   (1) 라이센스 계약해제에 따르는 이용자의 의무내용
      ① 문제의 소재
      ② 원상회복의무의 내용
   (2) 라이센스 계약 불성립 시 등의 이용자 의무의 내용
      ① 문제의 소재
      ② 부당이득반환의무의 내용

(3) 라이센스 계약기간의 종료(만료) 시의 이용자 의무의 내용

(6) 계약종료의 담보조치에 관한 효력

【논점】
정보재의 라이센스 계약이 종료한 후에도 이용자가 부당하게 정보재의 이용을 계속하는 것을 강제적으로 정지시키기 위하여 라이센서가 기술적인 이용제한수단을 강구한 경우에 라이센서는 아무런 책임도 지지 않는가?

(예) 프로그램에 대한 이용기간한정의 라이센스 계약의 계약기간만료 시에 미리 라이센서에 의하여 실행된 기술조치로 인하여 그 프로그램이 갑자기 멈추고 말았다. 이 경우 라이센서는 아무런 책임도 지지 않는가?

1. 입장
   (1) 원칙
   (2) 예외
      ① 라이센서와 이용자 사이에 그러한 기술적 제한수단이 행해질 것에 대하여 사전에 합의가 있는 경우
      ② 정보재의 이용계속을 정지하는 범위에 그치는 기술적 제한인 경우
      ③ 당해 기술적 제한수단이 사전에 실시되는 경우
2. 설명
   (1) 문제의 소재
   (2) 판단기준
      ① 사전합의가 있는 경우
      ② 이용의 계속을 정지하는 (종료를 담보하는) 범위에 그치는 기술적 제한수단인 경우
      ③ 사전에 실시된 기술적 제한수단인 경우
   (3) 정리

(7) 라이센서가 부담하는 프로그램 담보책임

【논점】
프로그램에 이른바 「버그」로 인하여 동작상에 이상이 발생한 때에 라이센서는 이용자에 대하여 어떠한 책임을 지는가?

(예) 라이센스 계약에 있어서 프로그램의 담보기간(예 : 인도한 때부터 ×× 일 이내)이 설정되어 있는 경우가 있는데, 기간경과 후 하자에 해당하는 버그를 발견한 때 라이센서의 책임을 묻는 것은 가능한가?

1. 입장
   (1) 책임을 묻는 버그(하자에 해당하는 버그)라 함은 어떠한 것인가?

① 거래의 통념에 비추어 합리적이라 기대되는 통상 갖추고 있어야 할 기능·품질을 가지고 있지 않는 경우
② 일반적으로 예견 가능한 이용 환경·이용방법의 범위 내에서 발생한 경우

(2) 버그가 하자에 해당하는 경우, 라이센서에 대하여 어떠한 책임을 청구할 수 있는가?
(3) 하자에 해당하는 버그에 대하여 라이센서의 책임을 청구할 수 있는 기간
① 이용자가 소비자인 경우
② 이용자가 소비자가 아닌 경우

2. 설명
(1) 문제의 소재
(2) 프로그램의 하자
① 프로그램 하자의 유무를 판단할 때의 고려요소
② 라이센서의 책임의 내용
(3) 라이센서의 담보책임 등을 청구할 수 있는 기간
(4) 라이센스 계약 내에 하자담보책임 또는 채무불이행책임에 관한 면책특약이 있는 경우의 취급
① 이용자가 소비자인 경우
② 이용자가 소비자가 아닌 경우

(8) 이용자의 지적재산권 양수인에 대한 대항

【논점】

라이센시는 라이센서로부터 계약으로 정보재의 이용을 허락받았을 뿐인데, 당해 정보재에 관한 지적재산권을 양수받은 자에 대하여 계속 당해 정보재의 이용을 주장할 수 있는가?

(예)
1. 정보재에 관한 지적재산권이 제3자에게 양도된 경우, 라이센스 계약에 기초하여 당해 정보재를 이용하고 있던 라이센시는 정보재의 이용을 계속할 수 있는가?
2. 라이센서가 파산한 경우, 라이센스 계약에 기초하여 당해 정보재를 이용하고 있던 라이센시는 정보재의 이용을 계속할 수 있는가?

1. 입장
(1) 정보재에 관한 지적재산권이 제3자에게 양도된 경우
① 정보재의 라이센서로서의 지위를 이전하는 경우
② 지적재산권만이 양도된 경우

i) 저작권이 양도된 경우
ii) 특허권이 양도된 경우
(2) 라이센서가 파산한 경우
2. 설명
(1) 문제의 소재
(2) 지적재산권이 제3자에게 양도된 경우
① 당해 정보재의 라이센서로서의 지위를 이전하는 경우
② 지적재산권만을 양도한 경우
i) 저작권인 경우
ii) 특허권인 경우
(3) 라이센서가 파산한 경우

2. 지적재산

(1) P2P 파일교환 소프트웨어의 이용 및 P2P 파일교환 서비스의 제공

【논점】
P2P 파일교환소프트웨어를 이용하여 음악 등의 파일을 무단으로 인터넷상에 올리는 행위나 인터넷상으로부터 내려받는 행위는 저작권법의 위반이 되는가?
또한 P2P 파일교환서비스를 제공하는 행위는 어떠한가?

1. 입장
(1) P2P 파일교환 소프트웨어의 이용자 행위
① 이용자의 올리기 행위
② 이용자의 내려받기 행위
(2) P2P 파일교환서비스의 제공자 행위
2. 설명
(1) 문제의 소재
① P2P 파일교환 소프트웨어의 이용자 행위에 대하여
② P2P 파일교환서비스의 제공자 행위에 대하여
(2) 이용자의 행위
① 올리기 행위
② 내려받기 행위
(3) P2P 파일교환서비스 제공자의 행위

(2) 도메인이름의 부정취득 등

【논점】
부정경쟁방지법 제2조 제1항 제12호에 있어서 도메인이름의 부정취득 등의 행위가 「부정경쟁」으로서 규정되어 있는 바, 어떠한 행위가 본 호의 「부정경쟁」에 해당하는가?

1. 입장
   (1) 부정경쟁방지법에 있어서의 부정경쟁의 정의와 대상
   (2) 부정경쟁에 해당하는 경우
      ① 지금까지 도메인이름의 취득이나 이용이 부정한 목적 등이라고 인정된 경우
      ② 지금까지 특정상품 등 표시 등과 도메인이름이 동일 또는 유사하다고 인정된 경우
   (3) 부정경쟁방지법의 효과
   (4) 분쟁처리방침에 의한 취급
      ① JP 도메인이름에 대한 취급
      ② 일반 도메인이름에 대한 취급
2. 설명
   (1) 도메인이름의 부정취득 등에 관한 부정경쟁방지법의 규제
   (2) 어떠한 행위가 「부정경쟁」에 해당하는가?
      ① 부정한 이익을 얻을 목적 또는 타인에게 손해를 가할 목적(이익을 도모하거나 가해목적)
      ② 타인의 특정상품 등 표시와 동일 또는 유사한 도메인이름
      ③ 도메인이름을 이용하는 권리를 취득, 보유하거나 그 도메인이름을 이용하는 행위
   (3) 「부정경쟁」에 해당하는 경우의 효과
   (4) 도메인이름 분쟁처리방침에 의한 취급
      ① JP 도메인이름에 대한 취급
      ② 일반 도메인이름에 대한 취급

(3) 인터넷상에서의 상품정보의 게시와 상표권 침해

【논점】
인터넷 경매에 브랜드 상품을 출품하는 것이나 인터넷상의 게시판에서 브랜드 상품의 판매의 청약을 하는 것은 상표권의 침해에 해당하는가?

1. 입장

2. 설명
   (1) 문제의 소재
   (2) 출품자 등의 책임
      ① 업의 요건에 대하여
      ② 진정상품 요건에 대하여
      ③ 결론

(4) ID · 비밀번호 등의 인터넷상에서의 제공

【논점】
디지털콘텐츠나 프로그램에 대한 접근이나 복제(인스톨)를 위한 ID·비밀번호 등을 인터넷 경매에 출품하는 것이나 인터넷상 게시판에서 공개하는 것에 어떠한 제한이 있는가?

1. 입장
   (1) 계약에 의한 제한
   (2) 부정접속금지법에 의한 제한
   (3) 지적재산법에 의한 제한
2. 설명
   (1) 문제의 소재
   (2) 계약에 의한 제한
   (3) 부정접속금지법에 의한 제한
   (4) 지적재산법에 의한 제한
      ① 부정경쟁방지법에 대하여
      ② 저작권법에 대하여

(5) 데이터베이스에서 취득한 정보 및 데이터의 취급

【논점】
인터넷 등의 온라인이나 CD-ROM 등 패키지에 의하여 제공된 데이터베이스로부터 정보나 데이터를 취득하여 이를 제3자에게 제공하는 등의 이용행위에는 어떠한 법적 제한이 있는가?

1. 입장
   (1) 데이터베이스로부터 취득한 개개의 데이터가 저작물에 해당하는 경우
   (2) 데이터베이스로부터 취득한 개개의 데이터가 저작물에 해당하지 않는 경우
2. 설명
   (1) 문제의 소재

(2) 데이터베이스로부터 취득한 개개의 데이터가 저작물에 해당하는 경우
(3) 데이터베이스로부터 취득한 개개의 데이터가 저작물에 해당하지 않는 경우
(4) 데이터베이스의 제공에 있어서 제공자와 이용자 사이에 정보·데이터의 이용조건에 대한 계약이 체결되어 있는 경우

(6) 인터넷 사이트상의 이용

【논점】
인터넷 사이트상의 정보를 출력하거나 메일 송신, 이차적으로 이용하는 행위 등이 허용되는가?

(예)
1. 타인이 작성한 인터넷 사이트의 정보를 출력하는 것, 출력한 것의 복제본을 기업 내에서 여러 부 만들어 배포하는 것은 허용되는가? 또한 당해 정보를 출력하지 않고 기업 내에서 메일로 송신하면 어떻게 되는가?
2. 게시판의 관리인 등이 인터넷상 게시판 등의 글을 이차적으로 이용하는 것은 허용되는가?

1. 입장
   (1) 인터넷 사이트상의 정보를 출력이나 메일로 송신하는 등의 경우
   (2) 인터넷상의 게시판 글을 그 게시판의 관리인 등이 이차적 이용하는 경우
2. 설명
   (1) 인터넷 사이트상의 정보의 출력 등에 대하여
      ① 인터넷 사이트상의 정보는 저작권법상 보호되는 것인가?
      ② 이용양태와 묵시적 허락
      ③ 기타 문제점
   (2) 인터넷상 게시판에의 글쓰기의 2차이용에 대하여

(7) 타인의 홈페이지에 링크를 거는 경우의 법률상 문제점

【논점】
무단으로 타인의 홈페이지에 링크를 거는 경우, 링크를 건 자는 법적 책임을 지게 되는가?

(예)
1. 외설적인 화상 등을 업로드하고 있는 성인사이트의 운영자가 당해 사이트의 회원임을 이유로 여성이 주최하는 점포나 개인 등의 홈페이지의 메인 화면에 무단으로 링크를 거는 경우
2. 반사회적 단체가 자기 단체의 관련기업임을 이유로 선량한 기업의 홈페이지에 무단으로 링크를 거는 경우

3. 자기의 홈페이지를 유명한 대기업의 관련회사의 페이지로 오해시켜 이익을 얻으려는 의도로 대기업 홈페이지에(「관련기업정보는 이쪽으로」 등의 오해를 불러일으키는 방법으로) 무단으로 링크를 거는 경우
4. 기업 홈페이지의 로고표시에 인라인 링크의 양태로 이미지 링크를 걸어 자신의 홈페이지가 당해 기업과 관련된 기업인 것처럼 그 상품 또는 서비스에 대하여 이용하는 경우

1. 입장
2. 설명
   (1) 웹 페이지가 표시되는 기본적인 구조
   (2) 링크의 양태에 대하여
   (3) 불법행위 등에 기초한 책임
   (4) 구체적 검토

(8) e 러닝에서의 법적 책임

【논점】
네트워크를 이용한 원격교육에 의하여 학교의 수업·사원연수를 실시하거나 원격교육 서비스의 라이센서가 수업·연수를 유상으로 학교나 회사에 제공하는 경우, 학교나 서비스 라이센서는 저작권이나 개인정보보호에 대하여 어떠한 법적 책임을 지는가?

1. 입장
   (1) 저작권에 대한 책임
   (2) 개인정보에 대한 책임
2. 설명
   (1) e 러닝에서의 타인의 저작물 이용
      ① 교육에서의 인터넷 이용
      ② 수업의 동시중계에 따르는 교재 등의 공중송신
      ③ 시험문제로서의 공중송신
   (2) e 러닝에서의 개인정보보호
      ① 민법에 기초한 의무
      ② 개인정보보호법에 기초한 의무

4. 한국전자거래기본법

[일부개정 2007.5.17 법률 제8466호, 시행일 2007.11.18]

제1장 총칙

제1조 [목적] 이 법은 전자거래의 법률관계를 명확히 하고 전자거래의 안전성과 신뢰성을 확보하며 전자거래의 촉진을 위한 기반을 조성함으로써 국민경제의 발전에 이바지함을 목적으로 한다.

제2조 [정의] 이 법에서 사용하는 용어의 정의는 다음과 같다. <개정 2005.3.31>

1. "전자문서"라 함은 정보처리시스템에 의하여 전자적 형태로 작성, 송신·수신 또는 저장된 정보를 말한다.
2. "정보처리시스템"이라 함은 전자문서의 작성, 송신·수신 또는 저장을 위하여 이용되는 정보처리능력을 가진 전자적 장치 또는 체계를 말한다.
3. "작성자"라 함은 전자문서를 작성하여 송신하는 자를 말한다.
4. "수신자"라 함은 작성자가 전자문서를 송신하는 상대방을 말한다.
5. "전자거래"라 함은 재화나 용역을 거래함에 있어서 그 전부 또는 일부가 전자문서에 의하여 처리되는 거래를 말한다.
6. "전자거래사업자"라 함은 전자거래를 업으로 하는 자를 말한다.
7. "전자거래이용자"라 함은 전자거래를 이용하는 자로서 전자거래사업자 외의 자를 말한다.
8. "공인전자문서보관소"라 함은 제31조의2제1항의 규정에 의하여 지정을 받아 타인을 위하여 전자문서를 보관 또는 증명하거나 그 밖에 전자문서와 관련된 업무(이하 "전자문서보관등"이라 한다)를 수행하는 법인을 말한다.

제3조 [적용범위] 이 법은 다른 법률에 특별한 규정이 있는 경우를 제외하고 모든 전자거래에 적용한다.

제2장 전자문서

제4조 [전자문서의 효력] ① 전자문서는 다른 법률에 특별한 규정이 있는 경우를 제외하고는 전자적 형태로 되어 있다는 이유로 문서로서의 효력이 부인되지 아니한다.

② 별표에서 정하고 있는 법률의 규정에 의한 기록·보고·보관·비치 또는 작성 등의 행위가 전자문서로 행하여진 경우 당해 법률에 의한 행위가 이루어진 것으로 본다. <신설 2005.3.31>

제5조 [전자문서의 보관] ① 전자문서가 다음 각호의 요건을 갖춘 경우에는 그 전자문서의 보관으로 관계

법령이 정하는 문서의 보관에 갈음할 수 있다.

1. 전자문서의 내용을 열람할 수 있을 것
2. 전자문서가 작성 및 송신·수신된 때의 형태 또는 그와 같이 재현될 수 있는 형태로 보존되어 있을 것
3. 전자문서의 작성자, 수신자 및 송신·수신일시에 관한 사항이 포함되어 있는 경우에는 그 부분이 보존되어 있을 것

② 종이문서 그 밖에 전자적 형태로 작성되지 아니한 문서(이하 "전자화대상문서"라 한다)를 정보처리시스템이 처리할 수 있는 형태로 변환한 문서(이하 "전자화문서"라 한다)가 다음 각 호의 요건을 모두 갖춘 경우에는 그 전자화문서를 보관하는 것으로 관계 법령으로 정하는 문서의 보관에 갈음할 수 있다. 다만, 다른 법령에 특별한 규정이 있는 경우에는 그러하지 아니하다. <신설 2007.5.17>

1. 전자화문서가 전자화대상문서와 그 내용 및 형태가 동일할 것
2. 제1항 각 호의 요건을 모두 갖출 것

③ 제2항에 따른 전자화대상문서와 전자화문서의 내용 및 형태의 동일성에 관한 요건, 전자화문서의 작성 방법 및 절차 그 밖에 필요한 사항은 산업자원부장관이 정하여 고시한다. <신설 2007.5.17>

④ 제1항 및 제2항을 적용함에 있어서 송신 또는 수신만을 위하여 필요한 부분은 전자문서 또는 전자화문서로 보지 아니할 수 있다. <개정 2007.5.17>

제6조 [송신·수신의 시기 및 장소]
① 전자문서는 수신자 또는 그 대리인이 당해 전자문서를 수신할 수 있는 정보처리시스템에 입력된 때에 송신된 것으로 본다.

② 전자문서는 다음 각호의 1에 해당하는 때에 수신된 것으로 본다.

1. 수신자가 전자문서를 수신할 정보처리시스템을 지정한 경우에는 지정된 정보처리시스템에 입력된 때. 다만, 전자문서가 지정된 정보처리시스템이 아닌 정보처리시스템에 입력된 경우에는 수신자가 이를 출력한 때를 말한다.
2. 수신자가 전자문서를 수신할 정보처리시스템을 지정하지 아니한 경우에는 수신자가 관리하는 정보처리시스템에 입력된 때

③ 전자문서는 작성자 또는 수신자의 영업소 소재지에서 각각 송신 또는 수신된 것으로 본다. 이 경우 영업소가 2 이상인 때에는 당해 전자문서의 주된 관리가 이루어지는 영업소 소재지에서 송신·수신된 것으로 본다. 다만, 작성자 또는 수신자가 영업소를 가지고 있지 아니한 경우에는 그의 상거소에서 송신·수신된 것으로 본다.

제6조 [송신·수신의 시기 및 장소]
① 전자문서(전자화문서를 포함한다. 이하 같다)는 수신자 또는 그 대리인이 당해 전자문서를 수신할 수 있는 정보처리시스템에 입력된 때에 송신된 것으로 본다. <개정 2007.5.17>

② 전자문서는 다음 각호의 1에 해당하는 때에 수신된 것으로 본다.

1. 수신자가 전자문서를 수신할 정보처리시스템을 지정한 경우에는 지

정된 정보처리시스템에 입력된 때. 다만, 전자문서가 지정된 정보처리시스템이 아닌 정보처리시스템에 입력된 경우에는 수신자가 이를 출력한 때를 말한다.

2. 수신자가 전자문서를 수신할 정보처리시스템을 지정하지 아니한 경우에는 수신자가 관리하는 정보처리시스템에 입력된 때

③ 전자문서는 작성자 또는 수신자의 영업소 소재지에서 각각 송신 또는 수신된 것으로 본다. 이 경우 영업소가 2 이상인 때에는 당해 전자문서의 주된 관리가 이루어지는 영업소 소재지에서 송신·수신된 것으로 본다. 다만, 작성자 또는 수신자가 영업소를 가지고 있지 아니한 경우에는 그의 상거소에서 송신·수신된 것으로 본다.

제7조 [작성자가 송신한 것으로 보는 경우] ① 작성자의 대리인 또는 자동으로 전자문서를 송신·수신하도록 구성된 컴퓨터프로그램 그 밖의 전자적 수단에 의하여 송신된 전자문서에 포함된 의사표시는 작성자가 송신한 것으로 본다.

② 전자문서의 수신자는 다음 각호의 1에 해당하는 경우에는 전자문서에 포함된 의사표시를 작성자의 것으로 보아 행위할 수 있다.

1. 전자문서가 작성자의 것이었는지를 확인하기 위하여 수신자가 미리 작성자와 합의한 절차를 따른 경우
2. 수신된 전자문서가 작성자 또는 그 대리인과의 관계에 의하여 수신자가 그것이 작성자 또는 그 대리인의 의사에 기한 것이라고 믿을 만한 정당한 이유가 있는 자에 의하여 송신된 경우

③ 제2항의 규정은 다음 각호의 1에 해당하는 경우에는 이를 적용하지 아니한다.

1. 수신자가 작성자로부터 전자문서가 작성자의 것이 아님을 통지받고 그에 따라 필요한 조치를 취할 상당한 시간이 있었던 경우
2. 제2항제2호의 경우에 전자문서가 작성자의 것이 아님을 수신자가 알았던 경우 또는 상당한 주의를 하였거나 작성자와 합의된 절차를 따랐으면 알 수 있었을 경우

제8조 [수신한 전자문서의 독립성] 수신한 전자문서는 문서마다 독립된 것으로 본다. 다만, 수신자가 작성자와 합의된 확인절차를 따르거나 상당한 주의를 하였더라면 동일한 전자문서가 반복되어 송신된 것임을 알 수 있었을 경우에는 그러하지 아니하다.

제9조 [수신확인] ① 작성자가 수신확인을 조건으로 하여 전자문서를 송신한 경우 작성자가 수신확인통지를 받기 전까지는 그 전자문서는 송신되지 아니한 것으로 본다. 이 경우 민법 제534조의 규정은 적용하지 아니한다.

② 작성자가 수신확인을 조건으로 명시하지 아니하고 수신확인통지를 요구한 경우 상당한 기간(작성자가 지정한 기간 또는 작성자와 수신자간에 약정한 기간이 있는 경우에는 그 기간을 말한다) 내에 작성자가 수신확인통지를 받지 못한 때에는 작성자는 그 전자문서의 송신을 철회할 수 있다.

제9조 [수신확인] ① 작성자가 수신

확인을 조건으로 하여 전자문서를 송신한 경우 작성자가 수신확인통지를 받기 전까지는 그 전자문서는 송신되지 아니한 것으로 본다. 이 경우 「민법」 제534조의 규정은 적용하지 아니한다. <개정 2007.5.17>

② 작성자가 수신확인을 조건으로 명시하지 아니하고 수신확인통지를 요구한 경우 상당한 기간(작성자가 지정한 기간 또는 작성자와 수신자간에 약정한 기간이 있는 경우에는 그 기간을 말한다) 내에 작성자가 수신확인통지를 받지 못한 때에는 작성자는 그 전자문서의 송신을 철회할 수 있다.

제10조 [작성자와 수신자간 약정에 의한 변경] 작성자와 수신자는 다른 법령에 특별한 규정이 있는 경우를 제외하고는 제6조 내지 제9조의 규정과 다른 약정을 할 수 있다.

제11조 [전자서명에 관한 사항] 전자거래를 함에 있어서 전자서명에 관한 사항은 전자서명법이 정하는 바에 따른다.

제11조 [전자서명에 관한 사항] 전자거래를 함에 있어서 전자서명에 관한 사항은 「전자서명법」이 정하는 바에 따른다. <개정 2007.5.17>

제3장 전자거래의 안전성 확보 및 소비자보호

제12조 [개인정보보호] ① 정부는 전자거래의 안전성 및 신뢰성을 확보하기 위하여 전자거래이용자의 개인정보를 보호하기 위한 시책을 수립·시행하여야 한다.

② 전자거래사업자는 전자거래이용자의 개인정보를 수집·이용·제공 및 관리함에 있어서 정보통신망이용촉진및정보보호등에관한법률 등 관련 규정을 준수하여야 한다.

제12조 [개인정보보호] ① 정부는 전자거래의 안전성 및 신뢰성을 확보하기 위하여 전자거래이용자의 개인정보를 보호하기 위한 시책을 수립·시행하여야 한다.

② 전자거래사업자는 전자거래이용자의 개인정보를 수집·이용·제공 및 관리함에 있어서 「정보통신망 이용촉진 및 정보보호 등에 관한 법률」 등 관련 규정을 준수하여야 한다. <개정 2007.5.17>

제13조 [영업비밀보호] ① 정부는 전자거래의 안전성 및 신뢰성을 확보하기 위하여 전자거래이용자의 영업비밀을 보호하기 위한 시책을 수립하여 시행하여야 한다.

② 전자거래사업자(정보처리시스템의 운영을 위탁받은 자를 포함한다. 이하 이조에서 같다)는 전자거래이용자의 영업비밀을 보호하기 위한 조치를 강구하여야 한다.

③ 전자거래사업자는 전자거래이용자의 동의를 얻지 아니하고는 당해 이용자의 영업비밀을 타인에게 제공하거나 누설하여서는 아니된다.

④ 제1항 내지 제3항의 규정에 의한 영업비밀의 범위, 보호조치 등에 관하여 필요한 사항은 대통령령으로 정한다.

제14조 [암호제품의 사용] ① 전자거래사업자는 전자거래의 안전성 및 신뢰성을 확보하기 위하여 암호제품

을 사용할 수 있다.
② 정부는 국가안전보장을 위하여 필요하다고 인정하는 경우에는 암호제품의 사용을 제한하고, 암호화된 정보의 원문 또는 암호기술에의 접근에 필요한 조치를 할 수 있다.

제15조 [소비자보호시책의 수립·시행 등] ① 정부는「소비자기본법」·방문판매등에관한법률 등 관계 법령의 규정에 따라 전자거래와 관련되는 소비자의 기본권익을 보호하고 전자거래에 관한 소비자의 신뢰성을 확보하기 위한 시책을 수립·시행하여야 한다. <개정 2006.9.27>
② 정부는 전자거래와 관련된 부당행위가 발생하지 아니하도록 전자거래사업자 및 사업자단체에게 자율적으로 행동규범을 제정할 것을 권장할 수 있다.

제15조 [소비자보호시책의 수립·시행 등] ① 정부는「소비자기본법」·「방문판매 등에 관한 법률」 등 관계 법령의 규정에 따라 전자거래와 관련되는 소비자의 기본권익을 보호하고 전자거래에 관한 소비자의 신뢰성을 확보하기 위한 시책을 수립·시행하여야 한다. <개정 2006.9.27, 2007.5.17>
② 정부는 전자거래와 관련된 부당행위가 발생하지 아니하도록 전자거래사업자 및 사업자단체에게 자율적으로 행동규범을 제정할 것을 권장할 수 있다.

제16조 [소비자 피해의 예방과 구제] ① 정부는 전자거래와 관련되는 소비자 피해의 발생을 예방하기 위하여 소비자에 대한 정보의 제공, 교육의 확대 등에 관한 시책을 수립·시행하여야 한다.
② 정부는 전자거래와 관련되는 소비자의 불만과 피해를 신속하고 공정하게 처리할 수 있도록 필요한 조치를 수립·시행하여야 한다.

제17조 [전자거래사업자의 일반적 준수사항] 전자거래사업자는 전자거래와 관련되는 소비자를 보호하고 전자거래의 안전성 및 신뢰성을 확보하기 위하여 다음 각호의 사항을 준수하여야 한다.

1. 상호(법인의 경우에는 대표자의 성명을 포함한다) 그 밖에 자신에 관한 정보와 재화·용역·계약 조건 등에 관한 정확한 정보의 제공
2. 소비자가 쉽게 접근·인지할 수 있도록 약관의 제공 및 보존
3. 소비자가 자신의 주문을 취소 또는 변경할 수 있는 절차의 마련
4. 청약의 철회, 교환 및 반품을 쉽게 할 수 있는 절차의 마련
5. 소비자의 불만과 요구사항을 신속하고 공정하게 처리하기 위한 절차의 마련
6. 거래의 증명 등에 필요한 거래기록의 일정기간 보존

제18조 [전자거래사업자에 대한 인증] 정부는 소비자를 보호하고 전자거래사업자의 건전한 발전을 위하여 우수한 전자거래사업자에 대한 인증사업을 지원할 수 있다.

제4장 전자거래기본정책의 수립 및 추진체계

제19조 [전자거래기본정책의 원칙과 정부의 책무] 정부는 전자거래의 촉

진을 위하여 민간주도에 의한 추진, 규제의 최소화, 전자거래의 안전성·신뢰성 확보, 국제협력의 강화 등의 원칙에 따라 전자거래에 관한 기본정책을 수립·시행하여야 한다.

제20조 [전자거래촉진계획의 수립·시행] ① 정부는 제19조의 규정에 의한 전자거래기본정책의 원칙에 따라 다음 각호의 사항이 포함된 계획(이하 "전자거래촉진계획"이라 한다)을 수립·시행하여야 한다.

1. 전자거래촉진계획의 기본방향
2. 전자거래와 관련된 국제규범에 관한 사항
3. 전자결제제도에 관한 사항
4. 지적재산권의 보호에 관한 사항
5. 전자거래당사자의 권익보호에 관한 사항
6. 전자거래의 안전성 및 신뢰성의 확보에 관한 사항
7. 전자거래에 관한 기술의 개발 및 표준화에 관한 사항
8. 전자거래의 촉진에 필요한 환경조성 및 수요창출에 관한 사항
9. 전자거래와 관련된 국제협력에 관한 사항
10. 전자거래의 촉진에 필요한 기반조성의 지원에 관한 사항
11. 초고속정보통신망의 구축 및 이용활성화에 관한 사항
12. 그 밖에 전자거래를 촉진하기 위하여 필요한 사항

② 전자거래촉진계획과 관련된 관계중앙행정기관(이하 "관계중앙행정기관"이라 한다)의 장은 제1항 각호의 사항에 관한 소관별 부문계획을 수립하고 주요정책의 수립과 그 집행에 있어서 이를 고려하여야 한다.

③ 전자거래촉진계획을 수립함에 있어서는 산업자원부장관이 관계중앙행정기관별 부문계획을 종합하고 제21조의 규정에 의한 전자거래정책위원회의 심의를 거쳐 정보화촉진기본법 제8조의 규정에 의한 정보화추진위원회에서 이를 확정한다. <개정 2005.3.31>

제20조 [전자거래촉진계획의 수립·시행] ① 정부는 제19조의 규정에 의한 전자거래기본정책의 원칙에 따라 다음 각호의 사항이 포함된 계획(이하 "전자거래촉진계획"이라 한다)을 수립·시행하여야 한다.

1. 전자거래촉진계획의 기본방향
2. 전자거래와 관련된 국제규범에 관한 사항
3. 전자결제제도에 관한 사항
4. 지적재산권의 보호에 관한 사항
5. 전자거래당사자의 권익보호에 관한 사항
6. 전자거래의 안전성 및 신뢰성의 확보에 관한 사항
7. 전자거래에 관한 기술의 개발 및 표준화에 관한 사항
8. 전자거래의 촉진에 필요한 환경조성 및 수요창출에 관한 사항
9. 전자거래와 관련된 국제협력에 관한 사항
10. 전자거래의 촉진에 필요한 기반조성의 지원에 관한 사항
11. 초고속정보통신망의 구축 및 이용활성화에 관한 사항
12. 그 밖에 전자거래를 촉진하기 위하여 필요한 사항

② 전자거래촉진계획과 관련된 관계중앙행정기관(이하 "관계중앙행정기

관"이라 한다)의 장은 제1항 각호의 사항에 관한 소관별 부문계획을 수립하고 주요정책의 수립과 그 집행에 있어서 이를 고려하여야 한다.

③ 전자거래촉진계획을 수립함에 있어서는 산업자원부장관이 관계중앙행정기관별 부문계획을 종합하고 제21조의 규정에 의한 전자거래정책위원회의 심의를 거쳐 「정보화촉진기본법」 제8조의 규정에 의한 정보화추진위원회에서 이를 확정한다. <개정 2005.3.31, 2007.5.17>

제21조 [전자거래정책위원회] ① 전자거래의 촉진에 관한 사항을 심의하기 위하여 산업자원부에 전자거래정책위원회를 둔다.

② 전자거래정책위원회는 다음 각호의 사항을 심의한다.

1. 전자거래촉진계획에 관한 사항
2. 전자거래촉진계획의 추진실적 평가에 관한 사항
3. 전자거래를 촉진하기 위한 정책이나 관계중앙행정기관이 담당하는 전자거래에 관한 사업의 조정에 관한 사항
4. 그 밖에 전자거래를 촉진하기 위한 주요정책사항으로서 위원장이 부의하는 사항

③ 전자거래정책위원회는 위원장을 포함한 30인 이내의 위원으로 구성한다.

④ 위원장은 산업자원부차관이 되고, 위원은 관계중앙행정기관의 장이 그 소속공무원으로서 전자거래관련업무를 담당하는 3급 또는 3급 상당 공무원, 고위공무원단에 속하는 공무원 중에서 지명하는 자와 산업자원부장관이 전자거래에 관한 학식과 경험이 풍부한 자 중에서 위촉하는 자가 된다. <개정 2005.12.29>

⑤ 전자거래정책위원회는 제24조제1항제1호의 규정에 의한 전자문서의 표준에 관한 업무 등을 효율적으로 추진하기 위하여 분야별로 분과위원회를 설치하여 운영할 수 있다.

⑥ 제1항의 규정에 의한 전자거래정책위원회 및 제5항의 규정에 의한 분과위원회의 구성 및 운영 등에 관하여 필요한 사항은 대통령령으로 정한다.

[전문개정 2005.3.31]

제22조 [한국전자거래진흥원] ① 정부는 전자거래의 촉진을 위한 사업을 효율적·체계적으로 추진하고 전자거래관련 정책의 개발을 지원하기 위하여 한국전자거래진흥원(이하 "진흥원"이라 한다)을 둔다.

② 진흥원은 법인으로 한다.

③ 진흥원은 전자거래에 관한 다음 각호의 사업을 한다. <개정 2005.3.31>

1. 국내외 조사연구 및 출판·홍보·진흥사업
2. 제도의 연구 및 환경조성사업
3. 제18조의 규정에 의한 우수한 전자거래사업자에 대한 인증사업
4. 제21조제1항의 규정에 의한 전자거래정책위원회의 운영지원
5. 제21조제5항의 규정에 의한 전자문서의 표준에 관한 업무를 하는 분과위원회의 운영지원
6. 제24조의 규정에 의한 표준의 연구개발·보급사업 및 국제표준화 활동
7. 제25조의 규정에 의한 기술개발의 지원사업
8. 제29조의 규정에 의한 전자거래 촉

진을 위한 국제교류 및 협력사업
9. 제31조의2의 규정에 의한 공인전자문서보관소의 지정업무에 대한 지원
10. 제31조의8의 규정에 의한 전자문서보관등업무준칙의 신고업무에 대한 지원
11. 제31조의9제3항의 규정에 의한 공인전자문서보관소의 전자문서 보호를 위한 조치에 대한 기술 등의 지원
12. 제32조의 규정에 의한 전자거래분쟁조정위원회의 운영
13. 그 밖에 산업자원부장관 또는 관계중앙행정기관의 장이 위탁하는 사업

④ 진흥원은 제1항의 규정에 의한 목적달성에 필요한 경비를 조달하기 위하여 대통령령이 정하는 바에 의하여 수익사업을 할 수 있다.

⑤ 정부는 예산의 범위 안에서 진흥원의 운영에 필요한 경비의 전부 또는 일부를 보조할 수 있다.

⑥ 진흥원은 진흥원의 운영 및 사업수행에 필요한 경비에 충당하게 하기 위하여 전자거래사업자로부터 출연받을 수 있다.

⑦ 진흥원은 대통령령이 정하는 바에 따라 진흥원이 개발한 표준을 사용하는 자로부터 사용료를 받을 수 있다.

⑧ 진흥원에 관하여 이 법에서 정한 것을 제외하고는 민법중 재단법인에 관한 규정을 준용한다.

제22조 [한국전자거래진흥원] ① 정부는 전자거래의 촉진을 위한 사업을 효율적·체계적으로 추진하고 전자거래관련 정책의 개발을 지원하기 위하여 한국전자거래진흥원(이하 "진흥원"이라 한다)을 둔다.

② 진흥원은 법인으로 한다.

③ 진흥원은 전자거래에 관한 다음 각호의 사업을 한다. <개정 2005.3.31, 2007.5.17>
1. 국내외 조사연구 및 출판·홍보·진흥사업
2. 제도의 연구 및 환경조성사업
3. 제18조의 규정에 의한 우수한 전자거래사업자에 대한 인증사업
4. 제21조제1항의 규정에 의한 전자거래정책위원회의 운영지원
5. 제21조제5항의 규정에 의한 전자문서의 표준에 관한 업무를 하는 분과위원회의 운영지원
6. 제24조의 규정에 의한 표준의 연구개발·보급사업 및 국제표준화 활동
7. 제25조의 규정에 의한 기술개발의 지원사업
8. 제29조의 규정에 의한 전자거래 촉진을 위한 국제교류 및 협력사업
9. 제31조의2의 규정에 의한 공인전자문서보관소의 지정업무에 대한 지원
10. 제31조의8의 규정에 의한 전자문서보관등업무준칙의 신고업무에 대한 지원
11. 제31조의9제3항의 규정에 의한 공인전자문서보관소의 전자문서 보호를 위한 조치에 대한 기술 등의 지원
11의2. 제31조의10제1항에 따른 공인전자문서보관소의 정기점검
11의3. 제31조의15제3항에 따른 보관문서등 인수업무

12. 제32조의 규정에 의한 전자거래 분쟁조정위원회의 운영
13. 그 밖에 산업자원부장관 또는 관계중앙행정기관의 장이 위탁하는 사업

④ 진흥원은 제1항의 규정에 의한 목적달성에 필요한 경비를 조달하기 위하여 대통령령이 정하는 바에 의하여 수익사업을 할 수 있다.
⑤ 정부는 예산의 범위 안에서 진흥원의 운영에 필요한 경비의 전부 또는 일부를 보조할 수 있다.
⑥ 진흥원은 진흥원의 운영 및 사업수행에 필요한 경비에 충당하게 하기 위하여 전자거래사업자로부터 출연받을 수 있다.
⑦ 진흥원은 대통령령이 정하는 바에 따라 진흥원이 개발한 표준을 사용하는 자로부터 사용료를 받을 수 있다.
⑧ 진흥원에 관하여 이 법에서 정한 것을 제외하고는 「민법」중 재단법인에 관한 규정을 준용한다. <개정 2007.5.17>

제5장 전자거래의 촉진 및 기반조성

제23조 [전자문서 이용의 촉진] ① 정부는 전자문서의 이용을 촉진하기 위하여 각종 법령의 정비 등 필요한 시책을 수립·시행하여야 한다.
② 산업자원부장관은 전자문서의 이용을 촉진하기 위하여 전자문서의 보관에 필요한 요건·방법·절차에 관한 표준지침을 정하여 고시할 수 있다. <신설 2005.3.31>

제23조 [전자문서 이용의 촉진 등 〈개정 2007.5.17〉] ① 정부는 전자문서의 이용을 촉진하기 위하여 각종 법령의 정비 등 필요한 시책을 수립·시행하여야 한다.
② 산업자원부장관은 전자문서의 이용을 촉진하기 위하여 전자문서의 보관에 필요한 요건·방법·절차에 관한 표준지침을 정하여 고시할 수 있다. <신설 2005.3.31>
③ 산업자원부장관은 전자화문서의 신뢰성을 확보하기 위하여 전자화문서의 작성에 사용되는 시설 또는 장비에 대하여 인증을 부여할 수 있다. <신설 2007.5.17>
④ 제3항에 따른 시설 또는 장비에 대한 인증과 관련하여 인증 대상·기준·절차 및 관리방법 그 밖에 필요한 사항은 산업자원부령으로 정한다. <신설 2007.5.17>
⑤ 산업자원부장관은 제3항에 따라 인증을 부여한 시설 또는 장비에 대하여 그 운영실태와 사후관리상태를 조사하여야 하며, 조사결과 인증기준에 부적합하다고 인정하는 때에는 시정명령 등 필요한 조치를 취할 수 있다. <신설 2007.5.17>
⑥ 산업자원부장관은 제3항에 따라 인증을 부여한 시설 또는 장비가 다음 각 호의 어느 하나에 해당하는 때에는 인증을 취소할 수 있다. 다만, 제1호에 해당하는 때에는 인증을 취소하여야 한다. <신설 2007.5.17>
1. 거짓 그 밖의 부정한 방법으로 인증을 받은 때
2. 시설 또는 장비가 인증기준에 현저히 미달하여 전자화문서의 신뢰

성을 훼손할 우려가 있는 때

3. 제5항에 따른 시정명령을 이행하지 아니한 때

제24조 [전자거래의 표준화] ① 정부는 전자거래의 효율적 운용과 관련 기술의 호환성 확보를 위하여 다음 각호의 사항을 추진하여야 한다.

1. 전자문서 등 전자거래와 관련된 표준의 제정·개정 및 폐지와 그 보급
2. 전자거래와 관련된 국내외 표준의 조사·연구·개발
3. 그 밖에 전자거래와 관련된 표준화에 관하여 필요한 사항

② 제21조제5항의 규정에 의하여 전자문서의 표준에 관한 분과위원회가 설치된 경우에는 그 분과위원회가 제1항제1호의 규정에 의한 전자문서의 표준에 관한 업무에 대하여 조사·심의 및 의결한다. <개정 2005.3.31>

③ 정부는 제1항 각호의 사항을 효율적으로 추진하기 위하여 필요한 경우에는 관련기관 및 민간단체로 하여금 이를 대행하게 할 수 있다. 이 경우 대통령령이 정하는 바에 따라 이에 소요되는 비용을 지원할 수 있다.

제25조 [전자거래 기술개발의 추진] 정부는 전자거래의 촉진에 필요한 기술의 개발과 기술수준의 향상을 위하여 다음 각호의 사항을 추진하여야 한다.

1. 전자거래에 관한 기술수준의 조사, 기술의 연구개발, 개발된 기술의 활용에 관한 사항
2. 전자거래에 관한 기술협력·기술지도 및 기술이전에 관한 사항
3. 전자거래에 관한 기술정보의 원활한 유통 및 산학연협력에 관한 사항
4. 그 밖에 전자거래에 관한 기술개발과 관련하여 필요한 사항

제26조 [전자거래 전문인력의 양성] ① 정부는 전자거래의 촉진을 위하여 필요한 전문인력을 양성하는데 노력하여야 한다.

② 정부는 제1항의 규정에 의한 전문인력의 양성을 위하여 정부출연연구기관등의설립·운영및육성에관한법률에 의한 정부출연 연구기관 등 연구소, 고등교육법에 의한 대학, 민간교육기관 그밖의 관련기관에 대하여 그 사업 수행에 필요한 경비의 전부 또는 일부를 지원할 수 있다.

③ 제2항의 규정에 의한 전자거래 전문인력 양성기관에 대한 경비 지원 등에 관하여 필요한 사항은 대통령령으로 정한다.

제26조 [전자거래 전문인력의 양성] ① 정부는 전자거래의 촉진을 위하여 필요한 전문인력을 양성하는데 노력하여야 한다.

② 정부는 제1항의 규정에 의한 전문인력의 양성을 위하여 「정부출연연구기관 등의 설립·운영 및 육성에 관한 법률」에 의한 정부출연 연구기관 등 연구소, 「고등교육법」에 의한 대학, 민간교육기관 그밖의 관련기관에 대하여 그 사업 수행에 필요한 경비의 전부 또는 일부를 지원할 수 있다 <개정 2007.5.17>

③ 제2항의 규정에 의한 전자거래 전문인력 양성기관에 대한 경비 지원 등에 관하여 필요한 사항은 대통령령으로 정한다.

제27조 [공공부문의 전자거래 추진]

국가기관, 지방자치단체, 정부투자기관 및 공공단체 등(이하 "국가기관등"이라 한다)은 그 기관의 운영에 필요한 재화 또는 용역의 조달이나 기관의 사업을 전자거래로 수행하기 위한 계획을 수립하여 추진하여야 한다.

제28조 [전자거래통계 등 실태조사] ① 산업자원부장관은 전자거래촉진정책의 효과적인 수립·시행을 위하여 전자거래통계 등 실태조사를 실시할 수 있다. 이 경우 전자거래통계를 작성함에 있어서는 통계법을 준용한다.

② 산업자원부장관은 제1항의 규정에 의한 전자거래통계 등 실태조사를 위하여 필요한 경우에는 국가기관등, 전자거래사업자 또는 전자거래관련 법인·단체에 대하여 자료의 제출이나 의견의 진술 등을 요구할 수 있다.

③ 제2항의 규정에 의하여 자료의 제출 등을 요구받은 국가기관등, 전자거래사업자 또는 전자거래관련 법인·단체는 이에 협조하여야 한다.

④ 전자거래통계 등 실태조사의 실시에 관하여 필요한 사항은 대통령령으로 정한다.

제28조 [전자거래통계 등 실태조사] ① 산업자원부장관은 전자거래촉진정책의 효과적인 수립·시행을 위하여 전자거래통계 등 실태조사를 실시할 수 있다. 이 경우 전자거래통계를 작성함에 있어서는 「통계법」을 준용한다. <개정 2007.4.27, 2007.5.17>

② 산업자원부장관은 제1항의 규정에 의한 전자거래통계 등 실태조사를 위하여 필요한 경우에는 국가기관등, 전자거래사업자 또는 전자거래관련 법인·단체에 대하여 자료의 제출이나 의견의 진술 등을 요구할 수 있다.

③ 제2항의 규정에 의하여 자료의 제출 등을 요구받은 국가기관등, 전자거래사업자 또는 전자거래관련 법인·단체는 이에 협조하여야 한다.

④ 전자거래통계 등 실태조사의 실시에 관하여 필요한 사항은 대통령령으로 정한다.

제29조 [전자거래의 국제화] ① 정부는 전자거래에 관한 국제협력을 촉진하기 위하여 전자거래에 관한 정보·기술·인력의 교류, 공동조사·연구 및 기술협력, 국제표준화 등의 사업을 지원할 수 있다.

② 정부는 국제기구에서의 전자거래에 관련된 논의에 적극적으로 참여하여 대응하고, 전자거래사업자의 해외시장 진출을 활성화하기 위하여 노력하여야 한다.

제30조 [전자상거래지원센터] ① 정부는 중소기업의 전자거래 촉진을 위하여 필요한 시책을 마련하여 추진하여야 한다.

② 산업자원부장관은 중소기업의 전자거래를 촉진하기 위하여 전자거래와 관련한 교육훈련, 기술지도, 경영자문, 정보제공 등을 지원하는 기관을 전자상거래지원센터(이하 "지원센터"라 한다)로 지정할 수 있다.

③ 지원센터의 지정 및 지정취소의 기준, 사업추진실적보고 및 경비지원 등에 관하여 필요한 사항은 대통령령으로 정한다.

제31조 [전자거래의 촉진을 위한 지원] ① 국가 또는 지방자치단체는 전자거래의 촉진을 위하여 조세특례제한법·지방세법 등 조세관계 법률이

정하는 바에 따라 조세감면 등 세제상의 지원과 금융상의 지원, 그 밖의 필요한 행정상의 지원을 할 수 있다. <개정 2005.3.31>

② 정부는 전자거래와 관련된 법인 또는 단체가 전자거래촉진계획에서 정하는 사업을 실시하는 경우 예산의 범위 안에서 당해 사업비의 전부 또는 일부를 지원할 수 있다.

제31조 [전자거래의 촉진을 위한 지원] ① 국가 또는 지방자치단체는 전자거래의 촉진을 위하여 「조세특례제한법」·「지방세법」 등 조세관계 법률이 정하는 바에 따라 조세감면 등 세제상의 지원과 금융상의 지원, 그 밖의 필요한 행정상의 지원을 할 수 있다. <개정 2005.3.31, 2007.5.17>

② 정부는 전자거래와 관련된 법인 또는 단체가 전자거래촉진계획에서 정하는 사업을 실시하는 경우 예산의 범위안에서 당해 사업비의 전부 또는 일부를 지원할 수 있다.

제5장의2 공인전자문서보관소 〈신설 2005.3.31〉

제31조의2 [공인전자문서보관소의 지정] ① 산업자원부장관은 전자문서보관등의 안전성 및 정확성을 확보하기 위하여 전자문서보관등에 관하여 전문성이 있는 자를 공인전자문서보관소로 지정하여 전자문서보관등을 하게 할 수 있다.

② 공인전자문서보관소로 지정받을 수 있는 자는 법인에 한한다.

③ 공인전자문서보관소로 지정을 받고자 하는 자는 전자문서보관등에 필요한 인력·기술능력·재정능력 그 밖의 시설·장비 등을 확보하여 산업자원부장관에게 지정을 신청하여야 한다.

④ 제1항 및 제3항의 규정에 의한 공인전자문서보관소의 인력·기술능력·재정능력 그 밖의 시설·장비 등의 지정기준과 지정방법 및 지정절차에 관하여 필요한 사항은 대통령령으로 정한다.

[본조신설 2005.3.31]

제31조의3 [공인전자문서보관소의 결격사유] 다음 각호의 어느 하나에 해당하는 법인은 공인전자문서보관소로 지정을 받을 수 없다.

1. 임원 및 전자문서보관등을 직접 수행하는 직원 중 대통령령이 정하는 직원(이하 "임원등"이라 한다) 중 다음 각목의 어느 하나에 해당하는 자가 있는 법인
   가. 금치산자 또는 한정치산자
   나. 파산선고를 받고 복권되지 아니한 자
   다. 금고 이상의 실형을 선고받고 그 집행이 종료(집행이 종료된 것으로 보는 경우를 포함한다)되거나 집행이 면제된 날부터 2년이 경과되지 아니한 자
   라. 금고 이상의 형의 집행유예선고를 받고 그 유예기간 중에 있는 자
   마. 법원의 판결 또는 다른 법률에 의하여 자격이 상실되거나 정지된 자
   바. 제31조의5제1항의 규정에 의하여 지정이 취소된 법인의 취소 당시의 임원등이었던 자(취

소된 날부터 2년이 경과되지 아니한 자에 한한다)
2. 제31조의5제1항의 규정에 의하여 지정이 취소된 후 2년이 경과되지 아니한 법인

[본조신설 2005.3.31]

제31조의4 [시정명령] 산업자원부장관은 공인전자문서보관소가 다음 각호의 어느 하나에 해당하는 때에는 6월 이내의 기간을 정하여 그 시정을 명할 수 있다.

1. 제31조의2제4항의 규정에 의한 공인전자문서보관소의 지정기준에 적합하지 아니하게 된 때
2. 임원등이 제31조의3제1호 각목의 어느 하나에 해당하게 된 때
3. 제31조의8제1항의 규정을 위반하여 전자문서보관등업무준칙의 신고를 하지 아니한 때
4. 제31조의8제2항의 규정을 위반하여 전자문서보관등업무준칙의 변경신고를 하지 아니한 때
5. 제31조의9제1항의 규정을 위반하여 전자문서보관등의 서비스의 제공을 거부한 때
6. 제31조의9제2항의 규정을 위반하여 이용자를 부당하게 차별한 때
7. 제31조의9제3항의 규정을 위반하여 보관된 전자문서의 내용이 훼손되거나 변경되지 아니하도록 필요한 조치를 취하지 아니한 때
8. 공인전자문서보관소의 업무수행의 방법 또는 절차가 부적절하여 전자문서의 보관·송신 또는 수신의 안전성이나 전자문서에 관한 증명의 정확성을 저해할 우려가 있는 때

[본조신설 2005.3.31]

제31조의4 [시정명령] 산업자원부장관은 공인전자문서보관소가 다음 각호의 어느 하나에 해당하는 때에는 6월 이내의 기간을 정하여 그 시정을 명할 수 있다. <개정 2007.5.17>

1. 제31조의2제4항의 규정에 의한 공인전자문서보관소의 지정기준에 적합하지 아니하게 된 때
2. 임원등이 제31조의3제1호 각목의 어느 하나에 해당하게 된 때
3. 제31조의8제1항의 규정을 위반하여 전자문서보관등업무준칙의 신고를 하지 아니한 때
4. 제31조의8제2항의 규정을 위반하여 전자문서보관등업무준칙의 변경신고를 하지 아니한 때
5. 제31조의9제1항의 규정을 위반하여 전자문서보관등의 서비스의 제공을 거부한 때
6. 제31조의9제2항의 규정을 위반하여 이용자를 부당하게 차별한 때
7. 제31조의9제3항의 규정을 위반하여 보관된 전자문서의 내용이 훼손되거나 변경되지 아니하도록 필요한 조치를 취하지 아니한 때
8. 공인전자문서보관소의 업무수행의 방법 또는 절차가 부적절하여 전자문서의 보관·송신 또는 수신의 안전성이나 전자문서에 관한 증명의 정확성을 저해할 우려가 있는 때
9. 제31조의16제2항에 따른 보험에 가입하지 아니한 때

[본조신설 2005.3.31]

제31조의5 [지정취소 및 과징금] ① 산업자원부장관은 제31조의2의 규정에 의하여 공인전자문서보관소로 지정을 받은 자가 다음 각호의 어느 하

나에 해당하는 때에는 산업자원부령이 정하는 바에 따라 그 지정을 취소하거나 1년 이내의 기간을 정하여 그 업무의 전부 또는 일부의 정지를 명할 수 있다. 다만, 제1호 또는 제2호에 해당하는 때에는 그 지정을 취소하여야 한다.

1. 거짓 그 밖의 부정한 방법으로 제31조의2제1항의 규정에 의한 지정을 받은 때
2. 제1항 본문의 규정에 따른 업무정지기간 중 업무를 계속하여 수행한 때
3. 제31조의2제1항의 규정에 따른 지정을 받은 날부터 1년 이상 업무를 개시하지 아니하거나 업무개시 후 1년 이상 계속하여 전자문서보관등의 업무를 하지 아니한 때
4. 제31조의4의 규정에 의한 시정명령을 그 정하여진 기간 이내에 이행하지 아니한 때

② 산업자원부장관은 제1항제3호 또는 제4호의 규정에 해당하여 업무정지처분을 하여야 하는 경우로서 그 업무정지가 공인전자문서보관소를 이용하는 자에게 심한 불편을 주거나 공익을 해할 우려가 있다고 인정하는 경우에는 업무정지에 갈음하여 1억원 이하의 과징금을 부과할 수 있다.

③ 제2항의 규정에 의하여 과징금을 부과하는 위반행위의 종별·정도 등에 따른 과징금의 금액 및 과징금의 산정방법 그 밖에 필요한 사항은 대통령령으로 정한다.

④ 산업자원부장관은 제2항의 규정에 의한 과징금을 납부하여야 할 자가 납부기한까지 이를 납부하지 아니한 때에는 국세체납처분의 예에 의하여 이를 징수한다.

[본조신설 2005.3.31]

제31조의6 [전자문서 보관대행의 효력] 공인전자문서보관소가 전자문서를 보관하는 경우에는 제5조제1항의 규정에 의한 전자문서의 보관이 행하여진 것으로 본다.

[본조신설 2005.3.31]

제31조의6 [전자문서 보관대행의 효력] 공인전자문서보관소가 전자문서를 보관하는 경우에는 제5조제1항 또는 제2항의 규정에 의한 전자문서의 보관이 행하여진 것으로 본다. <개정 2007.5.17>

[본조신설 2005.3.31]

제31조의7 [전자문서 내용의 추정 등] ① 공인전자문서보관소에 보관된 전자문서는 보관기간 중에는 그 내용이 변경되지 아니한 것으로 추정한다.

② 공인전자문서보관소가 당해 공인전자문서보관소에 보관된 전자문서의 보관사실, 작성자, 수신자 및 송신·수신일시 등에 관한 사항에 대한 증명서를 대통령령이 정하는 방법 및 절차에 따라 발급한 경우에 그 증명서에 기재된 사항은 진정한 것으로 추정한다.

[본조신설 2005.3.31]

제31조의8 [전자문서보관등업무준칙의 신고 등] ① 공인전자문서보관소는 업무를 개시하기 전에 전자문서보관등에 관한 전자문서보관등업무준칙(이하 "업무준칙"이라 한다)을 산업자원부령이 정하는 바에 따라 작성하여 산업자원부장관에게 신고하여야 한

다. 이 경우 업무준칙에는 다음 각호의 사항이 포함되어야 한다.

1. 업무의 종류
2. 업무의 수행방법 및 수행절차
3. 전자문서보관등의 서비스의 이용조건 및 이용요금
4. 그 밖에 업무수행에 관하여 필요한 것으로서 산업자원부령이 정하는 사항

② 공인전자문서보관소는 제1항의 규정에 의하여 신고한 사항을 변경하고자 하는 경우에는 산업자원부령이 정하는 바에 따라 산업자원부장관에게 신고하여야 한다.

③ 산업자원부장관은 제1항의 규정에 의하여 신고된 업무준칙의 내용이 전자문서보관등의 업무의 안전성 및 정확성의 확보에 지장을 초래하거나 전자문서보관등의 서비스를 이용하는 자(이하 "이용자"라 한다)의 이익을 저해할 우려가 있다고 인정하는 경우에는 상당한 기간을 정하여 당해 공인전자문서보관소에게 업무준칙의 변경을 명할 수 있다.

[본조신설 2005.3.31]

제31조의8 [전자문서보관등업무준칙의 신고 등] ① 공인전자문서보관소는 업무를 개시하기 전에 전자문서보관등에 관한 전자문서보관등업무준칙(이하 "업무준칙"이라 한다)을 산업자원부령이 정하는 바에 따라 작성하여 산업자원부장관에게 신고하여야 한다. 이 경우 업무준칙에는 다음 각호의 사항이 포함되어야 한다.

1. 업무의 종류
2. 업무의 수행방법 및 수행절차
3. 전자문서보관등의 서비스의 이용조건 및 이용요금
4. 그 밖에 업무수행에 관하여 필요한 것으로서 산업자원부령이 정하는 사항

② 공인전자문서보관소는 제1항의 규정에 의하여 신고한 사항을 변경하고자 하는 경우에는 산업자원부령이 정하는 바에 따라 산업자원부장관에게 신고하여야 한다.

③ 산업자원부장관은 제1항의 규정에 의하여 신고된 업무준칙의 내용이 전자문서보관등의 업무의 안전성 및 정확성의 확보에 지장을 초래하거나 전자문서보관등의 서비스를 이용하는 자(이하 "이용자"라 한다)의 이익을 저해할 우려가 있다고 인정하는 경우에는 상당한 기간을 정하여 당해 공인전자문서보관소에게 업무준칙의 변경을 명할 수 있다.

④ 공인전자문서보관소는 전자문서보관등에 사용되는 시설 또는 장비를 변경한 때에는 산업자원부령으로 정하는 바에 따라 산업자원부장관에게 신고하여야 한다. <신설 2007.5.17>

[본조신설 2005.3.31]

제31조의9 [준수사항] ① 공인전자문서보관소는 정당한 사유 없이 전자문서보관등의 서비스의 제공을 거부하여서는 아니된다.

② 공인전자문서보관소는 이용자를 부당하게 차별하여서는 아니된다.

③ 공인전자문서보관소는 보관된 전자문서의 내용이 훼손 또는 변경되지 아니하도록 대통령령이 정하는 바에 따라 필요한 조치를 하여야 한다.

④ 공인전자문서보관소는 당해 정보처리시스템에 보관된 전자문서 그 밖

의 관련 정보를 적법한 절차에 의하지 아니하거나 전자문서의 작성자·수신자 및 당해 이용자의 동의 없이 타인에게 제공·공개등을 하여서는 아니된다.

⑤ 공인전자문서보관소가 전자문서보관등을 수행하기 위하여 전자서명이 필요한 경우에는 「전자서명법」 제4조의 규정에 의한 공인인증기관으로부터 동법 제2조제3호의 규정에 의한 공인전자서명을 받아야 한다.

[본조신설 2005.3.31]

제31조의9 [준수사항] ① 공인전자문서보관소는 정당한 사유 없이 전자문서보관등의 서비스의 제공을 거부하여서는 아니된다.

② 공인전자문서보관소는 이용자를 부당하게 차별하여서는 아니된다.

③ 공인전자문서보관소는 보관된 전자문서의 내용이 훼손 또는 변경되지 아니하도록 대통령령이 정하는 바에 따라 필요한 조치를 하여야 한다.

④ 공인전자문서보관소는 당해 정보처리시스템에 보관된 전자문서 그 밖의 관련 정보를 적법한 절차에 의하지 아니하거나 전자문서의 작성자·수신자 및 당해 이용자의 동의 없이 타인에게 제공·공개등을 하여서는 아니된다

⑤ 공인전자문서보관소가 전자문서보관등을 수행하기 위하여 전자서명이 필요한 경우에는 「전자서명법」 제4조의 규정에 의한 공인인증기관으로부터 동법 제2조제3호의 규정에 의한 공인전자서명을 받아야 한다.

⑥ 공인전자문서보관소는 전자문서보관등을 안전하고 신뢰성 있게 수행하기 위하여 이용자와의 관계에서 독립성을 유지하여야 한다. <신설 2007.5.17>

[본조신설 2005.3.31]

제31조의10 [보고 및 검사 등] ① 산업자원부장관은 필요하다고 인정하는 때에는 공인전자문서보관소에 대하여 대통령령이 정하는 바에 따라 관계자료를 제출하게 하거나 서면 또는 전자문서로 보고하게 할 수 있으며, 관계공무원으로 하여금 공인전자문서보관소의 사무실·사업장 그 밖의 관련 장소에 출입하여 전자문서보관등에 관한 시설·장비·서류 그 밖의 관련 물건을 검사하게 할 수 있다.

② 제1항의 규정에 의하여 검사를 하는 공무원은 그 권한을 나타내는 증표를 지니고 이를 관계인에게 내보여야 한다.

[본조신설 2005.3.31]

제31조의10 [정기점검 등] ① 산업자원부장관은 진흥원으로 하여금 공인전자문서보관소가 보유한 시설 또는 장비의 안전성을 정기적으로 점검하게 할 수 있다.

② 산업자원부장관은 제31조의8제4항에 따른 변경신고가 있거나 제31조의14제3항에 따른 승계신고가 있는 때에는 진흥원으로 하여금 해당 시설 또는 장비의 안전성을 점검하게 할 수 있다.

③ 제1항 및 제2항에 따른 점검의 기준·시기·대상·절차 그 밖에 필요한 사항은 산업자원부령으로 정한다.

[본조신설 2007.5.17]

[종전 제31조의10은 제31조의11로 이동 <2007.5.17>]

제31조의11 [전자문서 등 관련 정보의 보안] ① 누구든지 공인전자문서보관소에 보관된 전자문서 그 밖의 관련 정보를 위조 또는 변조하거나 위조 또는 변조된 정보를 행사하여서는 아니된다.

② 누구든지 공인전자문서보관소의 정보처리시스템에 거짓 정보나 부정한 명령을 입력하는 등의 방법으로 제31조의7제2항의 규정에 의한 증명서가 거짓으로 발급되게 하여서는 아니된다.

③ 누구든지 공인전자문서보관소에 보관된 전자문서 그 밖의 관련 정보를 멸실 또는 훼손하거나 그 비밀을 침해하여서는 아니된다.

④ 공인전자문서보관소의 임원 또는 직원이거나 임원 또는 직원이었던 자는 직무상 알게 된 전자문서 그 밖의 관련 정보의 내용을 누설하거나 자신 또는 제3자로 하여금 이용하게 하여서는 아니된다.

[본조신설 2005.3.31]

제31조의11 [보고 및 검사 등] ① 산업자원부장관은 필요하다고 인정하는 때에는 공인전자문서보관소에 대하여 대통령령이 정하는 바에 따라 관계자료를 제출하게 하거나 서면 또는 전자문서로 보고하게 할 수 있으며, 관계공무원으로 하여금 공인전자문서보관소의 사무실·사업장 그 밖의 관련 장소에 출입하여 전자문서보관등에 관한 시설·장비·서류 그 밖의 관련 물건을 검사하게 할 수 있다.

② 제1항의 규정에 의하여 검사를 하는 공무원은 그 권한을 나타내는 증표를 지니고 이를 관계인에게 내보여야 한다.

[본조신설 2005.3.31]

[제31조의10에서 이동, 종전 제31조의11은 제31조의12로 이동 <2007.5.17>]

제31조의12 [이용자의 정보보호] ① 공인전자문서보관소는 전자문서보관등의 수행과 관련하여 개인정보를 보호하여야 한다.

② 제1항의 규정에 의한 개인정보의 보호에 관하여는 「정보통신망 이용촉진 및 정보보호 등에 관한 법률」 제22조 내지 제32조·제36조제1항 및 제54조의 규정, 제62조·제66조 및 제67조의 규정 중 개인정보에 관한 규정을 준용한다. 이 경우 "정보통신서비스제공자"는 "공인전자문서보관소"로, "정보통신서비스제공자등"은 "공인전자문서보관소"로, "정보통신서비스"는 "전자문서보관등의 서비스"로, "정보통신서비스이용약관"은 "전자문서보관등업무준칙"으로, "정보통신부령"은 "산업자원부령"으로, "정보통신부장관"은 "산업자원부장관"으로 본다.

[본조신설 2005.3.31]

제31조의12 [전자문서 등 관련 정보의 보안] ① 누구든지 공인전자문서보관소에 보관된 전자문서 그 밖의 관련 정보를 위조 또는 변조하거나 위조 또는 변조된 정보를 행사하여서는 아니된다.

② 누구든지 공인전자문서보관소의 정보처리시스템에 거짓 정보나 부정한 명령을 입력하는 등의 방법으로 제31조의7제2항의 규정에 의한 증명서가 거짓으로 발급되게 하여서는 아니된다.

③ 누구든지 공인전자문서보관소에

보관된 전자문서 그 밖의 관련 정보를 멸실 또는 훼손하거나 그 비밀을 침해하여서는 아니된다.
④ 공인전자문서보관소의 임원 또는 직원이거나 임원 또는 직원이었던 자는 직무상 알게 된 전자문서 그 밖의 관련 정보의 내용을 누설하거나 자신 또는 제3자로 하여금 이용하게 하여서는 아니된다.
[본조신설 2005.3.31]
[제31조의11에서 이동, 종전 제31조의12는 제31조의13으로 이동 <2007.5.17>]

제31조의13 [배상책임] 공인전자문서보관소는 전자문서보관등의 업무수행과 관련하여 이 법의 규정을 위반한 행위로 이용자에게 손해를 입힌 때에는 그 손해를 배상하여야 한다. 다만, 공인전자문서보관소가 고의 또는 과실이 없음을 증명한 경우에는 그러하지 아니하다.
[본조신설 2005.3.31]

제31조의13 [이용자의 정보보호] ① 공인전자문서보관소는 전자문서보관등의 수행과 관련하여 개인정보를 보호하여야 한다.
② 제1항의 규정에 의한 개인정보의 보호에 관하여는 「정보통신망 이용촉진 및 정보보호 등에 관한 법률」 제22조 내지 제32조·제36조제1항 및 제54조의 규정, 제62조·제66조 및 제67조의 규정 중 개인정보에 관한 규정을 준용한다. 이 경우 "정보통신서비스제공자"는 "공인전자문서보관소"로, "정보통신서비스제공자등"은 "공인전자문서보관소"로, "정보통신서비스"는 "전자문서보관등의 서비스"로, "정보통신서비스이용약관"은 "전자문서보관등업무준칙"으로, "정보통신부령"은 "산업자원부령"으로, "정보통신부장관"은 "산업자원부장관"으로 본다.
[본조신설 2005.3.31]
[제31조의12에서 이동, 종전 제31조의13은 제31조의16으로 이동 <2007.5.17>]

제31조의14 [수수료 등] 공인전자문서보관소는 증명서의 발급을 신청하는 자 또는 이용자에게 수수료 등 필요한 요금을 부과할 수 있다.
[본조신설 2005.3.31]

제31조의14 [공인전자문서보관소 영업의 양도·양수 등] ① 공인전자문서보관소는 다른 공인전자문서보관소에 영업의 전부 또는 일부를 양도하거나 다른 공인전자문서보관소와 합병할 수 있다. 이 경우 양도 또는 합병하려는 날의 60일 전까지 산업자원부령으로 정하는 바에 따라 이용자에게 통지하여야 한다.
② 제1항에 따라 영업을 양수한 공인전자문서보관소 또는 합병 후에 존속하거나 설립되는 공인전자문서보관소는 종전의 공인전자문서보관소의 지위를 승계한다.
③ 제2항에 따라 종전의 공인전자문서보관소의 지위를 승계한 자는 1개월 이내에 산업자원부령으로 정하는 바에 따라 산업자원부장관에게 신고하여야 한다.
[본조신설 2007.5.17]

제31조의15 [전자문서보관등 영업의 폐지] ① 공인전자문서보관소가 전자문서보관등의 영업을 폐지하려는 때에는 폐지하려는 날의 60일 전까지 산업자원부령으로 정하는 바에 따라 이용자에게 통지하고 그 사실을 산업

자원부장관에게 신고하여야 한다.
② 제1항에 따라 신고한 공인전자문서보관소는 보관하고 있는 전자문서와 그 밖에 전자문서보관등에 관한 기록(이하 "보관문서등"이라 한다)을 다른 공인전자문서보관소에 인계하여야 한다. 다만, 다른 공인전자문서보관소가 인수를 거부하는 등 부득이한 사유로 인계할 수 없는 경우에는 그 사실을 산업자원부장관에게 지체 없이 신고하여야 한다.
③ 산업자원부장관은 다음 각 호의 어느 하나에 해당하는 경우로서 전자문서보관등 업무의 계속성과 안전성을 보장하기 위하여 긴급한 조치가 필요하다고 인정하는 때에는 진흥원으로 하여금 해당 보관문서등을 인수하게 하거나 그 밖에 필요한 조치를 명할 수 있다.
1. 제2항 단서에 따른 신고를 받은 경우
2. 제31조의5에 따라 공인전자문서보관소의 지정을 취소한 경우
3. 그 밖에 공인전자문서보관소가 전자문서보관등의 업무를 수행하지 못할 부득이한 사유가 발생한 경우
④ 제1항부터 제3항까지의 규정에 따른 영업의 폐지 신고 및 보관문서등의 인계·인수 등에 관하여 필요한 사항은 산업자원부령으로 정한다.
[본조신설 2007.5.17]

제31조의16 [배상책임] ① 공인전자문서보관소는 전자문서보관등의 업무수행과 관련하여 이 법의 규정을 위반한 행위로 이용자에게 손해를 입힌 때에는 그 손해를 배상하여야 한다. 다만, 공인전자문서보관소가 고의 또는 과실이 없음을 증명한 경우에는 그러하지 아니하다. <개정 2007.5.17>
② 공인전자문서보관소는 제1항에 따른 손해를 배상하기 위하여 대통령령으로 정하는 바에 따라 보험에 가입하여야 한다. <신설 2007.5.17>
[본조신설 2005.3.31]
[제31조의13에서 이동 <2007.5.17>]

제31조의17 [수수료 등] 공인전자문서보관소는 증명서의 발급을 신청하는 자 또는 이용자에게 수수료 등 필요한 요금을 부과할 수 있다.
[본조신설 2005.3.31]
[제31조의14에서 이동 <2007.5.17>]

제6장 전자거래분쟁조정위원회

제32조 [전자거래분쟁조정위원회의 설치 및 구성] ① 전자거래에 관한 분쟁을 조정하기 위하여 전자거래분쟁조정위원회(이하 이 장에서 "위원회"라 한다)를 둔다. <개정 2005.3.31>
② 위원회는 위원장 1인을 포함한 15인 이상 50인 이하의 위원으로 구성한다.
③ 위원은 다음 각호의 1에 해당하는 자중에서 산업자원부장관이 임명 또는 위촉하며, 위원장은 위원중에서 호선한다. <개정 2005.12.29>
1. 대학이나 공인된 연구기관에서 부교수급 이상 또는 이에 상당하는 직에 있거나 있었던 자로서 전자거래관련 분야를 전공한 자
2. 4급 이상 공무원(고위공무원단에 속하는 일반직공무원을 포함한다) 또는 이에 상당하는 공공기관의

직에 있거나 있었던 자로서 전자거래업무에 관한 경험이 있는 자
3. 판사·검사 또는 변호사의 자격이 있는 자
4. 비영리민간단체지원법 제2조의 규정에 의한 비영리민간단체에서 추천한 자
5. 그 밖에 전자거래와 분쟁조정에 관한 학식과 경험이 있는 자

④ 위원은 비상임으로 하고, 위원의 임기는 2년으로 하며 연임할 수 있다.

⑤ 위원회의 업무를 지원하기 위하여 제22조의 규정에 의한 진흥원에 사무국을 둔다.

⑥ 위원의 자격 및 신분보장, 위원의 제척·기피·회피 등에 관하여 필요한 사항은 대통령령으로 정한다.

제32조 [전자거래분쟁조정위원회의 설치 및 구성] ① 전자거래에 관한 분쟁을 조정하기 위하여 전자거래분쟁조정위원회(이하 이 장에서 "위원회"라 한다)를 둔다. <개정 2005.3.31>

② 위원회는 위원장 1인을 포함한 15인 이상 50인 이하의 위원으로 구성한다.

③ 위원은 다음 각호의 1에 해당하는 자중에서 산업자원부장관이 임명 또는 위촉하며, 위원장은 위원중에서 호선한다. <개정 2005.12.29, 2007.5.17>
1. 대학이나 공인된 연구기관에서 부교수급 이상 또는 이에 상당하는 직에 있거나 있었던 자로서 전자거래관련 분야를 전공한 자
2. 4급 이상 공무원(고위공무원단에 속하는 일반직공무원을 포함한다) 또는 이에 상당하는 공공기관의 직에 있거나 있었던 자로서 전자거래업무에 관한 경험이 있는 자
3. 판사·검사 또는 변호사의 자격이 있는 자
4. 「비영리민간단체 지원법」 제2조의 규정에 의한 비영리민간단체에서 추천한 자
5. 그 밖에 전자거래와 분쟁조정에 관한 학식과 경험이 있는 자

④ 위원은 비상임으로 하고, 위원의 임기는 2년으로 하며 연임할 수 있다.

⑤ 위원회의 업무를 지원하기 위하여 제22조의 규정에 의한 진흥원에 사무국을 둔다.

⑥ 위원의 자격 및 신분보장, 위원의 제척·기피·회피 등에 관하여 필요한 사항은 대통령령으로 정한다.

제33조 [분쟁의 조정] ① 전자거래와 관련한 피해의 구제와 분쟁의 조정을 받고자 하는 자는 위원회에 분쟁의 조정을 신청할 수 있다.

② 위원회는 제1항의 규정에 의한 분쟁조정 신청을 받은 날부터 45일 이내에 조정안을 작성하여 분쟁당사자에게 이를 권고하여야 한다. 다만, 부득이한 사정으로 그 기한을 연장하고자 하는 때에는 그 사유와 기한을 명시하고 분쟁당사자에게 통보하여야 한다.

③ 위원회는 제2항의 규정에 의한 분쟁의 조정을 위하여 필요한 경우 3인 이내의 위원으로 구성된 조정부에 회부하여 조정하게 할 수 있다.

제34조 [자료요청 등] ① 위원회는 분쟁조정을 위하여 필요한 자료의 제공을 분쟁당사자 또는 참고인에게 요청할 수 있다. 이 경우 당해 분쟁당사자는 정당한 사유가 없는 한 이에

응하여야 한다.

② 위원회는 필요하다고 인정하는 경우에는 분쟁당사자 또는 참고인으로 하여금 위원회에 출석하게 하여 그 의견을 들을 수 있다.

제35조 [조정의 성립] ① 조정은 다음 각호의 1의 경우에 성립한다.

1. 제33조제2항의 규정에 의한 조정권고에 대하여 분쟁당사자가 동의한 경우
2. 분쟁당사자가 위원회에 자체적인 조정합의서를 제출한 경우

② 위원회는 제1항의 경우에 조정조서를 작성하고 분쟁당사자가 기명·날인하여야 한다.

③ 제2항의 규정에 의한 조정조서는 당사자간 합의와 동일한 효력이 있다.

제36조 [조정의 불성립] 위원회는 다음 각호의 1에 해당하는 경우에는 조정이 성립하지 아니하였음을 분쟁당사자에게 통지하여야 한다.

1. 분쟁조정의 신청이 취하되거나 분쟁당사자 일방이 분쟁의 조정에 불응하는 경우
2. 당사자가 위원회의 조정안을 거부한 경우
3. 당해 분쟁조정 사건에 대하여 법원에 소송이 제기된 경우
4. 사건의 성질상 위원회에서 조정함이 적당하지 아니하다고 인정되는 경우

제37조 [조정비용 등] ① 위원회는 분쟁의 조정을 신청한 자에게 대통령령이 정하는 바에 따라 조정비용을 부담하게 할 수 있다.

② 정부는 예산의 범위안에서 위원회의 운영에 필요한 경비를 출연 또는 보조할 수 있다.

제38조 [위원회의 운영 등] 제33조 내지 제37조에서 규정한 사항 외에 위원회와 조정부의 운영 및 분쟁조정 절차 등에 관하여 필요한 사항은 대통령령으로 정한다.

제7장 보칙

제39조 [권한의 위임·위탁] 이 법에 의한 산업자원부장관의 권한은 그 일부를 대통령령이 정하는 바에 따라 소속기관의 장 또는 지방자치단체의 장에게 위임하거나 관계중앙행정기관의 장에게 위탁할 수 있다.

제40조 [상호주의] 외국인 및 외국법인에 대해서도 이 법을 적용한다. 다만, 대한민국 국민 또는 대한민국 법인에 대하여 이 법에 준하는 보호를 하지 아니하는 국가의 외국인 또는 외국법인에 대하여는 그에 상응하게 이 법 또는 대한민국이 가입 또는 체결한 조약에 따른 보호를 제한할 수 있다.

제41조 [청문] 산업자원부장관은 다음 각호의 어느 하나에 해당하는 경우에는 청문을 실시하여야 한다.

1. 제30조제3항의 규정에 의하여 지원센터의 지정을 취소하고자 하는 경우
2. 제31조의5제1항의 규정에 의하여 공인전자문서보관소의 지정을 취소하고자 하는 경우

[본조신설 2005.3.31]

제42조 **[벌칙 적용에 있어서의 공무원 의제]** 공인전자문서보관소의 임

원 또는 직원은 그 업무에 관하여 「형법」 제129조 내지 제132조의 적용에 있어서는 이를 공무원으로 본다.
[본조신설 2005.3.31]

제8장 벌칙
<신설 2005.3.31>

제43조 [벌칙] ① 다음 각호의 어느 하나에 해당하는 자는 10년 이하의 징역 또는 1억원 이하의 벌금에 처한다.
1. 제31조의11제1항의 규정을 위반하여 공인전자문서보관소에 보관된 전자문서 그 밖의 관련 정보를 위조 또는 변조하거나 위조 또는 변조된 정보를 행사한 자
2. 제31조의11제2항의 규정을 위반하여 공인전자문서보관소의 정보처리시스템에 거짓 정보나 부정한 명령을 입력하는 등의 방법으로 제31조의7제2항의 규정에 의한 증명서가 거짓으로 발급되게 한 자

② 제1항의 미수범은 처벌한다.
[본조신설 2005.3.31]

제43조 [벌칙] ① 다음 각호의 어느 하나에 해당하는 자는 10년 이하의 징역 또는 1억원 이하의 벌금에 처한다. <개정 2007.5.17>
1. 제31조의12제1항을 위반하여 공인전자문서보관소에 보관된 전자문서 그 밖의 관련 정보를 위조 또는 변조하거나 위조 또는 변조된 정보를 행사한 자
2. 제31조의12제2항을 위반하여 공인전자문서보관소의 정보처리시스템에 거짓 정보나 부정한 명령을 입력하는 등의 방법으로 제31조의7제2항의 규정에 의한 증명서가 거짓으로 발급되게 한 자

② 제1항의 미수범은 처벌한다.
[본조신설 2005.3.31]

제44조 [벌칙] 다음 각호의 어느 하나에 해당하는 자는 5년 이하의 징역 또는 5천만원 이하의 벌금에 처한다.
1. 제31조의11제3항의 규정을 위반하여 공인전자문서보관소에 보관된 전자문서 그 밖의 관련정보를 멸실 또는 훼손하거나 그 비밀을 침해한 자
2. 제31조의11제4항의 규정을 위반하여 직무상 알게 된 전자문서 그 밖의 관련 정보의 내용을 누설하거나 자신 또는 제3자로 하여금 이용하게 한 공인전자문서보관소의 임원 또는 직원이거나 임원 또는 직원이었던 자

[본조신설 2005.3.31]

제44조 [벌칙] 다음 각호의 어느 하나에 해당하는 자는 5년 이하의 징역 또는 5천만원 이하의 벌금에 처한다. <개정 2007.5.17>
1. 제31조의12제3항을 위반하여 공인전자문서보관소에 보관된 전자문서 그 밖의 관련정보를 멸실 또는 훼손하거나 그 비밀을 침해한 자
2. 제31조의12제4항을 위반하여 직무상 알게 된 전자문서 그 밖의 관련 정보의 내용을 누설하거나 자신 또는 제3자로 하여금 이용하게 한 공인전자문서보관소의 임원 또는 직원이거나 임원 또는 직원이었던 자

[본조신설 2005.3.31]

제45조 [양벌규정] 법인의 대표자나

법인 또는 개인의 대리인·사용인 그 밖의 종업원이 그 법인 또는 개인의 업무에 관하여 제43조 또는 제44조의 규정에 의한 위반행위를 한 때에는 행위자를 벌하는 외에 그 법인 또는 개인에 대하여도 각 해당조의 벌금형을 과한다.

[본조신설 2005.3.31]

제46조 [과태료] ① 제31조의9제4항의 규정을 위반하여 전자문서 그 밖의 관련 정보를 공개한 공인전자문서보관소는 3천만원 이하의 과태료에 처한다.

② 다음 각호의 어느 하나에 해당하는 자는 1천만원 이하의 과태료에 처한다.

1. 제31조의8제1항의 규정을 위반하여 업무준칙의 신고를 하지 아니한 자
2. 제31조의8제2항의 규정을 위반하여 업무준칙의 변경신고를 하지 아니한 자
3. 제31조의8제3항의 규정에 의한 업무준칙의 변경에 관한 명령을 이행하지 아니한 자
4. 제31조의9제1항의 규정을 위반하여 정당한 사유 없이 전자문서보관등의 서비스의 제공을 거부한 자
5. 제31조의9제2항의 규정을 위반하여 이용자를 부당하게 차별한 자
6. 제31조의9제3항의 규정을 위반하여 공인전자문서보관소에 보관된 전자문서의 내용이 훼손되거나 변경되지 아니하도록 필요한 조치를 취하지 아니한 자
7. 제31조의10제1항의 규정에 의한 자료제출이나 보고를 하지 아니한 자, 거짓 자료를 제출하거나 거짓 보고를 한 자 또는 관계공무원의 출입이나 검사를 거부·방해 또는 기피한 자

③ 제1항 및 제2항의 규정에 의한 과태료는 대통령령이 정하는 바에 따라 산업자원부장관이 부과·징수한다.

④ 제3항의 규정에 의한 과태료 처분에 불복이 있는 자는 그 처분의 고지를 받은 날부터 30일 이내에 산업자원부장관에게 이의를 제기할 수 있다.

⑤ 제3항의 규정에 의하여 과태료 처분을 받은 자가 제4항의 규정에 의하여 이의를 제기한 때에는 산업자원부장관은 지체 없이 관할법원에 그 사실을 통보하여야 하며, 그 통보를 받은 관할법원은 「비송사건절차법」에 의한 과태료의 재판을 한다.

⑥ 제4항의 규정에 의한 기간 이내에 이의를 제기하지 아니하고 과태료를 납부하지 아니한 때에는 국세체납처분의 예에 따라 이를 징수한다.

[본조신설 2005.3.31]

제46조 [과태료] ① 제31조의9제4항의 규정을 위반하여 전자문서 그 밖의 관련 정보를 공개한 공인전자문서보관소는 3천만원 이하의 과태료에 처한다.

② 다음 각호의 어느 하나에 해당하는 자는 1천만원 이하의 과태료에 처한다. <개정 2007.5.17>

1. 제31조의8제1항의 규정을 위반하여 업무준칙의 신고를 하지 아니한 자
2. 제31조의8제2항의 규정을 위반하여 업무준칙의 변경신고를 하지 아니한 자

3. 제31조의8제3항의 규정에 의한 업무준칙의 변경에 관한 명령을 이행하지 아니한 자
3의2. 제31조의8제4항을 위반하여 시설 또는 장비의 변경신고를 하지 아니한 자
4. 제31조의9제1항의 규정을 위반하여 정당한 사유 없이 전자문서보관등의 서비스의 제공을 거부한 자
5. 제31조의9제2항의 규정을 위반하여 이용자를 부당하게 차별한 자
6. 제31조의9제3항의 규정을 위반하여 공인전자문서보관소에 보관된 전자문서의 내용이 훼손되거나 변경되지 아니하도록 필요한 조치를 취하지 아니한 자
6의2. 제31조의10제1항에 따른 정기점검을 거부 또는 방해한 자
7. 제31조의11제1항에 의한 자료제출이나 보고를 하지 아니한 자, 거짓 자료를 제출하거나 거짓 보고를 한 자 또는 관계공무원의 출입이나 검사를 거부·방해 또는 기피한 자
8. 제31조의14제1항 후단을 위반하여 전자문서보관등 영업의 양도 또는 합병을 이용자에게 통지하지 아니한 자
9. 제31조의14제3항을 위반하여 공인전자문서보관소의 지위 승계사실을 신고하지 아니한 자
10. 제31조의15제1항을 위반하여 전자문서보관등 영업의 폐지를 이용자에게 통지하지 아니하거나 그 사실을 산업자원부장관에게 신고하지 아니한 자
11. 제31조의15제2항을 위반하여 보관문서등을 인계하지 아니하거나 신고하지 아니한 자
12. 제31조의16제2항을 위반하여 보험에 가입하지 아니한 자

③ 제1항 및 제2항의 규정에 의한 과태료는 대통령령이 정하는 바에 따라 산업자원부장관이 부과·징수한다.

④ 제3항의 규정에 의한 과태료 처분에 불복이 있는 자는 그 처분의 고지를 받은 날부터 30일 이내에 산업자원부장관에게 이의를 제기할 수 있다.

⑤ 제3항의 규정에 의하여 과태료 처분을 받은 자가 제4항의 규정에 의하여 이의를 제기한 때에는 산업자원부장관은 지체 없이 관할법원에 그 사실을 통보하여야 하며, 그 통보를 받은 관할법원은 「비송사건절차법」에 의한 과태료의 재판을 한다.

⑥ 제4항의 규정에 의한 기간 이내에 이의를 제기하지 아니하고 과태료를 납부하지 아니한 때에는 국세체납처분의 예에 따라 이를 징수한다.

[본조신설 2005.3.31]

부 칙

<제6614호, 2002.1.19>

① **[시행일]** 이 법은 2002년 7월 1일부터 시행한다.

② **[전자상거래지원센터의 지정에 관한 경과조치]** 이 법 시행 당시 종전의 규정에 의하여 지정받은 전자상거래지원센터는 제30조의 규정에 의한 전자상거래지원센터로 본다.

③ **[다른 법령과의 관계]** 이 법 시행 당시 다른 법령에서 종전의 전자거래기본법 또는 그 규정을 인용하고

있는 경우 이 법에 그에 해당하는 규정이 있는 때에는 이 법 또는 이 법의 해당규정을 인용한 것으로 본다.

부 칙
〈제7440호, 2005.3.31〉

① **[시행일]** 이 법은 공포 후 6월이 경과한 날부터 시행한다.
② **[전자거래정책협의회에 관한 경과조치]** 이 법 시행당시 종전의 규정에 의하여 설치·구성된 전자거래정책협의회는 제21조의 개정규정에 의하여 설치·구성된 전자거래정책위원회로 본다.
③ **[한국전자문서교환위원회에 관한 경과조치]** 이 법 시행당시 종전의 규정에 의하여 설치·구성된 한국전자문서교환위원회는 제21조제5항의 개정규정에 의하여 설치·구성되는 전자문서의 표준에 관한 전자거래정책위원회의 분과위원회로 본다.

부칙(국가공무원법)
〈제7796호, 2005.12.29〉

제1조 [시행일] 이 법은 2006년 7월 1일부터 시행한다.
제2조 내지 **제5조** 생략
제6조 [다른 법률의 개정] ① 내지 <51> 생략
<52> 전자거래기본법 일부를 다음과 같이 개정한다.
제21조제4항중 "3급 또는 3급 상당 이상의 공무원"을 "3급 또는 3급 상당 공무원, 고위공무원단에 속하는 공무원"으로 한다.
제32조제3항제2호중 "4급 이상 공무원"을 "4급 이상 공무원(고위공무원단에 속하는 일반직공무원을 포함한다)"으로 한다.
<53> 내지 <68>생략

부칙(소비자기본법)
〈제7988호, 2006.9.27〉

제1조 [시행일] 이 법은 공포 후 6개월이 경과한 날부터 시행한다. <단서 생략>
제2조 내지 **제11조** 생략
제12조 [다른 법률의 개정] ① 내지 ⑥ 생략
⑦ 전자거래기본법 일부를 다음과 같이 개정한다.
제15조제1항 중 "소비자보호법"을 "「소비자기본법」"으로 한다.
⑧ 내지 ⑫ 생략
제13조 생략

부칙(중소기업창업 지원법)
〈제8362호, 2007.4.11〉

제1조 [시행일] 이 법은 공포한 날부터 시행한다. <단서 생략>
제2조 내지 **제8조** 생략
제9조 [다른 법률의 개정] ① 내지 ⑩ 생략
⑪ 전자거래기본법 일부를 다음과 같이 개정한다.
별표 제47호 중 "제17조"를 "제29조"로 한다.
⑫ 및 ⑬ 생략
제10조 생략

부칙(폐기물관리법)
〈제8371호, 2007.4.11〉

제1조 [시행일] 이 법은 공포한 날부터 시행한다. <단서 생략>
제2조 내지 **제8조** 생략
제9조 [다른 법률의 개정] ① 내지 <29> 생략
<30> 전자거래기본법 일부를 다음과 같이 개정한다.
별표 제48호 중 "제41조제1항"을 "제36조제1항"으로 하고, 같은 표 제49호 중 "제41조제2항"을 "제36조제2항"으로 한다.
<31> 내지 <46> 생략
제10조 생략

부칙(통계법)
〈제8387호, 2007.4.27〉

제1조 [시행일] 이 법은 공포 후 6개월이 경과한 날부터 시행한다.
제2조부터 **제7조** 생략
제8조 [다른 법률의 개정] ①부터 ⑧ 생략
⑨ 전자거래기본법 일부를 다음과 같이 개정한다.
제28조제1항 후단 중 "통계법"을 "「통계법」"으로 한다.
⑩부터 ⑭생략
제9조 생략

부 칙
〈제8461호,2007.5.17〉

이 법은 공포 후 6개월이 경과한 날부터 시행한다. 다만, 제5조제2항부터 제4항까지의 개정규정은 공포한 날부터 시행한다.

부칙(수질 및 수생태계 보전에 관한 법률)
〈제8466호, 2007.5.17〉

제1조 [시행일] 이 법은 공포 후 6개월이 경과한 날부터 시행한다.
제2조 생략
제3조 생략
제4조 [다른 법률의 개정] ①부터 <33>까지 생략
<34> 전자거래기본법 일부를 다음과 같이 개정한다.
별표 제28호 중 "「수질환경보전법」 제15조제3항의 규정에 의한"을 "「수질 및 수생태계 보전에 관한 법률」 제38조제3항에 따른"으로 한다.
<35>부터 <55>까지 생략
제5조 [다른 법률과의 관계] 이 법 시행 당시 다른 법령에서 「수질환경보전법」의 규정을 인용한 경우에 이 법 중 그에 해당하는 규정이 있는 때에는 종전의 규정에 갈음하여 이 법 및 이 법의 해당 규정을 인용한 것으로 본다.

별표 전자문서로 할 수 있는 사인의 문서행위[제4조제2항관련]

5. 한국전자상거래 등에서의 소비자보호에 관한 법률

[일부개정 2007.8.3 법률 제8635호, 시행일 2009.2.4]

제1장 총칙

제1조 [목적] 이 법은 전자상거래 및 통신판매 등에 의한 재화 또는 용역의 공정한 거래에 관한 사항을 규정함으로써 소비자의 권익을 보호하고 시장의 신뢰도 제고를 통하여 국민경제의 건전한 발전에 이바지함을 목적으로 한다.

제2조 [정의] 이 법에서 사용하는 용어의 정의는 다음과 같다. <개정 2005.3.31>

1. "전자상거래"라 함은 전자거래(전자거래기본법 제2조제5호의 규정에 의한 전자거래를 말한다. 이하 같다)의 방법으로 상행위를 하는 것을 말한다.
2. "통신판매"라 함은 우편·전기통신 그 밖에 총리령이 정하는 방법에 따라 재화 또는 용역(일정한 시설을 이용하거나 용역의 제공을 받을 수 있는 권리를 포함한다. 이하 같다)의 판매에 관한 정보를 제공하고 소비자의 청약에 의하여 재화 또는 용역(이하 "재화등"이라 한다)을 판매하는 것을 말한다. 다만, 방문판매등에관한법률 제2조제3호의 규정에 의한 전화권유판매를 제외한다.
3. "통신판매업자"라 함은 통신판매를 업으로 하는 자 또는 그와의 약정에 따라 통신판매업무를 수행하는 자를 말한다.
4. "통신판매중개"라 함은 사이버몰(컴퓨터 등과 정보통신설비를 이용하여 재화등을 거래할 수 있도록 설정된 가상의 영업장을 말한다. 이하 같다)의 이용을 허락하거나 그 밖에 총리령이 정하는 방법에 의하여 거래 당사자간의 통신판매를 알선하는 행위를 말한다.
5. "소비자"라 함은 다음 각목의 어느 하나에 해당하는 자를 말한다.
   가. 사업자가 제공하는 재화등을 소비생활을 위하여 사용(이용을 포함한다. 이하 같다)하는 자
   나. 가목 외의 자로서 사실상 가목의 자와 동일한 지위 및 거래조건으로 거래하는 자 등 대통령령이 정하는 자
6. "사업자"라 함은 물품을 제조(가공 또는 포장을 포함한다. 이하 같다)·수입·판매하거나 용역을 제공하는 자를 말한다.

제3조 [적용제외] ① 이 법의 규정은 사업자(방문판매등에관한법률 제2조제6호의 다단계판매원을 제외한다. 이하 이 항에서 같다)가 상행위를 목

적으로 구입하는 거래에 대하여는 이를 적용하지 아니한다. 다만, 사업자라 하더라도 사실상 소비자와 같은 지위에서 다른 소비자와 같은 거래조건으로 거래하는 경우에는 그러하지 아니하다.

② 제13조제2항의 규정에 따른 계약내용에 관한 서면(전자문서를 포함한다. 이하 같다)의 송부의무에 관한 규정은 다음 각호의 거래에는 적용하지 아니한다. 다만, 제1호의 경우에는 총리령이 정하는 바에 따라 계약내용에 관한 서면의 내용이나 교부의 방법을 다르게 할 수 있다. <개정 2005.3.31>

1. 소비자가 사전에 숙지된 약관 또는 정형화된 거래방법에 따라 수시 거래하는 경우로서 총리령이 정하는 거래
2. 다른 법률(민법 및 방문판매등에관한법률을 제외한다)에 이 법의 규정과 다른 방법에 의한 계약서 교부의무 등이 규정되어 있는 거래

③ 통신판매업자가 아닌 자 사이의 통신판매중개를 하는 통신판매업자에 대하여는 제13조 내지 제19조의 규정을 적용하지 아니한다.

④ 「자본시장과 금융투자업에 관한 법률」의 투자매매업자·투자중개업자에 의한 증권의 거래, 대통령령이 정하는 금융기관에 의한 금융상품의 거래 및 일상 생활용품, 음식료 등의 인접지역에의 판매를 위한 거래에 대하여는 제12조 내지 제20조의 규정을 적용하지 아니한다. <개정 2007.8.3>

제4조 [다른 법률과의 관계] 전자상거래 또는 통신판매에서의 소비자보호에 관하여 이 법과 다른 법률의 규정이 경합하는 경우에는 이 법을 우선 적용하되 다른 법률을 적용하는 것이 소비자에게 유리한 경우에는 그 법을 적용한다.

제2장 전자상거래 및 통신판매

제5조 [전자문서의 활용] ① 전자거래기본법 제6조제2항제2호의 규정에 불구하고 사업자가 소비자와 사전에 전자문서로 거래할 것을 약정하여 지정한 주소(전자거래기본법 제2조제2호의 정보처리시스템을 말한다)로 전자문서(전자거래기본법 제2조제1호의 규정에 의한 전자문서를 말한다. 이하 같다)를 송신하지 아니한 경우에는 당해 전자문서에 의한 권리를 주장할 수 없다. 다만, 긴급성을 요하는 경우, 소비자도 이미 전자문서로 거래할 것을 예정하고 있는 경우, 소비자가 전자문서를 출력한 경우 등 대통령령이 정하는 경우에는 그러하지 아니하다.

② 사업자는 전자서명(전자서명법 제2조제2호의 규정에 의한 전자서명을 말한다. 이하 같다)을 한 전자문서를 사용하고자 하는 경우에는 대통령령이 정하는 바에 따라 당해 전자문서의 효력 및 수령에 필요한 절차와 방법 등에 관하여 소비자에게 고지하여야 한다.

③ 사업자는 전자문서를 사용함에 있어 소비자에게 특정한 전자서명 방법의 이용을 강요(특수한 표준 등의 이용으로 사실상 강제되는 경우를 포함한다)하여서는 아니되고, 소비자가 선택한 전자서명 방법의 사용을 부당하

게 제한하여서는 아니된다.

제6조 [거래기록의 보존 등] ① 사업자는 전자상거래 및 통신판매에서의 표시·광고, 계약내용 및 그 이행 등 거래에 관한 기록을 상당한 기간 보존하여야 한다. 이 경우 소비자가 쉽게 거래기록을 열람·보존할 수 있는 방법을 제공하여야 한다.

② 제1항의 규정에 의하여 사업자가 보존하여야 할 거래의 기록 및 그와 관련된 개인정보(성명·주소·주민등록번호 등 거래의 주체를 식별할 수 있는 정보에 한한다)는 소비자가 개인정보의 이용에 관한 동의를 철회하는 경우에도 정보통신망이용촉진및정보보호등에관한법률 제30조제3항의 규정에 불구하고 이를 보존할 수 있다.

③ 제1항의 규정에 의하여 사업자가 보존하는 거래기록의 대상·범위·기간 및 소비자에게 제공하는 열람·보존의 방법 등에 관하여 필요한 사항은 대통령령으로 정한다.

제7조 [조작실수 등의 방지] 사업자는 전자상거래에서 소비자의 조작실수 등으로 인한 의사표시의 착오 등으로 발생하는 피해를 예방할 수 있도록 거래 대금이 부과되는 시점 또는 청약에 앞서 그 내용의 확인 및 정정에 필요한 절차를 마련하여야 한다.

제8조 [전자적 대금지급의 신뢰확보] ① 사업자가 대통령령이 정하는 전자적 수단에 의한 거래대금의 지급(이하 "전자적 대금지급"이라 한다)방법을 이용하는 경우 사업자와 전자결제수단 발행자·전자결제서비스 제공자 등 대통령령이 정하는 전자적 대금지급 관련자(이하 "전자결제업자등"이라 한다)는 관련 정보의 보안 유지에 필요한 조치를 취하여야 한다.

② 사업자와 전자결제업자등은 전자적 대금지급이 이루어지는 경우 소비자가 입력한 정보가 소비자의 진정 의사 표시에 의한 것인지를 확인함에 있어 주의를 다하여야 한다.

③ 사업자와 전자결제업자등은 전자적 대금지급이 이루어진 경우 전자문서의 송신 등 총리령이 정하는 방법에 따라 소비자에게 그 사실을 통지하고, 언제든지 소비자가 전자적 대금지급과 관련한 자료를 열람할 수 있도록 하여야 한다.

④ 다수의 사이버몰에서 사용되는 결제수단으로서 대통령령이 정하는 결제수단의 발행자는 총리령이 정하는 바에 따라 당해 결제수단의 신뢰도의 확인과 관련된 사항, 사용상의 제한이나 그 밖의 주의 사항 등을 표시 또는 고지하여야 한다.

⑤ 사업자와 소비자 사이에 전자적 대금지급과 관련하여 다툼이 있는 경우 전자결제업자등은 대금지급 관련 정보의 열람을 허용하는 등 대통령령이 정하는 바에 따라 당해 분쟁의 해결에 협조하여야 한다.

제9조 [배송사업자 등의 협력] 전자상거래나 통신판매에 따른 재화 등의 배송[정보통신망이용촉진및정보보호등에관한법률 제2조제1항제1호의 정보통신망(이하 "정보통신망"이라 한다)을 통한 전송을 포함한다]을 행하는 사업자는 배송 과정의 사고·장애 등으로 인하여 분쟁이 발생하는 경우에는 대통령령이 정하는 바에 따라 당해 분쟁의 해결에 협조하여야 한다.

제10조 [사이버몰의 운영] ① 전자상거래를 행하는 사이버몰의 운영자는 소비자가 사업자의 신원 등에 관하여 쉽게 알 수 있도록 다음 각호의 사항을 총리령이 정하는 바에 따라 표시하여야 한다. <개정 2005.3.31>

1. 상호 및 대표자 성명
2. 영업소 소재지 주소(소비자의 불만을 처리할 수 있는 곳의 주소를 포함한다)
3. 전화번호·전자우편주소
4. 사업자등록번호
5. 사이버몰의 이용약관
6. 그 밖에 소비자 보호를 위하여 필요한 사항으로 대통령령이 정하는 사항

② 제1항의 규정에 의한 사이버몰의 운영자는 당해 사이버몰에서 이 법의 규정에 위반한 행위가 이루어지는 경우 운영자가 조치하여야 할 부분에 대하여는 시정에 필요한 조치에 협력하여야 한다.

제11조 [소비자에 관한 정보의 이용 등] ① 사업자는 전자상거래 또는 통신판매를 위하여 소비자에 관한 정보를 수집 또는 이용(제3자에게 제공하는 경우를 포함한다. 이하 같다)하고자 하는 경우에는 정보통신망이용촉진및정보보호등에관한법률 등 관련 규정에 따라 이를 공정하게 수집 또는 이용하여야 한다.

② 사업자는 재화등을 거래함에 있어서 소비자에 관한 정보가 도용되어 당해 소비자가 재산상의 손해가 발생하였거나 발생한 우려가 있는 특별한 사유가 있는 경우에는 본인 확인이나 피해의 회복 등 대통령령이 정하는 필요한 조치를 취하여야 한다.

제12조 [통신판매업자의 신고 등] ① 통신판매업자는 대통령령이 정하는 바에 따라 다음 각호의 사항을 공정거래위원회나 특별시장·광역시장 또는 도지사(이하 "시·도지사"라 한다)에게 신고하여야 한다. 다만, 소규모 통신판매업자 등 대통령령이 정하는 통신판매업자의 경우에는 그러하지 아니하다.

1. 상호(법인인 경우에는 대표자의 성명 및 주민등록번호를 포함한다)·주소·전화번호
2. 전자우편주소·인터넷도메인 이름·호스트서버의 소재지
3. 그 밖에 사업자의 신원확인을 위하여 필요한 사항으로서 대통령령이 정하는 사항

② 통신판매업자가 제1항의 규정에 의하여 신고한 사항을 변경하고자 하는 경우에는 대통령령이 정하는 바에 따라 이를 신고하여야 한다.

③ 제1항의 규정에 의하여 신고한 통신판매업자는 그 영업을 휴지 또는 폐지하거나 휴업한 후 영업을 재개하는 때에는 대통령령이 정하는 바에 따라 이를 신고하여야 한다.

④ 공정거래위원회는 제1항의 규정에 의하여 신고한 통신판매업자의 정보를 대통령령이 정하는 바에 따라 공개할 수 있다.

제13조 [신원 및 거래조건에 대한 정보의 제공] ① 통신판매업자가 재화등의 거래에 관한 청약을 받을 목적으로 표시·광고를 행하는 경우에는 다음 각호의 사항이 포함되도록 하여야 한다. <개정 2005.3.31>

1. 상호 및 대표자 성명
2. 주소·전화번호·전자우편주소
3. 제12조의 규정에 따라 공정거래위원회나 시·도지사에게 한 신고번호·신고기관 등 신고를 확인할 수 있는 사항

② 통신판매업자는 소비자가 계약체결 전에 재화등에 대한 거래조건을 정확하게 이해하고 실수 또는 착오없이 거래할 수 있도록 다음 각호의 사항을 적절한 방법으로 표시·광고 또는 고지하고, 계약이 체결된 경우에는 계약자에게 다음 각호의 사항이 기재된 계약내용에 관한 서면을 재화등을 공급할 때까지 교부하여야 한다. <개정 2005.3.31>

1. 재화등의 공급자 및 판매자에 관한 사항
2. 재화등의 명칭·종류 및 내용
3. 재화등의 가격(가격이 결정되어 있지 아니한 경우에는 그 결정의 구체적인 방법)과 그 지급 방법 및 시기
4. 재화등의 공급 방법 및 시기
5. 청약의 철회 및 계약의 해제(이하 "청약철회등"이라 한다)의 기한·행사방법 및 효과에 관한 사항(청약철회등의 권리를 행사함에 필요한 서식을 포함한다)
6. 재화등의 교환·반품·보증과 그 대금 환불의 조건 및 절차
7. 전자매체로 공급이 가능한 재화등의 전송·설치 등과 관련하여 요구되는 기술적 사항
8. 소비자피해보상, 재화등에 대한 불만 및 소비자와 사업자간 분쟁처리에 관한 사항
9. 거래에 관한 약관(그 약관의 내용을 확인할 수 있는 방법을 포함한다)
10. 소비자가 구매의 안전을 위하여 원하는 경우에는 재화등을 공급받을 때까지 대통령령이 정하는 제3자에게 그 재화등의 결제대금을 예치하는 것(이하 "결제대금예치"라 한다)의 이용을 선택할 수 있다는 사항 또는 통신판매업자의 제24조제1항의 규정에 따른 소비자피해보상보험계약등의 체결을 선택할 수 있다는 사항(제15조제1항의 규정에 따른 선불식 통신판매에 한하며, 제24조제3항의 규정에 따른 거래를 하는 경우를 제외한다)
11. 그 밖에 소비자의 구매 여부 판단에 영향을 주는 거래조건 또는 소비자의 피해 구제에 필요한 사항으로서 대통령령이 정하는 사항

③ 통신판매업자는 미성년자와 재화등의 거래에 관한 계약을 체결하고자 하는 경우에는 법정대리인이 그 계약에 대하여 동의를 하지 아니하면 미성년자 본인 또는 법정대리인이 그 계약을 취소할 수 있다는 내용을 미성년자에게 고지하여야 한다. <신설 2005.3.31>

④ 공정거래위원회는 제1항 및 제2항의 규정에 의한 통신판매업자의 상호등에 관한 사항 및 거래조건에 대한 표시·광고 및 고지의 방법을 정하여 고시할 수 있다. 이 경우 거래방법이나 재화등의 특성을 고려하여 그 표시·광고 및 고지의 방법을 다르게 정할 수 있다.

⑤ 통신판매업자는 제2항의 규정에

의하여 소비자에게 표시·광고 또는 고지한 거래조건을 신의에 좇아 성실하게 이행하여야 한다.

제14조 [청약확인 등] ① 통신판매업자는 소비자로부터 재화등의 거래에 관한 청약을 받은 경우 청약의 의사표시의 수신 확인 및 판매 가능 여부에 관한 정보를 소비자에게 신속하게 통지하여야 한다.

② 통신판매업자는 계약 체결 전에 소비자가 청약의 내용을 확인하고, 정정 또는 취소할 수 있도록 적절한 절차를 갖추어야 한다.

제15조 [재화등의 공급 등] ① 통신판매업자는 소비자가 청약을 한 날부터 7일 이내에 재화등의 공급에 필요한 조치를 하여야 하고, 소비자가 재화등을 공급받기 전에 미리 재화등의 대금의 전부 또는 일부를 지급하는 경우(이하 "선불식 통신판매"라 한다)에는 소비자가 그 대금의 전부 또는 일부를 지급한 날부터 3영업일 이내에 재화등의 공급을 위하여 필요한 조치를 하여야 한다. 다만, 소비자와 통신판매업자간에 재화등의 공급시기에 관하여 별도의 약정이 있는 경우에는 그러하지 아니하다. <개정 2005.3.31>

② 통신판매업자는 청약을 받은 재화등을 공급하기 곤란하다는 것을 알았을 때에는 그 사유를 소비자에게 지체 없이 알려야 하고, 선불식 통신판매의 경우에는 소비자가 그 대금의 전부 또는 일부를 지급한 날부터 3영업일 이내에 환급하거나 환급에 필요한 조치를 하여야 한다. <개정 2005.3.31>

③ 통신판매업자는 소비자가 재화등의 공급 절차 및 진행 상황을 확인할 수 있도록 적절한 조치를 하여야 한다. 이 경우 공정거래위원회는 그 조치에 필요한 사항을 정하여 고시할 수 있다.

④ 제18조제1항 내지 제5항의 규정은 제2항의 선불식 통신판매에 있어서 환급하거나 환급에 필요한 조치를 하여야 하는 경우에 이를 준용한다.

제16조 삭제 <2005.3.31>

제17조 [청약철회등] ① 통신판매업자와 재화등의 구매에 관한 계약을 체결한 소비자는 다음 각호의 기간(거래당사자가 다음 각호의 기간보다 긴 기간으로 약정한 경우에는 그 기간을 말한다) 이내에 당해 계약에 관한 청약철회등을 할 수있다.

1. 제13조제2항의 규정에 의한 계약내용에 관한 서면을 교부 받은 날부터 7일. 단, 그 서면을 교부받은 때보다 재화등의 공급이 늦게 이루어진 경우에는 재화등의 공급을 받거나 공급이 개시된 날부터 7일
2. 제13조제2항의 규정에 의한 계약내용에 관한 서면을 교부 받지 아니한 경우, 통신판매업자의 주소 등이 기재되지 아니한 서면을 교부 받은 경우 또는 통신판매업자의 주소 변경 등의 사유로 제1호의 기간 이내에 청약철회등을 할 수 없는 경우에는 그 주소를 안 날 또는 알 수 있었던 날부터 7일

② 소비자는 다음 각호의 1에 해당하는 경우에는 통신판매업자의 의사에 반하여 제1항의 규정에 의한 청약철회등을 할 수 없다. 다만, 통신판매업

자가 제6항의 규정에 따른 조치를 하지 아니하는 때에는 제2호 내지 제4호에 해당하는 경우에도 청약철회등을 할 수 있다. <개정 2005.3.31>

1. 소비자에게 책임 있는 사유로 재화등이 멸실 또는 훼손된 경우. 다만, 재화등의 내용을 확인하기 위하여 포장 등을 훼손한 경우를 제외한다.
2. 소비자의 사용 또는 일부 소비에 의하여 재화등의 가치가 현저히 감소한 경우
3. 시간의 경과에 의하여 재판매가 곤란할 정도로 재화등의 가치가 현저히 감소한 경우
4. 복제가 가능한 재화등의 포장을 훼손한 경우
5. 그 밖에 거래의 안전을 위하여 대통령령이 정하는 경우

③ 소비자는 제1항 및 제2항의 규정에 불구하고 재화등의 내용이 표시·광고 내용과 다르거나 계약내용과 다르게 이행된 경우에는 당해 재화등을 공급받은 날부터 3월 이내, 그 사실을 안 날 또는 알 수 있었던 날부터 30일 이내에 청약철회등을 할 수 있다.

④ 제1항 또는 제3항의 규정에 의한 청약철회등을 서면으로 하는 경우에는 그 의사표시가 기재된 서면을 발송한 날에 그 효력이 발생한다.

⑤ 제1항 내지 제3항의 규정을 적용함에 있어서 재화등의 훼손에 대하여 소비자의 책임이 있는지의 여부, 재화등의 구매에 관한 계약이 체결된 사실 및 그 시기, 재화등의 공급사실 및 그 시기 등에 관하여 다툼이 있는 경우에는 통신판매업자가 이를 입증하여야 한다. <개정 2005.3.31>

⑥ 통신판매업자는 제2항제2호 내지 제4호의 규정에 의하여 청약철회등이 불가능한 재화등의 경우에는 그 사실을 재화등의 포장 기타 소비자가 쉽게 알 수 있는 곳에 명기하거나 시용상품을 제공하는 등의 방법으로 청약철회등의 권리 행사가 방해받지 아니하도록 조치하여야 한다. <개정 2005.3.31>

제18조 [청약철회등의 효과] ① 소비자는 제17조제1항 또는 제3항의 규정에 의하여 청약철회등을 행한 경우에는 이미 공급받은 재화등을 반환하여야 한다.

② 통신판매업자(소비자로부터 재화등의 대금을 지급 받은 자 또는 소비자와 통신판매에 관한 계약을 체결한 자를 포함한다. 이하 제2항 내지 제10항에서 같다)는 재화등을 반환 받은 날부터 3영업일 이내에 이미 지급 받은 재화등의 대금을 환급하여야 한다. 이 경우 통신판매업자가 소비자에게 재화등의 대금의 환급을 지연한 때에는 그 지연기간에 대하여 연 100분의 40 이내의 범위에서 「은행법」에 따른 금융기관이 적용하는 연체금리 등 경제사정을 고려하여 대통령령으로 정하는 이율을 곱하여 산정한 지연이자(이하 "지연배상금"이라 한다)를 지급하여야 한다. <개정 2007.7.19>

③ 통신판매업자는 제1항 및 제2항의 규정에 의하여 재화등의 대금을 환급함에 있어 소비자가 여신전문금융업법 제2조제3호의 규정에 의한 신용카드 그 밖에 대통령령이 정하는 결제수단으로 재화등의 대금을 지급한 때

에는 지체없이 당해 결제수단을 제공한 사업자(이하 "결제업자"라 한다)로 하여금 재화등의 대금의 청구를 정지 또는 취소하도록 요청하여야 한다. 다만, 통신판매업자가 결제업자로부터 해당 재화등의 대금을 이미 지급받은 때에는 지체없이 이를 결제업자에게 환급하고, 그 사실을 소비자에게 통지하여야 한다.

④ 제3항 단서의 규정에 의하여 통신판매업자로부터 재화등의 대금을 환급받은 결제업자는 지체없이 소비자에게 이를 환급하거나 환급에 필요한 조치를 취하여야 한다.

⑤ 제3항 단서의 규정에 해당되는 통신판매업자중 환급의 지연으로 소비자로 하여금 대금을 결제하게 한 통신판매업자는 그 지연기간에 대한 지연배상금을 소비자에게 지급하여야 한다.

⑥ 소비자는 통신판매업자가 제3항 단서의 규정에 불구하고 정당한 사유없이 결제업자에게 대금을 환급하지 아니하는 경우에는 환급 받을 금액에 대하여 결제업자에게 당해 통신판매업자에 대한 다른 채무와 상계할 것을 요청할 수 있다. 이 경우 결제업자는 대통령령이 정하는 바에 따라 당해 통신판매업자에 대한 다른 채무와 상계할 수 있다.

⑦ 소비자는 결제업자가 제6항의 규정에 의한 상계를 정당한 사유없이 게을리 한 경우 결제업자에 대하여 대금의 결제를 거부할 수 있다. 이 경우 통신판매업자와 결제업자는 그 결제의 거부를 이유로 당해 소비자를 약정한 기일 이내에 채무를 변제하지 아니한 자로 처리하는 등 소비자에게 불이익을 주는 행위를 하여서는 아니된다. <개정 2005.1.27>

⑧ 제1항의 경우 통신판매업자는 이미 재화등이 일부 사용 또는 일부 소비된 경우에는 그 재화등의 사용 또는 일부 소비에 의하여 소비자가 얻은 이익 또는 그 재화등의 공급에 소요된 비용에 상당하는 금액으로서 대통령령이 정하는 범위의 금액의 지급을 소비자에게 청구할 수 있다.

⑨ 제17조제1항의 규정에 의한 청약철회등의 경우 공급받은 재화등의 반환에 필요한 비용은 소비자가 이를 부담하며 통신판매업자는 소비자에게 청약철회등을 이유로 위약금 또는 손해배상을 청구할 수 없다.

⑩ 제17조제3항의 규정에 의한 청약철회등의 경우 재화등의 반환에 필요한 비용은 통신판매업자가 이를 부담한다.

⑪ 통신판매업자, 재화등의 대금을 지급 받은 자 또는 소비자와 통신판매에 관한 계약을 체결한 자가 동일인이 아닌 경우에 각자는 제17조제1항 및 제3항의 규정에 의한 청약철회등에 따른 제1항 내지 제7항의 규정에 의한 재화등의 대금 환급과 관련한 의무의 이행에 있어서 연대하여 책임을 진다.

제19조 [손해배상청구금액의 제한등] ① 소비자에게 책임있는 사유로 인하여 재화등의 판매에 관한 계약이 해제된 경우 통신판매업자가 소비자에게 청구하는 손해배상액은 다음 각호에서 정한 금액에 대금미납에 따른 지연배상금을 더한 금액을 초과할 수

없다.

1. 공급받은 재화등이 반환된 경우에는 다음 각목의 1에 해당하는 금액중 큰 금액
   가. 반환된 재화등의 통상 사용료액 또는 그 사용에 의하여 통상 얻어지는 이익에 상당하는 금액
   나. 반환된 재화등의 판매가액에서 그 재화등이 반환된 당시의 가액을 공제한 금액
2. 공급받은 재화등이 반환되지 아니한 경우에는 그 재화등의 판매가액에 상당하는 금액

② 공정거래위원회는 통신판매업자와 소비자간의 손해배상청구에 따른 분쟁의 원활한 해결을 위하여 필요한 경우 제1항의 규정에 의한 손해배상액을 산정하기 위한 기준을 정하여 고시할 수 있다.

제20조 [통신판매중개자의 책임] ① 통신판매중개자가 재화등을 판매함에 있어서 책임이 없다는 사실을 약정하지 아니하거나 미리 고지하지 아니하고 통신판매의 중개를 한 경우에는 당해 통신판매와 관련하여 통신판매의 중개를 의뢰한 자의 고의 또는 과실로 소비자에게 발생한 재산상의 손해에 대하여 그 통신판매중개자는 중개를 의뢰한 자와 연대하여 배상할 책임을 진다.

② 제1항의 규정에 의한 고지에도 불구하고 통신판매업자인 통신판매중개자는 제12조 내지 제18조의 규정에 의한 통신판매업자의 책임을 면하지 못한다. 다만, 통신판매업자의 의뢰를 받아 통신판매의 중개를 함에 있어서 의뢰자가 책임을 지는 것으로 약정하여 소비자에게 고지한 부분에 대하여는 의뢰자가 책임을 진다.

③ 통신판매중개자에게 통신판매의 중개를 의뢰한 사업자는 통신판매중개자의 고의 또는 과실로 인하여 소비자에게 발생한 재산상 손해에 대하여 중개자의 행위라는 이유로 면책되지 아니한다. 다만, 소비자에게 피해가 가지 아니하도록 상당한 주의를 기울인 경우에는 그러하지 아니하다.

④ 통신판매중개자는 통신판매의 중개를 의뢰한 사업자의 신원에 관한 정보를 열람할 수 있는 방법을 소비자에게 제공하여야 하고 통신판매의 중개를 의뢰한 자가 사업자가 아닌 경우에는 주소·전화번호 등 대통령령이 정하는 사항에 관하여 통신판매의 중개 대상이 되는 거래의 당사자들에게 거래상대방에 관한 정보를 열람할 수 있는 방법을 제공하여야 한다.

제21조 [금지행위] ① 전자상거래를 행하는 사업자 또는 통신판매업자는 다음 각호의 1에 해당하는 행위를 하여서는 아니된다. <개정 2005.3.31>

1. 허위 또는 과장된 사실을 알리거나 기만적 방법을 사용하여 소비자를 유인 또는 거래하거나 청약철회등 또는 계약의 해지를 방해하는 행위
2. 청약철회등을 방해할 목적으로 주소·전화번호·인터넷도메인 이름 등을 변경 또는 폐지하는 행위
3. 분쟁이나 불만처리에 필요한 인력 또는 설비의 부족을 상당기간 방치하여 소비자에게 피해를 주는 행위

4. 소비자의 청약이 없음에도 불구하고 일방적으로 재화등을 공급하고 그 대금을 청구하거나 재화등의 대금만을 청구하는 행위
5. 소비자가 재화를 구매하거나 용역을 제공받을 의사가 없음을 밝혔음에도 불구하고 전화, 모사전송, 컴퓨터통신 등을 통하여 재화를 구매하거나 용역을 제공받도록 강요하는 행위
6. 본인의 허락을 받지 아니하거나 허락 받은 범위를 넘어 소비자에 관한 정보를 이용하는 행위. 다만, 다음 각목의 1에 해당하는 경우를 제외한다.
   가. 재화등의 배송 등 소비자와의 계약의 이행에 불가피한 경우로서 대통령령이 정하는 경우
   나. 재화등의 거래에 따른 대금정산을 위하여 필요한 경우
   다. 도용방지를 위하여 본인확인에 필요한 경우로서 대통령령이 정하는 경우
   라. 법률의 규정 또는 법률에 의하여 필요한 불가피한 사유가 있는 경우

② 공정거래위원회는 이 법 위반행위의 방지 및 소비자피해의 예방을 위하여 전자상거래를 행하는 사업자 또는 통신판매업자가 준수하여야 할 기준을 정하여 고시할 수 있다.

제22조 [휴업기간 등에서의 청약철회등의 업무처리 등] ① 통신판매업자는 그 휴업기간 또는 영업정지기간 중에도 제17조제1항 및 제3항의 규정에 의한 청약철회등의 업무와 제18조제1항 내지 제5항의 규정에 의한 청약철회등에 따른 대금의 환급과 관련된 업무를 계속하여야 한다.

② 통신판매업자가 폐업신고를 하지 아니한 상태에서 파산선고를 받는 등 실질적으로 영업을 할 수 없는 것으로 판단되는 경우에는 제12조제1항의 규정에 의한 신고를 받은 공정거래위원회 또는 시·도지사는 직권으로 신고사항을 말소할 수 있다.

제3장 소비자 권익의 보호

제23조 [전자상거래 등에서의 소비자보호지침의 제정 등] ① 공정거래위원회는 전자상거래 또는 통신판매를 행함에 있어서 건전한 거래질서의 확립 및 소비자의 보호를 위하여 사업자의 자율적 준수를 유도하기 위한 지침(이하 "소비자보호지침"이라 한다)을 관련분야의 거래당사자, 기관 및 단체의 의견을 들어 정할 수 있다.

② 사업자는 그가 사용하는 약관이 소비자보호지침의 내용보다 소비자에게 불리한 경우 소비자보호지침과 다르게 정한 약관의 내용을 소비자가 알기 쉽게 표시 또는 고지하여야 한다.

제24조 [소비자피해보상보험계약등] ① 공정거래위원회는 전자상거래 또는 통신판매에서의 소비자 보호를 위하여 관련 사업자에게 다음 각호의 1에 해당하는 계약(이하 "소비자피해보상보험계약등"이라 한다)을 체결하도록 권장할 수 있다. 다만, 제8조제4항의 규정에 의한 결제수단의 발행자는 소비자피해보상보험계약등을 체결하여야 한다 <개정 2005.3.31>

1. 보험업법에 의한 보험계약

2. 소비자피해보상금의 지급을 확보하기 위한 「금융감독기구의 설치 등에 관한 법률」 제38조의 규정에 따른 기관과의 채무지급보증계약
3. 제10항의 규정에 따라 설립된 공제조합과의 공제계약

② 통신판매업자는 제1항의 규정에 불구하고 선불식 통신판매에 있어서 소비자가 제13조제2항제10호의 규정에 따른 결제대금예치의 이용 또는 통신판매업자의 소비자피해보상보험계약등의 체결을 선택한 경우에는 소비자가 결제대금예치를 이용하도록 하거나 제1항의 규정에 따른 소비자피해보상보험계약등을 체결하여야 한다. <신설 2005.3.31>

③ 제2항의 규정은 소비자가 다음 각 호의 어느 하나에 해당하는 거래를 하는 경우에는 이를 적용하지 아니한다. <신설 2005.3.31>

1. 10만원 이하의 범위 안에서 대통령령이 정하는 금액 이하인 재화등을 구매하는 거래
2. 「여신전문금융업법」 제2조제3호의 규정에 따른 신용카드로 재화등의 대금을 지급하는 거래
3. 정보통신망에 의하여 전송되거나 제13조제2항제10호의 규정에 따른 제3자가 배송을 확인할 수 없는 재화등을 구매하는 거래
4. 일정기간에 걸쳐 분할되어 공급되는 재화등을 구매하는 거래
5. 다른 법률에 따라 소비자의 구매안전이 충분히 갖추어진 경우 또는 제1호 내지 제4호와 유사한 사유로 결제대금예치 또는 소비자피해보상보험계약등의 체결이 필요하지 아니하거나 곤란하다고 공정거래위원회가 정하여 고시하는 거래

④ 제2항의 규정에 따른 결제대금예치의 이용 또는 소비자피해보상보험계약등의 체결에 관하여 필요한 사항은 대통령령으로 정한다. <신설 2005.3.31>

⑤ 소비자피해보상보험계약등은 이 법 위반행위로 인한 소비자 피해의 보상이나 제8조제4항의 규정에 의한 결제수단 발행자의 신뢰성 확보에 적절한 수준이어야 한다. 이 경우 그 구체적인 기준은 대통령령으로 정한다.

⑥ 소비자피해보상보험계약등에 의하여 소비자 피해보상금을 지급할 의무가 있는 자는 그 지급사유가 발생한 경우 지체없이 이를 지급하여야 한다. 이를 지연한 경우에는 지연배상금을 지급하여야 한다.

⑦ 소비자피해보상보험계약등을 체결하고자 하는 사업자는 소비자피해보상보험계약등을 체결하기 위하여 매출액 등의 자료를 제출함에 있어 허위의 자료를 제출하여서는 아니된다.

⑧ 제1항의 규정에 따른 소비자피해보상보험계약등을 체결하는 사업자는 그 사실을 나타내는 표지를 사용할 수 있으나, 소비자피해보상보험계약등을 체결하지 아니하는 사업자는 전단의 규정에 따른 표지를 사용하거나 이와 유사한 표지를 제작 또는 사용하여서는 아니된다. <개정 2005.3.31>

⑨ 제8항의 규정은 제2항의 규정에 따른 결제대금예치의 이용에 관하여 이를 준용한다. <신설 2005.3.31>

⑩ 전자상거래를 행하는 사업자 또는 통신판매업자는 제1항의 규정에 따른

소비자보호를 위하여 공제조합을 설립할 수 있다. 이 경우 공제조합의 설립 및 운영에 관하여는 「방문판매 등에 관한 법률」 제35조의 규정을 준용하되, 「방문판매 등에 관한 법률」 제35조제1항 중 "제5조의 규정에 의하여 신고 또는 제13조의 규정에 의하여 등록한 사업자"는 "전자상거래를 행하는 사업자 또는 통신판매업자"로, "제34조제1항제3호"는 "「전자상거래 등에서의 소비자보호에 관한 법률」 제24조제1항제3호"로 보고, 동조제9항 및 제10항 중 "이 법"은 각각 "「전자상거래 등에서의 소비자보호에 관한 법률」"로 본다. <신설 2005. 3.31>

제24조의2 [구매권유광고 수신거부의사 등록시스템 등] ① 공정거래위원회는 통신판매업자가 전화, 모사전송 또는 전자우편 등을 이용하여 재화를 구매하거나 용역을 제공받도록 권유(이하 "구매권유광고"라 한다)하는 행위로부터 소비자를 보호하기 위하여 소비자가 구매권유광고행위에 대하여 수신거부의사를 명시적으로 표시하여 등록할 수 있는 구매권유광고 수신거부의사 등록시스템(이하 "광고수신거부의사 등록시스템"이라 한다)을 구축할 수 있다.

② 통신판매업사는 구매권유광고를 하고자 하는 경우 대통령령이 정하는 바에 따라 광고수신거부의사 등록시스템에서 소비사의 구매권유광고 수신거부의사 등록여부를 확인하여 구매권유광고 수신거부의사를 등록한 소비자에 대하여는 구매권유광고를 송신하여서는 아니된다. 다만, 통신판매업자가 대통령령이 정하는 바에 따라 소비자로부터 개별적인 동의를 얻은 경우에는 그러하지 아니하다.

③ 공정거래위원회는 광고수신거부의사 등록시스템의 운용을 다음 각호의 어느 하나에 해당하는 기관 또는 단체에 위탁할 수 있으며, 광고수신거부의사 등록시스템의 원활한 운용을 위하여 해당 기관 또는 단체에 대하여 그 운용에 필요한 비용의 전부 또는 일부를 지원할 수 있다.

1. 「소비자보호법」에 따라 설립된 기관 또는 등록된 소비자단체
2. 그 밖에 제37조 또는 다른 법률에 따라 설립된 기관 또는 등록된 사업자단체

④ 제3항의 규정에 따른 광고수신거부의사 등록시스템의 운용을 위탁받을 수 있는 대상기관 또는 단체의 선정절차 및 기준은 대통령령으로 정한다.

[본조신설 2005.3.31]

제25조 [전자상거래소비자단체 등의 지원] 공정거래위원회는 전자상거래 및 통신판매에 있어서 공정거래질서를 확립하고 소비자의 권익을 보호하기 위한 사업을 시행하는 기관 또는 단체에 대하여 예산의 범위안에서 필요한 지원 등을 할 수 있다.

제4장 조사 및 감독

제26조 [위반행위의 조사 등] ① 공정거래위원회 또는 시·도지사는 이 법의 규정에 위반한 사실이 있다고 인정할 때에는 직권으로 필요한 조사를 할 수 있다.

② 시·도지사가 제1항의 규정에 의한

조사를 하고자 하는 경우에는 미리 공정거래위원회에 통보하여야 하며, 공정거래위원회는 조사 등이 중복될 우려가 있는 경우에는 시·도지사에게 조사의 중지를 요청할 수 있다. 이 경우 중지의 요청을 받은 시·도지사는 상당한 이유가 없는 한 그 조사를 중지하여야 한다.

③ 공정거래위원회 또는 시·도지사는 제1항 또는 제2항의 규정에 의하여 조사를 한 경우에는 그 결과(조사결과 시정조치명령 등의 처분을 하고자 하는 경우에는 그 처분의 내용을 포함한다)를 당해 사건의 당사자에게 서면으로 통지하여야 한다.

④ 누구든지 이 법의 규정에 위반되는 사실이 있다고 인정할 때에는 그 사실을 공정거래위원회 또는 시·도지사에게 신고할 수 있다.

⑤ 공정거래위원회는 이 법의 규정에 위반하는 행위가 종료한 날부터 5년을 경과한 경우에는 당해 위반행위에 대하여 제32조의 규정에 의한 시정조치를 명하지 아니하거나 제34조의 규정에 의한 과징금 등을 부과하지 아니한다. 다만, 제33조제1항의 규정에 따른 소비자피해분쟁조정기구의 권고안 또는 조정안에 대하여 당사자가 수락하고도 이를 이행하지 아니하는 경우에는 그러하지 아니하다. <개정 2005.3.31>

제27조 [공개정보 검색 등] ① 공정거래위원회는 전자상거래 및 통신판매의 공정거래질서확립 및 소비자피해예방을 위하여 필요한 경우 전자적인 방법 등을 이용하여 사업자나 전자상거래 또는 통신판매에서의 소비자보호 관련 단체가 정보통신망에 공개한 공개정보를 검색할 수 있다.

② 사업자 또는 관련단체는 제1항의 규정에 의한 공정거래위원회의 정보검색에 대하여 정당한 사유없이 이를 거부하거나 방해하는 행위를 하여서는 아니된다.

③ 공정거래위원회는 소비자피해정보의 효율적인 수집 및 이용을 위하여 필요한 경우 대통령령이 정하는 바에 따라 전자상거래나 통신판매에서의 소비자보호관련 업무를 수행하는 기관이나 단체에 관련 자료를 제출하거나 공유하도록 요구할 수 있다.

④ 제3항의 규정에 의하여 공정거래위원회의 자료요청을 받은 기관 또는 단체는 정당한 사유가 없는 한 자료의 제출이나 자료의 공유를 거부하여서는 아니된다.

제28조 [위법행위 등에 대한 정보공개 등] 공정거래위원회는 전자상거래 및 통신판매의 공정거래질서확립과 소비자피해예방을 위하여 제27조제1항의 규정에 의하여 검색된 정보 중 사업자가 이 법을 위반한 행위 그 밖에 소비자 피해 예방을 위하여 필요한 관련 정보를 대통령령이 정하는 바에 따라 공개할 수 있다.

제29조 [평가·인증사업의 공정화] ① 전자상거래 및 통신판매의 공정화와 소비자 보호를 위하여 관련 사업자의 평가·인증 등의 업무를 수행하는 자(이하 "평가·인증 사업자"라 한다)는 그 명칭 여하를 불문하고 대통령령이 정하는 바에 따라 그 평가·인증에 관한 기준, 방법 등을 공시하고, 그에 따라 공정하게 평가·인증하여야

한다.

② 제1항의 규정에 의한 평가·인증의 기준 및 방법은 사업자가 거래의 공정화 및 소비자 보호를 위하여 행한 노력과 성과에 관한 정보를 전달하는데 적절한 것이어야 한다.

③ 공정거래위원회는 평가·인증사업자에 대하여 운용상황 등에 관한 자료를 제출하게 할 수 있다.

제30조 [보고 및 감독] ① 시·도지사는 제31조의 규정에 의한 시정권고 또는 제32조의 규정에 의한 처분을 하는 경우에는 대통령령이 정하는 바에 따라 공정거래위원회에 보고하여야 한다.

② 공정거래위원회는 이 법의 효율적인 시행을 위하여 필요하다고 인정할 때에는 그 소관사항에 관하여 시·도지사로 하여금 조사·확인 또는 자료의 제출을 요구하거나 그 밖에 시정에 필요한 조치를 요구할 수 있다. 이 경우 해당 시·도지사는 특별한 사유가 없는 한 이에 응하여야 한다.

제5장 시정조치 및 과징금 부과

제31조 [위반행위의 시정권고] ① 공정거래위원회 또는 시·도지사는 사업자가 이 법의 규정에 위반하는 행위를 하거나 이 법의 규정에 의한 의무를 이행하지 아니하는 경우 제32조의 시정조치에 앞서 당해 행위를 중지하거나 이 법에 규정된 의무 또는 제32조의 규정에 따른 시정을 위하여 필요한 조치를 이행하도록 당해 사업자에 대하여 시정방안을 정하여 이에 따를 것을 권고할 수 있다. 이 경우 당해 권고를 수락한 때에는 제3항의 규정에 의하여 시정조치가 명하여 진 것으로 본다는 뜻을 함께 통지하여야 한다. <개정 2005.3.31>

② 제1항의 규정에 의하여 시정권고를 받은 사업자는 그 통지를 받은 날부터 10일 이내에 해당 권고를 수락하는지의 여부에 관하여 이를 행한 행정청에 통지하여야 한다.

③ 제1항의 규정에 의하여 시정권고를 받은 자가 당해 권고를 수락한 때에는 제32조의 규정에 의한 시정조치가 명하여진 것으로 본다.

제32조 [시정조치 등] ① 공정거래위원회는 사업자가 다음 각호의 1에 해당하는 행위를 하거나 이 법의 규정에 의한 의무를 이행하지 아니하는 경우 해당 사업자에 대하여 그 시정을 위한 조치를 명할 수 있다. <개정 2005.3.31>

1. 제5조제2항 및 제3항, 제6조제1항, 제7조, 제8조제1항·제3항 내지 제5항, 제9조, 제10조, 제11조, 제12조제1항 내지 제3항, 제13조제1항 내지 제3항 및 제5항, 제14조, 제15조, 제17조제1항 내지 제3항 및 제5항, 제18조, 제19조제1항, 제20조, 제22조제1항, 제23조제2항, 제24조제1항·제2항·제5항 내지 제9항, 제24조의2제2항, 제27조제2항 및 제4항, 제29조제1항 및 제2항의 규정에 위반하는 행위
2. 제21조제1항 각호에 해당하는 행위

② 제1항의 규정에 의한 시정조치는 다음 각호의 1의 조치를 말한다.

1. 당해 위반행위의 중지

2. 이 법에 규정된 의무의 이행
3. 시정조치를 받은 사실의 공표
4. 그 밖에 시정을 위하여 필요한 조치

③ 제2항제3호의 규정에 의한 시정조치를 받은 사실의 공표에 관하여 필요한 사항은 대통령령으로 정한다.

④ 공정거래위원회는 제1항의 규정에 의한 시정조치에도 불구하고 위반행위가 반복되거나 시정조치에 따른 이행을 하지 아니한 경우에는 대통령령이 정하는 바에 따라 1년 이내의 기간을 정하여 그 영업의 전부 또는 일부의 정지를 명할 수 있다.

제33조 [소비자피해분쟁조정의 요청] ① 공정거래위원회 또는 시·도지사는 전자상거래 또는 통신판매를 함에 있어서 이 법 위반행위와 관련하여 소비자의 피해구제신청이 있는 경우에는 제31조의 규정에 의한 시정권고 또는 제32조의 규정에 의한 시정조치 등을 행하기 전에 전자상거래 또는 통신판매에서 소비자보호 관련 업무를 수행하는 기관 또는 단체 등 대통령령이 정하는 소비자피해분쟁 조정기구에 그 조정을 의뢰할 수 있다.

② 공정거래위원회 또는 시·도지사는 제1항의 규정에 의하여 의뢰된 권고안 또는 조정안을 당사자가 수락하고 이를 이행한 경우에는 제32조의 규정에 의한 시정조치를 하지 아니한다는 뜻을 당사자에게 통지하여야 한다.

③ 제1항의 규정에 의한 소비자피해분쟁조정기구의 권고안 또는 조정안에 대하여 당사자가 수락하고 이행한 경우에는 대통령령이 정하는 바에 따라 제32조의 규정에 의한 시정조치를 하지 아니한다. <개정 2005.3.31>

④ 공정거래위원회는 제1항의 규정에 의하여 분쟁의 조정을 요청하는 경우 예산의 범위안에서 당해분쟁의 조정에 필요한 예산을 지원할 수 있다.

제34조 [과징금] ① 공정거래위원회는 제32조제2항의 시정조치에도 불구하고 이 법 위반행위가 반복되거나 시정조치만으로는 소비자피해의 방지가 곤란하다고 판단되는 경우에는 제32조제4항의 규정에 따른 영업의 전부 또는 일부의 정지에 갈음하여 해당사업자에 대하여 대통령령이 정하는 위반행위관련 매출액을 초과하지 아니하는 범위안에서 과징금을 부과할 수 있다. 이 경우 관련 매출액이 없거나 산정할 수 없는 경우 등에는 5천만원을 초과하지 아니하는 범위안에서 이를 부과할 수 있다. <개정 2005.3.31>

② 공정거래위원회는 제1항의 규정에 의한 과징금을 부과함에 있어서 다음 각호의 사항을 참작하여야 한다.

1. 위반행위로 인한 소비자 피해정도
2. 소비자 피해에 대한 사업자의 보상노력 정도
3. 위반행위로 인하여 취득한 이익의 규모
4. 위반행위의 내용·기간 및 횟수 등

③ 공정거래위원회는 이 법의 규정을 위반한 사업자인 회사의 합병이 있는 경우에는 해당 회사가 행한 위반행위는 합병 후 존속하거나 합병에 의하여 설립된 회사가 행한 행위로 보아 과징금을 부과·징수할 수 있다.

④ 「독점규제 및 공정거래에 관한 법률」 제55조의4 내지 제55조의6의 규정은 제1항의 규정에 따른 과징금의

납부기한의 연장·분할납부 및 과징금의 징수·체납·환급처분에 관하여 이를 준용한다. <개정 2005.3.31>

제6장 보칙

제35조 [소비자 등에 불리한 계약의 금지] 제17조 내지 제19조의 규정에 위반한 약정으로서 소비자에게 불리한 것은 그 효력이 없다.

제36조 [전속관할] 통신판매업자와의 거래에 관련된 소의 관할은 제소 당시의 소비자의 주소에 의하고, 주소가 없는 경우에는 거소를 관할하는 지방법원의 전속관할로 한다. 다만, 제소 당시 소비자의 주소 또는 거소가 분명하지 아니한 경우에는 그러하지 아니하다.

제37조 [사업자단체의 등록] ① 전자상거래와 통신판매업의 건전한 발전과 소비자에 대한 신뢰도의 제고 기타 공동의 이익을 증진하기 위한 목적으로 설립된 사업자단체는 대통령령이 정하는 바에 따라 공정거래위원회에 등록할 수 있다.

② 제1항의 규정에 의한 등록의 요건·방법 및 절차 등에 관하여 필요한 사항은 대통령령으로 정한다.

제38조 [권한의 위임·위탁] ① 이 법의 규정에 의한 공정거래위원회의 권한은 그 일부를 대통령령이 정하는 바에 의하여 소속기관의 장 또는 시·도지사에게 위임하거나 다른 행정기관의 장에게 위탁할 수 있다.

② 이 법의 규정에 의한 시·도지사의 권한은 그 일부를 대통령령이 정하는 바에 따라 시장·군수·구청장(자치구의 구청장을 말한다. 이하 같다)에게 위임할 수 있다.

③ 공정거래위원회는 이 법의 효율적인 집행을 위하여 필요한 경우 사무의 일부를 제37조제1항의 규정에 의하여 등록된 사업자단체에 위탁할 수 있다.

④ 공정거래위원회는 제3항의 규정에 따라 사무의 일부를 사업자단체에게 위탁하는 경우에는 예산의 범위 안에서 그 위탁사무의 수행에 필요한 비용의 전부 또는 일부를 지원할 수 있다. <신설 2005.3.31>

⑤ 제3항의 규정에 의하여 사무를 위탁받은 사업자 단체의 임원 및 직원은 형법 제129조 내지 제132조의 규정에 의한 벌칙의 적용에 있어서는 이를 공무원으로 본다.

제39조 [독점규제및공정거래에관한법률의 준용] ① 독점규제및공정거래에관한법률 제42조 내지 제45조 및 제52조의 규정은 이 법에 의한 공정거래위원회의 심의·의결에 관하여 준용한다.

② 독점규제및공정거래에관한법률 제50조제1항 내지 제4항의 규정은 이 법 위반행위에 대한 공정거래위원회 또는 시·도지사의 조사 등에 관하여 이를 준용한다.

③ 독점규제및공정거래에관한법률 제53조·제53조의2·제54조·제55조 및 제55조의2의 규정은 이 법에 의한 공정거래위원회의 처분 및 제38조의 규정에 의하여 위임된 시·도지사의 처분에 대한 이의신청·시정조치명령의 집행정지·소의 제기 및 불복의 소의 전속관할에 관하여 이를 준용한다.

④ 독점규제및공정거래에관한법률 제62조의 규정은 이 법에 의한 직무에 종사하거나 종사하였던 공정거래위원회의 위원 또는 공무원에 대하여 준용한다.

제7장 벌칙

제40조 [벌칙] 제32조제1항의 규정에 위반하여 시정조치명령에 응하지 아니한 자는 3년 이하의 징역 또는 1억원 이하의 벌금에 처한다.

제41조 [벌칙] 제32조제4항의 규정에 의한 영업정지 명령에 위반하여 영업을 한 자는 2년 이하의 징역 또는 5천만원 이하의 벌금에 처한다.

제42조 [벌칙] 다음 각호의 1에 해당하는 자는 3천만원 이하의 벌금에 처한다. <개정 2005.3.31>

1. 제12조제1항의 규정에 의한 신고를 하지 아니하거나 허위로 신고한 자
2. 제24조제8항 및 제9항의 규정을 위반하여 소비자피해보상보험계약등을 체결하는 사실 또는 결제대금예치를 이용하도록 하는 사실을 나타내는 표지를 사용하거나 이와 유사한 표지를 제작 또는 사용한 자

제43조 [벌칙] 다음 각호의 1에 해당하는 자는 1천만원 이하의 벌금에 처한다.

1. 제13조제1항의 규정에 의한 상호등에 관한 정보에 관하여 허위의 정보를 제공한 자
2. 제13조제2항의 규정에 의한 거래조건에 관하여 허위의 정보를 제공한 자

제44조 [양벌규정] 법인의 대표자, 법인 또는 개인의 대리인·사용인 그 밖의 종업원이 그 법인 또는 개인의 업무에 관하여 제40조 내지 제43조의 위반행위를 한 때에는 행위자를 벌하는 외에 그 법인 또는 개인에 대하여도 각 해당조의 벌금형을 과한다.

제45조 [과태료] ① 다음 각호의 1에 해당하는 자는 1천만원 이하의 과태료에 처한다. <개정 2005.3.31>

1. 제8조제4항의 규정에 따른 결제수단의 발행자로서 제24조제1항 단서의 규정에 위반하여 소비자피해보상보험계약등을 체결하지 아니한 자
2. 제21조제1항제1호 내지 제5호의 1의 규정에 해당하는 행위를 한 자
3. 제15조제1항의 규정에 따른 선불식 통신판매업자로서 제24조제2항의 규정을 위반한 자
4. 제8조제4항의 규정에 따른 결제수단의 발행자로서 제24조제7항의 규정을 위반하여 허위자료를 제출하고 소비자피해보상보험계약등을 체결한 자
5. 제15조제1항의 규정에 따른 선불식 통신판매업자로서 제24조제7항의 규정을 위반하여 허위자료를 제출하고 소비자피해보상보험계약등을 체결한 자
6. 제24조의2제2항의 규정을 위반하여 소비자에게 구매권유광고를 송신한 자
7. 제39조제2항의 규정에 의하여 준용되는 독점규제및공정거래에관한법률 제50조제1항제1호의 규정에 의한 출석처분을 받은 당사자중

정당한 사유없이 2회 이상 응하지 아니한 자로서 이 법의 규정을 위반한 자
8. 제39조제2항의 규정에 의하여 준용되는 독점규제및공정거래에관한법률 제50조제1항제3호 또는 제3항의 규정에 의한 보고 또는 필요한 자료나 물건의 제출을 하지 아니하거나 허위의 보고 또는 자료나 물건을 제출한 자
9. 제39조제2항의 규정에 의하여 준용되는 독점규제및공정거래에관한법률 제50조제2항의 규정에 의한 조사를 거부·방해 또는 기피한 자

② 다음 각호의 1에 해당하는 자는 500만원 이하의 과태료에 처한다. <개정 2005.3.31>
1. 제6조의 규정에 위반하여 거래기록을 보존하지 아니하거나 소비자에게 기록보존 및 열람의 방법을 제공하지 아니한 자
2. 제10조제1항 또는 제13조제1항의 규정에 의한 사업자의 신원정보를 표시하지 아니한 자
3. 제12조제2항 및 제3항의 규정에 의한 신고를 하지 아니한 자
4. 제13조제2항의 규정을 위반하여 표시·광고 또는 고지하지 아니하거나 계약내용에 관한 서면을 교부하지 아니한 자
5. 삭제 <2005.3.31>
6. 제13조제3항의 규정을 위반하여 재화등의 거래에 관한 계약을 취소할 수 있다는 내용을 고지하지 아니한 자

③ 제1항 및 제2항의 규정에 의한 과태료는 대통령령이 정하는 바에 따라 공정거래위원회 또는 시·도지사가 부과·징수한다.

④ 제1항 및 제2항의 규정에 의한 과태료의 부과기준은 대통령령으로 정한다.

⑤ 제1항 및 제2항의 규정에 의한 과태료 처분에 불복이 있는 자는 그 처분의 고지를 받은 날부터 30일 이내에 공정거래위원회 또는 시·도지사에게 이의를 제기할 수 있다.

⑥ 제1항 및 제2항의 규정에 의한 과태료 처분을 받은 자가 제5항의 규정에 의하여 이의를 제기한 때에는 공정거래위원회 또는 시·도지사는 지체없이 관할법원에 그 사실을 통보하여야 하며, 그 통보를 받은 관할법원은 비송사건절차법에 의한 과태료의 재판을 한다.

⑦ 제5항의 규정에 의한 기간 이내에 이의를 제기하지 아니하고 과태료를 납부하지 아니한 경우, 공정거래위원회가 부과한 경우에는 국세체납처분의 예에 의하여, 시·도지사가 부과한 경우에는 지방세 체납처분의 예에 의하여 이를 징수한다.

부 칙

<제6687호, 2002.3.30>

제1조 [시행일] 이 법은 2002년 7월 1일부터 시행한다.

제2조 [통신판매업자의 신고 등에 관한 경과조치] ① 이 법 시행 당시 종전의 방문판매등에관한법률 제17조의 규정에 의하여 통신판매업의 신고를 한 자는 제12조의 규정에 의하여 시·도지사에게 신고를 한 것으로 본

다. 다만, 이 법 시행후 2월 이내에 제12조의 규정에 의한 신고사항을 보완하여야 한다.

② 이 법 시행 당시 종전의 방문판매등에관한법률 제24조의 규정에 의하여 영업의 휴지·폐지 또는 휴업후의 영업재개 등에 관하여 신고한 통신판매업자는 이 법에 의한 신고를 한 것으로 보며, 휴업후 다시 영업을 재개하고자 하는 경우에는 이 법의 규정에 의하여 신고하여야 한다.

제3조 [청약철회에 관한 경과조치] 이 법 시행 당시 종전의 방문판매등에관한법률의 규정에 의하여 이루어진 청약의 철회 및 그 효과 등에 관하여는 종전의 규정에 의한다.

제4조 [영업의 정지에 관한 경과조치] 이 법 시행전의 행위에 대한 영업정지처분에 관하여는 종전의 방문판매등에관한법률의 규정에 의한다.

제5조 [벌칙 및 과태료에 관한 경과조치] 이 법 시행전의 행위에 대한 벌칙 및 과태료의 적용에 있어서는 종전의 방문판매등에관한법률의 규정에 의한다.

제6조 [다른 법령과의 관계] 이 법 시행 당시 다른 법령에서 종전의 방문판매등에관한법률 또는 그 규정을 인용하고 있는 경우, 이 법중 그에 해당하는 규정이 있는 때에는 종전의 규정에 갈음하여 이 법 또는 이 법의 해당 규정을 인용한 것으로 본다.

부칙(신용정보의이용및보호에관한법률) 〈제7344호, 2005.1.27〉

제1조 [시행일] 이 법은 공포 후 3월이 경과한 날부터 시행한다.

제2조 [다른 법률의 개정] ① 및 ② 생략

③ 전자상거래등에서의소비자보호에관한법률중 다음과 같이 개정한다.

제18조제7항중 "신용정보의이용및보호에관한법률 제2조제7호의 규정에 의한 신용불량자"를 "약정한 기일 이내에 채무를 변제하지 아니한 자"로 한다.

④ 및 ⑤ 생략

부 칙
〈제7487호, 2005.3.31〉

제1조 [시행일] 이 법은 공포한 날부터 시행한다. 다만, 제13조제2항제10호, 제24조제2항 내지 제4항 및 제24조의2제2항의 개정규정은 공포 후 1년이 경과한 날부터, 제13조제3항, 제17조제2항, 제17조제6항 및 제32조제1항의 개정규정은 공포 후 3월이 경과한 날부터 각각 시행한다.

제2조 [통신판매업자의 신원 및 거래조건에 대한 정보의 제공에 관한 적용례] 제13조제1항제3호, 동조제2항 및 제32조제1항의 개정규정은 이 법 시행 후 통신판매업자가 최초로 재화등의 거래에 관한 청약을 받을 목적으로 표시·광고를 행하거나, 소비자와의 계약체결 전에 제13조제2항의 규정에 따른 거래조건에 관한 사항을 표시·광고 또는 고지하고 그 거래조건에 관한 사항이 기재된 계약내용에 관한 서면을 교부하는 것부터 적용한다.

제3조 [통신판매업자의 미성년자에 대한 고지의무에 관한 적용례] 제13

조제3항 및 제32조제1항의 개정규정은 이 법 시행 후 통신판매업자가 최초로 미성년자와 체결하고자 하는 재화등의 거래에 관하여 계약하는 것부터 적용한다.

제4조 [통신판매업자의 재화등의 공급 및 환급을 위한 조치에 관한 적용례] 제15조제1항 및 제2항의 개정규정은 이 법 시행 후 소비자가 최초로 재화등을 공급받기 전에 미리 재화등의 대금의 전부 또는 일부를 통신판매사업자에게 지급한 재화등의 거래에 관한 계약분부터 적용한다.

제5조 [통신판매업자의 공급서의 송부 등에 관한 적용례] 제16조의 개정규정은 이 법 시행 후 통신판매업자가 소비자의 청약에 따라 재화등을 최초로 공급하는 것부터 적용한다.

제6조 [소비자가 통신판매업자와 체결한 계약의 청약철회등에 관한 적용례] 제17조제2항 및 제6항의 개정규정은 이 법 시행 후 소비자가 통신판매업자와 최초로 체결한 재화등의 구매에 관한 계약의 청약철회등을 하는 것부터 적용한다.

제7조 [전자상거래 또는 통신판매에서의 관련사업자가 체결하는 소비자피해보상보험계약등에 관한 적용례] 제24조제1항 및 제10항의 개정규정은 이 법 시행 후 최초로 공정거래위원회가 전자상거래 또는 통신판매의 관련사업자에게 소비자피해보상보험계약등을 체결하도록 권장하거나 제8조제4항의 규정에 따른 결제수단의 발행자가 소비자피해보상보험계약등을 체결하는 것부터 적용한다.

제8조 [선불식 통신판매에 있어서 소비자의 결제대금예치의 이용 또는 통신판매업자의 소비자피해보상보험계약등의 체결에 관한 적용례] 제24조제2항 내지 제4항의 개정규정은 이 법 시행 후 소비자가 최초로 재화등에 대한 거래조건 가운데 결제대금예치의 이용 또는 통신판매업자의 소비자피해보상보험계약등의 체결을 선택한 재화등의 거래에 관한 계약분부터 적용한다.

제9조 [통신판매업자의 결제대금예치의 이용을 나타내는 표지사용 등에 관한 적용례] 제24조제9항의 개정규정은 이 법 시행 후 통신판매업자가 최초로 결제대금예치의 이용을 나타내는 표지사용을 하는 것부터 적용한다.

제10조 [구매권유광고 송신에 관한 적용례] 제24조의2제2항 및 제32조제1항의 개정규정은 이 법 시행 후 통신판매업자가 최초로 소비자에게 구매권유광고를 송신한 것부터 적용한다.

제11조 [위반행위의 시정권고에 관한 적용례] 제31조제1항의 개정규정은 이 법 시행 후 사업자가 최초로 이 법의 규정을 위반하는 행위를 하거나 이 법의 규정에 따른 의무를 이행하지 아니하는 경우부터 적용한다.

제12조 [과징금의 환급가산금에 관한 적용례] 제34조제4항의 개정규정은 이 법 시행 후 최초로 환급되는 과징금부터 적용한다.

부 칙
<제8538호, 2007.7.19>

이 법은 공포 후 3개월이 경과한 날

부터 시행한다.

부칙(자본시장과 금융투자업에 관한 법률) 〈제8635호, 2007.8.3〉

제1조 [시행일] 이 법은 공포 후 1년 6개월이 경과한 날부터 시행한다. <단서 생략>

제2조부터 **제41조**까지 생략

제42조 [다른 법률의 개정] ① 부터 <45> 까지 생략

<46> 전자상거래 등에서의 소비자보호에 관한 법률 일부를 다음과 같이 개정한다.

제3조제4항 중 "증권거래법 제2조제9항의 증권회사에 의한 유가증권"을 "「자본시장과 금융투자업에 관한 법률」의 투자매매업자·투자중개업자에 의한 증권"으로 한다.

<47>부터 <67>까지 생략

제43조 및 **제44조** 생략

6. 일본전자서명 및 인증업무에 관한 법률

[제정 2000.5.31. 법률 제102호; 최종 개정 2006.3.31. 법률 제10호]

제1장 총칙

제1조 [목적] 이 법률은 전자서명에 관해 전자적 기록의 진정한 성립의 추정, 특정 인증 업무에 관한 인정제도 기타 필요한 사항을 정하는 것으로, 전자서명의 원활한 이용의 확보에 의한 정보의 전자적 방식에 의한 유통 및 정보처리의 촉진을 도모하고 나아가 국민 생활의 향상 및 국민경제의 건전한 발전에 기여하는 것을 목적으로 한다.

제2조 [정의] ① 이 법률에서 「전자서명」이란 전자적 기록(전자적 방식, 지기적 방식 기타 인의 지각에 의하여는 인식할 수 없는 방식으로 만들어지는 기록이며, 전자계산기에 의한 정보처리용으로 제공되는 것을 말한다. 이하 같다)에 기록할 수 있는 정보에 대해 행해지는 조치이며, 다음의 요건의 1에 해당하는 것을 말한다.

1. 해당 정보가 해당 조치를 행한 자의 작성과 관련되었음을 나타내기 위한 것일 것
2. 해당 정보에 대해 개변을 하지 않았음을 확인할 수 있는 것일 것

② 이 법률에서「인증 업무」란 스스로가 실시하는 전자서명에 대해 그 업무를 이용하는 자(이하 「이용자」라고 한다) 외의 자의 요구에 따라 해당 이용자가 전자서명을 한 것임을 확인하기 위해서 이용되는 사항이 해당 이용자와 관련되는 것임을 증명하는 업무를 말한다.

③ 이 법률에서 「특정인증업무」란 전자서명 가운데 그 방식에 따라 본인만이 행할 수 있는 것으로서 주무성령으로 정하는 기준에 적합하는 것에 대하여 행해지는 인증업무를 말한다.

제2장 전자적 기록의 진정성립의 추정

제3조 전자적 기록이며 정보를 나타내기 위해서 작성된 것(공무원이 직

무상 작성한 것을 제외한다)은 해당 전자적 기록에 기록된 정보에 대해 본인에 의한 전자서명(이것을 하기 위해서 필요한 부호 및 물건을 적정하게 관리하는 것으로써, 본인만이 행할 수 있게 되는 것에 한정한다)을 하고 있을 때에는 진정하게 성립한 것이라고 추정한다.

제3장 특정인증업무의 인정등

제1절 특정인증업무의 인정

제4조 [인정] ① 특정인증업무를 행하려고 하는 자는 주무장관의 인정을 받을 수 있다.

② 전항의 인정을 받으려고 하는 자는 주무부령으로 정하는 바에 의해, 다음사항을 기재한 신청서 기타 주무부령으로 정하는 서류를 주무장관에게 제출하여야 한다.

1. 성명 또는 명칭 및 주소 및 법인에 있어서는 그 대표자의 성명
2. 신청과 관련되는 업무용으로 제공하는 설비의 개요
3. 신청과 관련되는 업무의 실시 방법

③ 주무장관은 제1항의 인정을 했을 때에는 그 취지를 공시해야 한다.

제5조 [결격 조항] 다음 각 호의 1에 해당하는 자는, 전조 제1항의 인정을 받을 수 없다.

1. 금고이상의 형(이것에 상당하는 외국의 법령에 의한 형을 포함한다)에 처해지거나 이 법률의 규정에 의한 형에 처해져 그 집행을 종료하거나 집행을 받지 않게 된 날로부터 2년을 경과하지 않는 자
2. 제14조 제1항 또는 제16조 제1항의 규정에 의해 인정을 삭제되어 그 취소일부터 2년을 경과하지 않는 자
3. 법인으로서 그 업무를 실시하는 임원 가운데 전 2호의 1에 해당하는 자가 있을 것

제6조 [인정의 기준] ① 주무장관은 제4조 제1항의 인정의 신청이 다음의 각 호의 1에 적합하다고 인정할 때가 아니면 그 인정을 하여서는 안 된다.

1. 신청과 관련되는 업무용으로 제공하는 설비가 주무부령으로 정하는 기준에 적합할 것.
2. 신청과 관련되는 업무에 있어서의 이용자의 진위확인이 주무부령으로 정하는 방법에 의해 행해질 것.
3. 전호에 열거된 것 외에, 신청과 관련되는 업무가 주무부령으로 정하는 기준에 적합한 방법에 의해 행해질 것.

② 주무장관은 제4조 제1항의 인정을 위한 심사에 있어서는 주무부령으로 정하는 바에 의해 신청과 관련되는 업무의 실시와 관련되는 체제에 대해 현장조사를 실시한다.

제7조 [인정의 갱신] ① 제4조 제1항의 인정은 1년을 하회하지 않는 부령으로 정하는 기간 마다 갱신을 받지 않으면, 그 기간의 경과에 의해서 그 효력을 상실한다.

② 제4조 제2항 및 전 2조의 규정은 전항의 인정의 갱신에 준용한다.

제8조 [승계] 제4조 제1항의 인정을 받은 자(이하 「인정인증사업자」라고 한다)가 그 인정과 관련되는 업무를 실시하는 사업의 전부를 양도하거나

인정 인증 사업자에 대해 상속, 합병 혹은 분할(그 인정과 관련되는 업무를 실시하는 사업의 전부를 승계시키는 것에 한정한다)이 있을 때에는 그 사업의 전부를 양도한 자 또는 상속인(상속인이 두 명 이상 있는 경우에 그 전원의 동의에 의해 사업을 승계해야 할 상속인을 선정했을 때에는 그 자. 이하 동조와 같다), 합병 후 존속하는 법인 또는 합병에 의해 설립한 법인 또는 분할에 의해 그 사업의 전부를 승계한 법인은 그 인정인증사업자의 지위를 승계한다. 다만, 그 사업의 전부를 양도한 자 또는 상속인, 합병 후 존속하는 법인 또는 합병에 의해 설립한 법인 또는 분할에 의해 그 사업의 전부를 승계한 법인이 제5조 각호의 1에 해당할 때에는 그러하지 아니하다.

제9조 [변경의 인정등] ① 인정인증사업자는 제4조 제2항 제2호 또는 제3호의 사항을 변경하려고 할 때에는 주무장관의 인정을 받아야 한다. 다만, 주무부령으로 정하는 경미한 변경에 대해서는 그러하지 아니하다.
② 전항의 변경의 인정을 받으려고 하는 자는 주무부령으로 정하는 바에 의하여 변경과 관련되는 사항을 기재한 신청서 기타 주무부령으로 정하는 서류를 주무장관에게 제출하여야 한다.
③ 제4조 제3항 및 제6조의 규정은 제1항의 변경의 인정에 준용한다.
④ 인정인증 사업자는 제4조 제2항 제1호의 사항에 변경이 있을 때에는 지체 없이, 그 취지를 주무장관에게 신고하여야 한다.

제10조 [폐지의 신고] ① 인정인증사업자는 그 인정과 관련되는 업무를 폐지하려고 할 때에는 주무부령으로 정하는 바에 의하여, 사전에, 그 취지를 주무장관에게 신고하여야 한다.
② 주무장관은 전항의 규정에 의한 신고가 있을 때에는 그 취지를 공시해야 한다.

제11조 [업무에 관한 장부 서류] 인정인증사업자는 주무부령으로 정하는 바에 의하여 그 인정과 관련되는 업무에 관한 장부서류를 작성하여 이를 보존하여야 한다.

제12조 [이용자의 진위확인에 관한 정보의 적정한 사용] 인정인증사업자는 그 인정과 관련되는 업무의 이용자의 진위확인에 있어서 파악한 정보를 인정과 관련되는 업무용으로 제공하는 목적 이외에 사용하여서는 안 된다.

제13조 [표시] ① 인정인증사업자는 인정과 관련되는 업무용으로 제공하는 전자증명서등(이용자가 전자서명을 한 것을 확인하기 위해서 이용되는 사항이 해당 이용자와 관련되는 것임을 증명하기 위해서 작성하는 전자적 기록 기타 인증업무용으로 제공하는 것으로서 주무부령으로 정하는 것을 말한다. 이하 동일)에, 주무부령로 정하는 바에 의해 해당 업무가 인정을 받고 있다는 표시를 교부할 수 있다.
② 누구라도 전항에 규정하는 경우를 제외하고 전자 증명서등에 동항의 표시 또는 이것과 혼동하기 쉬운 표시를 교부해서는 안 된다.

제14조 [인정의 취소] ① 주무 대신은 인정인증사업자가 다음의 각 호의

1에 해당할 때에는 그 인정을 취소할 수 있다.

1. 제5조 제1호 또는 제3호의 1에 해당하기에 이르렀을 때
2. 제6조제1항 각 호의 1에 적합하지 않게 되었을 때
3. 제9조제1항, 제11조, 제12조 또는 전조 제2항의 규정에 위반했을 때
4. 부정한 수단에 의해 제4조 제1항의 인정 또는 제9조 제1항의 변경의 인정을 받았을 때

② 주무장관은 전항의 규정에 의해 인정을 취소했을 때에는 그 취지를 공시하여야 한다.

제2절 외국에 있어서의 특정인증업무의 인정

제15조 [인정] ① 외국에 있는 사무소에 의해 특정인증업무를 행하려고 하는 자는 주무장관의 인정을 받을 수 있다.

② 제4조 제2항 및 제3항 및 제5조 내지 제7조의 규정은 전항의 인정에, 제8조 내지 제13조의 규정은 동항의 인정을 받은 자(이하 「인정외국인증사업자」라고 한다)에 준용한다. 이 경우에 동조 제2항 중 「누구나」는 「인정외국인증사업자는」으로 바꾸어 읽는다.

③ 주무장관은 제1항의 인정 또는 그 갱신 또는 전항에 있어 준용하는 제9조 제1항의 변경의 인정을 받으려고 하는 자가 외국의 법령에 근거하는 인증업무에 관한 제도로 제4조 제1항의 인정의 제도에 유사한 것에 근거해 해당 외국에 있는 사무소에 의해 인증 업무를 실시하는 자인 경우이며, 우리 나라가 해당 외국과 체결한 조약 그 외의 국제 약속을 성실하게 이행하기 위해서 필요가 있다고 인정할 때에는, 그러한 자에 대해서 전항에 있어 준용하는 제6조 제2항(전항에 있어 준용하는 제7조제2항 및 제9조제3항에 대해 준용하는 경우를 포함한다)의 규정에 의한 조사에 대신하여, 주무부령으로 정하는 사항을 기재한 서류를 제출하도록 할 수 있다.

④ 전항의 경우에 이러한 자로부터 해당 서류의 제출이 있을 때에는, 주무장관은 해당 서류를 고려해 제1항의 인정 또는 그 갱신 또는 제2항에서 준용하는 제9조 제1항의 변경의 인정을 위한 심사를 실시하여야 한다.

제16조 [인정의 취소] ① 주무장관은 인정외국인증사업자가 다음의 각 호의 1에 해당할 때에는 그 인정을 취소할 수 있다.

1. 전조 제2항에서 준용하는 제5조 제1호 또는 제3호의 1에 해당하기에 이르렀을 때
2. 전조 제2항에서 준용하는 제6조 제1항 각 호의 1에 적합하지 않게 되었을 때
3. 전조 제2항에서 준용하는 제9조제1항 또는 제4항, 제11조, 제12조 또는 제13조 제2항의 규정에 위반했을 때
4. 부정한 수단에 의해 전조 제1항의 인정 또는 동조 제2항에서 준용하는 제9조 제1항의 변경의 인정을 받았을 때
5. 주무장관이 제35조제3항에서 준용하는 동조 제1항의 규정에 의해

인정외국인증사업자에 대해 보고를 하게 하려고 한 경우, 그 보고가 되지 않거나 허위의 보고가 되었을 때

6. 주무 장관이 제35조 제3항에 준용하는 동조 제1항의 규정에 의해 그 직원에게 인정외국 인증사업자의 영업소, 사무소 기타 사업장에서 검사를 시행하려고 한 경우에, 그 검사를 거절, 방해 또는 기피하거나 동항의 규정에 의한 질문에 답변이 행해지지 않거나 허위의 답변이 되었을 때

② 주무 장관은 전항의 규정에 의해 인정을 취소했을 때에는 그 취지를 공시해야 한다.

제4장 지정 조사기관등

제1절 지정 조사기관

제17조 [지정조사기관에 의한 조사] ① 주무 장관은 그 지정하는 자(이하 「지정 조사기관」이라고 한다)에 제6조제2항(제7조제2항(제15조제2항에서 준용하는 경우를 포함한다), 제9조제3항(제15조제2항에서 준용하는 경우를 포함한다) 및 제15조제2항에서 준용하는 경우를 포함한다)의 규정에 의한 조사(다음 절을 제외하고, 이하 「조사」라고 한다)의 전부 또는 일부를 행하게 할 수 있다.

② 주무 장관은 전항의 규정에 의해 지정조사기관에게 조사의 전부 또는 일부를 실시하게 할 때에는 해당 조사의 전부 또는 일부를 행하지 않는 것으로 한다. 이 경우에, 주무 장관은 지정조사기관이 제4항의 규정에 의해 통지하는 조사의 결과를 고려하여 제4조 제1항의 인정 또는 그 갱신, 제9조 제1항(제15조제2항에 준용하는 경우를 포함한다)의 변경의 인정 또는 제15조 제1항의 인정 또는 그 갱신을 위한 심사를 행하여야 한다.

③ 주무 장관이 제1항의 규정에 의해 지정 조사기관에 조사의 전부 또는 일부를 실시하게 한 경우에는 제4조 제1항의 인정 또는 그 갱신, 제9조 제1항(제15조 제2항에 준용하는 경우를 포함한다)의 변경의 인정 또는 제15조 제1항의 인정 또는 그 갱신을 받으려고 하는 자는 지정조사기관이 행하는 조사에 대해서는 제4조 제2항(제7조 제2항(제15조 제2항에 준용하는 경우를 포함한다) 및 제15조 제2항에 준용하는 경우를 포함한다) 및 제9조 제2항(제15조 제2항에 준용하는 경우를 포함한다)의 규정에 관계없이 주무 부령으로 정하는 바에 의해, 지정 조사기관에 신청하여야 한다.

④ 지정조사기관은 전항의 신청과 관련되는 조사를 행한 경우, 지체 없이, 해당 조사의 결과를 주무부령으로 정하는 바에 의하여, 주무장관에게 통지해야 한다.

제18조 [지정] 전조 제1항의 규정에 의한 지정(이하 「지정」이라고 한다)은 주무부령으로 정하는 바에 의하여 조사를 행하려고 하는 자(외국에 있는 사무소에 의해 실시하려고 하는 자를 제외한다)의 신청에 의해 실시한다.

제19조 [결격 조항] 다음 각 호의 1에 해당하는 자는 지정을 받을 수 없다.

1. 금고이상의 실형을 선고받거나 이

법률의 규정에 의하여 실형을 선고받고 그 집행을 종료하거나 집행이 면제된 날로부터 2년을 경과하지 않는 자
2. 제29조 제1항의 규정에 의해 지정을 취소당하거나 제32조 제1항의 규정에 의해 승인을 취소당하고 그 취소일로부터 2년을 경과하지 않는 자
3. 법인으로서 그 업무를 실시하는 임원가운데 전 2호의 1에 해당하는 자가 있는 경우

제20조 [지정의 기준] 주무 장관은 지정의 신청이 다음의 각 호의 1에 적합하고 있다고 인정하는 경우에 그 지정을 하여야 한다.

1. 조사업무를 확실하고 원활히 실시할 만하는 경리적 기초 및 기술적 능력을 가지는 경우
2. 법인에 있어서는 그 임원 또는 법인의 종류에 따라 주무 부령으로 정하는 구성원의 구성이 조사의 공정한 실시에 지장을 미칠 우려가 없는 경우
3. 조사업무 이외의 업무를 실시하고 있는 경우에는 그 업무를 실시함에 의해서 조사가 불공정하게 될 우려가 없는 경우
4. 그 지정을 함에 의해서 신청과 관련되는 조사의 확실하고 원활한 실시를 저해하지 않는 경우

제21조 [지정의 공시등] ① 주무 장관은 지정을 하는 경우 지정 조사기관의 명칭, 주소 및 조사업무를 실시하는 사무소의 소재지를 공시해야 한다.

② 지정 조사기관은 그 명칭, 주소 또는 조사업무를 행하는 사무소의 소재지를 변경하려고 하는 경우, 변경일의 2주일 전까지 그 취지를 주무 장관에 신고하여야 한다.

③ 주무 장관은 전항의 규정에 의한 신고가 있는 경우 그 취지를 공시해야 한다.

제22조 [지정의 갱신] ① 지정은 5년 이상 10년 이내에 정령으로 정하는 기간마다 그 갱신을 받지 않으면 그 기간의 경과에 의해서 그 효력을 상실한다.

② 제18조 내지 제20조의 규정은 전항의 지정의 갱신에 준용한다.

제23조 [비밀보지의무등] ① 지정조사기관의 임원(법인이 아닌 지정조사기관에 있어서는 해당 지정을 받은 자. 다음 항 및 제43조 및 제45조도 같다.) 또는 직원 또는 전에 그 업무를 수행했던 자는 조사업무에 관해서 습득한 비밀을 누설하여서는 안 된다.

② 조사업무에 종사하는 지정 조사기관의 임원 또는 직원은 형법(1907년 법률 제45호) 기타 벌칙의 적용에 대해서는 법령에 의해 공무에 종사하는 직원으로 간주한다.

제24조 [조사의무] 지정조사기관은 조사를 행하도록 요구되는 경우, 정당한 이유가 있는 경우를 제외하고, 지체 없이 조사를 행하여야 한다.

제25조 [조사업무규정] ① 지정 조사기관은 조사업무에 관한 규정(이하 「조사업무규정」이라고 한다)을 정해 주무 장관의 인가를 받아야 한다. 이것을 변경하려고 하는 경우에도 같다.

② 조사업무규정으로 정해야 할 사항은 주무 부령으로 정한다.

③ 주무 장관은 제1항의 인가를 한

조사업무규정이 조사의 공정한 실시상 부적당하다고 인정하는 경우 그 조사업무규정을 변경하도록 명할 수 있다.

제26조 [장부의 기재] 지정조사기관은 주무 부령으로 정하는 바에 의하여, 장부를 갖추어 조사업무에 관하여 주무 부령으로 정하는 사항을 기재하고 이를 보존해야 한다.

제27조 [적합명령] 주무 장관은 지정조사기관이 제20조 제1호 내지 제3호에 적합하지 않게 되었다고 인정하는 경우 그 지정 조사기관에 대하여 이러한 규정에 적합하기 위해 필요한 조치를 강구하도록 명할 수 있다.

제28조 [업무의 휴·폐지] ① 지정조사기관은 주무 장관의 허가없이 조사의 업무의 전부 또는 일부를 휴지하거나 폐지하여서는 안 된다.

② 주무 장관은 전항의 허가를 하는 경우 그 취지를 공시해야 한다.

제29조 [지정의 취소등] ① 주무 장관은 지정 조사기관이 다음의 각 호의 1에 해당하는 경우 그 지정을 취소하거나 기간을 정해 조사업무의 전부 또는 일부의 정지를 명할 수 있다.

1. 이 절의 규정에 위반하는 경우
2. 제19조 제1호 또는 제3호에 해당하기에 이른 경우
3. 제25조제1항의 인가를 받은 조사업무규정에 의하지 않고 조사업무를 실시한 경우
4. 제25조 제3항 또는 제27조의 규정에 의한 명령에 위반한 경우
5. 부정한 수단에 의해 지정을 받은 경우

② 주무 장관은 전항의 규정에 의해 지정을 취소하거나 조사의 업무의 전부 또는 일부의 정지를 명한 경우에는 그 취지를 공시해야 한다.

제30조 [주무 장관에 의한 조사업무의 실시] ① 주무 장관은 지정조사기관이 제28조 제1항의 규정에 의해 조사업무의 전부 또는 일부를 휴지한 경우 전조 제1항의 규정에 의해 지정조사기관에 대해 조사의 업무의 전부 또는 일부의 정지를 명한 경우 또는 지정조사기관이 천재지변 기타 사유에 의해 조사업무의 전부 또는 일부를 행하는 것이 곤란해진 경우에, 필요하다고 인정하는 경우 제17조 제2항의 규정에 관계없이 조사업무의 전부 또는 일부를 스스로 실시한다.

② 주무 장관은 전항의 규정에 의해 조사업무를 행하는 것으로 하거나 동항의 규정에 의해 행하는 조사업무를 행하지 않기로 한 경우에는, 사전에 그 취지를 공시하여야 한다.

③ 주무 장관이 제1항의 규정에 의해 조사업무를 행하는 것으로 하여 제28조 제1항의 규정에 의해 조사업무의 폐지를 허가하거나 전조 제1항의 규정에 의해 지정을 취소한 경우의 조사업무의 인계 기타 필요한 사항은 주무부령으로 정한다.

제2절 승인조사기관

제31조 [승인조사기관의 승인등] ① 주무 장관은 제15조 제2항에 대해 준용하는 제6조 제2항(제15조제2항에 준용하는 제7조제2항 및 제9조 제3항에 준용하는 경우를 포함한다)의 규정에 의한 조사(이하 이 절에서 「조사」라고 한다)의 전부 또는 일부를

행하려고 하는 자(외국에 있는 사무소에 의해 행하려고 하는 자에 한정한다)로부터 신청이 있는 경우 주무부령으로 정하는 바에 의해 이를 승인할 수 있다.

② 주무 장관이 전항의 승인을 한 경우에는 제15조 제1항의 인정 또는 그 갱신 또는 동조 제2항에서 준용하는 제9조 제1항의 변경의 인정을 받으려고 하는 자는 전항의 승인을 받은 자(이하 「승인 조사기관」이라고 한다)가 실시하는 조사에 대해서는 제15조 제2항에서 준용하는 제4조 제2항(제15조 제2항에 준용하는 제7조 제2항에서 준용하는 경우를 포함한다), 제15조제2항에서 준용하는 제9조 제2항 및 제17조 제3항의 규정에 관계없이, 주무 부령으로 정하는 바에 의하여 승인조사기관에 신청을 할 수 있다. 이 경우에 주무 장관은 승인조사기관이 다음 항의 규정에 의하여 통지하는 조사결과를 고려하여 제15조 제1항의 인정 또는 그 갱신 또는 동조 제2항에서 준용하는 제9조 제1항의 변경의 인정을 위한 심사를 실시하여야 한다.

③ 승인조사기관은 전항의 신청과 관련되는 조사를 행하는 경우, 지체 없이 해당 조사의 결과를 주무 부령으로 정하는 바에 의하여, 주무 장관에게 통지하여야 한다.

④ 승인조사기관은 조사업무의 전부 또는 일부를 휴지하거나 폐지하는 경우에는 지체 없이 그 취지를 주무 장관에 신고하여야 한다.

⑤ 주무 장관은 전항의 규정에 의한 신고가 있는 경우에는 그 취지를 공시하여야 한다.

⑥ 제19조 내지 제22조의 규정은 제1항의 승인에, 제24조 내지 제27조의 규정은 승인조사기관에 준용한다. 이 경우에 제25조 제3항 및 제27조 중 「명한다」고 한 것은 「청구한다」라고 바꾸어 읽는다.

제32조 [승인의 취소] ① 주무 장관은 승인조사기관이 다음의 각 호의 1에 해당하는 경우 그 승인을 취소할 수 있다.

1. 전조 제3항 또는 제4항의 규정 또는 동조 제6항에서 준용하는 제21조 제2항, 제24조, 제25조제1항 또는 제26조의 규정에 위반한 경우
2. 전조 제6항에서 준용하는 제19조 제1호 또는 제3호에 해당하기에 이른 경우
3. 전조 제6항에서 준용하는 제25조 제1항의 인가를 받은 조사업무 규정에 의하지 않고 조사업무를 행한 경우
4. 전조 제6항에서 준용하는 제25조 제3항 또는 제27조의 규정에 의한 청구에 응하지 않은 경우
5. 부정한 수단에 의해 전조 제1항의 승인을 받은 경우
6. 주무 장관이 승인조사기관이 전 각 호의 1에 해당한다고 인정하여, 기간을 정해 조사업무의 전부 또는 일부의 정지의 청구를 했을 경우에 그 청구에 응하지 않은 경우
7. 주무 장관이 제35조 제3항에서 준용하는 동조 제2항의 규정에 의해 승인조사기관에 대해 보고를 하게 하려고 한 경우에, 그 보고가 행해지지 않거나 허위의 보고가 된

경우
8. 주무 장관이 제35조 제3항에서 준용하는 동조 제2항의 규정에 의해 그 직원에게 승인조사기관의 사무소에서 검사를 하게 하려고 한 경우에, 그 검사가 거절, 방해, 기피되거나 또는 동항의 규정에 의한 질문에 답변이 되지 않거나 허위의 답변이 된 경우

② 주무 장관은 전항의 규정에 의해 승인을 취소한 경우에 그 취지를 공시해야 한다.

제5장 잡칙

제33조 [특정인증업무에 관한 원조 등] 주무 장관은 특정인증업무에 관한 인정제도의 원활한 실시를 도모하기 위하여 전자서명 및 인증 업무와 관련되는 기술의 평가에 관한 조사 및 연구를 행하는 것과 동시에, 특정인증업무를 행하는 자 및 그 이용자에 대하여 필요한 정보의 제공, 조언 그 기타 원조를 행하도록 노력하여야 한다.

제34조 [국가의 조치] 국가는 교육활동, 홍보활동 등을 통해서 전자서명 및 인증 업무에 관한 국민의 이해가 깊어지도록 노력하여야 한다.

제35조 [보고 징수 및 입회검사] ① 주무 장관은 이 법률의 시행에 필요한 한도에서, 인정인증사업자에게 그 인정과 관련되는 업무에 관하여 보고하도록 하거나 그 직원에게 인정인증 사업자의 영업소, 사무소 기타 사업장에 들어가 그 인정과 관련되는 업무의 상황 또는 설비, 장부 서류 기타 물건을 검사하도록 하거나 관계자에게 질문하게 할 수 있다.

② 주무 장관은 이 법률의 시행에 필요한 한도에서 지정 조사기관에게 그 업무에 관하여 보고하게 하거나 그 직원에게 지정조사기관의 사무소에 들어가 업무의 상황 또는 장부, 서류 기타 물건을 검사하게 하거나 관계자에게 질문하게 할 수 있다.

③ 제1항의 규정은 인정외국인증사업자에, 전항의 규정은 승인조사기관에 각각 준용한다.

④ 제1항 및 제2항(각각 전항에서 준용하는 경우를 포함한다)의 규정에 의해 입회검사를 하는 직원은 그 신분을 나타내는 증명서를 휴대하여 관계자에게 제시하여야 한다.

⑤ 제1항 및 제2항(각각 제3항에서 준용하는 경우를 포함한다)의 규정에 의한 입회검사의 권한은 범죄 수사를 위해서 인정된 것으로 해석하여서는 안된다.

제36조 [수수료] ① 다음 각 호에 열거하는 자는 실비를 감안하고 정령으로 정하는 액수의 수수료를 국가에 납입하여야 한다.
1. 제4조 제1항의 인정을 받으려고 하는 자(주무 장관이 제17조 제1항의 규정에 의해 지정 조사기관에게 조사의 전부를 행하게 하는 경우를 제외한다)
2. 제7조제1항(제15조제2항에서 준용하는 경우를 포함한다)의 인정의 갱신을 받으려고 하는 자
3. 제9조제1항(제15조제2항에서 준용하는 경우를 포함한다)의 변경의 인정을 받으려고 하는 자

4. 제15조제1항의 인정을 받으려고 하는 자(주무 장관이 제17조 제1항의 규정에 의해 지정 조사기관에 조사의 전부를 행하게 한 경우를 제외한다)

② 지정조사기관이 실시하는 조사를 받으려고 하는 자는 정령으로 정하는 바에 의해 지정조사기관이 주무 장관의 인가를 받아 정하는 액수의 수수료를 해당 지정조사기관에 납입하여야 한다.

제37조 [주무 장관과 국가공안위원회와의 관계] 국가공안위원회는 인정인증사업자 또는 인정 외국인증사업자의 인정과 관련되는 업무에 관하여 그 이용자에 대한 증명과 관련되는 중대한 피해가 발생하는 것을 방지하기 위하여 필요가 있다고 인정하는 경우 주무 장관에게 필요한 조치를 취할 것을 요청할 수 있다.

제38조 [심사청구] 이 법률의 규정에 의한 지정조사기관의 처분 또는 부작위에 대해 불복하는 자는 주무 장관에게 행정불복심사법(1962년 법률 제160호)에 의한 심사청구를 할 수 있다.

제39조 [경과 조치] 이 법률의 규정에 근거하여 정령 또는 주무부령을 제정하거나 개폐하는 경우에는 정령 또는 주무부령으로 그 제정 또는 개폐에 수반하여 합리적으로 필요하다고 판단되는 범위 내에서 필요한 경과조치(벌칙에 관한 경과조치를 포함한다)를 정할 수 있다.

제40조 [주무장관등] ① 이 법률에서 주무 장관은 총무부장관, 법무부장관 및 경제산업부장관으로 한다. 다만, 제33조에서는 총무부장관 및 경제산업장관으로 한다.

② 이 법률에서 주무부령은 총무부장관, 법무부장관 및 경제산업부장관이 공동으로 발하는 명령으로 한다.

제6장 벌칙

제41조 ① 인정인증사업자 또는 인정외국인증사업자에 대하여 그 인정과 관련되는 인증업무에 관하여 허위의 신청을 하고, 이용자에 대해 부실한 증명을 하게 한 자는 3년 이하의 징역 또는 2백만 엔 이하의 벌금에 처한다.

② 전항의 미수죄는 처벌한다.

③ 전 2항의 죄는 형법 제2조의 예에 따른다.

제42조 다음 각 호의 1에 해당하는 자는 1년 이하의 징역 또는 백만 엔 이하의 벌금에 처한다.

1. 제13조제2항의 규정에 위반한 자
2. 제23조 제1항의 규정에 위반하여 그 직무에 관한 비밀을 누설한 자

제43조 제29조 제1항의 규정에 의한 업무정지명령에 위반한 경우에는 그 위반행위를 한 지정조사기관의 임원 또는 직원은 1년 이하의 징역 또는 백만 엔 이하의 벌금에 처한다.

제44조 다음 각 호의 1에 해당하는 자는 30만 엔 이하의 벌금에 처한다.

1. 제9조제1항의 규정에 위반하여 제4조 제2항 제2호 또는 제3호의 사항을 변경한 자
2. 제11조의 규정에 의한 장부서류의 작성 또는 보존을 하지 않거나 허위장부서류의 작성을 한 자

3. 제35조 제1항의 규정에 의한 보고를 하지 않거나 허위의 보고를 하거나 동항의 규정에 의한 검사를 거절, 방해 또는 기피하거나 동항의 규정에 의한 질문에 대하여 답변을 하지 않거나 허위의 답변을 한 자

제45조 다음 각 호의 1에 해당하는 경우에는 그 위반행위를 한 지정조사기관의 임원 또는 직원은 30만 엔 이하의 벌금에 처한다.

1. 제26조의 규정에 의한 장부의 기재를 하지 않거나 허위의 기재를 하거나 장부를 보존하지 않은 경우
2. 제28조 제1항의 규정에 위반하여 조사업무의 전부를 폐지한 경우
3. 제35조 제2항의 규정에 의한 보고를 하지 않거나 허위의 보고를 하거나 동항의 규정에 의한 검사를 거절, 방해 또는 기피하거나 동항의 규정에 의한 질문에 답변을 하지 않거나 허위의 답변을 한 경우

제46조 법인의 대표자 또는 법인 또는 사람의 대리인, 사용인 기타 종업원이 그 법인 또는 사람의 업무에 관하여 제42조 제1호 또는 제44조의 위반행위를 한 경우에는 행위자를 처벌하는 것 외에 그 법인 또는 사람에 대해서 각 본조의 벌금형을 과한다.

제47조 제9조 제4항 또는 제10조 제1항의 규정에 의한 신고를 하지 않거나 허위의 신고를 한 자는 10만 엔 이하의 과태료에 처한다.

부 칙

제1조 [시행일] 이 법률은 2001. 4. 1.로부터 시행한다. 다만, 다음 조의 규정은 2001. 3. 11.부터, 부칙 제4조의 규정은 상법 등의 일부를 개정하는 법률의 시행에 수반하는 관계 법률의 정비에 관한 법률(2000년 법률 제91호)의 시행일부터 시행한다.

제2조 [준비행위] 제17조 제1항의 규정에 의한 지정 및 이에 관련하여 필요한 절차 기타 행위는 이 법률의 시행 전에도 제18조 내지 제20조, 제21조 제1항 및 제25조 제1항 및 제2항의 규정의 예에 의하여 행할 수 있다.

제3조 [검토] 정부는 이 법률의 시행 후 5년을 경과한 경우, 이 법률의 시행상황을 검토하여 그 결과에 기초하여 필요한 조치를 강구한다.

제4조 [상법등의 일부를 개정하는 법률의 시행에 수반하는 관계 법률의 정비에 관한 법률의 일부 개정] 상법등의 일부를 개정하는 법률의 시행에 수반하는 관계 법률의 정비에 관한 법률의 일부를 다음과 같이 개정한다. 제150조의 다음에 다음 1조를 추가한다(전자서명 및 인증업무에 관한 법률의 일부개정) 제150조의 2 전자서명 및 인증업무에 관한 법률(2000년 법률 제102호)의 일부를 다음과 같이 개정한다. 제8조 중 「또는 합병이」를 「, 합병 또는 분할(그 인정과 관련되는 업무를 실시하는 사업의 전부를 승계시키는 것에 한정한다)이」로, 「혹은 합병 후」를 「, 합병 후」로 변경하고, 「설립한 법인」아래에 「혹은 분할에 의해 그 사업의 전부를 승계한 법인」을 추기한다.

부 칙
(2006.3.31. 법률 제10호)

제1조 [시행일] 이 법률은 2006. 4. 1. 부터 시행한다.

제211조 [벌칙에 관한 경과조치] 이 법률(부칙 제1조 각 호에 열거하는 규정에 있어서는 해당 규정. 이하 이 조와 같다)의 시행 전에 행한 행위 및 이 부칙의 규정에 의해 종전의 예에 의하는 경우에 있어서의 이 법률의 시행 후에 한 행위에 대한 벌칙의 적용에 대해서는 그 이전의 예에 의한다.

제212조 [기타 경과조치의 정령에의 위임] 이 부칙에 규정하는 것 외에 이 법률의 시행에 관하여 필요한 경과 조치는 정령으로 정한다.

7. 한국전자서명법

[일부개정 2005.12.30 법률 제7813호]

제1장 총칙

제1조 [목적] 이 법은 전자문서의 안전성과 신뢰성을 확보하고 그 이용을 활성화하기 위하여 전자서명에 관한 기본적인 사항을 정함으로써 국가사회의 정보화를 촉진하고 국민생활의 편익을 증진함을 목적으로 한다.

제2조 [정의] 이 법에서 사용하는 용어의 정의는 다음과 같다.

1. "전자문서"라 함은 정보처리시스템에 의하여 전자적 형태로 작성되어 송신 또는 수신되거나 저장된 정보를 말한다.
2. "전자서명"이라 함은 서명자를 확인하고 서명자가 당해 전자문서에 서명을 하였음을 나타내는데 이용하기 위하여 당해 전자문서에 첨부되거나 논리적으로 결합된 전자적 형태의 정보를 말한다.
3. "공인전자서명"이라 함은 다음 각 목의 요건을 갖추고 공인인증서에 기초한 전자서명을 말한다.
   가. 전자서명생성정보가 가입자에게 유일하게 속할 것
   나. 서명 당시 가입자가 전자서명생성정보를 지배·관리하고 있을 것
   다. 전자서명이 있은 후에 당해 전자서명에 대한 변경여부를 확인할 수 있을 것
   라. 전자서명이 있은 후에 당해 전자문서의 변경여부를 확인할 수 있을 것
4. "전자서명생성정보"라 함은 전자서명을 생성하기 위하여 이용하는 전자적 정보를 말한다.
5. "전자서명검증정보"라 함은 전자서명을 검증하기 위하여 이용하는 전자적 정보를 말한다.
6. "인증"이라 함은 전자서명생성정보가 가입자에게 유일하게 속한다는 사실을 확인하고 이를 증명하는 행위를 말한다.
7. "인증서"라 함은 전자서명생성정보가 가입자에게 유일하게 속한다는 사실 등을 확인하고 이를 증명하는 전자적 정보를 말한다.
8. "공인인증서"라 함은 제15조의 규정에 따라 공인인증기관이 발급하는 인증서를 말한다.
9. "공인인증업무"라 함은 공인인증서의 발급, 인증관련 기록의 관리등 공인인증역무를 제공하는 업무를 말한다.
10. "공인인증기관"이라 함은 공인인증역무를 제공하기 위하여 제4조의 규정에 의하여 지정된 자를 말

한다.

11. "가입자"라 함은 공인인증기관으로부터 전자서명생성정보를 인증받은 자를 말한다.
12. "서명자"라 함은 전자서명생성정보를 보유하고 자신이 직접 또는 타인을 대리하여 서명을 하는 자를 말한다.
13. "개인정보"라 함은 생존하고 있는 개인에 관한 정보로서 성명·주민등록번호 등에 의하여 당해 개인을 알아볼 수 있는 부호·문자·음성·음향·영상 및 생체특성 등에 관한 정보(당해 정보만으로는 특정 개인을 알아볼 수 없는 경우에도 다른 정보와 용이하게 결합하여 알아볼 수 있는 것을 포함한다)를 말한다.

[전문개정 2001.12.31]

제3조 [전자서명의 효력 등<개정 2001.12.31>] ① 다른 법령에서 문서 또는 서면에 서명, 서명날인 또는 기명날인을 요하는 경우 전자문서에 공인전자서명이 있는 때에는 이를 충족한 것으로 본다. <개정 2001.12.31>

② 공인전자서명이 있는 경우에는 당해 전자서명이 서명자의 서명, 서명날인 또는 기명날인이고, 당해 전자문서가 전자서명된 후 그 내용이 변경되지 아니하였다고 추정한다. <개정 2001.12.31>

③ 공인전자서명외의 전자서명은 당사자간의 약정에 따른 서명, 서명날인 또는 기명날인으로서의 효력을 가진다. <신설 2001.12.31>

제2장 공인인증기관

제4조 [공인인증기관의 지정] ① 정보통신부장관은 공인인증업무(이하 "인증업무"라 한다)를 안전하고 신뢰성있게 수행할 능력이 있다고 인정되는 자를 공인인증기관으로 지정할 수 있다. <개정 2001.12.31>

② 공인인증기관으로 지정받을 수 있는 자는 국가기관·지방자치단체 또는 법인에 한한다.

③ 공인인증기관으로 지정받고자 하는 자는 대통령령이 정하는 기술능력·재정능력·시설 및 장비 기타 필요한 사항을 갖추어야 한다.

④ 정보통신부장관은 제1항에 따라 공인인증기관을 지정하는 경우 공인인증시장의 건전한 발전 등을 위하여 국가기관, 지방자치단체 또는 비영리법인과 특별법에 의하여 설립된 법인에 대하여는 설립목적에 따라 인증업무의 영역을 구분하여 지정할 수 있다. <신설 2005.12.30>

⑤ 공인인증기관의 지정절차 기타 필요한 사항은 대통령령으로 정한다. <개정 2005.12.30>

제5조 [결격사유] 다음 각호의 1에 해당하는 자는 공인인증기관으로 지정받을 수 없다. <개정 2005.3.31>

1. 임원중 다음 각목의 1에 해당하는 자가 있는 법인

가. 금치산자·한정치산자 또는 파산선고를 받은 자로서 복권되지 아니한 자

나. 금고 이상의 실형의 선고를 받고

그 집행이 종료(집행이 종료된 것으로 보는 경우를 포함한다)되거나 집행이 면제된 날부터 2년이 경과되지 아니한 자

다. 금고 이상의 형의 집행유예의 선고를 받고 그 집행유예기간중에 있는 자

라. 법원의 판결 또는 다른 법률에 의하여 자격이 상실 또는 정지된 자

마. 제12조의 규정에 의하여 지정이 취소된 법인의 취소당시의 임원이었던 자(취소된 날부터 2년이 경과되지 아니한 자에 한한다)

2. 제12조의 규정에 의하여 지정이 취소된 후 2년이 경과되지 아니한 법인

제6조 [공인인증업무준칙 등<개정 2001.12.31>] ① 공인인증기관은 인증업무를 개시하기 전에 다음 각 호의 사항이 포함된 공인인증업무준칙(이하 "인증업무준칙"이라 한다)을 작성하여 정보통신부장관에게 신고하여야 한다. <개정 2001.12.31, 2005.12.30>

1. 인증업무의 종류
2. 인증업무의 수행방법 및 절차
3. 공인인증역무(이하 "인증역무"라 한다)의 이용조건
4. 기타 인증업무의 수행에 관하여 필요한 사항

② 공인인증기관은 인증업무준칙을 정보통신부장관이 정하여 고시하는 공인인증업무준칙 작성표준과 제8조의 규정에 의한 전자서명인증업무지침에 따라 작성하여야 한다. <신설 2005.12.30>

③ 공인인증기관은 제1항의 규정에 의하여 신고한 사항을 변경하는 경우 정보통신부령이 정하는 기간내에 이를 정보통신부장관에게 신고하여야 한다. <신설 2001.12.31, 2005.12.30>

④ 정보통신부장관은 인증업무의 안전성과 신뢰성 확보 및 가입자의 이익 보호를 위하여 제1항의 규정에 따라 신고한 인증업무준칙의 내용이 정보통신부장관이 정하여 고시하는 공인인증업무준칙 작성표준과 제8조제1항의 규정에 따른 전자서명인증업무지침에 위반되는 경우 상당한 기간을 정하여 당해공인인증기관에게 인증업무준칙의 변경을 명할 수 있다. <개정 2001.12.31, 2005.12.30>

⑤ 공인인증기관은 인증업무준칙이 정한 사항을 성실히 준수하여야 한다. <신설 2001.12.31, 2005.12.30>

제7조 [인증역무의 제공등] ① 공인인증기관은 정당한 사유없이 인증역무의 제공을 거부하여서는 아니된다.

② 공인인증기관은 가입자 또는 인증역무 이용자를 부당하게 차별하여서는 아니된다.

제8조 [공인인증기관의 업무수행] ① 정보통신부장관은 인증업무의 안전성과 신뢰성 확보를 위하여 공인인증기관이 인증업무수행에 있어 지키어야 할 구체적 사항을 전자서명인증업무지침으로 정하여 고시할 수 있다.

② 제1항의 규정에 의한 전자서명인증업무지침에는 다음 각 호의 사항이 포함되어야 한다. <신설 2005.12.30>

1. 공인인증서의 관리에 관한 사항
2. 전자서명생성정보의 관리에 관한 사항
3. 공인인증기관 시설의 보호에 관한 사항

4. 그 밖에 인증업무 및 운영관리에 관한 사항

[전문개정 2001.12.31]

제9조 [인증업무의 양수등] ① 공인인증기관은 다른 공인인증기관의 인증업무를 양수하거나 다른 공인인증기관인 법인을 합병하고자 하는 경우에는 정보통신부령이 정하는 바에 따라 정보통신부장관에게 신고하여야 한다.

② 제1항의 규정에 의하여 인증업무를 양수한 공인인증기관 또는 합병한 경우의 합병후 존속하는 법인이나 합병으로 설립된 법인은 종전의 공인인증기관의 지위를 승계한다.

제10조 [인증업무의 휴지·폐지등] ① 공인인증기관이 인증업무의 전부 또는 일부를 휴지하고자 하는 때에는 휴지기간을 정하여 휴지하고자 하는 날의 30일전까지 이를 가입자에게 통보하고 정보통신부장관에게 신고하여야 한다. 이 경우 휴지기간은 6월을 초과할 수 없다.

② 공인인증기관이 인증업무를 폐지하고자 하는 때에는 폐지하고자 하는 날의 60일전까지 이를 가입자에게 통보하고 정보통신부장관에게 신고하여야 한다.

③ 제2항의 규정에 의하여 신고한 공인인증기관은 가입자의 공인인증서와 그 효력정지 및 폐지에 관한 기록(이하 "가입자인증서등"이라 한다)을 다른 공인인증기관에게 인계하여야 한다. 다만, 부득이한 사유로 인하여 가입자인증서등을 인계할 수 없는 경우에는 그 사실을 정보통신부장관에게 지체없이 신고하여야 한다. <개정 2001.12.31>

④ 정보통신부장관은 제3항 단서의 규정에 의하여 신고를 받은 때에는 「정보통신망 이용촉진 및 정보보호 등에 관한 법률」 제52조의 규정에 의한 한국정보보호진흥원(이하 "보호진흥원"이라 한다)에 대하여 당해 공인인증기관의 가입자인증서등을 인수하도록 명할 수 있다. <개정 2001.1.16, 2001.12.31, 2005.12.30>

⑤ 제1항 내지 제4항의 규정에 의한 인증업무의 휴지 또는 폐지의 신고 및 가입자인증서등의 인계·인수 등에 관하여 필요한 사항은 정보통신부령으로 정한다. <개정 2001.12.31>

제11조 [시정명령] 정보통신부장관은 공인인증기관이 다음 각 호의 어느 하나에 해당하는 경우에는 기간을 정하여 시정조치를 명할 수 있다. <개정 2001.12.31, 2005.12.30>

1. 삭제 <2005.12.30>
2. 공인인증기관으로 지정을 받은 후 제4조제3항의 규정에 의하여 공인인증기관이 갖추어야 할 사항을 갖추지 아니한 경우
3. 임원이 제5조제1호 각목에 해당하게 된 경우
4. 제6조의 규정에 의한 신고 또는 변경신고를 하지 아니하거나 신고한 인증업무준칙을 준수하지 아니한 경우
5. 제7조의 규정에 위반하여 인증역무의 제공을 거부하거나 가입자 또는 인증역무 이용자를 부당하게 차별한 경우

5의2. 제8조의 규정에 위반하여 전자서명인증업무지침에서 정한 사항

을 준수하지 아니한 경우
6. 제9조제1항의 규정에 위반하여 인증업무의 양수나 공인인증기관 합병의 신고를 하지 아니한 경우
7. 제10조의 규정에 위반하여 인증업무휴지 또는 폐지의 통보나 신고를 하지 아니하거나 인증업무폐지시 가입자인증서등을 인계하지 아니한 경우
8. 제12조제2항의 규정에 위반하여 지정이 취소된 공인인증기관이 가입자인증서등을 인계하지 아니하거나 신고하지 아니한 경우
9. 제14조제1항의 규정에 의한 자료를 제출하지 아니한 경우
9의2. 제15조제1항 후단의 규정에 따른 신원확인을 하지 아니한 경우
10. 제17조의 규정에 위반하여 공인인증서의 효력을 정지 또는 회복하지 아니하거나 그 사실을 확인할 수 있는 조치를 취하지 아니한 경우
11. 제18조의 규정에 위반하여 공인인증서를 폐지하지 아니하거나 그 사실을 확인할 수 있는 조치를 취하지 아니한 경우
11의2. 제18조의3의 규정에 위반하여 인증업무와 관련된 시설의 안전성 확보를 위한 보호조치를 취하지 아니한 경우
12. 제22조의3제1항의 규정에 따른 인증업무를 제공하는 정보처리시스템의 장애발생 신고를 하지 아니한 경우
13. 제26조제2항의 규정에 따른 보험에 가입하지 아니한 경우

제12조 [인증업무의 정지 및 지정취소등] ① 정보통신부장관은 공인인증기관이 다음 각호의 1에 해당하는 경우에는 6월 이내의 기간을 정하여 인증업무의 전부 또는 일부의 정지를 명하거나 지정을 취소할 수 있다. 다만, 제1호 및 제2호의 경우에는 지정을 취소하여야 한다. <개정 2001.12.31, 2005.12.30>
1. 사위 기타 부정한 방법으로 제4조의 규정에 의한 지정을 받은 경우
2. 인증업무의 정지명령을 받은 자가 그 명령에 위반하여 인증업무를 정지하지 아니한 경우
3. 제4조의 규정에 의한 지정을 받은 날부터 6월 이내에 인증업무를 개시하지 아니하거나 6월 이상 계속하여 인증업무를 휴지한 경우
4. 제6조제4항의 규정에 의한 인증업무준칙 변경명령에 위반한 경우
5. 제11조의 규정에 의한 시정명령을 정당한 사유없이 이행하지 아니한 경우

② 제1항의 규정에 의하여 지정이 취소된 공인인증기관은 가입자인증서등을 다른 공인인증기관에게 인계하여야 한다. 다만, 부득이한 사유로 인하여 가입자인증서등을 인계할 수 없는 때에는 그 사실을 정보통신부장관에게 지체없이 신고하여야 한다.

③ 제10조제4항의 규정은 지정이 취소된 공인인증기관에 관하여 이를 준용한다.

④ 제1항의 규정에 의한 처분의 기준 및 절차와 제2항 및 제3항의 규정에 의한 인계 등에 관하여 필요한 사항은 정보통신부령으로 정한다.

제13조 [과징금의 부과] ① 정보통

신부장관은 제12조제1항 각호의 1에 해당하는 경우로서 그 업무정지가 가입자등에게 심한 불편을 주거나 기타 공익을 해할 우려가 있는 때에는 그 업무정지처분에 갈음하여 2천만원 이하의 과징금을 부과할 수 있다.

② 제1항의 규정에 의한 과징금을 부과하는 위반행위의 종별과 그 정도에 따른 과징금의 금액 기타 필요한 사항은 대통령령으로 정한다. <개정 2005.12.30>

③ 정보통신부장관은 제1항의 규정에 의한 과징금을 납부하여야 할 자가 납부기한까지 이를 납부하지 아니하는 때에는 국세체납처분의 예에 의하여 이를 징수한다.

제14조 [검사등] ① 정보통신부장관은 인증업무의 안전성과 신뢰성 확보 및 가입자의 보호 등을 위한 다음 각호의 사항을 확인하기 위하여 공인인증기관에 대하여 자료를 제출하게 할 수 있으며, 관계공무원으로 하여금 공인인증기관의 사무실·사업장 기타 필요한 장소에 출입하여 인증업무에 관한 시설 및 장비·장부·서류 기타 물건을 검사하게 할 수 있다. <개정 2001.12.31, 2005.12.30>

1. 제15조의 규정에 따른 공인인증기관의 신원확인 절차 및 방법의 적정 여부
2. 제18조의3, 제19조 내지 제22조, 제22조의2, 제23조 및 제24조의 규정에서 정하는 인증업무의 안전성 및 신뢰성 확보 여부

② 정보통신부장관은 제1항의 규정에 따라 관계 공무원으로 하여금 검사하게 하는 경우에는 검사 개시 7일 전까지 검사의 일시·이유 및 내용 등에 관한 검사계획을 해당 공인인증기관에 통지하여야 한다. <신설 2005.12.30>

③ 제1항의 규정에 의하여 출입·검사를 하는 공무원은 그 권한을 나타내는 증표를 관계인에게 내보여야 하며, 출입시 성명·출입시간·출입목적 등이 표시된 문서를 관계인에게 교부하여야 한다. <개정 2005.12.30>

제3장 공인인증서 〈개정 2001.12.31〉

제15조 [공인인증서의 발급〈개정 2001.12.31〉] ① 공인인증기관은 공인인증서를 발급받고자 하는 자에게 공인인증서를 발급한다. 이 경우 공인인증기관은 공인인증서를 발급받고자 하는 자의 신원을 확인하여야 한다. <개정 2001.12.31>

② 공인인증기관이 발급하는 공인인증서에는 다음 각호의 사항이 포함되어야 한다. <개정 2001.12.31>

1. 가입자의 이름(법인의 경우에는 명칭을 말한다)
2. 가입자의 전자서명검증정보
3. 가입자와 공인인증기관이 이용하는 전자서명 방식
4. 공인인증서의 일련번호
5. 공인인증서의 유효기간
6. 공인인증기관의 명칭 등 공인인증기관임을 확인할 수 있는 정보
7. 공인인증서의 이용범위 또는 용도를 제한하는 경우 이에 관한 사항
8. 가입자가 제3자를 위한 대리권 등을 갖는 경우 또는 직업상 자격등의 표시를 요청한 경우 이에 관한

사항
9. 공인인증서임을 나타내는 표시
③ 삭제 <2001.12.31>
④ 공인인증기관은 공인인증서를 발급받고자 하는 자의 신청이 있는 경우에는 공인인증서의 이용범위 또는 용도를 제한하는 공인인증서를 발급할 수 있다. <개정 2001.12.31>
⑤ 공인인증기관은 공인인증서의 이용범위 및 용도, 이용된 기술의 안전성과 신뢰성 등을 고려하여 공인인증서의 유효기간을 적정하게 정하여야 한다. <개정 2001.12.31>
⑥ 공인인증서 발급에 따른 신원확인 절차 및 방법 등에 관하여 필요한 사항은 정보통신부령으로 정한다. <신설 2001.12.31>

제16조 [공인인증서의 효력의 소멸 등〈개정 2001.12.31〉] ① 공인인증기관이 발급한 공인인증서는 다음 각호의 1에 해당하는 사유가 발생한 경우에는 그 사유가 발생한 때에 그 효력이 소멸된다. <개정 2001.1.16, 2001.12.31>
1. 공인인증서의 유효기간이 경과한 경우
2. 제12조제1항의 규정에 의하여 공인인증기관의 지정이 취소된 경우
3. 제17조의 규정에 의하여 공인인증서의 효력이 정지된 경우
4. 제18조의 규정에 의하여 공인인증서가 폐지된 경우
5. 삭제 <2001.12.31>

② 정보통신부장관은 제10조의 규정에 따라 인증업무를 휴지 또는 폐지하였거나 제12조의 규정에 따라 인증업무가 정지된 공인인증기관의 전자서명생성정보가 분실·훼손 또는 도난·유출되는 등의 경우에는 인증업무의 안전성과 신뢰성 확보를 위하여 해당 공인인증기관이 발급한 모든 공인인증서의 효력을 정지할 수 있다. <개정 2005.12.30>
③ 정보통신부장관은 제2항의 규정에 의하여 공인인증서의 효력을 정지한 때에는 그 사실을 항상 확인할 수 있도록 지체없이 보호진흥원으로 하여금 필요한 조치를 하게 하여야 한다. 제1항제2호의 규정에 의하여 공인인증서의 효력이 소멸된 경우에도 또한 같다. <개정 2001.12.31>

제17조 [공인인증서의 효력정지 등〈개정 2001.12.31〉] ① 공인인증기관은 가입자 또는 그 대리인의 신청이 있는 경우에는 공인인증서의 효력을 정지하거나 정지된 공인인증서의 효력을 회복하여야 한다. 이 경우 공인인증서 효력회복의 신청은 공인인증서의 효력이 정지된 날부터 6월 이내에 하여야 한다. <개정 2001.12.31>
② 공인인증기관이 제1항의 규정에 의하여 공인인증서의 효력을 정지하거나 회복한 경우에는 그 사실을 항상 확인할 수 있도록 지체없이 필요한 조치를 취하여야 한다. <개정 2001.12.31>

제18조 [공인인증서의 폐지〈개정 2001.12.31〉] ① 공인인증기관은 공인인증서에 관하여 다음 각호의 1에 해당하는 사유가 발생한 경우에는 당해 공인인증서를 폐지하여야 한다. <개정 2001.12.31>
1. 가입자 또는 그 대리인이 공인인증서의 폐지를 신청한 경우
2. 가입자가 사위 기타 부정한 방법

으로 공인인증서를 발급받은 사실을 인지한 경우
3. 가입자의 사망·실종선고 또는 해산 사실을 인지한 경우
4. 가입자의 전자서명생성정보가 분실·훼손 또는 도난·유출된 사실을 인지한 경우

② 공인인증기관은 제1항의 규정에 의하여 공인인증서를 폐지한 경우에는 그 사실을 항상 확인할 수 있도록 지체없이 필요한 조치를 취하여야 한다. <개정 2001.12.31>

제18조의2 [공인인증서를 이용한 본인확인] 다른 법률에서 공인인증서를 이용하여 본인임을 확인하는 것을 제한 또는 배제하고 있지 아니한 경우에는 이 법의 규정에 따라 공인인증기관이 발급한 공인인증서에 의하여 본인임을 확인할 수 있다.
[본조신설 2001.12.31]

제4장 인증업무의 안전성 및 신뢰성 확보<개정 2001.12.31>

제18조의3 [공인인증기관의 안전성 확보] 공인인증기관은 인증업무에 관한 시설의 안전성 확보를 위하여 정보통신부령이 정하는 보호조치를 취하여야 한다.
[본조신설 2001.12.31]

제19조 [인증업무에 관한 설비의 운영] ① 공인인증기관은 자신이 발급한 공인인증서가 유효한지의 여부를 누구든지 항상 확인할 수 있도록 하는 설비 등 인증업무에 관한 시설 및 장비를 안전하게 운영하여야 한다.

② 공인인증기관은 제1항의 시설 및 장비의 안전운영 여부를 보호진흥원으로부터 정기적으로 점검받아야 한다.

③ 공인인증기관은 공인인증기관으로 지정된 후 제1항의 규정에 의한 시설 및 장비를 변경하는 경우 지체없이 정보통신부장관에게 이를 신고하여야 한다. 이 경우 정보통신부장관은 보호진흥원으로 하여금 당해 시설 및 장비의 안전성 여부를 점검하게 할 수 있다.
[전문개정 2001.12.31]

제20조 [전자문서의 시점확인] 공인인증기관은 가입자 또는 공인인증서를 이용하는 자(이하 "이용자"라 한다)의 신청이 있는 경우에는 전자문서가 당해 공인인증기관에 제시된 시점을 공인전자서명하여 확인할 수 있다. <개정 2001.12.31, 2005.12.30>

제21조 [전자서명생성정보의 관리] ① 가입자는 자신의 전자서명생성정보를 안전하게 보관·관리하고, 이를 분실·훼손 또는 도난·유출되거나 훼손될 수 있는 위험을 인지한 때에는 그 사실을 공인인증기관에 통보하여야 한다. 이 경우 가입자는 지체없이 이용자에게 공인인증기관에 통보한 내용을 고지하여야 한다.

② 공인인증기관은 제1항의 규정에 의한 사실을 통보하거나 고지할 수 있는 수단을 제공하여야 한다.

③ 공인인증기관은 가입자의 신청이 있는 경우외에는 가입자의 전자서명생성정보를 보관하여서는 아니되며, 가입자의 신청에 의하여 그의 전자서명생성정보를 보관하는 경우 당해 가입자의 동의없이 이를 이용하거나 유출하여서는 아니된다.

④ 공인인증기관은 자신이 이용하는 전자서명생성정보를 안전하게 보관·관리하여야 한다. 이 경우 당해 전자서명생성정보가 분실·훼손 또는 도난·유출되거나 훼손될 수 있는 위험을 인지한 때에는 지체없이 그 사실을 보호진흥원에 통보하고 인증업무의 안전성과 신뢰성을 확보할 수 있는 대책을 마련하여야 한다.

[전문개정 2001.12.31]

제22조 [인증업무에 관한 기록의 관리] ① 공인인증기관은 가입자의 공인인증서와 인증업무에 관한 기록을 안전하게 보관·관리하여야 한다. <개정 2001.12.31>

② 공인인증기관은 가입자인증서등을 당해 공인인증서의 효력이 소멸된 날부터 10년동안 보관하여야 한다. <개정 2001.12.31>

제22조의2 [공인인증서의 관리 등] ① 공인인증기관 및 가입자는 공인인증서의 유효기간 이내에 당해 공인인증서의 기재사항 또는 공인인증서와 결부된 정보가 정확하고 완전하게 유지되도록 상당한 주의를 기울여야 한다.

② 공인인증기관은 이용자가 공인인증서에 의하여 다음 각호의 사항을 확인할 수 있도록 쉬운 수단을 제공하여야 한다.

1. 공인인증기관의 명칭 등 공인인증기관임을 확인할 수 있는 정보
2. 가입자가 당해 공인인증서가 발행된 당시에 전자서명생성정보를 지배·관리하고 있는 사실
3. 공인인증서의 발행 전에 전자서명생성정보가 유효한 사실

③ 공인인증기관은 이용자가 다음 각호의 사실을 확인할 수 있도록 쉬운 수단을 제공하여야 한다.

1. 서명자의 신원을 확인할 수 있는 방법
2. 전자서명생성정보 또는 공인인증서의 사용목적이나 사용금액에 대한 제한
3. 공인인증기관이 부담하는 책임의 범위 또는 정도

[본조신설 2001.12.31]

제22조의3 [인증업무의 장애발생 신고] ① 공인인증기관은 인증업무를 제공하는 정보처리시스템에 장애가 발생한 경우에는 지체 없이 그 사실을 정보통신부장관 또는 보호진흥원장에게 신고하고 신속히 장애를 복구할 수 있는 대책을 마련하여야 한다.

② 정보통신부장관 또는 보호진흥원장은 제1항의 규정에 의하여 인증업무의 장애를 신고받은 때에는 다음 각 호의 조치를 취하여야 한다.

1. 장애에 관한 정보 수집과 전파
2. 장애복구에 관한 기술지원과 협력

[본조신설 2005.12.30]

제23조 [전자서명생성정보의 보호 등 〈개정 2001.12.31〉] ① 누구든지 타인의 전자서명생성정보를 도용 또는 누설하여서는 아니된다. <개정 2001.12.31>

② 누구든지 타인의 명의로 공인인증서를 발급받거나 발급받을 수 있도록 하여서는 아니된다. <개정 2001.12.31>

③ 누구든지 공인인증서가 아닌 인증서 등을 공인인증서로 혼동하게 하거나 혼동할 우려가 있는 유사한 표시를 사용하거나 허위로 공인인증서의

사용을 표시하여서는 아니된다. <신설 2001.12.31>

④ 누구든지 공인인증서를 이용범위 또는 용도에서 벗어나 부정하게 사용하여서는 아니된다. <신설 2005.12.30>

⑤ 누구든지 행사하게 할 목적으로 다른 사람에게 공인인증서를 양도 또는 대여하거나 행사할 목적으로 다른 사람의 공인인증서를 양도 또는 대여 받아서는 아니된다. <신설 2005.12.30>

제24조 [개인정보의 보호] ① 공인인증기관은 인증업무 수행과 관련하여 개인정보를 보호하여야 한다.

② 제1항의 개인정보보호에 관하여는 「정보통신망 이용촉진 및 정보보호 등에 관한 법률」 제22조 내지 제32조, 제36조제1항, 제54조, 제55조, 제62조, 제66조 및 제67조의 개인정보에 관한 규정을 준용한다. 이 경우 "정보통신서비스제공자"는 "공인인증기관"으로, "이용자"는 "가입자"로 본다. <개정 2005.12.30>

[전문개정 2001.12.31]

제25조 [전자서명인증관리업무] ① 보호진흥원은 전자서명을 안전하고 신뢰성있게 이용할 수 있는 환경을 조성하고 공인인증기관을 효율적으로 관리하기 위하여 다음 각호의 업무를 수행한다.

1. 제4조의 규정에 의하여 공인인증기관을 지정하는 경우 공인인증기관으로 지정받고자 하는 자가 갖추어야 할 시설 및 장비에 대한 심사 지원
2. 제14조제1항의 규정에 의한 공인인증기관에 대한 검사 지원
3. 제18조의3의 규정에 의한 보호조치에 대한 심사 및 기술 지원
4. 제19조제2항의 규정에 의한 시설 및 장비의 안전운영 여부에 관한 점검
5. 공인인증기관에 대한 공인인증서 발급·관리 등 인증업무
6. 전자서명인증 관련 기술개발·보급 및 표준화 연구
7. 전자서명인증 관련 제도 연구 및 상호인정 등 국제협력 지원
8. 그 밖에 전자서명인증관리업무와 관련하여 필요한 사항

② 제6조, 제7조, 제15조 내지 제18조, 제18조의2, 제18조의3, 제19조제1항 및 제22조의 규정은 보호진흥원의 전자서명인증관리업무에 관하여 이를 준용한다. 이 경우 "공인인증기관"은 "보호진흥원"으로, "가입자"는 "공인인증기관"으로 본다. <개정 2005.12.30>

③ 보호진흥원은 제1항의 규정에 의한 심사·기술지원·점검 및 공인인증서 발급 등 전자서명인증관리업무와 관련하여 수수료 등을 부과할 수 있다.

[전문개정 2001.12.31]

제25조의2 [이용자의 준수사항] 이용자는 제15조제2항제1호 내지 제6호의 공인인증서 기재사항 등에 의하여 공인전자서명의 진위여부를 확인하기 위하여 다음 각목의 조치를 취하여야 한다.

가. 공인인증서의 유효 여부의 확인

나. 공인인증서의 정지 또는 폐지 여부의 확인

다. 제15조제2항제7호 및 제8호 사항의 확인

[본조신설 2001.12.31]

제25조의3 [특정 공인인증서 요구 금지] 누구든지 공인인증서를 이용하여 전자서명을 확인하는 경우 정당한 이유없이 특정 공인인증기관의 공인인증서만을 요구하여서는 아니된다.
[본조신설 2001.12.31]

제26조 [배상책임] ① 공인인증기관은 인증업무 수행과 관련하여 가입자 또는 공인인증서를 신뢰한 이용자에게 손해를 입힌 때에는 그 손해를 배상하여야 한다. 다만, 공인인증기관이 과실 없음을 입증하면 그 배상책임이 면제된다.
② 공인인증기관은 제1항의 규정에 따르 손해를 배상하기 위한 보험에 가입하여야 한다.
[전문개정 2005.12.30]

제5장 전자서명인증정책의 추진 등<신설 2001.12.31>

제26조의2 [전자서명인증제도의 발전을 위한 시책의 수립 등] 정부는 전자서명의 안전성과 신뢰성을 확보하고 그 이용을 활성화하는 등 전자서명 및 인증업무의 발전을 위하여 다음 각호의 시책을 수립·시행한다.
1. 전자서명의 안전성과 신뢰성 확보 및 이용활성화를 위한 기본정책에 관한 사항
2. 전자서명의 원활한 상호연동을 위한 정책 및 기술표준화에 관한 사항
3. 전자서명 관련 기술개발
4. 전자서명의 이용활성화를 위한 교육 및 홍보에 관한 사항
5. 전자서명의 이용확산을 위한 제도의 개선 및 관계 법령의 정비에 관한 사항
6. 전자서명 관련 단체의 지원 및 관련 정보의 제공에 관한 사항
7. 인증업무와 관련된 가입자와 이용자의 권익보호에 관한 사항
8. 외국의 전자서명 및 인증서에 대한 상호인정 및 국제협력에 관한 사항
9. 전자서명관련 산업육성 및 인력양성에 관한 사항
10. 공인인증기관의 안전성 확보를 위한 보호조치에 관한 사항
11. 전자서명 이용활성화를 위한 시범사업의 추진 및 통계·실태조사에 관한 사항
12. 전자문서의 안전성과 신뢰성 확보를 위한 암호사용에 관한 사항
13. 그 밖에 전자서명의 안전성과 신뢰성 확보 및 이용촉진을 위해 필요한 사항

[본조신설 2001.12.31]

제26조의3 [전자서명의 상호연동] ① 정보통신부장관은 전자서명의 원활한 상호연동을 위하여 다음 각호의 사항을 추진한다.
1. 전자서명의 상호연동을 위한 국내외 표준의 조사연구 및 개발
2. 전자서명의 상호연동과 관련된 표준의 제정 및 보급
3. 전자서명의 상호연동을 위한 전자서명 및 인증정책의 조정
4. 그 밖에 전자서명의 상호연동과 관련한 사항

② 정보통신부장관은 제1항 각호의 사항을 추진하기 위하여 필요한 경우 관련기관 및 단체로 하여금 이를 대

행하게 할 수 있다. 이 경우 정보통신부령이 정하는 바에 의하여 이에 소요되는 비용을 지원할 수 있다.
[본조신설 2001.12.31]

제26조의4 [전자서명 기술개발 및 인력양성] 정보통신부장관은 전자서명의 이용촉진에 필요한 기술개발 및 전문인력양성을 위하여 다음 각호의 사항을 추진한다.

1. 전자서명 관련 기술수준의 조사, 기술의 연구·개발 및 활용에 관한 사항
2. 전자서명 관련 기술협력 및 기술이전에 관한 사항
3. 전자서명에 관한 기술정보의 제공 및 관련 기관·단체와의 협력에 관한 사항
4. 전자서명 관련 전문인력의 수급실태조사 및 전문인력양성을 위한 지원사항
5. 그 밖에 전자서명에 관한 기술개발 및 인력양성에 필요한 사항

[본조신설 2001.12.31]

제26조의5 [전자서명 시범사업의 추진] ① 정보통신부장관은 전자서명의 이용확산을 위하여 정보통신부령이 정하는 바에 따라 시범사업을 실시할 수 있다.
② 정부는 제1항의 규정에 의한 시범사업에 대하여 행정적·재정적·기술적 지원을 할 수 있다.
[본조신설 2001.12.31]

제26조의6 [전자서명이용촉진을 위한 지원] ① 국가 또는 지방자치단체는 전자서명의 이용촉진을 위하여 금융지원을 할 수 있다.
② 정부는 전자거래의 안전성과 신뢰성 확보를 위하여 공인전자서명을 사용하는 경우 전자거래에 수반하는 수수료 등을 감면하는 시책을 수립·시행할 수 있다.
③ 정부는 전자서명과 관련된 법인 또는 단체가 전자서명 이용촉진을 위한 사업을 실시하는 경우 예산의 범위안에서 당해 사업비의 전부 또는 일부를 지원할 수 있다.
[본조신설 2001.12.31]

제26조의7 [공인인증정책심의위원회] ① 공인인증정책에 관한 다음 각 호의 사항을 심의하기 위하여 정보통신부에 공인인증정책심의위원회(이하 "심의위원회"라 한다)를 둔다.

1. 제4조의 규정에 따른 공인인증기관의 지정 및 제12조의 규정에 따른 지정취소에 관한 사항
2. 제27조의 규정에 따른 가입자 및 이용자의 보호에 관한 사항
3. 제27조의2의 규정에 따른 국가간 상호인정에 관한 사항
4. 공인인증업무와 관련된 분쟁의 해결을 위한 주요정책에 관한 사항
5. 그 밖에 정보통신부장관이 전자서명 인증정책의 추진에 있어 필요하다고 인정하는 사항

② 심의위원회는 위원장 1인을 포함한 9인 이내의 위원으로 구성하되, 위원중 1인은 상임으로 한다.
③ 심의위원회의 위원장을 포함한 위원은 대통령령이 정하는 바에 의하여 정보통신부장관이 임명 또는 위촉한다.
④ 위원의 임기는 3년으로 하되, 연임할 수 있다.
⑤ 이 법이 정한 사항 외에 심의위원회의 조직 및 운영 등에 관하여 필요

한 사항은 대통령령으로 정한다.
[본조신설 2005.12.30]

제6장 보칙
<개정 2001.12.31>

제27조 [가입자 및 이용자의 보호] ① 정부는 가입자 및 이용자의 불만 및 피해를 신속하고 공정하게 처리할 수 있도록 필요한 조치를 마련하여야 한다.

② 제1항의 조치에 관한 구체적 사항은 정보통신부령으로 정한다.

[본조신설 2001.12.31][종전 제27조는 제27조의2로 이동<2001.12.31>]

제27조의2 [상호인정] ① 정부는 전자서명의 상호인정을 위하여 외국정부와 협정을 체결할 수 있다.

② 제1항의 규정에 의하여 협정을 체결하는 경우에는 외국의 인증기관 또는 외국의 인증기관이 발급한 인증서에 대하여 이 법에 의한 공인인증기관 또는 공인인증서와 동일한 법적 지위 또는 법적 효력을 부여하는 것을 그 협정의 내용으로 할 수 있다. <개정 2001.12.31>

③ 정보통신부장관은 제1항의 규정에 의하여 외국정부와 전자서명의 상호인정에 관한 협정을 체결한 경우에는 그 내용을 고시하여야 한다.

④ 제1항의 규정에 따라 외국정부와 협정이 체결된 경우 외국의 전자서명 또는 인증서는 공인전자서명 또는 공인인증서와 동등한 효력을 가진 것으로 본다. <신설 2001.12.31>

[제27조에서 이동<2001.12.31>]

제28조 [요금 부과] 공인인증기관은 공인인증서의 발급을 신청하는 자 또는 인증역무를 제공받는 자에게 수수료 등 필요한 요금을 부과할 수 있다. <개정 2001.12.31>

제29조 [청문] 정보통신부장관은 제12조제1항의 규정에 의하여 지정취소를 하고자 하는 경우에는 청문을 실시하여야 한다.

제30조 [권한의 위임] 이 법에 의한 정보통신부장관의 권한은 대통령령이 정하는 바에 의하여 그 일부를 소속기관의 장에게 위임할 수 있다.

제7장 벌칙
<개정 2001.12.31>

제31조 [벌칙] 다음 각호의 1에 해당하는 자는 3년 이하의 징역 또는 3천만원 이하의 벌금에 처한다. <개정 2001.12.31>

1. 제21조제3항의 규정에 위반하여 가입자의 신청없이 가입자의 전자서명생성정보를 보관하거나 전자서명생성정보의 보관을 신청한 가입자의 승낙없이 이를 이용하거나 유출한 자
2. 제23조제1항의 규정에 위반하여 타인의 전자서명생성정보를 도용 또는 누설한 자
3. 제23조제2항의 규정에 위반하여 타인의 명의로 공인인증서를 발급받거나 발급받을 수 있도록 한 자

제32조 [벌칙] 다음 각 호의 어느 하나에 해당하는 자는 1년 이하의 징역 또는 1천만원 이하의 벌금에 처한

다. <개정 2005.12.30>

1. 제22조제2항의 규정에 위반하여 가입자인증서등을 보관하지 아니한 자
2. 삭제 <2005.12.30>
3. 제23조제4항의 규정을 위반하여 공인인증서를 이용범위 또는 용도에서 벗어나 부정하게 사용한 자
4. 제23조제5항의 규정을 위반하여 행사하게 할 목적으로 다른 사람에게 공인인증서를 양도 또는 대여하거나 행사할 목적으로 다른 사람의 공인인증서를 양도 또는 대여 받은 자

[전문개정 2001.12.31]

제33조 [양벌규정] 법인의 대표자나 법인 또는 개인의 대리인·사용인 기타 종업원이 그 법인 또는 개인의 업무에 관하여 제31조 또는 제32조의 위반행위를 한 때에는 행위자를 벌하는 외에 그 법인 또는 개인에 대하여도 각 해당 조의 벌금형을 과한다.

제34조 [과태료] ① 다음 각 호의 어느 하나에 해당하는 자는 500만원 이하의 과태료에 처한다. <개정 2001.12.31, 2005.12.30>

1. 제6조제1항 또는 제3항(제25조제2항에 의하여 준용되는 경우를 포함한다)의 규정에 위반하여 인증업무준칙의 신고 또는 변경신고를 하지 아니하거나 동조제4항(제25조제2항에 의하여 준용되는 경우를 포함한다)의 규정에 의한 인증업무준칙의 변경에 관한 명령을 이행하지 아니한 자
2. 제7조(제25조제2항에 의하여 준용되는 경우를 포함한다)의 규정에 위반하여 정당한 사유없이 인증역무의 제공을 거부하거나 가입자 또는 이용자를 부당하게 차별한 자
3. 제9조제1항의 규정에 의한 신고를 하지 아니한 자
4. 제10조제1항의 규정에 의한 인증업무의 휴지 또는 동조제2항의 규정에 의한 인증업무의 폐지 사실을 가입자에게 통보하지 아니하거나 정보통신부장관에게 신고하지 아니한 자
5. 제10조제3항 또는 제12조제2항의 규정에 위반하여 정당한 사유없이 다른 공인인증기관에게 가입자인증서 등을 인계하지 아니하거나 신고하지 아니한 자
6. 제14조제1항의 규정에 의한 자료를 제출하지 아니하거나 허위의 자료를 제출한 자 또는 관계 공무원의 출입·검사를 거부·방해 또는 기피한 자
7. 제21조제4항의 규정에 의한 통보를 하지 아니한 자

7의2. 제22조의3제1항의 규정에 의한 인증업무를 제공하는 정보처리시스템의 장애발생 신고를 하지 아니한 자

8. 제23조제3항의 규정에 위반하여 공인인증서가 아닌 인증서 등을 공인인증서로 혼동하게 하거나 혼동할 우려가 있는 유사한 표시를 사용하거나 허위로 공인인증서의 사용을 표시한 자
9. 제25조의3의 규정을 위반하여 특정 공인인증기관의 공인인증서만을 요구한 자
10. 제26조제2항의 규정을 위반하여

보험에 가입하지 아니한 자
② 제1항의 규정에 의한 과태료는 대통령령이 정하는 바에 의하여 정보통신부장관이 부과·징수한다.
③ 제2항의 규정에 의한 과태료처분에 불복이 있는 자는 그 처분의 고지를 받은 날부터 30일 이내에 정보통신부장관에게 이의를 제기할 수 있다.
④ 제2항의 규정에 의한 과태료처분을 받은 자가 제3항의 규정에 의하여 이의를 제기한 때에는 정보통신부장관은 지체없이 관할법원에 그 사실을 통보하여야 하며, 그 통보를 받은 관할법원은 「비송사건절차법」에 의한 과태료의 재판을 한다. <개정 2005.12.30>
⑤ 제3항의 규정에 의한 기간내에 이의를 제기하지 아니하고 과태료를 납부하지 아니한 때에는 국세체납처분의 예에 의하여 이를 징수한다.

부 칙
〈제5792호, 1999.2.5〉

이 법은 1999년 7월 1일부터 시행한다.

부칙(정보통신망이용촉진및정보보호등에관한법률)
〈제6360호, 2001.1.16〉

제1조 [시행일] 이 법은 2001년 7월 1일부터 시행한다.
제2조 내지 **제4조** 생략
제5조 [다른 법률의 개정] ① 내지 ③ 생략
④ 전자서명법중 다음과 같이 개정한다.
제8조제1항중 "정보화촉진기본법 제14조의2의 규정에 의한 한국정보보호센터(이하 "보호센터"라 한다)로부터"를 "정보통신망이용촉진및정보보호등에관한법률 제52조의 규정에 의한한국정보보호진흥원(이하 "보호진흥원"이라 한다)으로부터"로 한다.
제10조제4항 및 제21조제3항중 "보호센터"를 각각 "보호진흥원"으로 한다.
제16조제1항제5호중 "보호센터가"를 "보호진흥원이"로 한다.
제16조제3항중 "보호센터로"를 "보호진흥원으로"로 한다.
제21조제4항 및 제21조제5항중 "보호센터는"을 각각 "보호진흥원은"으로 한다.
제25조제1항중 "보호센터는"을 "보호진흥원은"으로 하고, 동조제2항중 ""보호센터"로"를 ""보호진흥원"으로"로 한다.
⑤ 생략
제6조 생략

부 칙
〈제6585호, 2001.12.31〉

제1조 [시행일] 이 법은 2002년 4월 1일부터 시행한다.
제2조 [배상책임에 관한 경과조치] 이 법 시행전에 공인인증기관의 인증업무 수행과 관련하여 발생한 손해에 대한 배상책임은 종전의 규정에 의한다.
제3조 [벌칙의 적용에 관한 경과조치] 이 법 시행전의 행위에 관한 벌칙의 적용에 있어서는 종전의 규정에 의한다

제4조 [다른 법률의 개정] ① 정보통신망이용촉진및정보보호등에관한법률중 다음과 같이 개정한다.

제18조제2항의 "전자서명(작성자를 알아볼 수 있고 문서의 변경여부를 확인할 수 있는 것을 말한다)"을 "전자서명법 제2조제3호의 규정에 의한 공인전자서명"으로 한다.

② 전자정부구현을위한행정업무등의전자화촉진에관한법률중 다음과 같이 개정한다.

제18조제1항, 제20조제1항 및 제3항중 "전자서명법 제2조제2호의 규정에 의한 전자서명"을 각각 "전자서명법 제2조제3호의 규정에 의한 공인전자서명"으로 한다.

부칙(채무자 회생 및 파산에 관한 법률) 〈제7428호, 2005.3.31〉

제1조 [시행일] 이 법은 공포 후 1년이 경과한 날부터 시행한다.

제2조 내지 **제4조** 생략

제5조 [다른 법률의 개정] ① 내지 <98> 생략

<99> 전자서명법 일부를 다음과 같이 개정한다.

제5조제1호 가목중 "파산자"를 "파산선고를 받은 자"로 한다.

<100> 내지 <145> 생략

제6조 생략

부 칙
〈제7813호, 2005.12.30〉

① **[시행일]** 이 법은 공포 후 6개월이 경과한 날부터 시행한다. 다만, 법 제4조제4항의 개정규정은 공포한 날부터 시행한다.

② **[벌칙의 적용에 관한 경과조치]** 이 법 시행 전의 행위에 대한 벌칙의 적용에 있어서는 종전의 규정에 의한다.

8. 일본소비자계약법

[제정 1999.5.12. 법률 제61호; 최종 개정 2006.6.7. 법률 제56호]

제1장 총칙

제1조 [목적] 이 법률은 소비자와 사업자와의 사이의 정보의 질과 양 및 교섭력의 격차에 의하여 사업자의 일정한 행위에 의해 소비자가 오인하거나 곤혹했을 경우에 대해 계약의 신청 또는 그 승낙의 의사 표시를 취소할 수 있게 함과 동시에 사업자의 손해배상의 책임을 면제하는 조항 그 외의 소비자의 이익을 부당하게 해치는 조항의 전부 또는 일부를 무효화하여 소비자의 이익의 옹호를 도모함으로써 국민 생활의 안정향상과 국민경제의 건전한 발전에 기여하는 것을 목적으로 한다.

제2조 [정의] ① 이 법률에서 「소비자」란 개인(사업으로서 또는 사업을 위해서 계약의 당사자가 되는 경우를 제외한다)을 말한다.
② 이 법률에서 「사업자」란 법인 기타 단체 및 사업으로서 또는 사업을 위해서 계약의 당사자가 되는 경우의 개인을 말한다.
③ 이 법률에서 「소비자 계약」이란 소비자와 사업자와의 사이에 체결되는 계약을 말한다.

제3조 [사업자 및 소비자의 노력] ① 사업자는 소비자계약의 조항을 정함에 있어서 소비자의 권리의무 기타 소비자계약의 내용이 소비자에게 있어서 명확하고 평이한 것이 되도록 배려함과 동시에, 소비자계약의 체결에 대하여 권유함에 있어서는 소비자의 이해를 깊게 하기 위하여 소비자의 권리의무 기타 소비자계약의 내용에 대한 필요한 정보를 제공하도록 노력하여야 한다.
② 소비자는 소비자계약을 체결함에 있어서 사업자로부터 제공된 정보를 활용하여 소비자의 권리의무 기타 소비자계약의 내용에 대하여 이해하도록 노력한다.

제2장 소비자계약의 청약 또는 그 승낙의 의사표시의 취소

제4조 [소비자계약이 청약 또는 그 승낙의 의사표시의 취소] 소비자는 사업자가 소비자계약의 체결에 대하여 권유를 하는 경우, 해당 소비자에

대하여 다음 각 호의 행위를 함으로써 해당 각 호에 정하는 오인을 하여 그에 의거하여 해당 소비자계약의 청약 또는 그 승낙의 의사표시를 한 경우에는 이를 취소할 수 있다.

1. 중요사항에 대하여 사실과 달리 알릴 것. 해당 내용이 사실이라는 오인
2. 물품, 권리, 역무 그 외의 해당 소비자계약의 목적이 되는 것에 관하여 장래에 있어서의 그 가액, 장래에 있어 해당 소비자가 받아야 할 금액 기타 장래에 있어서의 변동이 불확실한 사항에 대해 단정적 판단을 제공할 것. 제공된 단정적 판단의 내용이 확실하다는 오인

② 소비자는 사업자가 소비자계약의 체결에 대하여 권유를 하는 경우, 해당 소비자에 대해서 어떤 중요 사항 또는 해당 중요 사항에 관련하는 사항에 대해 해당 소비자의 이익이 되는 내용을 고지하고, 해당 중요사항에 대해 해당 소비자의 불이익이 되는 사실(해당 고지에 의해 해당 사실이 존재하지 않는다고 소비자가 통상 생각해야 할 것에 한정한다)을 고의로 고하지 않음으로써, 해당 사실이 존재하지 않는다고 오인하여, 그에 따라 해당 소비자계약의 청약 또는 그 승낙의 의사표시를 하는 경우 이를 취소할 수 있다. 다만, 해당 사업자가 해당 소비자에 대해 해당 사실을 고지하려 했음에도 불구하고, 해당 소비자가 이를 거절했을 경우에는 그러하지 아니하다.

③ 소비자는 사업자가 소비자계약의 체결에 대하여 권유를 하는 경우, 해당 소비자에 대하여 다음의 행위를 함으로써 미혹되어 해당 소비자계약의 청약 또는 그 승낙의 의사표시를 했을 경우에는 이를 취소할 수 있다.

1. 해당 사업자에 대하여 해당 소비자가 그 주거 또는 그 업무를 실시하고 있는 장소로부터 퇴거해야 할 취지의 의사를 나타냈음에도 불구하고 그러한 장소로부터 퇴거하지 않을 것.
2. 해당 사업자가 해당 소비자계약의 체결에 대하여 권유를 하고 있는 장소로부터 해당 소비자가 퇴거할 의사를 나타냈음에도 불구하고, 그 장소로부터 해당 소비자를 퇴거시키지 않을 것.

④ 제1항 제1호 및 제2항의 「중요사항」이란 소비자계약과 관련되는 다음의 사항이며 소비자의 해당 소비자계약을 체결할 지에 대한 판단에 통상 영향을 미치는 것을 말한다.

1. 물품, 권리, 역무 기타 해당 소비자계약의 목적이 되는 것의 질, 용도 기타 내용
2. 물품, 권리, 역무 기타 해당 소비자계약의 목적이 되는 것의 대가 기타 거래조건

⑤ 제1항 내지 제3항의 규정에 의한 소비자계약의 청약 또는 그 승낙의 의사표시의 취소는 이로써 선의의 제3자에게 대항할 수 없다.

제5조 [매개의 위탁을 받은 제3자 및 대리인] ① 전조의 규정은 사업자가 제3자에 대하여 해당 사업자와 소비자와의 사이에 있어서의 소비자계약의 체결에 대하고 매개를 하는 것의

위탁(이하 이 항에 대해 단지 「위탁」 이라고 한다)을 하여, 해당 위탁을 받은 제3자(그 제3자로부터 위탁을 받은 자(2이상의 단계에 걸치는 위탁을 받은 자를 포함한다)를 포함한다. 다음 항에서 「수탁자등 」이라고 한다)가 소비자에 대하여 동조 제1항 내지 제3항에서 규정하는 행위를 했을 경우에 대하여 준용한다. 이 경우에 동조 제2항 단서 「해당 사업자」라 함은 「해당 사업자 또는 다음 조 제1항에 규정하는 수탁자등」을 말한다.

②소비자 계약의 체결과 관련되는 소비자의 대리인, 사업자의 대리인 및 수탁자등의 대리인은 전조 제1항 내지 제3항(전항에서 준용하는 경우를 포함한다. 다음 조 및 제7조에서도 같다)의 규정의 적용에 대해서는 각각 소비자, 사업자 및 수탁자등으로 간주한다.

제6조 [해석규정] 제4조 제1항 내지 제3항의 규정은 이러한 항에 규정하는 소비자계약의 청약 또는 그 승낙의 의사표시에 대한 민법(1954년 법률 제89호) 제96조의 규정의 적용을 방해하는 것으로 해석하여서는 안된다.

제7조 [취소권의 행사기간 등] ① 제4조 제1항 내지 제3항의 규정에 의한 취소권은 추인을 할 수 있을 때부터 6개월간 행사하지 않을 시에는 시효에 의해서 소멸한다. 해당 소비자계약의 체결일로부터 5년을 경과했을 때에도 같다.

② 회사법(2005년 법률 제86호) 제51조 제2항, 제102조 제4항 및 제211조 제2항의 규정(이러한 규정을 다른 법률에 준용하는 경우를 포함한다)은 제4조 제1항 내지 제3항(제5조 제1항에 준용하는 경우를 포함한다)의 규정에 의한 소비자계약으로서의 주식인수의 취소에 대해 준용한다. 이 경우에 대하여 동법 제51조 제2항 및 제102조 제4항 중 「착오를 이유로 설립시 발행주식의 인수의 무효를 주장하거나 사기 혹은 강박을 이유로서」라고 하고, 동법 제211조 제2항 중 「착오를 이유로 모집주식의 인수의 무효를 주장하거나 사기 혹은 강박을 이유로서」라고 하고 있는 것은 「소비자계약법 제4조 제1항 내지 제3항(동법 제5조 제1항에 준용하는 경우를 포함한다)의 규정에 의해」라고 바꾸어 읽는다.

제3장 소비자계약조항의 무효

제8조 [사업자의 손해배상책임을 면제하는 조항의 무효] 다음 열거하는 소비자계약의 조항은 무효로 한다.

1. 사업자의 채무불이행에 의해 소비자에게 생긴 손해를 배상할 책임의 전부를 면제하는 조항
2. 사업자의 채무불이행(해당 사업자, 그 대표자 또는 그 사용하는 자의 고의 또는 중대한 과실에 의하는 것에 한정한다)에 의해 소비자에게 생긴 손해를 배상할 책임의 일부를 면제하는 조항
3. 소비자계약에 있어서 사업자의 채무이행 시에 행해진 해당 사업자의 불법행위에 의해 소비자에게 생긴 손해를 배상하는 민법의 규정에 의한 책임의 전부를 면제하는 조항

4. 소비자계약에 있어서 사업자의 채무이행 시에 행해진 해당 사업자의 불법행위(해당 사업자, 그 대표자 또는 그 사용하는 자의 고의 또는 중대한 과실에 의하는 것에 한정한다)에 의해 소비자에게 생긴 손해를 배상하는 민법의 규정에 의한 책임의 일부를 면제하는 조항
5. 소비자계약이 유상계약인 경우에 해당 소비자계약의 목적물에 숨은 하자가 있을 때(해당 소비자 계약이 도급계약인 경우에는 해당 소비자계약의 일의 목적물에 하자가 있을 때. 다음 항에서도 같다)에 해당 하자에 의해 소비자에게 생긴 손해를 배상하는 사업자의 책임의 전부를 면제하는 조항

② 전항 제5호에 열거하는 조항에 대해서는 다음에 열거하는 경우에 해당하는 경우에는 동항의 규정은 적용하지 않는다.

1. 해당 소비자계약에서 해당 소비자계약의 목적물에 숨은 하자가 있을 때, 해당 사업자가 하자의 없는 물건으로 이를 대체할 책임 또는 해당 하자를 보수할 책임을 지는 경우
2. 해당 소비자와 해당 사업자의 위탁을 받은 다른 사업자와의 사이의 계약 또는 해당 사업자와 다른 사업자와의 사이의 해당 소비자를 위해서 하는 계약으로 해당 소비자계약의 체결에 앞서 또는 이것과 동시에 체결된 것으로, 해당 소비자계약의 목적물에 숨은 하자가 있을 때, 해당 다른 사업자가 해당 하자에 의해 해당 소비자에게 생긴 손해를 배상할 책임의 전부 또는 일부를 지고, 하자가 없는 물건으로 이를 대체할 책임을 지거나 해당 하자를 보수할 책임을 지는 경우

제9조 [소비자가 지불하는 손해배상액을 예정하는 조항 등의 무효] 다음 각 호에 열거하는 소비자계약의 조항은 해당 각 호에 정하는 부분에 대하여 무효로 한다.

1. 해당 소비자계약의 해제에 수반하는 손해배상의 액을 예정하거나 위약금을 정하는 조항이며, 이것을 합산한 액이 해당 조항에 설정된 해제의 사유, 시기 등의 구분에 따라 해당 소비자계약과 동종의 소비자계약의 해제에 수반해 해당 사업자에게 발생한 평균적인 손해액을 초과하는 것의 해당 초과부분
2. 해당 소비자계약에 기초하여 지불해야 할 금전의 전부 또는 일부를 소비자가 지불기일(지불 회수가 2 이상인 경우에는 각각의 지불기일. 이하 동호에서 같다)까지 지불하지 않은 경우의 손해배상액을 예정하거나 위약금을 정하는 조항이며, 이것을 합산 한 액이 지불기일의 다음날부터 그 지불을 하는 날까지의 기간에 대해서, 그 일수에 따라 해당 지불기일에 지불해야 할 액으로부터 해당 지불기일에 지불해야 할 액 중 이미 지불된 액을 공제한 액에 연 14·6퍼센트의 비율을 곱해 계산한 액을 초과하는 것의 해당 초과부분

제10조 [소비자의 이익을 일방적으로 해치는 조항의 무효] 민법, 상법(1957년 법률 제48호) 기타 법률의 공공질서에 관계되지 않는 규정의 적용에 의한 경우와 비교하여 소비자의 권리를 제한하거나 소비자의 의무를 가중하는 소비자계약의 조항으로서 민법 제1조 제2항에 규정하는 기본원칙에 반해 소비자의 이익을 일방적으로 해치는 것은 무효로 한다.

제4장 잡칙

제11조 [다른 법률의 적용] ① 소비자계약의 청약 또는 그 승낙의 의사표시의 취소 및 소비자 계약의 조항의 효력에 대해서는 이 법률의 규정에 의하는 것 외에는 민법 및 상법의 규정에 의한다.

② 소비자계약의 청약 또는 그 승낙의 의사표시의 취소 및 소비자계약의 조항의 효력에 대해 민법 및 상법 기타 다른 법률에 특별한 규정이 있는 경우에는 그에 의한다.

제12조 [적용제외] 이 법률의 규정은 근로계약에 대하여는 적용하지 않는다.

부 칙

이 법률은 2001. 4. 1.부터 시행하고, 이 법률의 시행 후에 체결된 소비자계약에 대해 적용한다.

부 칙

(2001.11.28. 법률 제129호)

(시행 기일)

1. 이 법률은, 2002. 4. 1.부터 시행한다.

(벌칙의 적용에 관한 경과조치)

2. 이 법률의 시행 전에 한 행위 및 이 법률의 규정에 의해 종전의 예에 의하기로 한 경우에 이 법률의 시행 후에 한 행위에 대한 벌칙의 적용에 대해서는 종전의 예에 의한다.

부 칙

(2005. 7. 26. 법률 제87호)

이 법률은 회사법의 시행일부터 시행한다.

부 칙

(2006. 6. 2. 법률 제50호)

(시행기일)

1. 이 법률은 일반 사단·재단법인법의 시행일부터 시행한다.

(조정규정)

2. 범죄의 국제화 및 조직화 및 정보처리의 고도화에 대처하기 위한 형법등의 일부를 개정하는 법률(2006년 법률 제호)의 시행일이 시행일 후인 경우에는 시행일부터 동법의 시행일의 전일까지 사이의 조직적인 범죄의 처벌 및 범죄 수익의 규제등에 관한 법률(1999년 법률 제136호. 다음 호에서 「조직적 범죄처벌법」이라고 한다) 별표 제62호의 규정의 적용에 대해서는 동호 중 「중간법인법(2001년 법률

제49호) 제157조(이사등의 특별배임)의 죄」라고 있는 것은 「일반 사단법인 및 일반 재단법인에 관한 법률(2006년 법률 제48호) 제334조(이사등의 특별배임)의 죄」라고 한다.

3. 전항에 규정하는 것 외에 동항의 경우에 범죄의 국제화 및 조직화 및 정보처리의 고도화에 대처하기 위한 형법등의 일부를 개정하는 법률의 시행일의 전일까지의 사이의 조직적 범죄처벌법의 규정의 적용에 대해서는 제457조의 규정에 의해 종전의 예에 의하는 경우에 있어서의 구중간법인법 제157조(이사등의 특별배임)의 죄는 조직적 범죄처벌법 별표 제62호에 열거하는 죄로 간주한다.

부 칙
(2006.6.7. 법률 제56호)

(시행기일)

1. 이 법률은 공포일부터 기산해 1년을 경과한 날로부터 시행한다.

(검토)

2. 정부는 소비자의 피해의 상황, 소비자의 이익의 옹호를 도모하기 위한 제시책의 실시상황 기타 사회경제의 정세변화를 감안하면서 이 법률에 의한 개정 후의 소비자계약법의 시행상황에 대하여 검토하여 필요가 있다고 인정할 때에는 그 결과에 근거해 필요한 조치를 강구한다.

9. 한국약관의 규제에 관한 법률

[일부개정 2007.8.3 법률 제8632호]

제1장 총칙

제1조 [목적] 이 법은 사업자가 그 거래상의 지위를 남용하여 불공정한 내용의 약관을 작성·통용하는 것을 방지하고 불공정한 내용의 약관을 규제하여 건전한 거래질서를 확립함으로써 소비자를 보호하고 국민생활의 균형있는 향상을 도모함을 목적으로 한다.

제2조 [정의] ① 이 법에서 "약관"이라 함은 그 명칭이나 형태 또는 범위를 불문하고 계약의 일방 당사자가 다수의 상대방과 계약을 체결하기 위하여 일정한 형식에 의하여 미리 마련한 계약의 내용이 되는 것을 말한다.

② 이 법에서 "사업자"라 함은 계약의 일방 당사자로서 타방 당사자에게 약관을 계약의 내용으로 할 것을 제안하는 자를 말한다.

③ 이 법에서 "고객"이라 함은 계약의 일방 당사자로서 사업자로부터 약관을 계약의 내용으로 할 것을 제안받은 자를 말한다.

제3조 [약관의 작성 및 설명의무 등] ① 사업자는 고객이 약관의 내용을 쉽게 알 수 있도록 한글 및 표준화·체계화된 용어를 사용하고, 약관의 중요한 내용을 부호·문자·색채 등으로 명확하게 표시하여 약관을 작성하여야 한다.

② 사업자는 계약체결에 있어서 고객에게 약관의 내용을 계약의 종류에 따라 일반적으로 예상되는 방법으로 명시하고, 고객이 요구할 때에는 당해 약관의 사본을 고객에게 교부하여 이를 알 수 있도록 하여야 한다. 다만, 다른 법률에 따라 행정관청의 인가를 받은 약관으로서 거래의 신속을 위하여 필요하다고 인정되어 대통령령으로 정하는 약관에 대하여는 그러하지 아니하다.

③ 사업자는 약관에 정하여져 있는 중요한 내용을 고객이 이해할 수 있도록 설명하여야 한다. 다만, 계약의 성질상 설명이 현저하게 곤란한 경우에는 그러하지 아니하다.

④ 사업자가 제2항 및 제3항을 위반하여 계약을 체결한 때에는 당해 약관을 계약의 내용으로 주장할 수 없다.

[전문개정 2007.8.3]

제4조 [개별약정의 우선] 약관에서 정하고 있는 사항에 관하여 사업자와 고객이 약관의 내용과 다르게 합의한 사항이 있을 때에는 당해 합의사항은 약관에 우선한다.

제5조 [약관의 해석] ① 약관은 신

의성실의 원칙에 따라 공정하게 해석되어야 하며 고객에 따라 다르게 해석되어서는 아니된다.

② 약관의 뜻이 명백하지 아니한 경우에는 고객에게 유리하게 해석되어야 한다.

제2장 불공정약관조항
〈개정 1992.12.8〉

제6조 [일반원칙] ① 신의성실의 원칙에 반하여 공정을 잃은 약관조항은 무효이다.

② 약관에 다음 각호의 1에 해당되는 내용을 정하고 있는 경우에는 당해 약관조항은 공정을 잃은 것으로 추정된다.

1. 고객에 대하여 부당하게 불리한 조항
2. 고객이 계약의 거래형태등 제반사정에 비추어 예상하기 어려운 조항
3. 계약의 목적을 달성할 수 없을 정도로 계약에 따르는 본질적 권리를 제한하는 조항

제7조 [면책조항의 금지] 계약당사자의 책임에 관하여 정하고 있는 약관의 내용 중 다음 각호의 1에 해당하는 내용을 정하고 있는 조항은 이를 무효로 한다.

1. 사업자, 이행보조자 또는 피용자의 고의 또는 중대한 과실로 인한 법률상의 책임을 배제하는 조항
2. 상당한 이유없이 사업자의 손해배상범위를 제한하거나 사업자가 부담하여야 할 위험을 고객에게 이전시키는 조항
3. 상당한 이유없이 사업자의 담보책임을 배제 또는 제한하거나 그 담보책임에 따르는 고객의 권리행사의 요건을 가중하는 조항 또는 계약목적물에 관하여 견본이 제시되거나 품질·성능등에 관한 표시가 있는 경우 그 보장된 내용에 대한 책임을 배제 또는 제한하는 조항

제8조 [손해배상액의 예정] 고객에 대하여 부당하게 과중한 지연손해금등의 손해배상의무를 부담시키는 약관조항은 이를 무효로 한다.

제9조 [계약의 해제·해지] 계약의 해제·해지에 관하여 정하고 있는 약관의 내용중 다음 각호의 1에 해당되는 내용을 정하고 있는 조항은 이를 무효로 한다.

1. 법률의 규정에 의한 고객의 해제권 또는 해지권을 배제하거나 그 행사를 제한하는 조항
2. 사업자에게 법률에서 규정하고 있지 아니하는 해제권·해지권을 부여하거나 법률의 규정에 의한 해제권·해지권의 행사요건을 완화하여 고객에 대하여 부당하게 불이익을 줄 우려가 있는 조항
3. 계약의 해제 또는 해지로 인한 고객의 원상회복의무를 상당한 이유없이 과중하게 부담시키거나 원상회복청구권을 부당하게 포기하도록 하는 조항
4. 계약의 해제·해지로 인한 사업자의 원상회복의무나 손해배상의무를 부당하게 경감하는 조항
5. 계속적인 채권관계의 발생을 목적으로 하는 계약에서 그 존속기간을 부당하게 단기 또는 장기로 하거나 묵시의 기간연장 또는 갱신

이 가능하도록 정하여 고객에게 부당하게 불이익을 줄 우려가 있는 조항

제10조 [채무의 이행] 채무의 이행에 관하여 정하고 있는 약관의 내용중 다음 각호의 1에 해당되는 내용을 정하고 있는 조항은 이를 무효로 한다.

1. 상당한 이유없이 급부의 내용을 사업자가 일방적으로 결정하거나 변경할 수 있도록 권한을 부여하는 조항
2. 상당한 이유없이 사업자가 이행하여야 할 급부를 일방적으로 중지할 수 있게 하거나 제3자로 하여금 대행할 수 있게 하는 조항

제11조 [고객의 권익보호] 고객의 권익에 관하여 정하고 있는 약관의 내용중 다음 각호의 1에 해당되는 내용을 정하고 있는 조항은 이를 무효로 한다.

1. 법률의 규정에 의한 고객의 항변권, 상계권등의 권리를 상당한 이유없이 배제 또는 제한하는 조항
2. 고객에게 부여된 기한의 이익을 상당한 이유없이 박탈하는 조항
3. 고객이 제3자와 계약을 체결하는 것을 부당하게 제한하는 조항
4. 사업자가 업무상 알게 된 고객의 비밀을 정당한 이유없이 누설하는 것을 허용하는 조항

제12조 [의사표시의 의제] 의사표시에 관하여 정하고 있는 약관의 내용중 다음 각호의 1에 해당되는 내용을 정하고 있는 조항은 이를 무효로 한다.

1. 일정한 작위 또는 부작위가 있을 때 고객의 의사표시가 표명되거나 표명되지 아니한 것으로 보는 조항. 다만, 고객에게 상당한 기한내에 의사표시를 하지 아니하면 의사표시가 표명되거나 표명되지 아니한 것으로 본다는 뜻을 명확하게 따로 고지하거나 부득이한 사유로 그러한 고지를 할 수 없는 경우에는 그러하지 아니하다.
2. 고객의 의사표시의 형식이나 요건에 대하여 부당하게 엄격한 제한을 가하는 조항
3. 고객의 이익에 중대한 영향을 미치는 사업자의 의사표시가 상당한 이유없이 고객에게 도달된 것으로 보는 조항
4. 고객의 이익에 중대한 영향을 미치는 사업자의 의사표시에 부당하게 장기의 기한 또는 불확정기한을 정하는 조항

제13조 [대리인의 책임가중] 고객의 대리인에 의하여 계약이 체결된 경우 고객이 그 의무를 이행하지 아니하는 때에는 대리인에게 그 의무의 전부 또는 일부를 이행할 책임을 지우는 내용의 약관조항은 이를 무효로 한다.

제14조 [소제기의 금지등] 고객에 대하여 부당하게 불리한 소제기의 금지조항 또는 재판관할의 합의조항이나 상당한 이유없이 고객에게 입증책임을 부담시키는 약관조항은 이를 무효로 한다.

제15조 [적용의 제한] 국제적으로 통용되는 약관 기타 특별한 사정이 있는 약관으로서 대통령령이 정하는 경우에는 제7조 내지 제14조의 규정의 적용을 조항별·업종별로 제한할 수 있다.

제16조 [일부무효의 특칙] 약관의

전부 또는 일부의 조항이 제3조제4항의 규정에 의하여 계약의 내용이 되지 못하는 경우나 제6조 내지 제14조의 규정에 의하여 무효인 경우 계약은 나머지 부분만으로 유효하게 존속한다. 다만, 유효한 부분만으로는 계약의 목적달성이 불가능하거나 일방당사자에게 부당하게 불리한 때에는 당해 계약을 무효로 한다. <개정 2007. 8.3>

제3장 약관의 규제
〈개정 1992.12.8〉

제17조 [불공정약관조항의 사용금지] 사업자는 제6조 내지 제14조의 규정에 해당하는 불공정한 약관조항(이하 "불공정약관조항"이라 한다)을 계약의 내용으로 하여서는 아니된다.
[전문개정 2001.3.28]

제17조의2 [시정조치] ① 공정거래위원회는 사업자가 제17조의 규정을 위반한 경우에는 사업자에게 당해 약관조항의 삭제·수정 등 시정에 필요한 조치를 권고할 수 있다.
② 공정거래위원회는 제17조의 규정을 위반한 사업자가 다음 각호의 1에 해당하는 경우에는 사업자에게 당해 약관조항의 삭제·수정 등 시정에 필요한 조치를 명할 수 있다.
1. 사업자가 독점규제및공정거래에관한법률 제2조제7호의 시장지배적 사업자인 경우
2. 사업자가 자기의 거래상의 지위를 부당하게 이용하여 계약을 체결하는 경우
3. 일반공중에게 물품·용역을 공급하는 계약으로서 계약체결의 긴급성·신속성으로 인하여 고객이 계약을 체결할 때에 약관조항의 내용을 변경하기 곤란한 경우
4. 사업자의 계약당사자로서의 우월적 지위가 현저하거나 고객이 다른 사업자를 선택할 범위가 제한되어 있어 약관을 계약의 내용으로 하는 것이 사실상 강제되는 경우
5. 계약의 성질 또는 목적상 계약의 취소·해제 또는 해지가 불가능하거나 그로 인하여 고객에게 현저한 재산상의 손해가 발생하는 경우
6. 사업자가 제1항의 규정에 의한 권고를 정당한 사유 없이 따르지 아니하여 다수 고객의 피해가 발생하거나 발생할 우려가 현저한 경우

③ 공정거래위원회는 제1항 및 제2항의 규정에 의한 시정에 필요한 조치를 권고하거나 명함에 있어서 필요한 때에는 당해 사업자와 동종사업을 영위하는 다른 사업자에게 같은 내용의 불공정약관조항을 사용하지 말 것을 권고할 수 있다.
[전문개정 2001.3.28]

제18조 [관청인가약관등] ① 공정거래위원회는 행정관청이 작성한 약관 또는 다른 법률에 의하여 행정관청의 인가를 받은 약관이 제6조 내지 제14조의 규정에 위반한 사실이 있다고 인정될 때에는 당해 행정관청에 그 사실을 통보하고 그 시정에 필요한 조치를 요청할 수 있으며, 은행법의 규정에 의한 금융기관의 약관이 제6조 내지 제14조의 규정에 위반한 사실이 있다고 인정될 때에는 금융감독기구의설치등에관한법률에 의하여 설

립된 금융감독원에 그 사실을 통보하고 그 시정에 필요한 조치를 취하도록 권고할 수 있다. <개정 1997.12.31>
② 제1항 전단의 규정에 의하여 행정관청에 시정을 요청한 경우에 제17조의2제1항 및 제2항의 규정에 의한 시정권고 또는 시정명령은 이를 하지 아니한다. <개정 2001.3.28>
[전문개정 1992.12.8]

제19조 [약관의 심사청구등] 약관조항과 관련하여 법률상의 이익이 있는 자, 「소비자기본법」에 의하여 등록된 소비자단체, 한국소비자원 및 사업자단체는 이 법 위반여부에 관한 심사를 공정거래위원회에 청구할 수 있다. <개정 1992.12.8, 2006.9.27>

제19조의2 [표준약관] ① 사업자 및 사업자단체는 건전한 거래질서를 확립하고 불공정한 내용의 약관이 통용되는 것을 방지하기 위하여 일정한 거래분야에서 표준이 될 약관을 마련하여 그 내용이 이 법에 위반되는지 여부에 관하여 공정거래위원회에 심사를 청구할 수 있다.
② 「소비자기본법」 제29조의 규정에 따라 등록한 소비자단체 또는 동법 제33조의 규정에 따라 설립된 한국소비자원(이하 "소비자단체등"이라 한다)은 소비자피해가 자주 일어나는 거래분야의 표준이 될 약관을 마련할 것을 공정거래위원회에 요청할 수 있다. <개정 2006.9.27>
③ 공정거래위원회는 제2항의 규정에 따른 소비자단체등의 요청이 있는 경우 또는 일정한 거래분야에서 다수의 고객에게 피해가 발생하는 경우에 이를 조사하여 약관이 없거나 불공정약관조항이 있는 경우 사업자 및 사업자단체에 대하여 표준이 될 약관을 마련하여 심사청구할 것을 권고할 수 있다.
④ 공정거래위원회는 사업자 및 사업자단체가 제3항의 권고를 받은 날부터 4월 이내에 필요한 조치를 하지 아니하는 경우 관련분야의 거래당사자 및 소비자단체등의 의견을 듣고 관계부처의 협의를 거쳐 표준이 될 약관을 마련할 수 있다.
⑤ 공정거래위원회는 제1항·제3항 및 제4항의 규정에 따라 심사하거나 마련한 약관(이하 "표준약관"이라 한다)을 공시하고 사업자 및 사업자단체에 대하여 그 사용을 권장할 수 있다
⑥ 공정거래위원회로부터 표준약관의 사용을 권장받은 사업자 및 사업자단체는 표준약관과 다른 약관을 사용하는 경우에 표준약관과 다르게 정한 주요내용을 고객이 알기 쉽게 표시하여야 한다.
⑦ 공정거래위원회는 표준약관의 사용을 활성화하기 위하여 표준약관표지를 정할 수 있으며, 사업자 및 사업자단체는 표준약관을 사용하는 경우 공정거래위원회가 고시하는 바에 따라 표준약관표지를 사용할 수 있다.
⑧ 사업자 및 사업자단체는 표준약관과 다른 내용을 약관으로 사용하는 경우 표준약관표지를 사용하여서는 아니된다.
⑨ 사업자 및 사업자단체가 제8항의 규정을 위반하여 표준약관표지를 사용하는 경우 표준약관의 내용보다 고객에게 더 불리한 약관의 내용은 무효로 한다.

[전문개정 2004.1.20]

제20조 [조사] ① 공정거래위원회는 제17조의2제1항 및 제2항의 규정에 의한 시정을 위한 조치를 권고하거나 명하기 위하여 필요하다고 인정되는 경우 및 제19조의 규정에 의하여 청구를 받은 경우에는 약관이 이 법에 위반된 사실이 있는지 여부를 확인하기 위하여 필요한 조사를 할 수 있다. <개정 1992.12.8, 2001.3.28>

② 제1항의 규정에 따라 조사를 하는 공무원은 그 권한을 표시하는 증표를 지니고 이를 관계인에게 내보여야 한다. <신설 2005.3.31>

제21조 [심사청구서의 제출] 제19조의 규정에 의한 심사청구는 공정거래위원회에 서면 또는 전자문서로 제출하여야 한다. <개정 1992.12.8, 2004.1.20>

제22조 [의견진술] ① 공정거래위원회는 약관의 내용이 이 법에 위반되는지 여부에 대하여 심의하기 전에 당해 약관에 의하여 거래를 한 사업자 또는 이해관계인에 대하여 당해 약관이 심사대상이 되었다는 사실을 통지하여야 한다. <개정 1992.12.8>

② 제1항의 규정에 의하여 통지를 받은 당사자 또는 이해관계인은 공정거래위원회의 회의에 출석하여 그 의견을 진술하거나 필요한 자료를 제출할 수 있다. <개정 1992.12.8>

③ 공정거래위원회는 심사대상이 된 약관이 다른 법률에 의하여 행정관청의 인가를 받았거나 받아야 할 것인 때에는 심의에 앞서 그 행정관청에 대하여 의견의 제출을 요구할 수 있다. <개정 1992.12.8>

제23조 [불공정약관조항의 공개〈개정 1992.12.8〉] 공정거래위원회는 이 법에 위반된다고 심의·의결한 약관조항의 목록을 작성비치하고 필요한 때에는 이를 일반인에게 공람하게 할 수 있다. <개정 1992.12.8>

제4장 삭 제 〈1992.12.8〉

제24조 삭제 <1992.12.8>
제25조 삭제 <1992.12.8>
제26조 삭제 <1992.12.8>
제27조 삭제 <1992.12.8>
제28조 삭제 <1992.12.8>
제29조 삭제 <1992.12.8>

제5장 보 칙

제30조 [적용범위] ① 이 법은 약관이 상법 제3편, 근로기준법 기타 대통령령이 정하는 비영리사업의 분야에 속하는 계약에 관한 것일 때에는 이를 적용하지 아니한다.

② 삭제 <1992.12.8>

③ 특정한 거래분야의 약관에 대하여 다른 법률에 특별한 규정이 있는 경우에는 이 법의 규정에 우선한다.

제30조의2 [독점규제및공정거래에관한법률의 준용] 이 법에 의한 공정거래위원회의 심의·의결에 관하여는 독점규제및공정거래에관한법률 제42조 내지 제45조의 규정을, 이 법에 의한 공정거래위원회의 처분에 대한 이의신청, 소의 제기 및 불복의 소의 전속관할에 대하여는 동법 제53조 내지 제55조의 규정을 각각 준용한다.
[본조신설 1992.12.8]

제31조 [인가의 기준] 행정관청이 다른 법률에 의하여 약관을 인가하거나 다른 법률에 의하여 특정한 거래분야에 대하여 설치된 심사기구에서 약관을 심사하는 경우에는 제6조 내지 제14조의 규정을 그 심사의 기준으로 하여야 한다.

제31조의2 [자문위원] ① 공정거래위원회는 이 법에 의한 약관심사업무를 수행하기 위하여 필요하다고 인정하는 때에는 자문위원을 위촉할 수 있다.

② 제1항의 규정에 의한 자문위원의 위촉 기타 필요한 사항은 대통령령으로 정한다.

[본조신설 1992.12.8]

제6장 벌 칙
〈개정 1992.12.8〉

제32조 [벌칙] 제17조의2제2항의 규정에 의한 명령에 위반한 자는 2년이하의 징역 또는 1억원이하의 벌금에 처한다. <개정 2001.3.28>

[전문개정 1992.12.8]

제33조 [양벌규정] 법인의 대표자나 법인 또는 개인의 대리인·사용인 기타 종업원이 그 법인 또는 개인의 업무에 관하여 제32조의 위반행위를 한 때에는 행위자를 벌하는 외에 그 법인 또는 개인에 대하여도 동조의 벌금형을 과한다.

[전문개정 1992.12.8]

제34조 [과태료] ① 다음 각호의 1에 해당하는 자는 5전만원 이하의 과태료에 처한다. <개정 2004.1.20>

1. 제19조의2제8항의 규정을 위반한 자
2. 제20조의 규정에 의한 조사를 거부·방해 또는 기피한 자

② 다음 각호의 1에 해당하는 자는 500만원 이하의 과태료에 처한다. <개정 2004.1.20, 2007.8.3>

1. 제3조제2항 또는 제3항을 위반한 자
2. 제19조의2제6항의 규정을 위반한 자

③ 제1항 및 제2항의 규정에 의한 과태료는 대통령령이 정하는 바에 의하여 공정거래위원회가 부과·징수한다.

④ 제3항의 규정에 의한 과태료처분에 불복이 있는 자는 그 처분의 고지를 받은 날부터 30일이내에 공정거래위원회에 이의를 제기할 수 있다.

⑤ 제3항의 규정에 의하여 과태료처분을 받은 자가 제4항의 규정에 의하여 이의를 제기한 때에는 공정거래위원회는 지체없이 관할법원에 그 사실을 통보하여야 하며, 그 통보를 받은 관할법원은 비송사건절차법에 의한 과태료의 재판을 한다.

⑥ 제4항의 규정에 의한 기간내에 이의를 제기하지 아니하고 과태료를 납부하지 아니한 때에는 국세체납처분의 예에 의하여 이를 징수한다.

[본조신설 1992.12.8]

부 칙
〈제3922호, 1986.12.31〉

제1조 [시행일] 이 법은 1987년 7월 1일부터 시행한다.

제2조 [경과조치] 이 법은 이 법 시행후에 최초로 약관에 의하여 체결되는 계약분부터 적용된다.

제3조 [계속적 계약에 관한 경과조치] 계속적인 채권관계의 발생을 목적으로 하는 계약에 관한 약관에 의하여 이 법 시행후 이행될 분에 대하여는 이 법을 적용한다.

부 칙
<제4515호, 1992.12.8>

① **[시행일]** 이 법은 1993년 3월 1일부터 시행한다.

② **[경과조치]** 이 법 시행당시 종전의 규정에 의한 경제기획원장관의 시정권고 또는 경제기획원장관에게 요청한 심사청구는 이 법의 규정에 의한 공정거래위원회의 시정권고 또는 공정거래위원회에 요청한 심사청구로 본다.

부칙(한국은행법)
<제5491호, 1997.12.31>

제1조 [시행일] 이 법은 1998년 4월 1일부터 시행한다.

제2조 내지 **제6조** 생략

제7조 [다른 법률의 개정] ① 내지 ③ 생략

④ 약관의규제에관한법률중 다음과 같이 개정한다.

제18조제1항중 "한국은행법에 의한 은행감독원"을 "금융감독기구의설치등에관한법률에 의하여 설립된 금융감독원"으로 한다.

⑤ 생략

제8조 생략

부 칙
<제6459호, 2001.3.28>

① **[시행일]** 이 법은 공포한 날부터 시행한다.

② **[적용례]** 제17조의2제2항제6호의 개정규정은 이 법 시행후 최초로 체결된 계약부터 적용한다.

부 칙
<제7108호, 2004.1.20>

① **[시행일]** 이 법은 공포한 날부터 시행한다.

② **[표준약관에 관한 경과조치]** 이 법 시행 당시 종전의 규정에 의하여 공정거래위원회의 심사를 받은 표준약관은 이 법에 의한 표준약관으로 본다.

부 칙
<제7491호, 2005.3.31>

이 법은 공포한 날부터 시행한다.

부칙(소비자기본법)
<제7988호, 2006.9.27>

제1조 [시행일] 이 법은 공포 후 6개월이 경과한 날부터 시행한다. <단서 생략>

제2조 내지 **제11조** 생략

제12조 [다른 법률의 개정] ① 내지

③ 생략
④ 약관의 규제에 관한 법률 일부를 다음과 같이 개정한다.
제19조 중 "소비자보호법"을 "「소비자기본법」"으로, "한국소비자보호원"을 "한국소비자원"으로 한다.
제19조의2제2항을 다음과 같이 한다.
② 「소비자기본법」 제29조의 규정에 따라 등록한 소비자단체 또는 동법 제33조의 규정에 따라 설립된 한국소비자원(이하 "소비자단체등"이라 한다)은 소비자피해가 자주 일어나는 거래분야의 표준이 될 약관을 마련할 것을 공정거래위원회에 요청할 수 있다.
⑤ 내지 ⑫ 생략
제13조 생략

부 칙
<제8632호, 2007.8.3>

이 법은 공포한 날부터 시행한다.

찾아보기

[감수자 · 집필자소개]

渡辺 新矢(제7장 감수)

변호사. 1973년, 케이오대학경영학부졸업. 1984년, Cornell University Law school 졸업(석사). 국제상거래, 국제소송에서 20년 이상의 경험이 있음. 또 독점금지법, 노동법, 전자상거래, 특히 전자인증거래를 전문으로 함. 주요 저작논문으로 『독점금지법의 법률상담』(공저, 청림서원 2005년) 등이 있다.

井上 康一(제8장 감수 · 집필)

변호사 · 뉴욕주변호사. 1982년, 동경대학법학부졸업. 1988년, Cornell University Law school 졸업(석사). 국제적인 법무분야전반을 다루었으며, 국제세무를 전문으로 세무계획자문, 세무쟁송, 세무조사에 대한 관여 등의 업무를 행하고 있다. 주요 저작논문으로 대표편집자로서 편찬한 『사례에서 배우는 세무쟁송절차』(재경상보사, 2006년) 등이 있다.

山田 亨(제2장 감수 · 집필)

변호사 · 뉴욕주변호사. 1990년, 동경대학법학부졸업. 1997년, Harvard University Law school 졸업 (Fulbright장학생, 석사). 재무구조, 기업법무 분야에 깊은 경험소유. 주된 문서 · 저자에 · LLP · LLC제도의 조합 · 특징 · 비교』 비즈니스 가이드 632호(일본법령, 2005년) 등이 있다.

高橋 美智留(제3장 및 제4장 감수 · 집필)

변호사. 1985년, 교토대학법학부졸업. 1993년, Cornell University Law school 졸업(석사). 지적재산분야를 전문으로 한다. 주된 논문에 「Personal Information Protection Law in Japan」 Jones Day Commentary(Jones Day, 2005년), 『전자서명 · 인증－법령의 해설과 실무』(공저, 청림서원 2002년) 등이 있다.

木村 耕太郎(제5장 및 제6장 감수 · 집필)

변호사. 1993년, 동경대학법학부졸업. 1999년, University of Virginia Law School 졸업(석사). 지적재산법 분야에서 풍부한 경험보유. 저서에는 『판례에서 이해하는 미국특허법』(상사법무연구회, 2001년), 『특허소송에서 이기는 방법』(중앙경제사, 2003년) 등이 있다. 현재, 竹田綜合法律事務所(다케다종합법률사무소) 소속.

佐伯 俊介(제1장 감수)

변호사. 1992년, 동지사대학경제학부졸업. 2003년, Northwestern University Law school 졸업(석사)및 동년 Kellogg School of Management에서 C.B.A학위를 취득. M&A를 포함한 비즈니스 거래에 폭넓은 경험소유.

棚澤 高志(제7장 집필)

변호사. 1994년, 중앙대학법학부졸업. 사법연수종료 후에 7 년간 재판관으로서 재판실무에 종사하고, 민사소송, 민사보전, 민사집행, 판산 등의 사건처리에 풍부한 경험 보유. 주로 일반기업법무와 소송분야 담당.

浅野 絵里(제5장 및 제6장 집필)

변호사·뉴욕주변호사. 1992년, 상지대학법학부졸업. 2004년, New York University Law school 졸업(석사). 주로 일반기업법무 및 지적재산권 등에 관한 법률업무를 담당.

米津 航(제3장 및 제8장 집필)

변호사. 1996년, 케이오대학법학부졸업. 2003년, University of Pennsylvania Law school 졸업(석사). 2004년부터 2005년까지 내각부 국민생활국 기획과 과장보좌로서 출발. 주로 일반기업법무와 소송분야를 전문으로 한다. 현재 郷原·米津法律事務所 소속(고하라·코메법률사무소 소속).

大和 弘幸(제2장 집필)

변호사. 1993년, 교토대학법학부졸업. 2003년부터 2005년까지, 금융청·증권거래등 감시위원회로서 증권검사행정 및 증권거래법의 개정작업에 종사하였던 경험보유. 주로 일반기업법무 부동산거래관계를 담당.

石新 智規(제5장 및 제6장 집필)

변호사. 와세다대학 법학부 졸업(1996년 학사, 1999년 석사). 주로 일반기업법무 및 지적재산권 등에 관한 법률업무를 담당. 주논문에 「디지털 컨텐츠의 법적환경」(디지털 컨텐츠백서, 2006년) 등이 있다.

小野木 巳奈(제3장 집필)

변호사. 1997년, 케이오대학경제학부졸업. 일반기업법무와 소송분야를 담당. 현재 Northwestern University Law School 유학 중.

横山 丈太郎(제1장 집필)

변호사. 2001년, 동경대학법학부졸업. 주로 M&A와 일반기업법무분야 담당.

橋本 敬子(제5장 및 제6장 집필)

변호사. 1998년, 동경대학법학부졸업. 2000년, University of Cambridge Faculty of Law 졸업(석사). 주로 일반기업법무 특히 국제M&A프로젝트 담당.

宮部 剛(제7장 집필)

변호사. 1998년, 와세다대학 법학부 졸업. 주로 일반기업법무와 M&A분야 담당.

杉田 泰樹(제5장 및 제6장 집필)

변호사. 2003년, 케이오대학 법학부 졸업. 주로 부동산거래와 M&A분야를 담당. 외국법공동 사업 O'Melveny & Myers LLP 소속.

矢向 孝子(제8장 집필)

변호사. 동경대학법학부 및 동대학 대학원 법학정치학연구과 졸업(1998년 학사, 2004년 석사). 주로 일반기업법무와 세무분야를 담당.

難波 浩祐(제1장 집필)

변호사. 2002년, 동경대학법학부졸업. 주로 일반기업법무와 M&A분야 담당.

太田 善大(제2장 집필)

변호사. 2003년, 케이오대학 법학부졸업. 미나토법률사무소 소속.

◆ 사무소소개

외국법공동사업 존즈 데이 법률사무소(Johns Day Law Office)

존즈 데이 법률사무소는 일본기업 및 외국계기업에 대해 기업법무전반, 금융법무, 기업간 거래, 상사중재, 소송 그 외의 각 분야에서 광범위한 법률서비스를 제공하고 있는 법률 사무소이다.

세계 각국의 30지소에 2,200명 이상의 변호사를 보유한 세계 최대규모의 국제법률사무소 존즈·데이의 도쿄사무소로서 업무를 실시하는 당 법률 사무소는 국제경험이 풍부한 일본변호사 및 미국, 중국 그 외 외국변호사팀으로 구성되어 있다.

클라이언트에 대해 도쿄에서의 법률팀으로서 서비스를 제공하는 것 뿐만이 아니고, 존즈 데이가 가지는 네트워크의 일본창구로서 법률서비스를 제공하고, 세계 각 주요지역에서 활약하는 풍부한 경험을 가진 변호사와 제휴해서 국제적인 시스템을 갖춘 고도의 법률 서비스를 제공하고 있다.

住所 ：〒105-0001 東京都港区虎ノ門 4丁目1番17号 城山MTビル
TEL ：03-3433-3939
FAX ：03-5401-2725
http://www.jonesday.jp/firm/access.html

[편역자 소개]

孫京漢

- 학력 : 서울대학교 법과대학 졸업
  서울대학교 대학원 졸업
  Pennsylvania Law School LL.M.
  Pennsylvania Law School SJD과정 수료
  일본 오사카대학 법학박사
- 주요 경력 : 현 성균관대 법과대학 교수, 현 국무총리실 산업기술보호위원회 자문위원
  현 전자거래분쟁조정위원회 조정위원, 현 공정거래위원회 약관심사위원
  현 국제거래법학회 회장, 현 한국중재학회 부회장
  현 국제사법학회 부회장, 현 대한상사중재원 중재인
  변호사 · 미국 New York주 변호사
  한국 e-business 대상 국무총리상 수상(2002)
- 주요저서 및 논문 : 사이버지적재산권법(편저), 신특허법론(편저), 소프트웨어개발계약(편역), 電子商取引紛争の解決, サイバー知的財産権法試論 기타 IT관련 계약, 지적재산권, 불법행위 및 분쟁해결과 관련한 논문 다수.

朴眞雅

- 학력 : 이화여자대학교 법과대학 졸업(법학학사)
  동대학원 졸업(법학석사)
  동대학원 박사과정 졸업(법학박사)
  미국 Temple University School of Law(LL.M.)
- 주요 경력 : 현 이화여자대학교 법과대학 교수
  (사)기술과법연구소 책임연구원
  국립 한경대학교 겸임교수(법학부 과학기술법무전공)
  광운대, 인하대 법과대학 강사
- 주요논문 : 사이버불법행위에 대한 국제적 규제, 중앙대학교 법학연구소 법학논문집 제31집 제1호, 2007. 8. 31.; 국제전자정보거래에의 적용규범과 법적 쟁점, 국제거래법연구 제16권 제1호, 2007. 7. 31.; 21세기 과학기술법의 과제, 인터넷법률 제37호, 2007. 1.

문답 IT법

2007년 10월 25일 초판인쇄
2007년 10월 30일 초판발행

공동편역 손경한 · 박진아
발 행 인 고 준 영
발 행 처 **법 영 사**

135-835 서울시 강남구 대치동 61
전화 (501)8898(대) Fax (501)889
등록 1987. 5. 11. 제3-125호(윤)
Homepage : www.bubyoungsa.co.kr
E-mail : bypuco@chollian.net

※ 파본은 교환해 드립니다. 정가 **27,000원**

ISBN 978-89-7032-241-4